Als ich meinen Rucksack abstellte, um neben dem schlammigen Flussbett eine Pause zu machen, überkam mich ein überwältigendes Gefühl von Zufriedenheit. Mehr war es nicht, einfach nur Wohlbehagen – aber in diesem Augenblick zählte allein das. Zu wissen, dass ich als kleiner Junge diese Luft geatmet und in diesem Wasser geplanscht hatte ... zu wissen, dass ich um die halbe Welt gereist war und noch ein bisschen weiter ... zu wissen, dass ich nun an dem Ort angelangt war, an dem mein Leben begonnen hatte, nach über zwanzig Jahren vereint mit meiner Yanomami-Mutter. Es genügte, einfach nur am Wasser zu liegen und den lebhaften Geräuschen des Dschungels zu lauschen. Einen Moment lang schloss ich die Augen, lauschte meinen beiden Ehefrauen, dem vertrauten Klang meiner Mutter, die mich von der anderen Bachseite aus rief, mit ihrer melodischen Stimme, von der ich geglaubt hatte, dass ich sie womöglich nie wieder hören würde.
Ich fühlte mich wie zu Hause.

David Good studiert Biologie und engagiert sich mit seiner Organisation «The Good Project» für die Rechte indigener Völker in Süd- und Zentralamerika. Er reist alle zwei Jahre zu seiner Mutter an den Amazonas.

David Good

mit Daniel Paisner

MEINE DSCHUNGEL-MUTTER

Wie ich bei den Yanomami-Indianern meine Wurzeln fand

Aus dem Englischen
von Katharina Förs und
Sonja Schuhmacher

Rowohlt Taschenbuch Verlag

Deutsche Erstausgabe
Veröffentlicht im Rowohlt Taschenbuch Verlag,
Reinbek bei Hamburg, Juni 2016
Copyright der deutschsprachigen Ausgabe
© 2016 by Rowohlt Verlag GmbH, Reinbek bei Hamburg
Die amerikanische Originalausgabe erschien 2015
bei Dey Street Books, ein Imprint von
HarperCollins Publishers, LLC, New York,
unter dem Titel «The Way Around. Finding My
Mother and Myself Among the Yanomami»
Copyright © 2015 by David Good
Redaktion Ana González y Fandiño
Alle Fotos mit freundlicher Genehmigung des Autors
Umschlaggestaltung ZERO Werbeagentur, München
Umschlagabbildung privat
Satz Proforma PostScript, InDesign,
bei Pinkuin Satz und Datentechnik, Berlin
Druck und Bindung CPI books GmbH, Leck, Germany
ISBN 978 3 499 63096 5

Für meine Tochter Naomi –
Mögest du mit je einem Fuß in beiden Welten
aufwachsen, und mit einem Herzen, das groß
genug für deine ganze Familie ist.

«... in der Naturwissenschaft geht es darum,
Analogien und Ähnlichkeiten auch
in den am weitesten voneinander entfernten
Teilen zu finden.»

RALPH WALDO EMERSON
*(Drei Ansprachen. Über Bildung, Religion
und Henry David Thoreau)*

INHALT

Oberer Orinoco, Yanomami-Gebiet

*W*ir kämpften uns durch dichten Dschungel, vorbei an unserem ehemaligen Dorf. Das verlassene Shabono stand zwar noch, doch das Gras und Buschwerk, das seit über einem Jahr nicht ausgelichtet worden war, hatten es inzwischen verschluckt. Damit war natürlich zu rechnen gewesen. Denn in diesem Teil des Dschungels, tief im Herzen des Territoriums, kann die Regenwaldflora eine Lichtung in null Komma nichts vollkommen überwuchern.

Lässt du die Machete auch nur eine kurze Weile ruhen, sieht es anschließend aus, als wärst du niemals da gewesen.

Im Vorbeigehen entdeckte ich hier und da Überbleibsel des Dorflebens: Steine, die jemand zusammengetragen hatte, Wäscheleinen, verwaiste Kochstellen, zerbrochenes Geschirr, einzelne Kleidungsstücke im westlichen Stil. Einst hatte hier rege Betriebsamkeit geherrscht, das Dorf war der Lebensmittelpunkt eines Volkes gewesen – meines Volkes –, doch nun war nichts geblieben als diese Geisterstadt.

Irokai. Hier habe ich gelebt und gespielt, das hat meine Mutter mir erzählt. Nun, nicht ganz genau hier, nicht in exakt diesem Shabano, aber jedenfalls hier in dieser Gegend. Damals habe ich oft in der Hängematte meiner Mutter gelegen und gelacht und gelacht. (Na schön, vielleicht war es nicht genau dieselbe Hängematte, die sie jetzt benutzt, aber zumindest eine ganz ähnliche.) Ich schloss die Augen und malte mir aus, wie das Gebiet meiner Familie wohl vor vielen Jahren ausgesehen haben mochte, doch ich konnte beim besten Willen kein Bild heraufbeschwören. Zwar hatte ich Fotos gesehen, dennoch wollte es mir nicht gelingen, mir eine Vorstellung davon zu machen. Immer wieder blickte ich mich um, fand aber keine Anhaltspunkte, die mich mehr als zwanzig Jahre zurückversetzt hätten – etwas, irgendetwas, woran ich hätte erkennen können, dass ich schon einmal einen Fuß auf diesen Boden gesetzt hatte.

Irokai-teri. Das Volk der Irokai. Das Volk, in das ich hineingeboren worden war. Viele Yanomami, die nun überall im Dschungel verstreut lebten, hatten in diesem meinem Heimatdorf und in der näheren Umgebung gewohnt. Es war ihr Zuhause gewesen. Das Dorf meiner Mutter, meiner Cousins und Cousinen, meines Stammes ...

Die Yanomami sind ein halbnomadisches Volk. Wird ein Dorf verlegt, müssen sie daher häufig zurückkehren, um die Pflanzungen abzuernten, die sie zurückgelassen haben, während die neuangelegten noch gedeihen.

Wir waren bei Tagesanbruch in dem Dorf am Fluss aufgebrochen, um zu sehen, was es wohl zu sehen gab. Wie sollte ich meiner Mutter verständlich machen, dass ich unser ehemaliges Dorf besuchen wollte? Alles, was ich konnte, war «Irokai-tekeprahawe» («Irokai, weit weg») sagen und dazu mit den Fingern eine Bewegung wie beim Gehen machen.

Irgendwie verstand meine Mutter das.

Man ließ mich zwar in dem Glauben, der Ausflug sei meine Idee, aber es war ohnehin an der Zeit, dass sich eine Gruppe zu der Anbaufläche aufmachte. Irokai-teke. Der Garten von Irokai, wo es Arbeit zu verrichten gab. Sie wären sowieso gegangen, ob nun mit mir oder ohne mich. Wir blieben mehrere Tage fort. Unsere Gruppe, die aus ungefähr fünfzehn Personen bestand, teilte sich unterwegs in Kleingruppen auf – wobei die Männer meist voimeweg gingen.

Die Entfernung war beträchtlich, aber wie lange wir brauchten, kann ich nicht sagen. In diesem Teil der Welt gab es die Yanomami-Zeit sowie die Zeitrechnung von allen anderen. Außenstehende, darunter sogar einige der mit der Region durchaus vertraute Missionare, konnten unter Umständen einen ganzen Tag für eine solche Strecke benötigen. Aber unsere Gruppe – oh Mann, sie pflügte durch den Regenwald, als sei das gar nichts, während sie einfach einen neuen Pfad dort hineinschnitt, wo der alte vermutlich gewesen war. Sie bewegten sich fort, als würden sie in einer Stadt auf dem Gehweg marschieren. Barfuß natürlich. Ich selbst trug Turnschuhe, die mich, sobald sie nass und von Schlamm durchtränkt waren, eher behinderten, doch meine Fußsohlen waren schlicht nicht abgehärtet genug, um den Ungewissheiten des Regenwaldbodens standzuhalten.

Ich ging als Letzter in unserer Gruppe, hinter meiner Mutter und ein paar Frauen, die offenbar Mitleid mit mir hatten und ihr Tempo drosselten, damit ich nicht den Anschluss verlor. Ob meine bloßen Füße dem Regenwaldboden je gewachsen sein würden? Wohl kaum, so meine Befürchtung. Und es war längst nicht nur die harte Erde, die meinen Füßen zu schaffen machte. Nein, hinzu kamen Wurzeln und herabgefallene Äste, Felsen und unheimliches Krabbelgetier – all die Widrigkeiten, die man im Dschungel so erwarten kann. Nicht zu reden von Dornen, schlammigen Abhängen, aus dem Boden ragenden Stöcken, die sich in die Fußsohlen bohren konnten, blutsaugenden Parasiten, Schlangen und Spinnen sowie bestimmt hundert verschiedenen Gefahren, hundert verschiedenen Arten zu stolpern, mich zu schneiden oder sonst wie zu verletzen, während ich mich redlich bemühte, Schritt zu halten. Ich hätte ein zweites Paar Augen gebraucht, um immer im Blick zu haben, wo ich hintrat, während das erste Augenpaar nach oben und vorne gerichtet blieb.

Die direkt hinter dem einstigen Wohngebiet gelegene Pflanzung brachte nach wie vor Früchte hervor, sodass die Irokai-teri das verlassene Stück Land noch immer von Zeit zu Zeit besuchten. Das erklärte auch, warum es zumindest die Andeutung eines Pfades hierher gab. Wir waren schon mal hier gewesen – wir, will heißen: mein Volk. Wir, als würde ich dazugehören. Es erklärte außerdem, wie es überhaupt zu diesem Ausflug gekommen war. Schließlich hätte es überhaupt keinen Sinn ergeben, nur im Rahmen einer Besichtigungstour hierherzukommen, bloß damit ich den Ort besuchen konnte, an dem ich einst gelebt hatte. Es war hingegen durchaus sinnvoll, die Wanderung auf sich zu nehmen, um sich mit Nahrungsmitteln zu versorgen. So viel wir schleppen konnten, würden wir in unser Dorf bringen. Die Frauen hatten zu diesem Zweck mehrere leere Körbe dabei – sozusagen das Dschungel-Äquivalent zum umweltfreundlichen Jutebeutel, mit dem man in den Supermarkt geht.

Ich fand es beachtlich, dass der so lange vernachlässigte Garten immer noch gedieh und Früchte hervorbrachte. Es erschien mir wie ein Ausdruck für die Kraft und die Widerstandskraft meines Volkes, das ebenfalls in diesem Dschungel auf sich allein gestellt war, ohne dass jemand sich darum kümmerte. Auf dieselbe bescheidene Weise lebte und atmete dieser Ort nach wie vor und stellte weiterhin eine Ernte bereit.

Die Kleingruppe, in der ich unterwegs war, bestand aus mir, meiner Mutter, meinen zwei «Ehefrauen» und einer weiteren Frau aus dem Dorf, die ihr Kleinkind auf die abenteuerliche Reise mitgenommen hatte. Selbst die Frau mit dem Kind war schneller als ich. Die Männer waren uns weit, weit voraus, doch sie trugen auch viel leichteres Gepäck – nämlich nur Pfeil und Bogen. Sie sollten schnell und flexibel reagieren können und sofort die Waffen zücken, sobald ein Tier auftauchte, das ein passables Abendessen abgeben würde, oder für den Fall, dass ein Angriff durch feindlich gesinnte Räuber drohte. Die Frauen hingegen waren schwer beladen mit Körben und Kleidung und Feuerholz … und mit mir.

Es war heiß – nicht brütend heiß, wie manchmal um die Mittagszeit, aber immer noch heiß genug. Ich war hundemüde. Zwar war ich erst vierundzwanzig und relativ fit, aber meine Mutter und diese anderen Frauen hängten mich gnadenlos ab. Ich schleppte mich hinter ihnen her wie eine lahme Ente, zunehmend ausgelaugt, kraftlos, völlig erschöpft. Irgendwann merkte eine meiner Ehefrauen, dass ich *nicht mehr mitkam, und blieb stehen, um auf mich zu warten. Sie deutete auf meinen Rucksack, als wollte sie ihn mir abnehmen. Ich reagierte mit einem Wutausbruch. «Yanomami keya!» («Ich bin ein Yanomami!»), polterte ich. Als müsste ich irgendetwas beweisen – mir selbst, den Leuten aus meinem Dorf... meiner Mutter.*

«Yanomami keya!»

Auch die anderen merkten nun, dass ich zu kämpfen hatte, und so wurde beschlossen, dass unsere kleine Gruppe an einem schmalen Flüsschen eine Pause einlegen sollte. Während wir unser Marschgepäck absetzten, erinnerte meine Mutter mich in gebrochenem Englisch und mit Hilfe der typischen, universellen Handbewegungen, die schnell zu unserem wichtigsten Verständigungsmittel geworden waren, daran, dass ich mich nicht zum ersten Mal an diesem Ort befand. Sie deutete zuerst auf mich. Dann deutete sie auf den Wasserlauf. Schließlich lächelte sie und deutete erneut auf mich und wieder auf das Wasser. Da begriff ich, dass ich darin geplanscht hatte, während die Dorfältesten fischten und die Frauen unsere Kleider wuschen und den Abwasch machten. Nun wurde mir auch bewusst, dass ich bereits Bilder von diesem Ort gesehen hatte. Auch Amateurfilme, aufgenommen von meinem Vater, als ich erst ein knappes Jahr alt war. Doch mein Gedächtnis ließ mich im Stich. Ich konnte mich nicht daran erinnern, genau so und genau hier schon einmal gestanden zu haben.

Mit geschlossenen Augen hielt ich inne und versuchte die Szene wieder heraufzubeschwören, die sich vor so langer Zeit abgespielt hatte, doch es gelang mir einfach nicht. Ich konnte mir nur die Bilder vergegenwärtigen, die ich bereits vorher gekannt hatte. Nichts in meinem Blickfeld versetzte mich zurück und ließ mich daran erinnern, wie oder wo ich als Kind gewesen war. Alles, was ich sehen konnte, waren das unablässige Gestikulieren meiner Mutter und die entsprechenden Bilder, die mir ins Gedächtnis kamen – Bilder, die mein Vater, der US-amerikanische Ethnologe, aufgenommen hatte, während er hier seinem Forschungsauftrag nachgegangen war.

Und doch konnte ich sagen, dass ich gern hier gewesen war, damals. Als ich meinen Rucksack abstellte, um neben dem schlammigen Flussbett eine Pause zu machen, überkam mich ein überwältigendes Gefühl von Zufriedenheit. Mehr war es nicht, einfach nur Wohlbehagen – aber in diesem Augenblick zählte allein das. Zu wissen, dass ich als kleiner Junge diese Luft geatmet und in diesem Wasser geplanscht hatte ... zu wissen, dass ich um die halbe Welt gereist war und noch ein bisschen weiter ... zu wissen, dass ich nun an dem Ort angelangt war, an dem mein Leben begonnen hatte, nach über zwanzig Jahren vereint mit meiner Yanomami-Mutter und wieder eingegliedert in das weitverzweigte Geflecht ihrer Familie (meiner Familie!). Es genügte, einfach nur am Wasser zu liegen und den lebhaften Geräuschen des Dschungels zu lauschen.

Ich rief mir ins Gedächtnis, was ich über den ersten Besuch meines Vaters in diesem Teil der Welt wusste. Er war 1975 als Doktorand mit einem Stipendium der Pennsylvania State University in Höhe von 250 000 US-Dollar hergekommen, um den Eiweißkonsum der Hasupuwe-teri zu untersuchen – ausgerüstet mit Überseekoffern, Medikamenten, Lebensmitteln, Handelsgütern und genügend Ausrüstung, um einen Outdoorladen zu eröffnen. Ich hingegen hatte nicht viel mehr bei mir als einen Rucksack und ein paar tausend US-Dollar, die ich mit Aushilfsjobs verdient hatte. Ich hatte eine Machete, eine Hängematte, eine Tube Wundsalbe. Verständlicherweise war mein Vater um meine Sicherheit besorgt. Ich sei verrückt, mich so dürftig ausgerüstet so weit in den Dschungel zu wagen. Ich hätte ja keine Ahnung, erklärte er mir.

Natürlich hatte er damit recht, aber ich konnte es mir schlicht nicht leisten, auf ihn zu hören – das heißt, ich hatte nicht das Geld, um eine großangelegte Expedition auf die Beine zu stellen. Und es heißt auch, ich konnte einfach nicht gegen meine Intuition handeln. Mein Bauch sagte mir, dass es meine Bestimmung sei, diese Reise zu unternehmen – und mein Herz ebenfalls. Ich habe alles, was ich brauche, dachte ich trotzig und machte mich auf den Weg in den Dschungel. Klar, ich hatte Angst, aber ich akzeptierte diese Angst. Ich nahm sie locker. Klar, ich war der Sache nicht gewachsen, aber ich hatte schon früh beschlossen, allen Hindernissen und Unwägbarkeiten zu begegnen, indem ich die Angst einfach verdrängte und die Klippen irgendwie umschiffte: Augen zu und durch. Meine ganze ungeteilte Aufmerksamkeit sollte der Mission gelten, meine Mutter zu finden und meine indigenen Wurzeln wiederzuentdecken. Und nun war ich hier, inmitten des dichtesten Regenwalds, und tat genau das.

Einen Moment lang schloss ich die Augen, und dabei muss ich wohl eingedöst sein. Ganz sicher bin ich mir nicht, aber ich glaube, ich bin kurz weggedämmert, während ich den Stimmen meiner beiden Ehefrauen lauschte, die in einer Sprache plauderten, die ich kaum verstand. Den mahnenden Worten der jungen Yanomami-Mutter, die ihr zappelndes Kind zur Ordnung rief. Dem vertrauten Klang meiner eigenen Mutter, die mich von der anderen Bachseite aus rief, mit ihrer süßen, melodischen Stimme, von der ich geglaubt hatte, dass ich sie womöglich nie wieder hören würde.

Ich fühlte mich wie zu Hause.

....

Kapitel eins

WIE ICH HIERHERGEKOMMEN BIN

M eine Geschichte beginnt im Süden Venezuelas, aber sie beginnt nicht mit mir. Es war zunächst die Geschichte meines Vaters – und dann natürlich auch die meiner Mutter –, und lange Zeit war es eine Geschichte, die ich nicht hören wollte.

Später, als ich alt genug war, um mir alles zusammenzureimen, und mein Vater einige Unklarheiten beseitigte, war es eine Geschichte, über die ich nicht sprechen wollte – aber darauf komme ich später noch einmal zurück.

Jetzt, wo ich meine Geschichte zu Papier bringe, fühle ich mich in gewisser Weise an die Art und Weise erinnert, in der wir etwas über die Herkunft der Comic-Helden erfahren, die schon fast Kultstatus haben. Dabei muss ich festhalten: Ich war als Kind kein großer Comicleser, aber ich bin in einer Zeit groß geworden, in der legendäre Superhelden und Actionfiguren angesagt waren – man konnte ihnen gar nicht aus dem Weg gehen. Superman, der unglaubliche Hulk, Spider-Man ... in allen Filmen tauchten sie auf, und in jedem dieser Filme gab es eine Szene oder einen Handlungsstrang, aus dem hervorging, wie der Held zu dem geworden war, was er war – woher seine übermenschlichen Kräfte stammten, wo er herkam, was ihn motivierte, wo er verwundbar war. Allerdings ging es nie um die Herkunft allein. Abgesehen davon, dass diese Gestalten Superhelden waren und die Welt retteten, trugen sie alle schlimme emotionale Probleme mit sich herum, tief vergraben in ihrem Inneren und überlagert von einem vielschichtigen Chaos. Sie kämpften mit ihrer Identität, mit ihrer Selbstwahrnehmung, mit den Erinnerungen an Kindheitstraumata – wie etwa Bruce Wayne, der mit der sinnlosen Ermordung seiner Eltern fertig werden muss und schließlich zu Batman wird. Das alles wurde in einem hübschen kleinen Paket präsentiert, und ich dachte als Kind oft über solche Dinge nach. Wirklich oft. Ich dachte über Leute nach und über ihren Hintergrund. Wenn ich aus den Nachrichten erfuhr, dass jemand etwas Unglaubliches geleistet hatte, oder wenn ich in der Schule jemand Neues kennenlernte und überlegte, wie er so geworden war – da ging es mir genauso wie bei Filmen. Ich starrte auf die große Leinwand und stellte mir mich selbst in der Szene vor – nicht weil ich geglaubt hätte, mein Leben sei irgendwie heroisch, abenteuerlich oder auch nur ansatzweise interessant. Nein, das Gegenteil war der Fall. Beim Blick in den Spiegel sah ich einen ganz gewöhnlichen US-amerikanischen Jungen, der nichts Besonderes an sich hatte – ich sah einfach nur … mich. Ich spielte Baseball. Ich trug Zeitungen aus. Ich machte Quatsch und brachte mich in Schwierigkeiten, geriet mit meinem Vater aneinander, tyrannisierte meine kleine Schwester und meinen kleinen Bruder, ließ meine dreckigen Klamotten und Handtücher auf dem Boden liegen.

Legendär? Nicht die Bohne. Vielmehr wünschte ich mir, ein ganz gewöhnliches US-amerikanisches Kind zu sein, mich nahtlos einzufügen. Aber in meinem Hinterkopf lauerte die Gewissheit, dass die Welt, wenn sie mich ansah, etwas anderes erblickte … etwas Abweichendes. Die Leute in der Stadt kannten meine Geschichte. Meine Lehrer, die anderen Kinder an der Schule, unsere Nachbarn … sie kannten meine Geschichte. Journalisten, Wissenschaftler, Sozialwissenschaftler unterschiedlichster Couleur ... immer wieder einmal nahm einer von ihnen mit uns Kontakt auf, denn auch sie wussten Bescheid über meine Geschichte. Damals, als ich mich am liebsten einfach nur versteckt hätte, ging das schlicht und ergreifend nicht. Jahrelang lief ich mit dem Gefühl herum, die Leute würden über mich und meine Familie tuscheln, nach dem Motto *Kannstdudirdasvorstellen?* oder *SchaudirbloßmaldiesearmenKinderan*, nur, um dann plötzlich zu verstummen, wenn ich den Raum betrat, obwohl sie gerade drauf und dran waren, meine Geschichte zum Besten zu geben. Meine *Herkunfts*geschichte ähnelte, soweit ich das sah, derjenigen von irgendwelchen Comicfiguren – außer dass ich mich deshalb nicht besser oder anderen überlegen fühlte. Wenn überhaupt, fühlte ich mich *unter*legen ... *weniger wert*. Also blendete ich meine Geschichte aus, so gut es ging.

Doch ich konnte sie nicht für immer und ewig ausblenden, also, hier ist sie:

(Licht aus, Trommelwirbel, gespanntes Warten ...)

Mein Vater, Kenneth Good, studierte Anthropologie und Ethnologie an der Pennsylvania State University. Sein damaliger Mentor Napoleon Chagnon war bekannt für seine Forschungsarbeit zu einer isoliert lebenden indigenen Bevölkerungsgruppe am Amazonas, die wahlweise Yanomamo oder Yanomami oder Yanomama genannt wurde – aus phonetischer Sicht sind alle drei Bezeichnungen unkorrekt, also entscheide ich mich einfach für eine Schreibweise und bleibe dabei – Yanomami. Chagnon war damals wie heute eine kontroverse Figur, galt aber Mitte der 1970er Jahre als Koryphäe für diese Region und die dort lebenden Menschen, und es gelang ihm wie keinem anderen Wissenschaftler seiner Zeit, die Aufmerksamkeit der Welt auf den Stamm der Yanomami zu lenken. Er war der erste US-amerikanische Ethnologe, der ein aussagekräftiges Licht auf jenen Teil des Regenwaldes warf. Seine ethnographische Bestandsaufnahme der Yanomami ist – zunächst unter dem Titel *The Fierce People* (Das wilde Volk) – zum Bestseller geworden. Chagnon zufolge enthüllte die ausführliche Beschäftigung mit dem Volk der Yanomami gewissermaßen die komplette, facettenreiche Geschichte der *conditio humana*. Er verknüpfte die Evolution dieser Bevölkerungsgruppe mit seinen Gedanken zur Evolutionstheorie und legte als Erster eine Art wissenschaftliche Anthropologie vor, anhand deren er sein jeweiliges Verständnis von Sozialverhalten und genetischer Verwandtschaft weiterentwickelte.

An dieser Stelle ist ein kleiner geschichtlicher Exkurs hilfreich: Ein anhaltender Kontakt der westlichen Welt zum Stamm der Yanomami besteht seit Anfang der 1950er Jahre, als protestantische Missionare die ersten Missionssiedlungen in der Gegend errichteten, bald gefolgt von einer Gruppe katholischer Missionare (Salesianer). Die protestantische Mission war unter dem Namen «New Tribes» bekannt und stellte die Basisstation für Chagnons Forschungsarbeit dar. Schon bald weckten seine Berichte großes Interesse an den Yanomami und zogen verschiedene Sozialwissenschaftler an, die sich begeistert auf die Gelegenheit stürzten, eine vom europäischen Kolonialismus relativ unberührte Kultur aus nächster Nähe zu studieren und die Interaktion von Mensch und Natur zu beobachten, wie sie sich wohl im Laufe etlicher Jahrhunderte eingespielt hatte.

Auf diesen Seiten ist schlicht kein Raum, die Feinheiten von Chagnons Theorien und all die Kontroversen zu diskutieren, die sich aus seiner Arbeit ergeben, also komme ich gleich zur Sache. Die wesentliche Erkenntnis für mich war: Chagnons Darstellung der Yanomami als einer Art «wildes» Volk stellte die vorherrschende Lehrmeinung zu diesem Eingeborenenstamm dar, der verteilt auf Hunderte Dörfer im Einzugsgebiet des Orinoco, entlang der Grenze zwischen Venezuela und Brasilien, lebte – eine isolierte, im Flachland angesiedelte Bevölkerungsgruppe, die zu langwierigen Kriegen neige.

Eine Zeitlang teilte mein Vater diese Sichtweise – bis er 1975 als Mitglied von Chagnons Forscherteam die Region besuchte. Was er dort vorfand, war ... eine *Offenbarung*.

Bevor ich näher auf die Sichtweise meines Vaters eingehe, möchte ich erst einmal den Rahmen abstecken. 1975, als mein Vater erstmals in den Dschungel aufbrach, hatte der Südosten Venezuelas den Status eines Bundesgebiets (Territorio Federal Amazonas), heute hingegen ist es unter dem Namen Amazonas ein offizieller Bundesstaat. Das Yanomami-Territorium, das knapp 99 000 Quadratkilometer umfasst, befindet sich in der Grenzregion von Venezuela und Brasilien und erstreckt sich über den westlichen Teil des sogenannten Guyana-Schilds. Dieses unentwickelte Gebiet, in dem die ungezähmte Wildnis der sich stetig ausbreitenden Kräfte der Globalisierung trotzt, beherbergt nach wie vor eine der intaktesten Regionen des Planeten mit einer enormen Artenvielfalt – ein herrlich weiträumiger Landstrich, quasi unberührt von der industrialisierten Welt. Tatsächlich hat das einzigartige Ökosystem des Regenwalds die Yanomami-Kultur über Jahrhunderte geprägt. Für die meisten Yanomami erwies sich der Urwald als eine Art grüne Glocke, die sämtliche Akkulturationsprozesse außen vor bleiben ließ; manche Gegenden waren so abgelegen und unzugänglich, dass Außenstehende nur schwer dorthin gelangten. Aufgrund dieser «chronischen Isolation» – ein Begriff, den ich von dem US-amerikanischen Anthropologen Jared Diamond übernommen habe – konnten sich weder Technologien noch fremde Denkweisen in den entlegenen Yanomami-Dörfern ausbreiten, sodass es Eroberern, Entdeckern und Wissenschaftlern, die seit Jahrhunderten dort unterwegs waren, nie wirklich gelang, das Territorium in Besitz zu nehmen.

Das Ergebnis war, dass viele Yanomami weiterhin so lebten, wie sie es von jeher gewohnt waren. Sie besaßen keine Schriftsprache. Sie zählten nur bis zwei – genau genommen gab es nur Worte für «eins», «zwei» und «viele». (Wie mein Vater mir in meiner Kindheit immer wieder einschärfte, bringen die höheren Zahlen einen ohnehin nur in Schwierigkeiten.) Sie kannten keinen Kalender. Ihre Gebräuche und Traditionen konnten nur auf ihre ureigene Weise gedeihen – das heißt, es gab nur sehr begrenzt Gelegenheit, unter Einfluss der Außenwelt zu lernen und heranzuwachsen. Die Yanomami taten Dinge und gingen miteinander auf eine Art und Weise um, wie sie es immer getan hatten – Jahr um Jahr, Generation um Generation, Jahrhundert um Jahrhundert.

Mitte des 20. Jahrhunderts, als Ethnologen und Missionare dauerhaften Kontakt mit den Yanomami in Venezuela aufbauten und ihre Bräuche zu untersuchen begannen, sah die Welt genauer hin. Was es bei den Yanomami zu lernen gab, so die weitverbreitete Meinung, würde Wissenschaftlern vereinfacht gesagt dabei helfen, eine Epoche in der Evolution des menschlichen Verhaltens zu verstehen. Abgesehen davon war es ganz einfach faszinierend, sich quasi auf eine Zeitreise zu begeben und in eine reale Version von *Im Land der Saurier* einzutauchen – wobei nicht immer besonders feinfühlig darüber gesprochen wurde. In den 1960ern und 1970ern war man schnell zur Hand mit Begriffen wie *primitiv* und *Steinzeit* und *Indianer*, um die Yanomami zu beschreiben, während wir heutzutage weit zutreffender von *indigen* und *traditionell* sprechen.

Doch ein Bild sagt mehr als tausend Worte, und als *Science*, *National Geographic* und andere Publikationen Bilder aus diesen von der westlichen Zivilisation so gut wie unberührten

Dschungeldörfern veröffentlichten, wurde die Kluft zwischen der entwickelten und der unentwickelten Welt tatsächlich ein wenig schmaler. Als Doktorand in Ethnologie an der Pennsylvania State University hatte mein Vater die Aufgabe, die Ernährung des Yanomami-Stammes zu erforschen und insbesondere festzustellen, ob ein Zusammenhang zwischen Eiweißmangel und der angeblichen Tendenz zum «Kriegführen» bestand. Napoleon Chagnon wollte beweisen, dass die Yanomami kämpften und plünderten, um ihre Reproduktionsfähigkeit zu erhöhen. Ein Argument lautete zum Beispiel, dass einer der Hauptgründe für tödliche Gewalt und Überfälle der Mangel an Frauen sei; demzufolge hätte ein Überfall einen Gegenangriff zur Folge – und das Ergebnis wäre ein chronischer, endemischer Kriegszustand zwischen den einzelnen Dörfern.

Die Gegenposition dazu vertrat Chagnons akademischer Erzfeind, Marvin Harris von der Columbia University. Harris lehnte Chagnons Erklärung für die kriegerischen Aktivitäten der Yanomami ab. Seiner Ansicht nach hatte die Tendenz zu kämpfen mehr mit grundlegenden Elementen der Selbstversorgung zu tun, zum Beispiel mit der seltenen Verfügbarkeit von Fleisch – eine eher ökologische Begründung also. Harris glaubte, bei den Kämpfen der Yanomami gehe es um Ressourcen, so wie bei fast allen Konflikten zwischen Gruppen von Menschen – sagen wir beispielsweise wie im Nahen Osten, wo wir Kriege um Erdöl führen. Soweit ich Harris verstehe, sind Menschen, und so auch «primitive» Menschen, tatsächlich geneigt, um Nahrung zu kämpfen, allerdings nur, um den ärgsten Hunger zu stillen oder den Zugang zu ständig verfügbaren Nahrungsquellen zu eröffnen – genauer gesagt, zu Wild und zu Gebieten, wo Tiere gejagt werden können.

Im Grunde spielte sich also mitten im Amazonasdschungel die klassische Debatte «Natur oder Kultur» ab, und mein Vater steckte mittendrin. Da Chagnon seine Doktorarbeit betreute, lag meinem Vater, auch wenn er das nicht laut sagte, daran, dessen Theorien zu bestätigen, doch im Grunde war er schon vor seiner Forschungsreise skeptisch. Konnte es wirklich sein, dass ein Volk «von Haus aus» regelrecht auf Aggression gepolt war?

Von Anfang an zweifelte mein Vater am Sinn der Unternehmung, aber seine Forschungsarbeit war seine Eintrittskarte in das Territorium und Voraussetzung für seinen Doktortitel, also ließ er sich darauf ein – und wenn man ihn heute fragt, dann erklärt er, er sei völlig unvoreingenommen an die Sache herangegangen. Er reiste mit Chagnon und zwei anderen Doktoranden in die Region, wo man sich auf verschiedene Dörfer aufteilte. Es stand genügend Geld zur Verfügung, und jede Gruppe führte reichlich Medikamente, Handelsgüter und Forschungsausrüstung mit sich. Alles, was mein Vater brauchte, um sich die Zeit im Dschungel angenehm zu gestalten, alles, was ihm für seine Arbeit dienlich sein konnte, alles, was er benötigte, um unter diesen exotischen, halbnomadischen Menschen Freunde zu finden und Bündnisse zu schließen ... es war in Reichweite.

Es genügte, nicht aufzumucken, das Protokoll einzuhalten und die Daten zu sammeln, die er brauchte, um die These seines Doktorvaters zu bestätigen. Ein Kinderspiel, oder?

Wenn ich heute Bilder meines Vaters betrachte, wie er sorgfältig die Ernährungsgewohnheiten der Yanomami aufzeichnet, sehe ich einen Mann mit einer Mission. Er war bereit, sich von Chagnons Denkweise überzeugen zu lassen, doch es sollte anders kommen. So brachte mein Vater also Monate damit zu, pflichtbewusst alles zu notieren, was die Yanomami in Hasupuwe zu sich nahmen, einem kleinen Dorf, in dem kaum hundert Menschen sowie Hunderte von Fröschen lebten. Das war tatsächlich das Erste, was meinem Vater auffiel, als er dort ankam – das unaufhörliche Quaken der Frösche, von denen die Hasupuwe-teri auch ihren Namen haben. Hasupuwe ist das Yanomami-Wort für Frosch – sie waren also die Froschmenschen des Regenwalds.

Während seines Aufenthalts im Dorf wog mein Vater alles genau ab, was die Hasupuwe-teri aßen – nicht nur Fleisch und Fisch, sondern auch Beeren, Nüsse und Kochbananen. Die Dorfbewohner wussten zunächst nicht, was sie von meinem Vater mit seiner großen Waage und seinen gewissenhaften Aufzeichnungen halten sollten. Ihre unstillbare Neugier sorgte dafür, dass mein Vater keine Privatsphäre und keine ruhige Minute hatte. Als man sich irgendwann an die Anwesenheit eines Fremden gewöhnt hatte, ließ man ihn schließlich ziemlich ungestört seiner Arbeit nachgehen, doch irgendwann beschlich meinen Vater das Gefühl, dass er auf der Stelle trat. Chagnon hatte ihn sehr bald in diesem Teil des Dschungels allein gelassen, und als sein Mentor nicht mehr vor Ort war, merkte mein Vater rasch, dass seine Feldstudie wenig aussagekräftig sein würde, wenn er nicht ein besseres Verständnis der Yanomami-Kultur in einem breiteren Kontext entwickelte. Man kann nicht einfach bloß die Proteinaufnahme beziffern und versuchen, aus ein paar Zahlen Theorien über menschliches Verhalten abzuleiten, wurde ihm klar. Entsprechend wollte er die größeren Zusammenhänge erkennen und wandte seine Aufmerksamkeit daher den Dorfbewohnern selbst zu – nicht nur dem, was sie aßen. Er lernte ihre Sprache. Er analysierte ihren Alltag.

Zunächst wohnte er in einer Lehmhütte, die zu bauen die Dorfbewohner ihm geholfen hatten, doch sie lag etwas abseits vom Mittelpunkt des dörflichen Lebens. Also zog er, sobald sich die Möglichkeit ergab, mit seiner Hängematte etwas näher an das Shabono heran, den Rundbau, der das Zentrum des Dorflebens bildete. Es gab keine Wände, keine Türen, keine Privatsphäre – nur einen offenen Raum, wo die Dorfbewohner um einen nicht überdachten Innenhof herum aßen, schliefen, lachten und spielten. Mein Vater schlug sein Lager schließlich im Shabono auf, an seiner eigenen Feuerstelle – ein hübscher kleiner Beobachtungsposten inmitten des bunten Treibens.

Die Yanomami hatten meinen Vater nach seiner Ankunft zunächst einmal misstrauisch beäugt. Mit seiner Größe von gut 1,80 Meter überragte er die übrigen Männer im Dorf. (Der erwachsene Yanomami-Mann ist durchschnittlich nicht viel größer als 1,50 Meter.) Es waren bereits Missionare und Mitarbeiter von Hilfsorganisationen in der Gegend gewesen, sodass die Dorfältesten ein wenig Erfahrung im Umgang mit den *Nabuh* – Männern und Frauen aus der Außenwelt – gesammelt hatten. Doch im Laufe der Monate wandelte sich die Beziehung meines Vaters zu den Hasupuwe-teri. Man gewöhnte sich an die Gegenwart des Mannes, der zunächst als zurückhaltender Eindringling betrachtet worden war, und begann ihm zu vertrauen. Und irgendwann hob er seinerseits den Blick von seinen Notizen und der Waage, mit der er Nabelschweine abwog, und nahm ein Volk wahr, das durch gemeinsame Ziele, die Abstammung und den Sinn fürs Gemeinwohl zusammengeschweißt war. Er fand keine Hinweise auf ein Volk, das aus biologischen Gründen zu «chronischer Kriegführung» neigte. Stattdessen fand er eine größtenteils friedliche Zivilisation vor, die frei war von den Leiden und Stressfaktoren des modernen Lebens: Rechnungen, Steuern, dem Erklimmen der Karriereleiter ... selbst die Zwänge des Familienlebens wirkten im Regenwald gelockert. Er kam zu dem Schluss, dass die pauschale Behauptung, der Stamm sei kriegerisch, eine grobe Fehleinschätzung darstellte.

Dessen ungeachtet wurde mein Vater in seiner Zeit im Dschungel sehr wohl Zeuge von Gewalt, sogar von tödlicher Gewalt. Dennoch konnte er die Unterstellung, die Yanomami seien von Natur aus ein wildes Volk, nicht akzeptieren. Die gewalttätigen Vorfälle traten meist vereinzelt auf, als Ausnahmen eines ansonsten anständigen, kollegialen und kooperativen Verhaltens.

Wenn mein Vater in meiner Kindheit von seinen Erfahrungen im Regenwald erzählte, verglich er die gelegentlichen Gewaltausbrüche unter den Yanomami mit Überfällen in Manhattan. Es sei schlicht unfair und falsch, einfach alle New Yorker in Bausch und Bogen als gewalttätig einzustufen – und genauso unfair und falsch sei eine solche Verallgemeinerung mit Blick auf die Yanomami.

Was mir an den Beschreibungen der einzelnen Gewalttaten, die mein Vater und andere Ethnologen beobachteten, unter anderem auffällt, ist der Umstand, dass dabei nahegelegt wird, sie seien quasi an der Tagesordnung und absolut normal gewesen – obwohl es auch in den Vereinigten Staaten tagtäglich und in jeder Gemeinde zu vereinzelten Gewalttaten kommt. Der einzige Unterschied ist, dass die Yanomami in einer komplett offenen Gesellschaft leben. Ihre gemeinschaftlichen Wohnstrukturen, ihr Alltag, ihr Umgang miteinander verschleiern nichts. Alles ist im wahrsten Sinne des Wortes offensichtlich, sodass die gelegentlich auftretenden Gewaltausbrüche auf Außenstehende wohl erschütternd gewirkt haben müssen.

Und ebenso, wie diese Vorfälle meinen Vater vielleicht erschüttert haben, nehme ich an, dass auch mein Vater selbst im Dorf zumindest zu Anfang wie ein Fremdkörper gewirkt hat. Als junger Mann neigte er ein wenig zu Arroganz; er sträubte sich gegen Autoritäten und stritt sogar wider besseren Wissens und ohne Rücksicht auf mögliche Nachteile mit seinen Profes-

soren und Mentoren. Er war schon immer nur bedingt gesell-
schaftsfähig gewesen; bereits als Kind merkte ich, dass er sich
bei bestimmten gesellschaftlichen Anlässen irgendwie seltsam
verhielt. Doch hier bei den Yanomami war er des Smalltalks
und der höflichen Konventionen enthoben, mit denen er sich
zu Hause herumgeplagt hatte. Er war mehr er selbst, wie er
selbst sagte. Er verliebte sich in das Volk, die Kultur, den Rhythmus und den Puls eines einfacheren, saubereren, umweltver-
träglicheren Lebensstils.

Als seine Feldstudie sich allmählich dem Abschluss näherte, wurde meinem Vater klar, dass er nicht fort wollte – also
begann er nach Gründen zum Bleiben zu suchen.

Und er fand sie.

Als mein Vater in Hasupuwe eintraf, nannten ihn die Menschen dort *Aka porebi* – «Geisterzunge». (Eigentlich ein Ausdruck für Yanomami-Kinder, die noch nicht sprechen können.)
Doch schon nach kurzer Zeit verständigte er sich mühelos und
sprach fast fließend Yanomami. Mein Vater war äußerst sprachbegabt, was sich als ausgesprochen nützlich erwies. Die Dorfbewohner nahmen ihn auf – zunächst als den Neuen, irgendwann dann aber auch als einen der ihren. Er lernte, wie ein
Yanomami zu handeln, sich wie ein Yanomami zu verteidigen,
wie ein Yanomami zu scherzen, wie ein Yanomami zu necken.

Über diesen Wandel schrieb mein Vater in seinem Buch
Into the Heart, das 1991 erschien und zum Bestseller wurde (in
Deutschland erschienen 1993 und 1996 unter dem Titel *Yarima*
bzw. 2002 unter dem Titel *Im Urwald des Orinoco*). Es ist nicht
an mir, seine Geschichte zu erzählen – aber, wie schon gesagt,
bereitet sie den Boden für meine Geburt, und darum möchte
ich hier ein paar wichtige Stationen erwähnen. Eine für mich
unvergessliche Szene aus seinem Buch schildert, wie sich zu
Anfang seines Aufenthalts die Hasupuwe-teri täglich um ihn

versammelten, wenn er seine Forschungsergebnisse protokollierte. Es war eine unkomplizierte Tätigkeit, die aber für die Dorfbewohner eine vollkommen andere Bedeutung hatte als für meinen Vater. Das Konzept des Schreibens war den Yanomami nämlich vollkommen fremd. In ihren Augen produzierte mein Vater einfach nur schnörkelige Linien, zeichnete auf Papier, also begannen sie es ihm nachzutun – sie skizzierten und kritzelten. «Obwohl sie noch nie einen Stift in der Hand gehalten hatten, nahmen sie sich meinen und zeichneten irgendwas – wohin sonst als mitten über meine Aufzeichnungen.»

Schon während der ersten Etappe seiner Regenwald-Odyssee gewöhnte sich mein Vater an das Leben bei den Yanomami. Aber auch als er schon recht gut in das Dorfleben integriert war, bewahrte er sich den Blick des Außenstehenden. Immerhin war er studierter Ethnologe und als solcher darauf konditioniert, sich zumindest ein klein wenig abseits zu halten. Seine Aufgabe war das Beobachten, doch um wirklich umfassend beobachten zu können, so sein Dafürhalten, musste er sich auch einlassen.

Eines Nachmittags dann prallten seine zwei Rollen als Beobachter und als Beteiligter ungebremst aufeinander – ein Moment, den er ebenfalls in seinem Buch beschreibt. Mein Vater wurde geweckt, als er gerade ein Schläfchen hielt, wie er es während seiner Zeit im Dschungel häufig tat, wahrscheinlich, weil er auch mit der aufgehenden Sonne aufstand. Und er war nicht der Einzige, der es so hielt; es war heiß im Regenwald – absurd, ungesund, drückend heiß –, und während der größten Mittagshitze versuchten viele Yanomami ihr zu entgehen, indem sie im Schatten lagen und vor sich hin dösten. An besagtem Nachmittag wurde mein Vater aber durch Geschrei geweckt – ein entsetzliches, qualvolles Schreien. Soweit er es ausmachen konnte, waren es die Schreie einer Frau, begleitet von lauten Geräuschen wie bei einem Kampf. Er stand aus seiner Hängematte im Shabono auf, um nachzusehen, was los war, und ging dabei an dem vertrauten Bild dörflichen Alltagslebens vorbei – Frauen und Kinder, die der Störung überhaupt keine Beachtung zu schenken schienen. Doch am anderen Ende des Shabono angekommen, bot sich meinem Vater eine beängstigende Szene. Es sah aus, als zerrten zwei Gruppen junger Männer brutal an den Armen und Beinen einer jungen Frau, als sei sie ein menschliches Knallbonbon. Die Frau kreischte vor Angst, und auf meinen Vater wirkte es, als habe sie auch Schmerzen. Doch nur wenige Meter von dem Platz, wo sich der Angriff auf die Frau abspielte, gingen andere Yanomami ohne jedes Aufheben ihren Verrichtungen nach: Zwei Frauen brieten Kochbananen, andere flochten einen Korb, eine weitere versorgte ein krankes Kind.

An dieser Stelle ist es wichtig zu erwähnen, dass die Yanomami Vergewaltigung oder Gewalt gegen Frauen in keiner Weise billigen. Wir müssen uns aber ebenso klarmachen, dass diese Dinge auch in unserer Kultur inakzeptabel sind und trotzdem vorkommen. Meinem Vater zufolge verließen einige Yanomami-Frauen sehr wohl ihren Platz an der Feuerstelle oder in der Hängematte, um dieser Frau zu helfen, sich von den Angreifern zu befreien. Einige andere taten es nicht. Was meinen Vater eigentlich am meisten erschreckte, war, dass sich diese Szene in aller Öffentlichkeit abspielte – und jetzt, so viele Jahre später, dürfen wir die Zusammenhänge nicht außer Acht lassen. Wie bereits erwähnt, geschieht in der Yanomami-Kultur alles ganz offen. Es gibt keine Wände, hinter denen man sich verstecken könnte. Stellen wir uns vor, wir würden in unserer westlichen Welt so leben, Szenen häuslicher Gewalt würden sich vor aller Augen abspielen. Ehemänner würden vor ihren Nachbarn ihre Frauen anbrüllen. Mütter würden ihre Kinder ohrfeigen, während sie das Abendessen zubereiten. Darum möchte ich jetzt, wo wir uns langsam meiner Geschichte nähern, sorgfältig darauf achten, die Yanomami nicht als widerliche, brutale Schlägerbande darzustellen. Ja, das war ein abscheulicher Akt. Und ja, viele in der Gemeinschaft schienen ihn mit einem Achselzucken abzutun. Aber, wie gesagt, man muss den Kontext mitberücksichtigen.

Als mein Vater sich der furchtbaren Szene näherte, merkte er zu seinem großen Schrecken, dass er diese Frau, die ganz offensichtlich Höllenqualen litt, kannte. Sie hatte ihm vor gar nicht langer Zeit, als er ein Nachbardorf besuchte, hilfreich zur Seite gestanden und war erst kürzlich nach Hasupuwe gekommen, weil sie Schutz vor ihrem Ehemann suchte. Und nun befand sie sich hier im Zentrum einer ganz speziellen Art von Gewalt, die mein Vater kaum begreifen konnte. Das war keine Gewalt um der Gewalt willen. Nein, das hier war etwas vollkommen anderes – ein brutales Stück Realität, das mein Vater mit seiner westlich geprägten Empfindsamkeit nicht einmal ansatzweise fassen konnte. Er näherte sich vorsichtig und bemerkte erstaunt, dass die Frau selbst eigentlich kaum Widerstand leistete. Sie war inzwischen wie willenlos, hatte sich widerstandslos ergeben und harrte dem, was das Schicksal für sie bereithielt. Wie sich herausstellte, zerrte auf der einen Seite eine Gruppe von drei oder vier jungen Männern, die *huya*, die mein Vater aus dem Dorf kannte, wie besessen an der Frau, während drei oder vier ältere Frauen, die er ebenfalls kannte, versuchten dagegenzuhalten.

Lange Zeit stand mein Vater nur starr vor Entsetzen da. Er hatte keine Ahnung, was er hätte tun können, was von ihm erwartet wurde. Er war kaum in der Lage zu verarbeiten, was er sah. Schließlich bemerkte er eine andere Frau, die mit ihrem Kind von einem der Gärten zurückkam. Er kannte sie gut genug, um sie herbeizuwinken und zu fragen, was da vor sich gehe.

«Ach, das», meinte die Frau verächtlich, als sei es nichts weiter. «Diese Jungs versuchen, sie in den Wald zu schaffen, um sie zu beschlafen. Und die Frauen versuchen, sie daran zu hindern.»

Sie sagte das in völlig sachlichem Ton, als handle es sich um ein ganz gewöhnliches Geschehen, das wie selbstverständlich zum Dschungelalltag gehörte, eine bedauerliche Demonstration dessen, was die Dorfbewohner vielleicht einfach nur als Unfug betrachteten, doch meinen Vater machte es trotzdem zornig. Er lebte inzwischen seit mehreren Monaten bei diesen Leuten und wusste, dass sie freundlich, mitfühlend und sogar großherzig waren. Ein solches Verhalten hatte er noch nie zu Gesicht bekommen, und nun spielte sich diese Szene nur einen Steinwurf vom Dorfzentrum entfernt ab. Eine schutzlose Frau – das heißt, eine alleinstehende Frau, die ihre erste Periode schon hinter sich hatte, oder eine «verheiratete» Frau, deren Ehemann für längere Zeit dem Dorf fernblieb – war angreifbar, in der gleichen Weise, wie eine Studentin angreifbar sein mag, die allein von einer Party nach Hause geht. Es war abscheulich, aber so war es eben im Dschungel.

(Nur, um das klarzustellen: Mein Vater hatte seine westliche Sichtweise hinsichtlich einer ganzen Reihe von gesellschaftlichen Fragen bei den Yanomami noch nicht ganz abgelegt, aber das war nur eine Frage der Zeit.)

Die Frau kämpfte also weiter. Mein Vater stand still und regungslos da, als ein weiterer Teenager sich ins Getümmel stürzte, um seinen Freunden zu helfen, und es ihnen schließlich gelang, die arme Frau den älteren Frauen zu entreißen, die versucht hatten, sie vor diesem Unheil zu bewahren. Die jungen Männer schleppten sie also tiefer in den Dschungel hinein.

Mein Vater folgte ihnen, zögerlich, unsicher, wie er sich in dieser Situation verhalten sollte.

«Ich weiß, ich kann diese jungen Kerle verscheuchen», schrieb er später, als er diesen Moment noch einmal Revue passieren ließ. «Sie haben sowieso etwas Schiss vor mir, und wenn ich einen Stock aufhöbe und ein herzhaftes Drohgeschrei ausstieße, würden sie sich in alle Winde zerstreuen. Andererseits bin ich ein Anthropologe und kein Polizist. Ich sollte nicht Partei ergreifen, Werturteile fällen und ihr Verhalten maßregeln. So was kommt immer wieder vor. Wenn eine Frau ihr Dorf verlässt und woanders allein auftaucht, besteht die Möglichkeit, dass sie vergewaltigt wird. Sie weiß es, und die anderen wissen es auch. Es ist zu erwarten. – Was soll ich tun, ihnen meine eigenen Moralbegriffe aufzwingen? Ich bin nicht gekommen, um diese Leute zu verändern oder weil ich glaubte, ich könnte alles, was sie tun, gutheißen. Ich bin hier, um sie zu studieren.»

Was tat er also? Nichts. Nach einiger Zeit trat er schließlich den Rückzug zum Shabono an – angewidert von sich selbst, weil er nicht eingeschritten war. Was er gerade gesehen hatte, machte ihn krank, und es machte ihn ratlos, welche Gleichgültigkeit die anderen Yanomami der gleichen Situation gegenüber an den Tag zu legen schienen. Den letzten Anstoß bei seiner Entscheidungsfindung gab ein kleiner Junge, den mein Vater aus dem Dorf kannte und der zufällig vorbeikam, während mein Vater noch dabei war, seine nächsten Schritte zu erwägen. Der Blick des Jungen folgte dem meines Vaters zu der Bande Teenager, von denen einige seine Brüder und Cousins sein mochten und die über diese hilflose Frau herfielen und dabei laut stöhnten. Dann sah er meinen Vater an und sagte: «Geh nicht dorthin.»

«Warum nicht?», wollte mein Vater wissen.

Seine Antwort lautete: *Weil sie ihre Scheide essen* – eine Redewendung des Dschungels, die mit Sicherheit nicht wörtlich zu nehmen war, sondern vielmehr deutlich machte, dass diese wilden Teenager ihre weibliche Beute sexuell verschlangen, sie sich zu Willen machten.

Also schlich mein Vater zurück zum Shabono – wie erschlagen, ernüchtert, angeekelt von sich selbst, weil er seiner Freundin nicht zu Hilfe geeilt war, und gleichzeitig fragte er sich, ob das hier in dieser Welt überhaupt von ihm erwartet wurde. Lange Zeit nagte diese Frage an ihm. Es sollte Monate – sogar Jahre – dauern, bis er seine westliche Geisteshaltung ganz und gar abgelegt und gelernt hatte, mit dieser Art von Verhalten klarzukommen. Und es dauerte womöglich noch länger, bis es letztlich zu einer Aussöhnung kam zwischen dem Mann, der er in seiner Heimat gewesen war, und dem Mann, der er nun im Dschungel sein musste. Unterdessen machte er einen Malariaschub durch, der ihn beinahe das Leben kostete, und geriet anschließend ein weiteres Mal in Lebensgefahr, als ihn die Stromschnellen Raudales de Guajaribos aus einem Einbaum in die reißende Strömung katapultierten. Doch es gelang ihm, sich anzupassen und einzugewöhnen. Langsam wandelte er sich, und ebendiese kulturelle Wandlung, dieser allmähliche Transformationsprozess, bereitete die Grundlage dafür, dass meine Mutter in das Leben meines Vaters treten konnte. Und wenn ich nun zurückblicke auf die Zeit meines Vaters im Dschungel, wird mir klar: Hätte er diesen Sprung nicht gemacht, diesen Sinneswandel nicht durchlebt ... hätte er nicht seine Rolle als Ethnologe abgelegt und sich voll und ganz auf seine Rolle als vollwertiges Mitglied der *Hasupuwe-teri* eingelassen, dann gäbe es für mich keine «Herkunfts»geschichte zu erzählen.

Manche Paare lernen sich auf eine herzallerliebste Art kennen. Manche Paare lernen sich auf eine naheliegende Weise kennen. Meine Eltern lernten sich auf eine bizarre Weise kennen – so zumindest sehen es viele westliche Menschen, bevor sie die ganze Geschichte erfahren. So empfand auch ich es als Kind, das in New Jersey aufwuchs und dessen Stammbaum ganz anders aussah als bei allen anderen Kindern in der Nachbarschaft. Selbst mein Vater erlebte es zunächst so – wahrscheinlich, weil er öfter einmal nach Hause gefahren war, um wieder Kontakt zu seiner alten Weltsicht aufzunehmen. Zum ersten Mal kehrte er im Juni 1977 in die USA zurück, nach gut zwei Jahren im Dschungel. Gleich nach seiner Ankunft suchte er die Pennsylvania State University auf, um seine Zusammenarbeit mit Napoleon Chagnon zu beenden, fest entschlossen, sein Studium bei Marvin Harris an der Columbia University fortzusetzen, wo er als Doktorand angenommen worden war.

Bevor er nach New York fuhr, um seine Arbeit an der Columbia University aufzunehmen, machte mein Vater allerdings einen kleinen Abstecher zum Max-Planck-Institut in München, das ihm die Möglichkeit eröffnete, seine Feldstudien bei den Yanomami fortzusetzen. Die Stelle beim Institut erlaubte es ihm, praktisch umgehend an den Amazonas zurückzukehren. Wäre er direkt zur Columbia University gefahren, hätte es womöglich noch ein Jahr oder länger gedauert, bis eine Folgeexpedition in die Wege geleitet gewesen wäre, und auch Marvin Harris war der Ansicht, so biete sich meinem Vater eine gute Gelegenheit, seine Kontakte in der Region auszubauen.

Zu diesem Zeitpunkt tauchte meine Mutter auf der Bildfläche auf, auch wenn das Gesamtbild vorerst noch ziemlich verschwommen blieb. Sie war damals noch ein Mädchen – elf oder zwölf Jahre alt vielleicht, genau lässt sich das nicht sagen, weil die Yanomami weder Geburtstage noch Kalender kennen.

Im Regenwald verläuft die Zeit nicht zyklisch, sie wird nicht unterteilt, wie wir in der westlichen Welt uns das in aller Regel vorstellen. Zeit wird nicht in Jahren gemessen, es gibt daher bei den Yanomami kein Äquivalent für, sagen wir, das Jahr 2015 oder für einen Rückblick auf die 1960er Jahre. Die Yanomami sind nicht an Zahlen gebunden; sie messen ihren Fortschritt oder ihr Wachstum nicht numerisch. Anders als die westliche Welt sind sie nicht von Zahlen besessen. Man braucht nicht achtzehn zu sein, um rauchen zu dürfen, oder einundzwanzig, um Alkohol zu trinken, und man muss keine bestimmte Durchschnittsnote erreichen, um einen akademischen Grad zu erlangen. Und es gibt auch keinen Stichtag, an dem man seine Steuern bezahlen müsste.

Es weiß also niemand, wie alt meine Mutter wirklich war, als mein Vater sie kennenlernte. Eine Antwort wäre sowieso bedeutungslos gewesen. Sehr wohl von Bedeutung war und ist hingegen, *wie* meine Mutter in die Geschichte meines Vaters – und schon bald darauf auch in meine – trat. Sie saß mit ihrer Mutter eines Nachmittags an der gemeinsamen Feuerstelle, etwa eine Woche, nachdem mein Vater ins Dorf zurückgekehrt war. Er war in ein angeregtes Gespräch mit einem Mann vertieft, dessen Yanomami-Name frei übersetzt in etwa Langbart bedeutete – und bei dem es sich um den Häuptling der Hasupu-we-teri handelte. Langbart sprach mit meinem Vater über ein sehr wichtiges Thema.

«Shori», sagte er zu ihm und benutzte dabei die unter den Yanomami geläufige Verwandtschaftsbezeichnung, die frei übersetzt so viel wie Schwager heißt, die aber auch für enge Freunde oder verlässliche Gefährten verwendet wird. «Du lebst nun schon lange bei uns. Du bist fortgegangen, und nun bist du wieder zurückgekehrt. Du bist jetzt einer von uns. Es ist an der Zeit, dass du eine Frau nimmst.»

Zunächst glaubte mein Vater, er hätte sich verhört. Er hatte vor seiner letzten Reise in die USA zwei Jahre lang in dem Dorf gelebt, doch in der ganzen Zeit war nicht einmal von einer Heirat mit einer weiblichen Stammesangehörigen die Rede gewesen. Und, wichtiger noch, mein Vater hatte eine solche Verbindung auch nie angestrebt. Seine Arbeit halte ihn ausreichend beschäftigt, erklärte er. Das Leben im Dschungel war auch ohne Beziehung herausfordernd genug. Sein Geschlechtstrieb war ohnehin so gut wie nicht existent, denn sein Organismus hatte mit der drückenden Hitze, dem ungewohnten Essen, den ständig umherschwirrenden Moskitos, der fehlenden Privatsphäre und dem ganzen anderen Rest zu kämpfen. Also wehrte er das Ansinnen strikt ab und versuchte das Gespräch in andere Bahnen zu lenken, doch Langbart ließ sich nicht beirren. Wenn mein Vater unter den Hasupuwe-teri leben wolle, müsse er heiraten. So war das eben.

Nun ist es in der Yanomami-Kultur so, dass man unter Umständen, um sich eine Frau zu nehmen, einfach nur seine Hängematte neben die Hängematte einer «unverheirateten» Frau zu hängen braucht. Das genügt in jenem Teil der Welt als Hochzeitszeremonie – damit ist die Sache abgemacht. Es kann aber auch bedeuten, dass man sich eine Frau mit einem anderen Yanomami-Mann teilt – was, wie mein Vater beobachtet hatte, durchaus zu Komplikationen führen kann. (Wo ich schon einmal dabei bin, lassen Sie mich klarstellen: Obgleich die Yanomami vorwiegend monogam sind, ist es keineswegs unüblich, dass Männer zwei Frauen haben. Noch seltener erlebt man, dass eine Frau zwei Männer hat, doch auch das kommt hin und wieder vor.) Es kann sich darüber hinaus aber auch bloß um ein rein formelles Eheversprechen handeln, denn bei den Yanomami führt ein «Verlöbnis» sehr oft einfach zu gar nichts.

Typischerweise beginnt ein Mann, wenn er erst einmal mit einer Yanomami-Frau verlobt ist, Zeit mit ihr und ihrer Familie zu verbringen. Sehr häufig werden derartige Arrangements zwischen Familien getroffen, so wie es auch im Westen bisweilen «arrangierte» Hochzeiten gibt. Ist die Verlobung beschlossen, ändert sich nichts. Die junge Frau lebt weiter bei ihrer Familie und geht nach wie vor ihren gewohnten Tätigkeiten nach. Der junge Mann tut das Gleiche. Manchmal ist der jüngeren Generation nicht einmal bewusst, dass ihre Eltern oder ältere Verwandte schon ein Arrangement für sie getroffen haben. Gesprochen wird darüber nur, wenn es etwas zu besprechen gibt.

Außerdem gibt es eine Art Probezeit, in der beide Seiten einander kennenlernen – ähnlich wie die Brautwerbung in der westlichen Kultur. Die Verlobungszeit kann bei den Yanomami Monate oder gar Jahre dauern ... und manchmal beginnt sie, bevor die betreffende Person überhaupt geboren ist.

(Meine jüngere Schwester Vanessa etwa – Sie werden sie in Kürze kennenlernen – wurde mit einem Einheimischen verlobt, während meine Mutter noch mit ihr schwanger war!)

Überhaupt ist Romantik der Yanomami-Kultur völlig fremd – jedenfalls alles, was unserer westlichen Idealvorstellung davon nahekommt. Yanomami-Frauen geraten nicht ins Schwärmen über ihre Männer oder verzehren sich vor Sehnsucht nach ihnen, wenn sie unterwegs sind. Sie schreiben weder Liebeslieder noch Liebesgedichte. Das Band zwischen Eheleuten beruht mehr auf Kameradschaft, Vertrautheit und Familie als auf Liebe und dem «gewissen Etwas» oder irgendwelchen sonstigen westlichen Mustern. Wenn zwei Menschen einander nicht mögen, nicht zusammenpassen, dann wird natürlich auch nicht geheiratet, aber im Großen und Ganzen ist eine Ehe eine rein pragmatische Angelegenheit. Der Mann braucht eine Frau, damit sie angelt und kocht und Kinder bekommt. Die Frau braucht einen Mann, damit er auf die Jagd geht und die Familie beschützt. Beide sind zwei Teile eines notwendigen Ganzen.

Der erste Impuls meines Vaters war, Langbarts Vorschlag einfach lachend abzutun, aber er wollte dem Dorfhäuptling Respekt erweisen. Er wusste seine Freundschaft mit Langbart zu schätzen und war bemüht, nichts zu tun, was seinen Platz in der Gemeinschaft gefährdete. Trotzdem fand er den Gedanken absurd. Wie konnte er, ein Mann aus der westlichen Welt, ernsthaft erwägen, ein solches Verlöbnis einzugehen? Eine Sache wäre es gewesen, mit einer Frau aus dem Dorf eine romantische Beziehung anzufangen – wenngleich auch das schon problematisch gewesen wäre. Sie konnte womöglich bereits einem anderen versprochen sein. Oder sie würde bestimmte Erwartungen hegen, denen er nicht entsprechen konnte. Sich aber zu einer Ehe zu verpflichten, so wie er das Konzept verstand, zu der Institution, der Beziehung … das kam gar nicht in Frage. Es war wirklich in jeder, ganz besonders aber in logistischer Hinsicht absurd. Sein «Einsatz» war diesmal auf einige wenige Monate begrenzt, an eine langfristig angelegte Beziehung war also gar nicht zu denken.

Und doch stand das Thema im Raum. Langbart blieb beharrlich. Egal, welche Einwände mein Vater brachte, Langbart wischte sie beiseite wie lästige Fliegen. Sosehr mein Vater sich bemühte zu widerstehen, Langbart hielt dagegen. Am Ende warf mein Vater die Arme in die Höhe, eine Geste, die besagte *Was soll's* und erklärte: «Na schön, ich werde mir eine Frau nehmen.»

«Beschlossene Sache», entgegnete Langbart, und im gleichen Moment fiel sein Blick auf meine Mutter und Großmutter, die gerade am Feuer kochten. Er deutete auf meine Mutter und sagte: «Nimm sie.»

Zufälligerweise kannte mein Vater meine Mutter und ihre Familie bereits. Er hatte einen guten Draht zu ihrem älteren Bruder, sie gingen oft zusammen angeln. Zu ihrer Mutter hatte er ein freundschaftliches Verhältnis, sie kochte oft für ihn. Und sogar mit meiner Mutter verband ihn eine Art Freundschaft. Sie leistete ihm oft Gesellschaft, wenn er seine Notizen durchging, und in letzter Zeit hatte sie ihm häufiger Essen gebracht, das ihre Mutter zubereitet hatte. So hatten sie schon viele vergnügliche Stunden miteinander verbracht. Manchmal begleitete meine Mutter meinen Vater und ihren Bruder auch auf ihren Angelausflügen. Sie kletterte dann auf den breiten Rücken meines Vaters, schlang die Arme um seinen Hals, und er trug sie huckepack durch den Urwald.

Es war Freundschaft, mehr nicht – eine *familiäre* Freundschaft.

Außerdem war meine Mutter bereits einem anderen Mann versprochen, doch unter den Yanomami war das gar nicht unüblich – man hielt sich eben alle Optionen offen.

Mein Vater nannte meine Mutter Yarima, obgleich das nicht ihr richtiger Name war. In der Yanomami-Kultur wird der Name selten laut ausgesprochen – das gilt als Tabu, ja sogar als schlimme Beleidigung. Jemanden bei seinem wahren Namen zu nennen macht ihn, so der Glaube, verletzlich für Angriffe böser Geister. Diese Geister lauern immer und überall, sie hören alles – und wenn diese Geister deinen Namen kennen, können sie dir Schaden zufügen oder Krankheiten auslösen.

Die Namensgebung bei einem Kind ist mit allerlei Aberglauben verbunden. Die meisten Yanomami-Eltern geben ihren Kindern erst nach Monaten einen Namen, und wenn sie es schließlich tun, hat das Kind bereits irgendeine Eigenschaft oder einen Charakterzug entwickelt, der sich für einen Spitznamen eignet. Bei diesem Spitznamen wird das Kind dann gerufen. Bevor es einen Namen bekommt, wird es von Eltern, Großeltern, Onkeln und Tanten einfach «mein Neffe» oder «meine ältere Schwester» (*Hekamaya* oder *Pataye*) genannt. Nach der Namensgebung wird es von den Familienangehörigen weiterhin mit diesen Verwandtschaftsbezeichnungen angesprochen. Hat man aber einen Spitznamen erhalten und ist in diesen hineingewachsen, so ist man unter diesem bekannt.

Yanomami-Spitznamen sind nicht immer schmeichelhaft. Mein Vater hat mir von einem Mann aus einem Nachbardorf erzählt, der den Namen *Shamaposiwe* trug – Arschloch eines Tapirs. Und als mein Vater die Sprache erlernt hatte und ziemlich fließend sprach, änderte sich sein Name von Geisterzunge, wie er zu Beginn genannt worden war, in *Hukopata* – Große Stirn.

(Nur, um das klarzustellen – aus Sicht der Yanomami hatte mein Vater tatsächlich eine große Stirn, und ich kann nur annehmen, dass *Shamaposiwe* ebenfalls seinem Namenspatron ähnelte.)

Da wir gerade bei Namen sind, möchte ich auch ein paar Worte zu meinem eigenen verlieren, bevor ich zur Geschichte meiner Eltern zurückkehre. Im Regenwald wurde ich oft *Davi* genannt – eine hübsche Abkürzung meines US-amerikanischen Namens. Meine Mutter nannte mich *Moka*, ein Kosename, den Mütter oft für ihre Söhne verwenden oder Frauen für ihren Mann – wobei mir die wörtliche Übersetzung davon gewisse Probleme bereitete. Meinem Vater zufolge kann *Moka* auch den Kopf bzw. die Spitze des Penis bezeichnen, meine Mutter nannte mich also andauernd Schwanzkopf – was sich für meine US-amerikanischen Ohren anhört wie Schwachkopf.

Die Dorfbewohner kannten mich unter dem Yanomami-Namen *Ayopowe*, was grob übersetzt so viel heißt wie «Rundgang» oder «Umweg». Den Namen gab mir der Bruder meiner

Mutter, ein Onkel, den ich *Shoape* nannte. Er war einer der wenigen Menschen im Dorf, die sich zwanzig Jahre später noch an meinen Vater erinnerten. Als ich in Hasupuwe ankam und die erste Nacht im Dschungel bei meiner Mutter verbracht hatte, begrüßte mich Shoape höchst emotional. Er war inzwischen, selbst an westlichen Standards gemessen, ein alter Mann – und für Dschungelverhältnisse beinahe schon ein Greis. Einst, zur Zeit meines Vaters, war er Häuptling der Hasupuwe-teri gewesen, und jetzt wurde ihm als Ältestem großer Respekt entgegengebracht. Er näherte sich mir äußerst feierlich und ausgesprochen freundlich. Da ich nicht wusste, wie ich reagieren sollte, spiegelte ich sein Verhalten. Alles, was er tat, tat ich ebenfalls. Legte er mir die Hand auf die Schulter, legte ich ihm die Hand auf die Schulter. Lächelte er, so lächelte ich. Klopfte er mir auf den Rücken, so klopfte ich ihm auf den Rücken. Und die ganze Zeit über redete er in Yanomami auf mich ein, eine Million Wörter die Minute. Ich hatte Vokabeln und Sätze auswendig gelernt, doch so schnell, wie er sprach, verstand ich rein gar nichts.

Hortensia Caballero, eine Ethnologin aus Caracas, die meine Rückkehr ins Dorf meiner Mutter organisiert hatte, und *Sor* Antonietta, eine katholische Missionarin, die uns auf dieser Etappe der Reise begleitete, halfen abwechselnd bei der Übersetzung. Wie sie mir erklärten, sagte Shoape:

«*Das ist die Wahrheit. Du bist ein Yanomami. Du bist Teil dieses Dorfes. Du bist ein* Irokai-teri. *Du bist mein Neffe. Du bist Teil dieses Dorfes, Neffe. Du bist ein Yanomami.*»

(Die Yanomami neigen zu Wiederholungen, stellte ich fest.)

Der Häuptling wurde bei der Begrüßung so von Gefühlen überwältigt, dass selbst eine dschungelerprobte Wissenschaftlerin wie Hortensia zu Tränen gerührt war – ein Anblick, der mir überdeutlich vor Augen führte, wie stark die Bindungen waren, die mein Vater in dieser Gegend aufgebaut hatte, und welch eine reiche Geschichte uns alle verband.

Shoape ging dazu über, mich *Ayopowe* zu nennen, und erinnerte mich daran, dass ich einen langen Umweg gemacht hatte, denn ich stammte aus diesem Ort und war nun dorthin zurückgekehrt – eine Reise, die viele Jahre gedauert hatte.

Der Name passte: Umweg. Das Drehen großer Ehrenrunden ist tatsächlich die Geschichte meines Lebens. Ich brauche immer eine Zeitlang, um dorthin zu gelangen, wo ich hin möchte, aber schlussendlich finde ich meinen Weg.

Offenbar liegt es in meiner Natur, mir alle Zeit der Welt zu lassen – wie ich es auch gerade hier tue. Ich habe weit ausgeholt, um die Geschichte meiner Eltern zu erzählen, und jetzt fahre ich damit fort. Mein Vater hielt Langbart gegenüber Wort und willigte in die Verlobung ein. Es würde eh nichts dabei herauskommen, davon war er überzeugt.

In der Zwischenzeit stand die Brautzahlung im Raum, das Äquivalent dessen, was wir als Mitgift bezeichnen. Bei Yanomami-Ehen bietet der Mann der Familie seiner zukünftigen Frau Geschenke und Dienste an, sozusagen als offizielle Transaktion, um die Abmachung zu besiegeln. Also lieferte mein Vater Töpfe und Pfannen, Macheten und Angelhaken. Er hatte den Dorfbewohnern als Gesamtheit schon im Austausch für ihre vielen Gefälligkeiten solcherlei Handelsgüter zur Verfügung gestellt, doch nun überreichte er sie der Familie meiner Mutter ganz direkt. Sie stellten eine Art Anzahlung dar, ein Zeichen für seinen Wunsch zu heiraten – auch wenn mein Vater zu diesem Zeitpunkt noch keine Ahnung hatte, was das zu bedeuten haben könnte oder ob überhaupt etwas daraus werden würde. Bestenfalls legte er den Grundstock für eine zukünftige Beziehung, und für den Moment festigte er seine enge

Verbindung zu dieser einen Familiengruppe, um sich dadurch in diesem abgelegenen Teil der Welt zu Hause zu fühlen.

So ging es eine ganze Weile weiter, und mit der Zeit wurde die Beziehung zwischen meiner Mutter und meinem Vater tiefer. Wie üblich war die ganze Familie einbezogen. Alle zusammen verbrachten sie mehr Zeit miteinander, ebenso zu dritt wie auch unter vier Augen. Mein Vater kam und ging – er kehrte in die Vereinigten Staaten zurück, um sein Studium abzuschließen und seine nächste Reise vorzubereiten. Manchmal war er mehrere Monate am Stück abwesend, manchmal jahrelang, und während er immer mehr Zeit in der Ferne verbrachte, ertappte er sich dabei, dass er immer öfter an Yarima dachte, die, dem anfänglichen Desinteresse meines Vaters an einer romantischen Beziehung zum Trotz, zu einer schönen jungen Frau heranwuchs.

Fühlte er sich zu diesem Zeitpunkt in romantischer Weise von ihr angezogen? Solche Fragen wurden in meiner Jugend bei uns zu Hause nicht besprochen, und die Bücher meines Vaters bieten keine konkreten Anhaltspunkte dafür, aber ich denke doch, dass er sie gern hatte. Eine Art Zuneigung existierte. Sie wurde zur Frau – besonders in den Augen der Yanomami-Männer in ihrem Dorf. Und darum glaube ich, dass auch bei meinem Vater Gefühle von Zärtlichkeit und Zuneigung aufkamen. Er begann sie zu sehen, wie andere Männer im Dorf sie sahen – eher unter dem Aspekt, was zwischen ihnen möglich sein könnte.

Wenn er lange Zeit abwesend war, verbrachte mein Vater viel Zeit damit, Fotos zu betrachten. Er trug bei seinen Reisen ein Fotoalbum und Hunderte von Dias bei sich. Auf einem der Bilder trug Yarima Kleidung im westlichen Stil, die er ihr mitgebracht hatte – eine rote Bluse, Hosen und Turnschuhe, die erste Kleidung, die sie in ihrem Leben besessen hatte.

Auf einer seiner Reisen zurück ins Territorium fuhr mein Vater den Orinoco hinauf, und in ihm wuchs der Verdacht, die Hasupuwe-teri lebten nicht mehr am Fluss, sondern wären weiter landeinwärts gezogen. Es herrschte eine Stille auf dem Wasser, die mein Vater sich zunächst nicht erklären konnte. Als Erstes machte er im Dorf Patahama halt, einerseits, um sich für die nächste Reiseetappe auszuruhen, andererseits, um sich nach den Hasupuwe-teri zu erkundigen. Immer öfter dachte er an Yarima und ihre engste Familie, die mehr und mehr zu seiner Familie geworden war. Er sehnte sich danach, sie wiederzusehen, und stellte zu seiner eigenen Überraschung fest, dass er sich um ihr Wohlergehen sorgte. Und was er in Patahama vorfand, beunruhigte ihn: Das Dorf war von der Malaria heimgesucht worden, von den Yanomami *prisi-prisi* genannt. Viele Patahama-teri lagen sterbenskrank in ihren Hängematten. Jene, die noch die Kraft hatten, zu gehen, waren dünn, völlig ausgemergelt und bewegten sich nur ganz langsam.

Vielleicht war die Malaria die Erklärung für die Stille, die mein Vater wahrgenommen hatte. Vielleicht waren es auch die Geister, die ihn vor der Weiterreise warnen wollten.

Zusammen mit einem Freund aus Caracas, der ihn auf dieser Reise begleitete, verteilte mein Vater Medizin – 500-mg-Tabletten Chloroquin – an diejenigen Patahama-teri, die er hoffte retten zu können. Doch für viele von ihnen war es zu spät, und auf seinem Weg durch das Dorf sah er die Schamanen, die allerorten Sterbende und Tote mit ihren Gesängen begleiteten. Diese Menschen waren schwer krank, und er hatte Medikamente bei sich, die Heilung versprachen – genau auf dieses Ziel konzentrierte er sich von nun an.

Die Totenrituale der Yanomami waren höchst kompliziert, und mein Vater beobachtete, wie sie nun angesichts der Epidemie einen unschönen Unterton annahmen. Zunächst versammelt sich die Familie eine ganze Nacht lang um den Verstorbenen und hält Totenklage. Am darauffolgenden Morgen wird dann der Leichnam mit Zeremonialfarben und Federn geschmückt, um in aller Regel gleich anschließend verbrannt zu werden. Nach den Zeremonialgesängen der Dorfschamanen werden sämtliche verbliebenen Gebeine des Verstorbenen aufgesammelt, gemahlen und in ein Getränk aus Kochbananen oder Bananen gerührt. Die nahen Verwandten trinken von dieser heiligen Mixtur, um den Körper zu seiner Quelle zurückzuführen und die Lebenden mit dem Geist des Toten zu stärken. Doch wenn jemand an einer Krankheit wie *prisi-prisi* stirbt, dann fürchten sich die Yanomami vor einer Ansteckung. Zudem befürchten sie, der Rauch der brennenden Leiche könne sie infizieren. Darum trugen in diesem Fall die wenigen gesund gebliebenen Patahama-teri die weihevoll geschmückten Leichen in den Dschungel, wo sie in Matten gewickelt auf einer Plattform erhöht gelagert wurden. Dort verblieben sie dann eine geraume Weile, bis die Schamanen entschieden, sie seien jetzt frei von bösen Geistern und könnten endlich verbrannt werden.

Während mein Vater all dies aus einem gewissen Abstand verfolgte, ertappte er sich dabei, dass er an Yarima und ihre Familie denken musste – an seine Familie. Er merkte, wie sein Denken an Distanz verlor und persönlicher wurde. Er konnte nur hoffen, dass sich die Hasupuwe-teri nicht auch mit *prisi-prisi* angesteckt hatten. Ihm war bewusst, was es in diesem Teil der Welt bedeutet, wenn dichtabhängige Krankheiten wie Malaria sich in einer Gemeinschaft ausbreiten. Er wusste, dass eine Weise der Yanomami, mit Epidemien umzugehen, darin bestand, sozusagen das sinkende Schiff zu verlassen – also das Shabono hinter sich zu lassen und sich im Regenwald zu verteilen. Diese gesellschaftliche Puffermaßnahme sorgte dafür, dass eine Krankheit sich nicht weiter ausbreiten konnte.

Mein Vater hatte selbst schon verheerende Malariaanfälle durchgemacht, wusste also, was diese Menschen erleiden mussten. Er war in Sorge – mehr vielleicht, als er von sich erwartet hätte. So hatte er es sehr eilig, endlich zu Yarima zu gelangen – doch als er schließlich das Shabono der Hasupu-we-teri im Binnenland erreichte und erfuhr, dass sie nicht erkrankt waren, suchte er sie und ihre Familie nicht sofort auf. Er erblickte sie zwar auf der anderen Seite des Weges, aber sie sprachen erst einmal nicht miteinander. Es war einfach nicht die Art der Yanomami, einander nach einer langen Reise groß zu begrüßen, nicht einmal nach einer Trennung von acht Monaten. Stattdessen hängte er seine Hängematte auf, packte seine wenigen Habseligkeiten aus und kümmerte sich um die Dorfbewohner, die sich angesteckt hatten. Erst spät in der Nacht begrüßten sich er und Yarima und machten sich langsam wieder miteinander vertraut.

Im Laufe der nächsten Wochen fanden meine Eltern Wege, ihre Freundschaft wiederherzustellen – denn mehr als eine bestenfalls zaghafte Freundschaft war es zu diesem Zeitpunkt nicht. Sie waren so lange getrennt gewesen, dass sie einander zunächst wie Fremde behandelten, doch bald konnten sie wieder lockerer miteinander umgehen. Die Tatsache, dass viele Dorfbewohner schwer krank waren und mein Vater fortfuhr, seine Medizinvorräte zu verteilen, während die Dorfschamanen sich tagtäglich versammelten, um die *prisi-prisi*-Geister zu verjagen, verlieh ihrer Beziehung in dieser Phase eine gewisse Intensität. Wahrscheinlich bemerkte mein Vater auch, wie die anderen jungen Männer im Dorf meine Mutter ansahen, doch er konnte nicht in dieser Weise an sie denken oder sich ausmalen, eine neue Art der Beziehung mit ihr zu führen, weil er kurze Zeit später selbst einen zweiten Malariaschub erlitt. Sobald er zu fiebern begann, wusste er Bescheid. Dieses Mal, dämmerte ihm, hatte er dummerweise sein gesamtes Chloroquin fortgegeben. Also schluckte er stattdessen eine hohe Dosis Fansidar – ein relativ neues Malaria-Mittel, das unter dem Verdacht stand, schwere Nebenwirkungen hervorzurufen.

Anhand seiner Symptome schloss er, dass er sich mit *Plasmodium falciparum* infiziert hatte, einem besonders gefährlichen Malariaerreger, der in seinen Opfern das Gefühl auslöst, an einer Jo-Jo-Schnur zu hängen. Dabei lösen sich Phasen von Krämpfen mit hohem Fieber und Erschöpfung ab. Dann plötzlich stellt sich das Gefühl ein, man habe sich auf wundersame Weise erholt, doch zwei Tage später schlägt die Krankheit nur umso schlimmer zu. Das ging über Wochen so, auch bei meinem Vater. Manchmal konnte er arbeiten, ja sogar zurück nach Patahama reisen, um Zeuge der Begräbniszeremonien für die Malariaopfer zu werden, deren Leichen man in den Dschungel geschafft hatte, damit die bösen Geister den Körper verlassen konnten, während er verweste. Dann wieder hatte er das Gefühl, selbst im Sterben zu liegen. Er fiel immer wieder in einen unruhigen Schlaf, in dem er von Fieberträumen heimgesucht wurde, dann wieder kam er auf die Beine, und es schien ihm, als sei wieder alles in bester Ordnung mit ihm. So ging es über Wochen, und während dieser Zeit kamen Yarima und ihre Mutter zu ihm und versorgten ihn gemeinsam mit den Dorfschamanen. Doch auch in den Momenten, in denen mein Vater sich relativ stark fühlte, war er zu nicht viel mehr fähig, als sich ganz und gar auf seine Genesung zu konzentrieren.

Glücklicher- und gnädigerweise überlebte mein Vater diesen zweiten Malariaschub, und als er gesund genug war, um zu reisen, bereiteten die Hasupuwe-teri ihm ein Lager in einem Kanu und schickten ihn mit einem Führer flussabwärts, damit er das Territorium verlassen konnte. Yarima kam in Begleitung ihrer Mutter und ihres Bruders, um sich zu verabschieden, aber es gab keine Gefühlsduselei, keine großen Abschiedsszenen. Wie gesagt, das war nicht Art der Yanomami. Er verließ sie, und er würde bald zurückkehren. Oder auch nicht.

Oberer Orinoco, Yanomami-Gebiet

*W*ir setzten unsere Reise fort – während meine Mutter sehr oft an der Spitze marschierte, bildete ich ebenso oft das Schlusslicht. Ich strengte mich sehr an, um mitzuhalten. Doch von Zeit zu Zeit fiel ich so weit zurück, dass ich die Person vor mir nicht mehr sehen konnte – dann wurde ich unruhig, weil ich nicht immer sicher war, in welche Richtung ich weitergehen musste.

Hier in den Tiefen des Regenwalds sahen die Pfade vollkommen anders aus als alles, was ich von daheim kannte. Meist war der Weg nur daran zu erkennen, dass die Vegetation eine Spur lichter war, dennoch wussten die Yanomami immer genau, wo sie waren. Sie erreichten stets ihr Ziel.

Wer vorausging, schlug sich mit einer Machete durch das Buschwerk, und die anderen folgten, aber bis ich an der Reihe war, schien der Dschungel den frischen Pfad oft schon wieder verschluckt zu haben und stellte mich vor Rätsel. Manchmal erkannte ich nur anhand der Geräusche, welche Richtung ich nehmen musste.

Nach einer Weile lichtete sich der Urwald ein wenig – wieder ein Flüsschen. Zwei riesige Felsen ragten aus dem Wasser. Zwei Frauen hatten bereits angefangen, von dort oben aus zu angeln – eine riskante Sache, denn die Felsen waren moosbewachsen und ziemlich glatt und schlüpfrig. Eine der Frauen war die Schwester meiner Mutter – meine Tante. Ein paar Jahre älter als meine Mutter, zählte sie nach Yanomami-Maßstäben bereits zu den Dorfältesten.

Als Köder wurden Würmer verwendet, die wir im Flussbett sammelten. Ich hatte immer noch mit der Sprache zu kämpfen und musste mich meist mit Hilfe von Gesten, mit Pantomime, verständigen. Eine der Frauen zeigte mir, was ich tun sollte, und ich tat wie mir geheißen.

Seit der Zeit, in der mein Vater die Region bereist hatte, waren viele Yanomami-Dörfer immer näher an den Fluss gerückt, wo sie mit Haken und Schnur angelten, so wie wir es eben auch taten, von den großen, schlüpfrigen Felsen aus. Ich war gerade mal seit ein paar Wochen im Dschungel und immer noch dabei, mich an die Region und die Gebräuche zu gewöhnen. Echte Erfahrung in und mit der Wildnis fehlte mir. Ich konnte ohne Streichholz oder Feuerzeug kein Feuer entfachen, und ich hatte schreckliche Angst vor Insekten. (Seit dem Moment, in dem ich angekündigt hatte, ich wolle in den Regenwald, um meine Mutter zu finden, gab meine Angst vor Insekten in meiner Familie immer wieder Anlass zur Heiterkeit. Keiner konnte sich vorstellen, wie ich am Amazonas überleben wollte, wenn ich mich doch schon vor einem Marienkäfer fürchtete.) Und was die Geduld angeht, die das Angeln erfordert ... damit war ich auch nicht gerade gesegnet.

Wann immer möglich versuchte ich, es den anderen nachzutun und mich einzugliedern, aber mein Mangel an Erfahrung und mein Unbehagen verrieten mich. Dass ich kein Outdoor-Mensch war, lag auf der Hand. Als ich auf einem der moosglatten Felsen stand und darauf wartete, dass ein Fisch anbiss, spürte ich eine kleine Spinne über meinen Knöchel krabbeln und gab mir größte Mühe, nicht aufzuschreien. Ich schüttelte den Fuß, um das Tierchen loszuwerden, aber die Spinne klammerte sich fest. Also wandte ich mich an eine der Frauen, die in unmittelbarer Nähe standen. Ich deutete auf die Spinne und fragte ängstlich: «Wai-teri?» Das bedeutet so viel wie «böse», und ich hoffte, wenn ich es immer wieder sagte und dabei jedes Mal wie bei einer Frage die Stimme hob, würde es als Frage verstanden, ob dieser Achtbeiner gefährlich sei.

«Wai-teri! Wai-teri!»

Etwas Besseres fiel mir nicht ein, und zur Antwort zeigte man bloß kichernd mit dem Finger auf mich – selbstverständlich die einzige Reaktion, die ich verdiente. Als die anderen genug über mich gelacht hatten, wandten sie sich wieder der Angelei zu, und in diesem Moment fiel mir auf, dass meine Mutter nirgends zu sehen war. Zunächst dachte ich mir nichts dabei – bestimmt war sie einen Moment weggegangen, um eine andere Aufgabe zu verrichten, von der ich nichts wusste. Die Übrigen plauderten und waren beschäftigt wie zuvor, also konzentrierte auch ich mich auf die Angelschnur in meiner Hand, bemüht, auf dem schlüpfrigen Felsen nicht das Gleichgewicht zu verlieren. Dass im Folgenden womöglich über mich gesprochen wurde, über meine Mutter oder aber über meine offenkundige Angst vor Spinnen, ist keineswegs gesagt, aber ich wurde das Gefühl nicht los, im Mittelpunkt der Aufmerksamkeit zu stehen. In den wenigen Wochen, die ich nun schon bei meiner Regenwaldfamilie lebte, hatte ich einzuschätzen gelernt, wann die anderen über mich redeten. Keine große Kunst, denn gewöhnlich wurde dabei gekichert und mit dem Finger auf mich gezeigt.

Wie's aussah, war ich jedenfalls fürs Erste aus dem Schneider. Egal, wie sehr ich mich auch zum Affen gemacht hatte, ich wurde nicht weiter beachtet. Nein, jetzt stand etwas ganz anderes im Mittelpunkt – ein Wetterwechsel. Urplötzlich verdunkelte sich der Himmel. Die Bäume begannen zu rauschen. Der Regenwald sah nicht mehr üppig aus, sondern unheilschwanger. All das ließ die Alarmglocken läuten – bei mir zumindest. Die anderen waren diese Gewitter gewöhnt, die den Regenwald mit einer solchen Gewalt erschütterten, dass es sich einige schreckliche Momente lang anfühlte, als ginge die Welt unter. Ein paar Unwetter hatte ich bereits miterlebt, jedoch immer im Schutz des Missionsgebäudes oder des Shabonos. Nun aber war ich hier draußen im Freien – und, wie ich jetzt feststellte, getrennt von dem einzigen Menschen in diesem Dschungel, bei dem ich Schutz und Trost suchen konnte.

Meine Mutter. Mein Rettungsanker.

Genau in dem Moment, als der Himmel noch schwärzer wurde und der Wind noch mehr auffrischte, hörte ich ihre Stimme. Sie schien aus dem Dickicht jenseits des Bachs zu kommen. Zunächst war sie nur schwach zu hören. Es war weniger ein Schrei als ein Triller, aber er durchdrang den Sturm.

«Twee!»

Es war kein Wort, das ich mit meinem begrenzten Yanomami-Wortschatz wiedererkannte, aber da erklang es erneut.

«Twee!»

Ich drehte mich in die Richtung um, aus der die Stimme meiner Mutter erklang, und genau in diesem Moment erschien sie am anderen Bachufer inmitten der Vegetation, die sich wie ein Vorhang teilte. Sie rannte, die Hände in die Luft gereckt, als würde sie von einem Bösewicht verfolgt, dem sie unbedingt beweisen wollte, dass sie unbewaffnet war.

«Twee! Twee!»

Ich hatte nicht die geringste Ahnung, was los war.

....

Kapitel zwei

WIEDERSEHEN UND HOCHZEIT

M ein Vater war zwar bei klarem Verstand, als er sich in dem Kanu auf dem Orinoco auf den Weg machte, trotzdem konnte nicht einmal er sagen, wann er wiederkommen würde. Es gab sehr viele persönliche, berufliche, fachliche und finanzielle Probleme zu lösen. Zum Beispiel musste er sich eine Einkommensquelle sichern, etwas Zeit in den Vereinigten Staaten verbringen und in München sein (zunehmend angespanntes) Verhältnis zum Max-Planck-Institut klären. Vor allem aber stand ein Treffen mit Marvin Harris an, der inzwischen von der Columbia University an die University of Florida in Gainesville gewechselt war.

Im Grunde musste mein Vater die Kurve kriegen. Er saß mit sechsunddreißig Jahren immer noch an seiner Doktorarbeit; seine Karriere plätscherte vor sich hin, und ihm wurde klar, dass er wohl besser einen Gang hochschalten und seine Promotion abschließen sollte. Eins steht fest – wenn es jemanden gibt, der versteht, wie es meinem Vater damals ging, dann bin ich es. Dieses Hin und Her zwischen Hochschule und Regenwald, ohne klaren Weg in eine gesicherte Zukunft ... inzwischen ist es auch *meine* Geschichte geworden, bis hin zu den Geldsorgen, den beruflichen Sorgen, den Beziehungssorgen. Der Ursprung von alldem liegt bei meinem Vater, der damals das Gefühl hatte, auf der Stelle zu treten, nicht voranzukommen.

Inzwischen war am ehesten Harris sein Mentor, es schien

also ratsam, ihm nach Florida zu folgen, und genau das tat mein Vater. Und während er sein Leben in der Industriegesellschaft in Ordnung brachte, dachte er an seinen letzten enttäuschenden Besuch im Dorf meiner Mutter zurück. Er war nur drei Monate lang dort gewesen, und die meiste Zeit hatte er im Fieberdelirium in seiner Hängematte gelegen. Dass er zu geschwächt gewesen war, um Zeit mit meiner Mutter zu verbringen, machte ihm schwer zu schaffen, als er sich wieder auf US-amerikanischem Boden befand. Fast wünschte er sich, er hätte diese letzte Reise gar nicht erst angetreten – sie hatte ihn schließlich beinahe das Leben gekostet, und Yarima war er dadurch auch kein Stück näher gekommen. Es überraschte ihn, dass er in dieser Weise an meine Mutter dachte – aber offensichtlich hegte er inzwischen tiefere Gefühle für sie.

Es dauerte fast zwei Jahre, bis er in den Dschungel zurückkehrte, und während dieser Zeit herrschte bei ihm ein großes Durcheinander – buchstäblich, im übertragenen Sinn und in allen erdenklichen Stadien dazwischen. Yarima sah er erst im Dezember 1980 wieder. In ihrem Teil der Welt hatte sich viel verändert; und doch war auf einer persönlichen (und biographischen) Ebene vieles beim Alten geblieben. Meine Mutter war noch nicht erwachsen (das heißt, ihre Menstruation hatte noch nicht eingesetzt), also kam eine sexuelle Beziehung nicht in Frage. Was auch für die Zukunft galt, wenn es nach meinem Vater ging. Andererseits ließ sich nicht genau feststellen, wie alt Yarima eigentlich war, es sei denn, man verglich ihre körperliche Entwicklung mit der westlicher Mädchen im gleichen Alter. Aber auch dabei ergaben sich Unsicherheitsfaktoren, zum Beispiel psychosoziale Unterschiede, familiäre Vorgeschichte und Ernährung, Bewegung und Schlafgewohnheiten. Ein echter Vergleich war also unmöglich. Davon abgesehen dachte mein Vater ohnehin nicht einmal ansatzweise darüber nach, obwohl er die Beziehung zu Yarima allmählich als eine der wichtigen in seinem Leben ansah – eine Freundschaft, die ihn mit dem Volk der Yanomami verband und ihn mit einem Teil seiner Persönlichkeit bekannt machte, der ihm bisher fremd gewesen war. Mit Yarima konnte er lachen wie nie zuvor in seinem Leben; er konnte mehr er selbst sein und weniger der ernste, zurückhaltende, erfolgsorientierte Doktorand, der zu sein er vorgab.

Trotzdem verstand er nicht, wie es kam, dass er für Yarima einen Platz in seinem Herzen reserviert hatte. Natürlich war sie exotisch und schön, aber damals dachte er im Zusammenhang mit ihr weder an romantische Liebe noch an Sex. Wenigstens glaubte er, nicht daran zu denken, obwohl er sich von Yarima auf seltsame Weise angezogen fühlte.

Die Beziehung zwischen meinen Eltern war von der Kultur der Yanomami geprägt. Sie entsprang einer Gesellschaft, in der junge Frauen sehr viel Verantwortung erhielten und in vielerlei Hinsicht wie Erwachsene behandelt wurden, sie entwickelte sich auf natürliche Weise und war sehr stark im Hier und Jetzt verwurzelt. Solange sich mein Vater in den Vereinigten Staaten oder in Deutschland aufhielt, waren ihm seine Gefühle ein Rätsel. War er aber im Dschungel, so dachte er nicht einmal darüber nach – seine Gefühle waren einfach das liebliche Nebenprodukt der Zeit, die er dort verbrachte, und selbstredend wünschte er sich nichts sehnlicher, als dorthin zurückzukehren.

Ziemlich bald hatte er dazu Gelegenheit – und zwar, um seine Forschungen unter der Schirmherrschaft des Max-Planck-Instituts fortzusetzen.

In der fast zweijährigen Abwesenheit meines Vaters war es im Dorf Hasupuwe zu einer Spaltung gekommen. Das macht einen wesentlichen Aspekt des Dorflebens der Yanomami aus, der einer näheren Erklärung bedarf. Hintergrund der Geschehnisse war ein Zerwürfnis zwischen den beiden wichtigsten Familien der Hasupuwe-teri, die fortan getrennte Wege gingen. Die Kontrahenten in einem eskalierenden Konflikt hatten sich schlicht darauf geeinigt, dass sie sich nicht einigen konnten. So ähnlich wie die legendäre Hatfield-McCoy-Fehde, nur ohne Blutvergießen und blinden Hass. Worum auch immer es bei diesem Streit gehen mochte, er wurde mit einer einvernehmlichen Trennung beigelegt, so wie bei einer Scheidung in aller Freundschaft. Eine der beiden Gruppen zog tiefer in den Dschungel und baute dort ein neues Shabono. Natürlich gab es unauflösliche Familienbande zwischen den beiden Gruppen. Häufig besuchten Mitglieder der einen Gruppe Freunde und Verwandte in der anderen Gruppe – für einen Tag, eine Woche oder länger –, aber in jeder anderen Hinsicht bildeten sie nicht länger eine eingeschworene Gemeinschaft, die fest zusammenhielt.

Doch selbst diese Beschreibung des Zerwürfnisses der Hasupuwe-teri ist durch meine ethnozentrische Sicht getrübt. Was sich während der Abwesenheit meines Vaters in dem Dorf tatsächlich ereignete, konnte und kann einem westlichen Menschen nur verborgen bleiben, weil es keine echte interkulturelle Entsprechung gibt. Der beste Vergleich, der mir einfällt, ist folgendes Szenario: Nehmen wir an, Sie sind verheiratet und haben mehrere Kinder. Sie und Ihre Frau wohnen mit Ihrem Cousin zusammen, der im Erdgeschoss lebt. Sie sind darauf angewiesen, dass Ihr Cousin seinen Beitrag zur Miete und zu anderen Lebenshaltungskosten leistet. Auch er ist verheiratet und hat mehrere Kinder. Dann finden Sie heraus, dass Ihr Cousin eine Affäre mit Ihrer Frau hat, während Sie arbeiten gehen. Wegen Ihrer finanziellen Situation oder anderer äußerer Faktoren bleibt Ihnen allerdings nichts anderes übrig, als Ihren

Cousin weiterhin in Ihrem Haus zu dulden. Das Leben geht weiter wie zuvor – Sie teilen die Kosten für Lebensmittel, Heizung, Wasser. Jeden Morgen müssen Sie seinen Anblick ertragen. Offensichtlich eine unerträgliche Situation, nicht wahr? Würden Sie ihn nicht am liebsten auf die Straße setzen? Oder mit Ihrer Familie wegziehen? Aber stellen Sie sich vor, dass sich Ihnen diese Möglichkeiten nicht bieten. Stellen Sie sich vielmehr vor, Sie und Ihr Cousin sowie Ihre beiden Familien wären so eng und unauflöslich miteinander verbunden, dass eine Trennung nicht in Frage käme. Groll und Ärger würden wachsen. Die Fäuste würden fliegen, es käme zum offenen Streit. Wer weiß … in einem hitzigen Moment würden Sie vielleicht sogar zur Pistole greifen und Ihren Cousin erschießen – ein Extremfall mit tödlichem Ausgang, der sich auch im Dschungel ereignen kann.

Tja, und auch die Yanomami sind nicht immun gegen vereinzelte Fälle häuslicher Gewalt, weswegen ich eine solche Dorfspaltung inzwischen als elegante soziale Anpassung betrachte, die Konflikte abmildert und verhindert, dass sie in tödlicher Gewalt gipfeln. Im Laufe der Zeit und über Generationen hinweg fallen die verbliebenen Familienbande schließlich weg, zumal sich die neugegründeten Dörfer weiter nomadisch durch den Dschungel bewegen. In den Jahren, die unmittelbar auf den Bruch folgen, bestehen allerdings noch viele – tiefgreifende – Berührungspunkte. Ihre Interessen bleiben, jedenfalls vorerst, gleichgerichtet. Dieser Situation sah sich mein Vater also gegenüber, als er endlich wieder in die Region zurückkehrte. So schnell wie möglich begab er sich nach Hasupuwe, doch meine Mutter und ihre nächsten Angehörigen waren mit mehreren anderen Gruppen der Großfamilie weitergezogen, um in einigen Kilometern Entfernung ein neues Dorf zu gründen. Er ließ sie unmittelbar von seiner Ankunft in Kenntnis setzen.

Für Yarima und ihre Verwandten stellte die kurze Strecke überhaupt kein Problem dar, also machten sie sich aus dem nahe gelegenen Dorf Irokai auf den Weg nach Hasupuwe, um meinen Vater dort zu treffen.

Wieder umkreisten meine Eltern einander. Und wieder fiel das Wiedersehen alles andere als tränenreich und emotional aus. Ja, es gab kaum ein Zeichen des Wiedererkennens, als sie sich im Shabono aus der Ferne erblickten; erst im Lauf des Tages näherten sie sich einander langsam und vorsichtig an.

So beschreibt mein Vater die gemeinsame Zeit nach dem Wiedersehen:

> Wir gingen zusammen angeln oder sammeln, manchmal mit ihrem Bruder, manchmal nur zu zweit. Am Abend röstete sie Bananen für uns zum Essen und bereitete das Fleisch zu, das eben von den Jägern mitgebracht und verteilt worden war. Während des späteren Abends sah ich sie, wenn sie aufstand, ihr Feuer schürte und Holz auflegte, um die Schlafenden warm zu halten. Ich fühlte, dass ich jeden Tag völlig auskosten wollte, damit er sich nicht einfach davonstahl. Aber die Zeit verrann wie im Flug, und sosehr ich mich auch bemühte, nicht an unsere Abreise zu denken, rückte sie doch immer bedrohlicher näher.

Es sollte einer der kürzesten Aufenthalte meines Vaters in dem Gebiet werden – er blieb nur wenige Wochen. Denn in dieser Zeit kam es für meinen Vater zu seinem ganz eigenen Zerwürfnis, und zwar mit Professor Irenäus Eibl-Eibesfeldt vom Max-Planck-Institut. Schon vor dieser Reise hatte es Missverständnisse zwischen den beiden gegeben. Im Dschungel spitzte sich die Situation dann so weit zu, dass mein Vater glaubte, er hätte keine andere Wahl, als seine Mitarbeit an dem Programm zu beenden. Entscheidender Streitpunkt war der Ansatz, den Eibl-Eibesfeldt bei der Forschungsarbeit verfolgte. Mein Vater konnte im Umgang mit Kollegen und Vorgesetzten durchaus gereizt reagieren, wie ich Jahre später feststellte, als ich seine Aufzeichnungen las und mit ihm über seine Feldarbeit sprach. Und damals brachte er eben für Eibl-Eibesfeldts Forschungsmethoden keine Geduld mehr auf. Letztlich gelangte er zu dem Schluss, er könne mit dem Professor nicht mehr zusammenarbeiten; also stieg er aus dem Projekt aus, was wiederum bedeutete, dass er sich auch vom Dschungel verabschieden musste, weil er dort schließlich auf Kosten des Instituts tätig war.

(Viele Jahre später erlebte ich eine Begegnung zwischen Eibl-Eibesfeldt und meinem Vater mit, bei der sie sich verhielten wie alte Freunde, die sich nach langer Zeit wiedersehen. Von dem Groll und fachlichen Zwist, der ihre Zusammenarbeit belastet hatte, war nichts mehr zu spüren – offenbar wird selbst ein reizbarer Ethnologe wie mein Vater im Lauf der Zeit sanftmütiger.)

Der Abschied vom Dschungel war die eine Sache, doch der Abschied von Yarima ... tja, mein Vater wusste nicht recht, was er davon halten sollte. Die Trennung mag unvermeidlich und angesichts seiner Spannungen mit Eibl-Eibesfeldt sogar unausweichlich gewesen sein, aber sie machte ihm zu schaffen. Anders als früher war seine Abreise diesmal von emotionaler Unsicherheit begleitet. Die ganze Zeit über war es ihm schwergefallen, sich über seine Gefühle für meine Mutter klarzuwerden. Sie befand sich an der Schwelle zum Frausein, sie war definitiv kein Kind mehr, und doch konnte er nicht sagen, ob seine Zuneigung zu ihr familiärer Natur war ... oder darüber hinausging. Auch sorgte er sich um Yarimas Sicherheit. Diese Sorge stand in direktem Zusammenhang mit der Verlobung, denn Yarima war ihm zwar versprochen, doch dieses Versprechen würde seine Bedeutung verlieren, sobald sie zur Frau würde und er nicht zur Stelle wäre, um sie zu beschützen.

Diese Vorstellung versetzte meinen Vater in Panik. Er brauchte sich nur die entsetzliche Szene vor Augen zu rufen, als er bei seinem ersten längeren Aufenthalt hatte mit ansehen müssen, wie eine Freundin in den Dschungel verschleppt und von den *huya* vergewaltigt worden war. Er wusste, dass Yanomami-Frauen so etwas blühen konnte, wenn sie weder einen Ehemann noch Verwandte hatten, die sie davor beschützten. Die Vorstellung, Yarima sei in dieser Hinsicht gefährdet, wenn er nicht da wäre, machte ihn ganz krank. Darüber hinaus war ihm klar, dass seine bloße Anwesenheit nicht reichte, um zu verhindern, dass Yarima in die Fänge junger Yanomami-Männer geriet. Er musste anwesend *und* wachsam sein. Er musste sie behüten und beschützen, wenn sie badete, wenn sie Nahrung sammelte, wenn sie Feuerholz schlug. Immer wenn sie den geschützten Raum des Dorfes verließ, musste er über sie wachen.

Er durfte in seiner Wachsamkeit niemals nachlassen – bis sie ihm ein Kind gebar.

Dennoch, überlegte er, wenn er und Yarima verheiratet wären – richtig verheiratet –, würde sie, aus Respekt vor seiner Stellung in der Gemeinschaft, vielleicht verschont bleiben. Es war also an der Zeit, zu handeln, und zwar jetzt, bevor er das Gebiet verließ. Doch diese Gewissheit bedeutete noch nicht, dass mein Vater auch wusste, wie er nun vorgehen sollte, daher bat er seinen Freund Roter um Rat. Roter war wohl sein engster und vertrauenswürdigster Freund im Dorf. Mein Vater hatte ihn bereits zu Anfang seines ersten längeren Aufenthalts kennengelernt; er nannte ihn Roter, weil er am Tag ihrer Begegnung ein rotes T-Shirt trug. Mehr als jeder andere hatte Roter meinem Vater dabei geholfen, die Sprache und Bräuche der Hasupuwe-teri zu erlernen. Roter sprach langsam, Silbe für Silbe, so hatte mein Vater genügend Zeit, jedes Wort einzeln zu verstehen. Und sobald sich mein Vater halbwegs gut verständigen konnte, half Roter ihm ebenso geduldig auch in anderen Belangen. Genau genommen war Roter sein Berater in allen Yanomami-Lebenslagen, und im Laufe der Jahre vertraute mein Vater ihm blindlings, wenn es darum ging, Aspekte des Dorflebens einzuschätzen.

Roter riet meinem Vater, vor dem ganzen Dorf eine *patamou*, das heißt eine Rede, zu halten, in der er seine Absichten deutlich machte und jeden wissen ließ, dass Yarima seine Frau werden sollte. Das leuchtete meinem Vater ein, der inzwischen Dutzenden, wenn nicht Hunderten, solcher Reden gelauscht hatte. Derartige Ansprachen waren an der Tagesordnung; wann immer jemand etwas Wichtiges zu sagen hatte, stand er auf und verkündete es – mit lauter Stimme und großer Überzeugungskraft. Es sollte eine aufrichtige, starke, emotionale Rede werden, in der mein Vater Abschied nahm, aber auch feierlich gelobte zurückzukehren. In gewisser Weise erhob er damit den Anspruch, auch in Zukunft eine bestimmte Rolle in der Gemeinschaft zu übernehmen – nicht nur im Hinblick auf seine Beziehung zu meiner Mutter, sondern auch auf seinen Platz im Dorfleben.

Die beiden Freunde arbeiteten gemeinsam an der Rede; mein Vater übte, was er sagen würde, und Roter hörte zu und riet ihm, welche Teile er weglassen und welche Teile er beibehalten sollte. Am Abend vor seiner Abreise stand mein Vater im Innenhof des Shabono, in dem zentralen Bereich, der normalerweise für die Reden des Häuptlings reserviert war – der Ort entsprach einer Bühne oder einem Dorfplatz. Alle lagen in ihren Hängematten. Mein Vater genoss die volle Aufmerksamkeit der Dorfbewohner. Und dann legte er einfach los – während er sprach, geriet er geradezu in Rage und schlug sich immer wieder mit den Fäusten in die Seite.

Hier ist seine Ansprache, wie er sie in seinem Buch wiedergegeben hat:

Heute gehe ich weg ... Aber ich komme wieder. Ich komme wieder. Ich komme wieder. Keiner von euch soll mir in meine Vorratskammer einbrechen. Wenn einer es macht, werde ich böse sein, sehr böse, wenn ich zurückkomme. ... Und sie [deutet auf Yarima]. Keiner soll sie anrühren. Keiner soll sie anrühren! Keiner! ... Sie ist mir gegeben worden! Sie ist meine Frau! Ich habe nie eine eurer Frauen angerührt! ... Ihr rührt meine Frau nicht an! Ihr rührt meine Frau nicht an! ... Wenn ich wiederkomme und feststelle, dass sie jemand angerührt hat, werde ich das herauskriegen! ... Ich selbst habe sie nie angerührt! Und es wird auch sonst keiner! Keiner!

Als ich das zum ersten Mal las, musste ich an die großartige Szene aus dem Film *Terminator* denken, in der Arnold Schwarzenegger den lakonischen Satz sagt: «Ich komme wieder.» Ich stellte mir vor, dass der leidenschaftliche Appell meines Vaters die gleiche abschreckende Wirkung entfaltete, zumal er das klassische Yanomami-Stilmittel der Wiederholung einsetzte.

Er hatte seinen Standpunkt klargemacht.

Es dauerte fast ein ganzes Jahr, bis mein Vater den Weg zurück in den Dschungel fand – und beinahe hätte er ihn gar nicht eingeschlagen. Gegen Ende 1981 bot man ihm an, im Auftrag der venezolanischen Regierung eine Volkszählung bei den Yanomami durchzuführen – ein Angebot, das er sorgfältig erwog.

Es handelte sich dabei zwar um eine wenig aufregende Routinetätigkeit, dafür bot sich ihm aber die Chance, in das Gebiet zurückzukehren – diesmal im Rahmen eines Projekts, das ein Budget, ein Gehalt und Hubschrauberflüge vorsah – ein echter Luxus, der es ihm erlaubte, den gesamten venezolanischen Regenwald zu bereisen. Er würde für ein Gebiet des Yanomami-Territoriums zuständig sein, das als «Sektor 6» bekannt war – eine weitläufige Region, die sich zwischen dem Orinoco und dem Rio Siapa erstreckte und zu der das Dorf meiner Mutter sowie zahlreiche Nachbardörfer gehörten, die mein Vater bereits besucht hatte. Auch das war ein Argument, das dafür sprach, den Auftrag anzunehmen.

Eins machte ihm allerdings Sorgen: Er war lange, viel zu lange, von meiner Mutter getrennt gewesen. Nach all der Zeit, so glaubte mein Vater, hätte er sowieso keine Chance mehr bei Yarima. Bestimmt war sie inzwischen mit einem anderen verheiratet. Der Gedanke, sie könnte mit einem anderen Mann leben, vielleicht ein Kind mit ihm bekommen haben, erschien ihm unerträglich. Doch die Vorstellung, niemals wieder bei diesen freundlichen Menschen zu leben, die er ins Herz geschlossen hatte, war genauso deprimierend. Also ließ er sich auf ein weiteres Amazonasabenteuer ein. Wohin es ihn führen würde, ahnte er nicht. Er konnte nicht einmal sicher sein, auf dieser Reise überhaupt dorthin zu kommen, wo meine Mutter jetzt lebte.

Das Zensusbüro übertrug meinem Vater die Aufgabe, alle Dörfer in den Stammesgebieten aus der Luft zu erfassen und dann in jedem Dorf einige Zeit zu verbringen, um die Bewohner zu zählen und zu kategorisieren – für jemanden, der so viel Erfahrung vor Ort hatte, stellte das nun wahrlich keine Schwierigkeit dar. Eine seiner ersten Stationen war das Dorf Patahama, das er zuletzt während der verheerenden Malariaepidemie besucht hatte. Wie mein Vater mir erzählte, erledigte er seine Arbeit dort im Eiltempo, zählte rasch die Bewohner, um dann weiter landeinwärts nach Hasupuwe zu reisen.

Wie zu erwarten lebte Yarima nicht mehr dort. Sie und ihre ganze Großfamilie waren weitergezogen. Meinen Vater verließ der Mut. Sein Freund Roter war zwar noch im Dorf, doch seltsamerweise schwieg er sich über Yarima aus. Mein Vater wollte nicht nach ihr fragen, und von sich aus lieferte Roter keine Informationen, also redeten die beiden über andere Dinge. Mein Vater ging seiner Arbeit nach und gewöhnte sich wieder an die vertraute Umgebung. Er war drei Tage dort, und während dieser Zeit erwähnte Roter Yarima kein einziges Mal. Mein Vater war enttäuscht und ratlos. Es befand sich in einer seltsamen Pattsituation. Er wollte nicht nach Yarima fragen, wusste aber nicht, wie lange er es in ihrem alten Dorf aushalten würde, ohne von ihr zu hören.

Dann endlich traf meine Mutter im Dorf ein. Es war eine große und willkommene Überraschung. Jeder im Dorf unterbrach seine Tätigkeit, als sie das Shabono betrat. Natürlich wussten die anderen über sie Bescheid. Sie wussten von ihrer Verlobung mit meinem Vater, und auch dass Yarima inzwischen ihre Periode bekommen hatte – die Yanomami sprechen von *yiipimou* –, war ihnen nicht entgangen. Wie auch, gibt es doch eine eigene Zeremonie hierfür, durch die wirklich jeder es mitbekommt – gewissermaßen das Urwaldäquivalent zum Posten auf Twitter und Facebook. Setzt bei einer jungen Frau zum ersten Mal die Menstruation ein, wird sie in den Dschungel verbannt, und zwar in ein eigens für diesen Anlass erbautes Haus. Es besteht aus den Blättern eines Baums, den die Yanomami *yiipi* nennen. Die Frauen ihrer Familie bringen ihr etwas zu essen, während sie sich in diesem Haus aufhält. Sobald ihre Periode vorbei ist, kommen die Frauen wieder und legen ihr ein zeremonielles

Gewand an, während die anderen im Dorf sich um die Feuerstelle der Familie versammeln und sie wieder in der Gemeinschaft willkommen heißen.

Zweifelsohne ist das eine große Sache, und es war ebenso eine große Sache, dass Yarima nach so langer Zeit zu meinem Vater zurückkehrte. Genau genommen war ein Ereignis größer als das andere, und es lief ganz anders ab als frühere Wiedersehen. Diesmal umkreisten meine Eltern einander nicht verlegen. Diesmal erledigten sie nicht erst ihre Pflichten und widmeten sich den alltäglichen Verrichtungen, bevor sie sich einander näherten. Diesmal ging meine Mutter direkt auf meinen Vater zu. Sie hielt dabei eine Art Blumenstrauß in der Hand – eine Handvoll Wurzeln. Und sie weinte.

Sie umarmten einander nicht – das ist nicht Brauch bei den Yanomami. Aber es war ein freudiges, tränenreiches Wiedersehen. Dann hängte meine Mutter ihre Hängematte neben der meines Vaters auf, und sie waren verheiratet. So einfach war das.

Es dauerte noch eine Weile, bis die Ehe vollzogen wurde – doch auch in dieser Hinsicht ist mein Wissen ein wenig lückenhaft. Erwartet wurde zu diesem Zeitpunkt jedenfalls, dass Yarima heiratete, schwanger wurde und eine Familie gründete. So war der Lauf der Dinge, und mein Vater hatte lange genug in dem Territorium gelebt, um zu begreifen, dass es der Lauf der Dinge war und er nun dazugehörte.

Trotzdem wollte mein Vater sichergehen, dass er und Yarima sich miteinander wohlfühlten und sie nicht den Eindruck hatte, irgendwo hineingedrängt zu werden. Yanomami-Eheleute schlafen nicht gemeinsam in einem Bett, oder in einer Hängematte, wie die Paare in westlichen Gesellschaften. Diese Tradition ist allerdings wohl eher praktisch begründet: In einer typischen Yanomami-Hängematte findet kaum ein Erwachsener Platz, deshalb kommen sie gar nicht erst auf die Idee, dass hier zwei Menschen zusammen auf engstem Raum schlafen könnten. Das zählte zu den großen Innovationen, die mein Vater damals im Dschungel einführte: Er reiste mit einer geräumigen Baumwollhängematte, also gewöhnten sich meine Eltern daran, zusammen zu schlafen – ein Novum in diesem Teil der Welt. Sie taten es bereits, bevor die Ehe vollzogen war, und diese Form der Nähe und Intimität war ein wichtiger Schritt hin zu einer körperlichen Beziehung.

(Ich wette, das weckte auch unter den Yanomami Erstaunen, weil noch niemand in dem Dorf es erlebt hatte, dass sich Eheleute so verhielten. Meine Eltern waren also echte Pioniere.)

Dass man im Dschungel am helllichten Tag Sex hatte, war ein anderer Aspekt von Yanomami-Ehen, den mein Vater ebenfalls gewöhnungsbedürftig fand. Roter beriet ihn auch in dieser Angelegenheit – wie in fast allen Lebensfragen. Er riet meinem Vater, er solle mit meiner Mutter schwimmen gehen oder zum Fischen oder Sammeln. Dabei kam man dann offenbar zur Sache. Die Yanomami haben sogar eine Art Euphemismus für den Sexualakt entwickelt, der darauf Bezug nimmt. Ein Mann könnte also beispielsweise zu seiner Frau sagen: *Wir waren schon lange nicht mehr gemeinsam sammeln.* Und sie würde garantiert verstehen, was er damit meint.

Das ist schon ein wenig erstaunlich, denn eigentlich neigen Yanomami nicht zu solcherlei sprachlichen Finessen. Es steht völlig außer Frage, dass sie einen unglaublichen Sinn für Humor haben. Nichts tun sie lieber, als zu lachen und Witze zu machen. Doch der Yanomami-Humor geht eher in Richtung Slapstick und Albernheiten. Ausgefeilte Wortspiele kennen sie nicht, deshalb kommen derartige Euphemismen kaum vor – vielleicht gehen solche verschiedenen Bedeutungsebenen aber auch bloß in der Übersetzung verloren. Wie auch immer, in der Regel sprechen Männer und Frauen ganz unverblümt über persönliche Themen; man verzichtet auf Andeutungen und redet nicht lange um den heißen Brei herum. Deshalb denke ich, dass diese Redewendung letztlich auch gar kein Euphemismus ist. Es handelt sich nicht um eine verschämte Ausdrucksweise. Stattdessen benennt sie einfach genau das, was sie völlig offensichtlich eben bedeutet. Es scheint so zu sein, dass der Sexualakt für eine Yanomami-Frau irgendwie mit dem Akt des Schwimmens oder Fischens oder Sammelns verknüpft ist – oder mit irgendeiner anderen gemeinsamen Unternehmung, die ihr Mann ihr vorschlägt und bei der sich die Gelegenheit zum Sex ergibt.

Wo ich gerade dabei bin, möchte ich noch ein paar andere Gedanken zur Sexualität bei den Yanomami festhalten. In der Regel ist es der Mann, der einen solchen Ausflug vorschlägt, um ungestört mit seiner Frau zusammen zu sein. Ich weiß es zwar nicht aus persönlicher Erfahrung, aber ich habe es in ethnographischen Werken gelesen und von meinem Vater, meinen Yanomami-Brüdern und -Cousins gehört. Im Buch meines Vaters wird auch das Wort *waikou* erwähnt, das in etwa bumsen heißt, allerdings meist von den jungen Männern im Dorf benutzt wird, die sich nicht vorstellen können, wie es ist, mit einer Frau Sex zu haben, die sich mit ihrem Partner bewegt und genauso begeistert bei der Sache ist wie er.

So, zu guter Letzt lebten meine Mutter und mein Vater also als Mann und Frau zusammen. Endlich waren sie verheiratet, und zwar in jedem Sinne, doch ihr Alltag unterschied sich erheblich von dem anderer Yanomami-Paare. Die offenkundigste Besonderheit war, dass mein Vater das Dorf immer mal wieder verlassen musste, um an dem Zensusprojekt zu arbeiten. Ein solches Verhalten wich so weit von der Norm ab, dass die Yanomami in ihrer Sprache nicht einmal Worte dafür hatten, um es zu beschreiben. Einige Male verließ mein Vater das Territorium sogar ganz – ein-, zweimal musste er in die Vereinigten Staaten, um einen Aufsatz abzuliefern oder an seiner Dissertation zu arbeiten. Das war für beide sicherlich nicht leicht. Für meine Mutter gab es im Dorf kein Vorbild für eine derartige «Ehe», an dem sie sich hätte orientieren können. Mit Ausnahme kurzer Sammel- und Jagdausflüge ins Landesinnere oder flussaufwärts blieben Eheleute zusammen. Daher hatte sie Schwierigkeiten, diese langen Trennungen zu verstehen. Und aus denselben Gründen wie schon zuvor stellten sie auch für meinen Vater ein Problem dar, denn Yarima galt als Freiwild, bis sie ein Kind zur Welt brachte. Dementsprechend achtete er darauf, seine Reisen möglichst kurz zu gestalten und sich jedes Mal deutlich bemerkbar zu machen, wenn er abreiste und wenn er wiederkehrte – so ähnlich wie ein Tier, das sein Revier markiert.

Bald rückte diese Sorge zumindest teilweise in den Hintergrund, weil Yarima im Frühjahr 1983 schwanger wurde – jedenfalls glaubte mein Vater das. Doch noch bevor jeder Zweifel ausgeräumt war, musste er nach Caracas reisen. Für ihn war diese Zeit von größter Bedeutung, während meine Mutter, ihre Familie und die anderen Dorfbewohner spielend damit fertig wurden. Mein Vater versuchte zwar, mit dieser möglichen Entwicklung ebenfalls locker umzugehen, aber für ihn war und blieb es einfach eine Riesensache. Der Gedanke, womöglich ein Kind zu haben, gab mehr als genügend Anlass, seine Zeit im Dschungel gründlich zu reflektieren. Seine Ehe mit Yarima war nie als vorübergehende Beziehung gedacht gewesen; er hatte sich dafür entschieden, sich ein Leben mit meiner Mutter aufzubauen, was immer dieses Leben bringen mochte, wo auch immer es sie hinführen würde. Nachdem nun ein Baby unterwegs war, ertappte er sich bei der Überlegung, wie er es anstellen könnte, auf unbegrenzte Zeit im Dorf zu leben. Er dachte in rein westlichen Kategorien über solche Dinge nach, wie er etwa für seine junge Familie sorgen und eine Zukunft für sie aufbauen sollte. Für die Yanomami hingegen gab es so etwas wie das Aufbauen einer Zukunft nicht – zumindest nicht so, wie ein westlicher Mensch das verstehen würde. Es gab nur die Gegenwart; ein Kind bedeutete einfach, dass man weiterlebte wie zuvor, nur mit einem zusätzlichen Esser.

War Yarima tatsächlich schwanger, musste sich mein Vater nicht mehr um ihre Sicherheit sorgen, wenn ihn berufliche Pflichten riefen. Dennoch bedeutete die Schwangerschaft lediglich, dass eine Sorge durch eine andere verdrängt werden würde – besser gesagt, durch eine ganze Menge Sorgen. Die eine ständige Sorge, mit der alle anderen Schwierigkeiten zusammenhingen, war die Arbeit. Als sich das Zensusprojekt seinem Ende näherte, bekam mein Vater alle möglichen Probleme mit seiner Arbeitserlaubnis – deshalb musste er wieder nach Caracas. Für die Laufzeit des Projekts hatte er eine Sondergenehmigung, ausgestellt vom Büro des Präsidenten, mit dem Projekt lief aber auch ebendiese Genehmigung aus. Beim Büro für Indianische Angelegenheiten konnte er sich um eine Verlängerung bemühen, doch das war mit großem bürokratischem Aufwand und allerhand unsinnigen Auflagen verbunden. Es konnte Monate dauern, bis der Papierkrieg erledigt war – oder der Antrag, nach einer schier endlosen Wartezeit, schließlich abschlägig beschieden wurde. In diesem Fall musste sich mein Vater andere Möglichkeiten überlegen, wie er auf Dauer im Territorium bleiben konnte, doch fürs Erste war nichts in Sicht, also blieb er in der Stadt und tat, was er konnte, um den Genehmigungsprozess persönlich voranzubringen.

Wochenlang saß er in Caracas fest und schlug sich erfolglos mit der Regierungsbürokratie herum; und dabei war er der Lösung seines Problems kein Stück näher gekommen. Vor seiner Abreise hatte er lediglich vermutet, meine Mutter könnte schwanger sein – ihre Periode war ausgeblieben, das war das einzige Indiz. Doch je länger er fort war, desto fester wollte er daran glauben, dass Yarima tatsächlich schwanger war. Es überraschte ihn selbst, dass er sich so sehr ein Kind wünschte. Meine Eltern hatten kaum Zeit gehabt, das zu besprechen, zu überlegen, was ein Baby bedeuten würde. Und je mehr mein Vater daran glauben wollte, desto mehr machte ihm die Ungewissheit, ob sie nun eines bekamen oder nicht, zu schaffen.

Hier sollte nicht unerwähnt bleiben, dass Teile der venezolanischen Regierung nicht gerade begeistert waren, dass sich ausgerechnet US-Amerikaner mit den indigenen Stämmen des Regenwalds auf ihrem Staatsgebiet beschäftigten. Hätte sich ein Venezolaner aus Puerto Ayacucho in eine Yanomami-Frau verliebt, hätte das kein besonderes Aufsehen erregt. Für einen US-amerikanischen Ethnologen wie meinen Vater hingegen gab es keinen solchen Freibrief. Abgesehen davon glaube ich nicht, dass er sich allzu sehr über die politischen oder logistischen Konsequenzen seiner Beziehung mit meiner Mutter den Kopf zerbrach. Er folgte seinem Herzen, obwohl es ihn auf einen abschüssigen Weg führte. Auch die ethnologische Gemeinde dürfte sein Verhalten kritisch gesehen haben, aber mein Vater scherte sich einen Dreck um die Meinung dieser Leute.

Einmal traf er auf der Straße in Caracas einen Yanomami-Mann, den er kannte. Er mochte ihn nicht besonders, blieb aber stehen, um ihn zu begrüßen. Der Mann bemerkte, mein Vater sei seit ihrer letzten Begegnung dünner geworden. Dafür müsse es einen Grund geben, meinte der Mann: Bestimmt sei seine Frau schwanger.

Wir Yanomami, wir wissen Bescheid, sagte der Mann. *Eine schwangere Ehefrau lässt den Ehemann mager werden.*

Auf diesem Weg erhielt mein Vater Gewissheit.

Traurigerweise erlitt meine Mutter im sechsten Monat eine Fehlgeburt, so die Vermutung meines Vaters. Es handelte sich wohl eher um eine Totgeburt, da die Schwangerschaft ja schon recht weit fortgeschritten war, das Ergebnis war jedoch das gleiche: Es gab nun doch kein Kind. Meine Mutter hatte meinem Vater, als er endlich ins Dorf zurückgekehrt war, bestätigt, dass sie schwanger sei – und man sah es inzwischen auch deutlich. Sie hatte auf gut Glück ihre Berechnungen angestellt. Auf ihren runden Bauch deutend, erklärte sie es, so gut sie konnte: *Zwei Monde und zwei Monde* – das hieß, sie war ungefähr im vierten Monat.

Mein Vater hatte sich unglaublich darüber gefreut, und jetzt war er am Boden zerstört. Die Reaktion meiner Mutter auf den Verlust des Kindes hingegen war typisch Yanomami. Sie sagte schlicht: *Wir werden noch ein Baby machen.*

Das taten sie schon bald ... und dieses Baby war ich. Es passierte ungefähr ein Jahr später, etwa einen Monat, nachdem mein Vater vom Büro für Indianische Angelegenheiten Bescheid bekommen hatte, dass er seine Arbeit in der Region für weitere zwölf Monate fortsetzen durfte. Ein turbulentes Jahr lag hinter ihm. Mein Vater trauerte um sein totgeborenes Kind und nahm große Mühen auf sich, um im Territorium bleiben zu können; noch dazu erhob die venezolanische Regierung skandalöse Beschuldigungen gegen ihn, er habe angeblich die Frau eines Yanomami-Mannes «gestohlen». Genauer gesagt kamen diese Vorwürfe aus dem Büro für Indianische Angelegenheiten. Soweit mein Vater es ermitteln konnte, gingen die Anschuldigungen auf einen akkulturierten Yanomami zurück, der es darauf anlegte, von Außenstehenden einen «Zoll» zu kassieren, sobald sie das Territorium betreten oder verlassen wollten. Als mein Vater die Zahlung verweigerte, ließ sich der Mann allerhand einfallen, um ihm Knüppel zwischen die Beine zu werfen – und dabei unterstützte ihn ein Beamter des Büros, der ebenfalls mit meinem Vater im Streit lag. Das war nur eine der Methoden, mit der Regierungsbeamte meinem Vater das Leben so schwer machten, dass er letztlich das Land verließ. Bei all diesen Unterstellungen konnte man zwischen den Zeilen den Vorwurf lesen, mein Vater sei ein Eindringling, ein *Nabuh*, der es auf die arglosen Mitglieder eines Yanomami-Stammes abgesehen habe und sich in eine Gemeinschaft dränge, zu der er nicht gehöre.

Das Ende vom Lied nach einem Jahr voller Wirren und verrückter, unbegründeter Anschuldigungen war, dass meine Eltern aus den schlichten Vergnügungen des Dorflebens herausgerissen wurden und sich den harten, vielleicht nachteiligen Tatsachen stellen mussten, die sich anscheinend aus ihrer offenkundigen «Mischehe» ergaben. Hinter dem ganzen Theater stand die unmissverständliche Botschaft, dass die Außenwelt sich aus dem Leben der Indigenen im Regenwald heraushalten sollte.

Unterdessen erhielt meine Mutter einen Personalausweis, den sie nach Ansicht meines Vater brauchte, um sich ungehindert im Land zu bewegen, und im Zuge dessen entfernte sie sich immer mehr von der einzigen Welt, die sie bisher gekannt hatte. Sie ging mit meinem Vater und ihrem älteren Bruder nach Puerto Ayacucho und anschließend nach Caracas, um eine bürokratische Hürde nach der anderen zu nehmen. Der Kontrast zwischen diesen Metropolen und ihrem einfachen Shabono in der Wildnis am Orinoco konnte gewaltiger kaum ausfallen. Man kann ihn sich gar nicht krass genug vorstellen. Meine Mutter hatte den Dschungel niemals verlassen – für sie war der Regenwald die ganze Welt. Wenn man ihr sagte, sie würde an einen anderen Ort ziehen, in ein anderes Dorf, konnte sie nur annehmen, es handle sich um ein Dorf wie das ihre, mit einem anderen Shabono, einem anderen Garten. Sie hatte schlicht und ergreifend keinen Bezugsrahmen für das, was sie in Puerto Ayacucho sehen und erleben würde: Wolkenkratzer, Fahrstühle, bewaffnete Polizisten (und Polizistinnen!), Verkehr, ein Gewimmel von Menschen ... Eindrücke, die sie unmöglich erfassen und aufnehmen konnte.

Beim Anblick all der Menschen auf den belebten Straßen im Zentrum von Caracas sagte sie zu meinem Vater: *Da gibt es so viele von ihnen wie die durch den Wald wandernden Ameisen.*

Am schwersten zu begreifen war für meine Mutter und ihren Bruder, dass es so eine Fülle und Vielfalt an Lebensmitteln gab. So viel brauchte man doch überhaupt nicht! Mein Vater erinnert sich, dass er damals mit meiner Mutter in ein Restaurant ging und sie ziemlich gereizt reagierte, als die Kellnerin sie auf Spanisch fragte, was sie essen wollte, und ungeduldig wartete, während mein Vater übersetzte.

«Es regte sie auf, dass jemand so etwas Lächerliches fragte», schrieb er in seinem Buch. «Statt zu antworten, bat sie mich jedes Mal, ich sollte denjenigen, wer immer es auch war, untersagen, solchen Unsinn daherzureden.»

Über solchen Unsinn stolperten meine Eltern und mein Onkel auf Schritt und Tritt. Während ihres kurzen Aufenthalts in Caracas lieh ein Freund meinem Vater ein Motorrad, damit er in der Stadt zu Anwaltsterminen fahren, die Bearbeitung seiner Aufenthaltsgenehmigung vorantreiben und die verschiedenen Vorwürfe gegen ihn ausräumen konnte. Außerdem musste er wegen der diversen Fördermittel, die er beantragt hatte, verschiedene Wissenschaftler und Umweltschützer aufsuchen. Nachdem meine Mutter die Furcht vor dem Motorrad abgelegt und begriffen hatte, wozu es diente (sie dachte erst, es sei ein wildes Tier!), stieg sie hinter meinem Vater auf und klammerte sich an ihm fest, während er die Bergstraßen rund um Turgua hinunterraste. Oh Mann! Was für ein merkwürdiges Bild muss das gewesen sein! Und doch war es ein klares Zeichen für die Offenheit und den Mut meiner Mutter, dass sie einen solchen Sprung aus ihrem gewohnten Alltag in so unbekannte Gefilde wagte – und ein beredtes Zeugnis für das Vertrauen, das sie in meinen Vater setzte, den geisterzüngigen *Nabuh* mit der großen Stirn, der sie weit, weit weg entführte.

Bei der ersten sich bietenden Gelegenheit kehrten meine Eltern gemeinsam mit meinem Onkel in ihr Dorf zurück. Eine Weile führten sie ihr vorheriges Leben weiter – einfach, naturverbunden, friedlich. Bald wurde eine kleine Fördersumme bewilligt, die es meinem Vater erlaubte, noch einige Monate im Dschungel zu bleiben. Kurz darauf erhielt er eine weitere Genehmigung. Das Leben durfte weitergehen – von Genehmigung zu Genehmigung. Doch ungeachtet all der wunderbaren Kräfte, durch die meine Eltern zusammengefunden hatten, drohte nun etwas Hässliches, sie wieder auseinanderzureißen ... und in dieser Situation wurde ich schließlich gezeugt.

Oberer Orinoco, Yanomami-Territorium

*M*eine Mutter stürzte aus dem Unterholz, als hätte ihr Haar *Feuer gefangen. Sie fuchtelte mit den Armen, schrie und rannte hin und her. Es sah schon beinah komisch aus, wie sie so wild umherflatterte, aber so eindringlich und zielgerichtet, wie sie auftrat, war klar, dass wir alle in Gefahr schwebten.*

Ich sah, dass die anderen nicht lachten.

Bald fand ich heraus, was meine Mutter zu sagen versuchte. Sie zeigte auf die Zweige der hohen Bäume, bedeutete mir, aus dem Weg zu gehen, und rief ein Wort, das sie aus ihrer Zeit in den Vereinigten Staaten zwanzig Jahre zuvor in Erinnerung hatte:

«Twee! Twee!»

Baum! Baum!

Ihre Warnung war natürlich nicht nur für mich bestimmt, aber sie bediente sich einer Sprache, die ich, wie sie hoffte, verstehen würde, selbst wenn in der Übersetzung etwas verlorenging. Ihre Körpersprache half, die Lücken zu schließen, und so schloss ich mich den anderen an, die in dem schmalen Raum zwischen zwei riesigen Findlingen Schutz suchten. Die Felsbrocken waren ungefähr drei Meter hoch. Sie berührten sich oben an den Spitzen und bildeten so einen natürlichen Unterstand, unter dem ich mit meiner Mutter, meinen beiden Ehefrauen, der anderen Frau und ihrem Kind in Deckung ging. Stellen Sie sich fünf bis sechs Leute vor, die unter einem Esstisch kauern – solch ein Bild müssen wir in etwa abgegeben haben. Wir hockten dicht an dicht auf engstem Raum – so dicht, dass ich meine Mutter atmen hörte. Ich nahm ihren Geruch wahr, spürte ihre Körperwärme. Sie war keineswegs außer Atem, wie ich es wohl nach einem solchen Sprint durch den Dschungel gewesen wäre. Sie lächelte zufrieden, und als der Himmel seine Schleusen öffnete und es schüttete wie aus Kübeln, berührte sie zärtlich mein Handgelenk.

Eine ganze Weile harrten wir schweigend aus und warteten darauf, dass der Sturm abflaute – ich war schlichtweg verängstigt, was man von den anderen allerdings weniger behaupten konnte. Unser Behelfsunterstand schützte uns nicht wirklich vor dem Regen, der uns von der Seite unerbittlich peitschte, aber vor herabfallenden Ästen und anderen Trümmern waren wir sicher.

Es war ein schwerer Sturm, ähnlich einer Fallbö. Ein solches Unwetter hatte ich noch nie erlebt, schon gar nicht mitten im Dschungel; mit den Gewittern zu Hause war es jedenfalls nicht zu vergleichen. Es brach schlagartig über uns herein und währte nur ein paar Augenblicke. Der Regen prasselte aggressiv auf uns herunter – wenigstens fühlte sich das mitten im Sturm für mich so an. Einige angstvolle Momente lang verwandelte sich das sonst so stille Wasser des Baches vor uns in reißende Stromschnellen, die dünnen Bäume neigten sich im Wind hin und her wie Scheibenwischer, Äste krachten und stürzten auf den Urwaldboden. Die Angst packte mich, aber ich sah ununterbrochen in die Augen meiner Mutter. Sie berührte nur mein Handgelenk und lächelte.

Die ganze Zeit über gab es nichts zu sagen.

Ich nahm meine Umgebung überdeutlich wahr, erstarrte in Ehrfurcht vor der rohen Gewalt des Regenwalds, versuchte, die Lage zu analysieren, ohne das Ausmaß der Gefahr zu begreifen, in die wir hätten geraten können. Die anderen wirkten nicht übermäßig besorgt; sie blieben, im Gegensatz zu mir, ruhig und gelassen. Ich kauerte in dieser engen Zuflucht zwischen den zwei Findlingen, zog mein Hemd aus und wickelte es um meine Kamera, in dem Glauben, sie so vor dem Regen schützen zu können. Doch als ich nach unten schaute, drehte ich beim Anblick des Getiers, das zu meinen Füßen nur so wimmelte, fast durch. Wahrscheinlich waren die Krabbeltiere durch den Sturm auch ein wenig verstört.

Ich betrachtete meine Yanomami-«Familie», die mit mir hier Schutz suchte. Die Frauen waren alle oben ohne. Ihre Gesichter waren mit verschiedenen Stammesabzeichen geschmückt, ihre Nasen mit Hii-hi-Stäbchen gepierct. Das Kind war splitternackt. Nach außen versuchte ich, cool zu bleiben, aber insgeheim dachte ich: Verdammte Scheiße! Heute vermute ich, dass die anderen auch besorgt waren, es sich aber nicht anmerken ließen.

Trotz der Unterschiede in Kleidung und Verhalten sowie unseres unterschiedlichen Umgangs mit Widrigkeiten sahen wir uns ziemlich ähnlich. Wenigstens schien es mir in diesem Augenblick so. Ich starrte in diese Gesichter, die sich alle irgendwie glichen, und hatte den Eindruck, in einen Spiegel zu blicken. Vor allem wenn ich meine Mutter ansah. In ebendiesem Moment, in dem wir unbeholfen unter diesen zwei Felsen Schutz suchten, bestand kein Zweifel, dass wir alle zusammengehörten. In diesem Moment, in dem wir die spannungsgeladenen Augenblicke mitten im tropischen Sturm gemeinsam durchstanden.

Als das Unwetter seinen Höhepunkt erreichte, schaute ich meine Mutter an, die gerade in den Wald hineinsah. Ich überlegte, was ihr wohl durch den Kopf ging – ob ihr überhaupt etwas durch den Kopf ging. Ich versetzte mich in ihre Lage, in diesem Augenblick, nahm ihren Stoizismus wahr, ihre innere Ruhe und verglich diese Charakterzüge mit meiner persönlichen Weltsicht. Selbst hier draußen im Regenwald beschäftigte ich mich im Geiste mit banalen Fragen wie meinem Studium oder Steuern und Rechnungen, die sich zu Hause stapelten. Ich dachte an die Gefahren des Sturms. Und ich spielte ein Dutzend Szenarien durch, die uns womöglich daran hindern würden, in die relative Sicherheit des Shabono zurückzukehren, und ebenso viele Möglichkeiten, wie wir mit etwas Glück in einer Regenpause unseren Weg würden fortsetzen können.

Und da war meine Mutter, die, ganz im Hier und Jetzt, wahrscheinlich nicht viel mehr dachte, als dass diese gefährliche Situation gewiss bald vorübergehen würde. Sie lächelte versonnen. Ihr Lächeln drückte weder Glück noch Zufriedenheit aus. Meines Wissens besagte es gar nichts, aber ich deutete es so, dass alles richtig und gut war. Ich gestattete mir zu glauben, dass ein Teil dieses leisen Lächelns für mich bestimmt war; sie lächelte, weil ihr Sohn, ihr Davi, hier neben ihr war, wieder daheim nach so langer Zeit.

Zu guter Letzt.

Wieder dachte ich an eine Zeit vor zwanzig Jahren zurück, als ich womöglich genau hier in der Sonne gespielt und geplanscht hatte. Ich schloss die Augen und stellte mir meine Mutter vor, wie sie damals gewesen war – jung, verspielt, selbst fast noch ein Kind. Aber ich konnte keine Verbindung herstellen zwischen meinem Erleben damals als kleiner Junge in diesem Regenwald und dem gegenwärtigen Augenblick. Ich befürchtete, es könnte zwischen meiner Kindheit und dem Jetzt vielleicht zu viel Zeit verstrichen sein. Und ich fragte mich, ob ich diese Zeit je würde zurückgewinnen können, ob ich mich wirklich hier würde einfügen können – an diesem Ort, unter diesen Menschen.

Für den Augenblick waren wir in Sicherheit, auch wenn der scharfe, nasse Wind durch den Raum zwischen den beiden Findlingen blies und uns durchrüttelte. Doch die Miene meiner Mutter blieb unverändert – ein abwesendes Lächeln, während sie in die Ferne blickte, den Wind beobachtete, den Regen im Auge behielt. Sie war furchtlos. Was sie betrachtete, was sie dachte, blieb mir verborgen, aber ich sah sie unverwandt an. Ich konnte an nichts anderes denken als an sie. Ich konnte nur denken: Das ist meine Amazonas-Mutter, Yarima. Und mich erfüllte ein großer Stolz, ein überwältigendes Staunen ... dass ich aus dieser Gegend, von diesen Menschen abstammte.

Und dann tat ich etwas, was mich selbst überraschte. Ich sprach – mit niemand Besonderem. Vielleicht mit dem Regenwald. Und sagte: «Yanomami keya!» (Ich bin ein Yanomami!)

Kapitel drei

....

DSCHUNGELLAND

Während der Zeit, die mein Vater im Regenwald verbrachte, verspürte er stets den Sog, der von seinem Leben in den Vereinigten Staaten ausging. Es gab Geldprobleme, berufliche Probleme, Visaprobleme – kurz: Probleme aller Art. Anfangs widerstand er dem Sog und suchte nach Möglichkeiten, im Dorf meiner Mutter zu bleiben, doch die Realität machte ihm einen Strich durch die Rechnung. Er mochte nach Yanomami-Ritus mit meiner Mutter «verheiratet» sein, in den Augen der westlichen Welt gewährte diese Verbindung seiner Ehefrau weder Rechte noch Privilegien, gleich, welcher Art. Und auf indigenem Territorium wiederum sicherte die Ehe meinem Vater lediglich einen begrenzten Aufenthaltsstatus und ermöglichte ihm, sich dort so zu bewegen, als würde er dazugehören ... doch auch das nur auf den ersten Blick.

Anfangs dachte mein Vater, als Eheleute könnten sich meine Mutter und er ein gemeinsames Leben aufbauen und glücklich werden, und es würde keine Rolle spielen, ob sie in ihrer Welt lebten oder in seiner, solange sie nur zusammen wären. Ich glaube nicht, dass er das gründlich durchdacht hatte. Als meine Mutter jedoch zum zweiten Mal schwanger war und all diese Probleme sie beide, und vor allem ihn, belasteten, spielte die Frage des Wohnorts dann doch eine Rolle. Dad konnte die Vorstellung einfach nicht ertragen, womöglich noch ein Kind zu verlieren, sagte er mir später. Er wollte nicht, dass meine

Mutter eine weitere Schwangerschaft ohne medizinische Begleitung durchmachte – nicht dass es einen Zusammenhang mit der Fehlgeburt gegeben hätte, hier machte sich einfach die westliche Geisteshaltung meines Vaters bemerkbar. Auch wollte er kein Kind in diese Welt setzen, ohne ein regelmäßiges Einkommen und eine gesicherte Berufslaufbahn vorweisen zu können.

Aus all diesen Gründen, und vielen weiteren, überredete mein Vater meine Mutter, ihn in sein *Nabuh*-Dorf zu begleiten. Und für meine Mutter war es nicht mehr als das. Caraca-teri – so nannte meine Mutter Caracas. Wahrscheinlich dachte sie, Dad lebe einfach in einem anderen Teil des Regenwalds – in einem Teil, den sie nicht kannte und von dem sie noch nichts gehört hatte. Sie konnte sich den Kulturschock nicht vorstellen, der sie erwartete, sobald sie das Territorium verließ, weil er außerhalb ihrer Erfahrungswelt lag. Mein Vater konnte sich zwar vorstellen, was ihr blühte, aber sein Denken war durch das gefiltert, was er wusste und verstand. Er erklärte ihr, es gebe dort sehr viel mehr Menschen, aber Mom begriff nicht ansatzweise, was er damit meinte. Auch dass die Gebäude in seinem Heimatdorf größer seien, als Mom es gewohnt war, teilte er ihr mit, aber das weckte bei ihr nur das Bild eines aufwendigeren Shabono. Und von den Annehmlichkeiten des modernen Lebens wie Waschmaschinen, Computer oder Satellitentechnik brauchte er gar nicht erst anzufangen.

Bei ihrem Besuch in Puerto Ayacucho hatte Mom das Stadtleben schon kennengelernt. Aber das war nur ein schwacher Vorgeschmack dessen, was noch kommen sollte. Als die Geschichte meiner Eltern einer breiten Öffentlichkeit bekannt wurde, übersahen viele die Tatsache, dass sie zwischen dem Dschungel und den Vereinigten Staaten eine Übergangszeit in Caracas verbrachten. Dad bemühte sich um Fördergelder, aber es boten sich kaum Möglichkeiten, in Venezuela zu bleiben, und nach wie vor gab es Kräfte in der Regierung, die ihm das Leben schwermachten. Für die Vereinigten Staaten entschied sich mein Vater erst im letzten Moment, als ihm gar nichts anderes mehr einfiel. Erst als meine Mutter bereits hochschwanger war, hatte er das Gefühl, keine andere Wahl zu haben, als mit seiner jungen Frau, die ein Baby erwartete, in die USA zurückzukehren.

Auch beruflich hatte er kein Glück, und so nahm die Idee, mit Mom in die Vereinigten Staaten zu reisen, schließlich Gestalt an. Trotz allem sah Dad es nur als Übergangslösung. Er hatte vor, in Puerto Ayacucho Land zu kaufen – die Hauptstadt des Bundesstaats Amazonas war damals eine kleine Barackensiedlung mit ungeteerten Straßen und nur einer Tankstelle; inzwischen ist eine Kleinstadt mit wachsender Bevölkerung daraus geworden. So hätte er sich strategisch günstig zwischen Caracas und den indigenen Gebieten niederlassen und mit einem Bein in der entwickelten, mit dem anderen in der unentwickelten Welt leben können. Von einem Stützpunkt in Puerto Ayacucho aus hätte Mom ohne weiteres zu längeren Besuchen in ihr Dorf zurückkehren können, während Dad weiter seiner Forschungstätigkeit nachgegangen wäre. Oder sie hätten auf Dauer unter den Hasupuwe-teri leben können, und Dad wäre zu akademischen Veranstaltungen «gependelt», die er in der Stadt auf die Beine gestellt hätte. Aber keiner dieser Pläne wurde Wirklichkeit, und da die Schwangerschaft immer weiter voranschritt, meinte mein Vater, es sei an der Zeit, nach Hause zu fahren. Wenn er erst einmal dort wäre, würde er sich neu organisieren, seine Doktorarbeit fertigschreiben, ein geeignetes Stipendium auftreiben und dann unbefristet in den Dschungel zurückkehren.

So jedenfalls stellte er sich das vor.

In den Vereinigten Staaten bezogen meine Eltern das Esszimmer meiner Großeltern in Pennsylvania. Kurze Zeit später heirateten sie im Gerichtsgebäude von Media, Pennsylvania – dem Verwaltungssitz von Delaware County in der Nähe von Philadelphia. Media erschien mir immer als durchaus passender Name, wenn man die geballte Aufmerksamkeit der Medien bedachte, die sich bald auf diese Ehe richten sollte.

Mein Vater schildert die Trauung, die am 22. Oktober 1986 stattfand, in seinem Buch, und diese Schilderung spricht Bände. Natürlich musste er alles, was der Richter sagte, übersetzen, damit meine Mutter es verstand, und umgekehrt übersetzte er, was meine Mutter sagte, damit der Richter es verstand. Als der Richter die Frage stellte: «Versprichst du, [deinen Gatten] zu lieben und zu trösten, ihn zu ehren und zu schätzen?», begnügte sich meine Mutter nicht mit einem Nicken, sondern hatte etwas zu sagen.

«*Pata*», begann sie und richtete sich mit der respektvollen Yanomami-Anrede für einen *großen Mann* an den Richter. Dann holte sie zu einer ausführlichen Antwort aus, die mein Vater folgendermaßen übersetzte: «*Sag dem Pata, ich bin deine Frau. Erzähl ihm, dass ich auch noch deine Frau sein werde, wenn du krank wirst. Wenn du unsere Hängematte nicht mehr verlassen kannst, werde ich zum Fluss runtergehen, um dir Wasser zu holen. Ich werde Bananen ernten und sie für dich über dem Feuer rösten. Sag dem Pata, ich werde für dich Obst und Honig sammeln. Ich werde dir Fleisch zubereiten. Ich werde mich um dich kümmern und all diese Dinge tun, auch wenn du alt bist. Selbst dann werde ich deine Frau sein.*»

Offenbar hatte der Richter Humor, denn er erwiderte: «Ich nehme an … das ist ein Jawort?»

Zu behaupten, meine Großeltern seien von der Braut, die mein Vater wählte, wenig begeistert gewesen, wäre eine glatte Untertreibung. Sie waren vollkommen entsetzt, sprachlos …

vielleicht schämten sie sich sogar ein wenig. Soweit ich weiß, hatte mein Vater ihnen nie die ganze Geschichte seiner Beziehung zu meiner Mutter erzählt, bis sie sich schließlich am Bahnhof von Philadelphia kennenlernten. Sie wussten, dass er eine Yanomami aus Venezuela geheiratet hatte und dass ein Kind unterwegs war. Mehr mussten sie, wenn es nach meinem Vater ging, erst erfahren, wenn es unumgänglich wurde. Außerdem gibt es Dinge, die aus der Ferne einfach schwer zu erklären sind.

Zunächst nahmen meine Großeltern die Nachricht nicht gerade positiv auf. Meine Großmutter sagte: «Kenneth, es ist ja in Ordnung, in den Dschungel zu gehen und diese Leute zu studieren, aber musst du gleich eine von ihnen heiraten?» Es sollte wie ein Scherz klingen, aber mein Vater fand das überhaupt nicht lustig.

Die meiste Zeit hielten sich meine Großeltern jedoch mit Kommentaren zurück und taten, was sie konnten, damit sich meine Mutter in ihrem Heim wohlfühlte. Was sich allerdings als nahezu unmöglich erwies, nachdem ich – anderthalb Wochen nach der Trauung – am 2. November das Licht der Welt erblickt hatte. Können Sie sich die Situation vorstellen? Meine Mutter, eine Ureinwohnerin aus dem Amazonas, sitzt im Esszimmer ihrer US-amerikanischen Schwiegereltern und stillt ihr Kind? Das klingt ganz nach der zündenden Idee für eine schlechte Sitcom.

Eine Weile vermutete mein Vater, meine Geburt würde ablaufen, als wären wir noch im Dschungel. Meine Großeltern wohnten im Verwalterhaus eines großen Anwesens, und direkt hinter ihrem Haus erstreckte sich eine riesige Wiese. Als der Geburtstermin näher rückte, betonte meine Mutter immer wieder, sie würde einfach ins Freie gehen und mich in dieser Vorstadtwildnis zur Welt bringen. Meinen Vater beunruhigte diese Idee nur geringfügig – und das auch nur im Fall eines

Worst-Case-Szenarios. Ging die Geburt gut und ich erwies mich als gesundes Baby, konnte meine Mutter auf diese Weise ihre Yanomami-Tradition pflegen. Aber wenn etwas schiefging? Dad befürchtete, Mom würde mich dann einfach im Wald aussetzen und ins Haus zurückkehren – ein simpler Fall von natürlicher Selektion, der im Dschungel üblich sein mochte, aber in Pennsylvania nicht unbedingt gut ankommen würde.

Schließlich erwärmte sich meine Großmutter aber doch noch für meine Mutter – das heißt, sie fand eine Ebene, auf der sie eine Beziehung zu ihr aufbauen konnte: einkaufen. Ihr gemeinsamer Lieblingsladen war ein Stoffgeschäft, in dem Mom meterweise Stoffe aussuchte, die sie mit nach Hause nahm und zu Kleidung verarbeitete. Im Dschungel waren Nadel, Faden und Stoff heiß begehrt; die Frauen verwendeten, was die Missionare ihnen mitbrachten oder was sie durch Tauschhandel erwerben konnten. Im Regenwald bestand ein Modestatement in der Entscheidung, Kleidung zu tragen – egal, welche. Aber in Delaware County gab es jede vorstellbare Farbe und Muster aller Art, also brachte Mom von allem etwas mit nach Hause. So traf sie Entscheidungen – indem sie sich nicht entschied.

Meine Großmutter half meiner Mutter auch beim Einkaufen im Supermarkt und beim Kochen. Offenbar fiel es Mom schwer zu begreifen, wie die Mikrowelle funktionierte – für sie wurde das Ding quasi durch Zauberei in Gang gesetzt.

Wir drei blieben nicht so fürchterlich lang im Haus meiner Großeltern. Dad erhielt eine Menge Anrufe. Er hatte mit der Arbeit an seinem Buch begonnen, folglich telefonierte er häufig mit Agenten, Verlagen und Produzenten, die an seiner Geschichte interessiert waren. Sein Vater regte sich über die Anrufe derart auf, als wären sie der Tropfen, der das Fass zum Überlaufen bringt. Offenbar war es in Ordnung, eine Dschungelfrau mit nach Hause zu bringen, die im Esszimmer auf dem

Fußboden schlief und ihr Dschungelbaby stillte – aber dass ständig das Telefon klingelte, war einfach nicht tragbar.

Bald zogen wir aus dem Esszimmer meiner Großeltern um in das Wohnzimmer von Joe Simoncelli, einem guten Freund meines Vaters in North Scranton, und schließlich nach Florida, wo mein Vater seine Doktorarbeit abschloss und an seinem Buch weiterschrieb. Das Geld für die Filmrechte war der erste größere Betrag, den mein Vater in seinem Berufsleben für sich verbuchen konnte. Einen erheblichen Teil verwendete er darauf, seine Schulden zu bezahlen und den Lebensunterhalt seiner kleinen Familie zu bestreiten. Ein weiterer nicht unerheblicher Teil diente dazu, das Versprechen einzulösen, das er Mom gegeben hatte – so bald wie möglich in ihr Dorf zurückzukehren.

In Florida war Dad darauf angewiesen, dass freundliche Kollegen Mom halfen, sich in ihrer neuen Umgebung zurechtzufinden – genauer gesagt übernahmen das die Ehefrauen seiner Kollegen, die es sich zur Aufgabe machten, bei uns vorbeizuschauen und uns alles zu zeigen. Das heißt, sie bemühten sich. Zum ersten Mal hatten meine Eltern so etwas wie einen Freundeskreis, obwohl diese Freundschaften wohl etwas einseitig gewesen sein müssen. Mom verstand ja nur ein paar Brocken Englisch, und die gesellschaftlichen Konventionen konnte sie nicht recht nachvollziehen.

Dieses Aufeinanderprallen der Kulturen führte zu peinlichen Situationen – und eine der peinlichsten war gleichzeitig auch absolut typisch. Um diese Geschichte verstehen zu können, muss man wissen, dass Mom keinen Käse mochte – und auch sonst keinerlei Milchprodukte zu sich nahm. In der Ernährung der Yanomami spielt Milch keine Rolle, daher drehte sich Mom angesichts von Käse, Milch und Butter naturgemäß der Magen um. (Wenn wir als Kinder Eis essen gingen, bestellte sie grundsätzlich Fruchteis.) Aber sie befand sich jetzt in Dads Nabuh-Dorf und war entschlossen, mit neuen Lebensmitteln zu experimentieren – wenn meine Eltern sich eine Pizza teilten, aß Dad also den Käse von Moms Stück und ließ ihr dafür den äußersten Rand übrig, denn auch der Teig in der Mitte war ja mit Käse in Berührung gekommen. So hielten sie es eben. Doch manche Menschen in Florida nahmen Anstoß an dieser etwas speziellen Art der Pizzaaufteilung.

Jedenfalls hatte Dad endlich seine mündlichen Prüfungen hinter sich, und so fand sich eine kleine Gesellschaft bei uns ein, um seine Promotion zu feiern. Dad wollte keine große Party schmeißen. Viel interessanter fand er die Tatsache, dass ich am selben Nachmittag zum ersten Mal im Badezimmer auf die Toilette gegangen war. Doch er war mit dabei, als die anderen alle Pizza bestellten. Ohne auch nur ansatzweise darüber nachzudenken, wie sein Verhalten auf die Gäste wohl wirken musste, verzehrte Dad wie üblich seinen Anteil und ließ den Rand der Pizza für Mom übrig. Entsetzt beobachtete die Ehefrau eines Professors die Szene. «Oh mein Gott», sagte sie. «Behandeln Sie so das arme Mädchen? Sie speisen sie einfach mit dem Rand ab?»

Die Frau hatte weder besonders viel für meinen Vater übrig, noch gehörte sie zu denjenigen, die seine Ehe guthießen, also stellte diese zugegebenermaßen ungewöhnliche Art, sich Essen zu teilen, für sie einen Stein des Anstoßes dar. Für die empörte Professorengattin – und wohl auch für die übrigen Anwesenden – hatte es den Anschein, als misshandele mein Vater meine Mutter in gewisser Weise, indem er ihr Essensreste gab, als wäre sie ein Haustier.

Mein Vater versuchte, die Sache aufzuklären und anschließend wieder zur normalen Tagesordnung überzugehen, aber es ärgerte ihn über die Maßen, dass er überhaupt Zeit und Energie

darauf verwenden musste. Es strapazierte seine Geduld – dass
er sich ständig gezwungen sah, sich zu erklären, und dass die
kulturelle Kluft ihm permanent das Gefühl gab, von anderen
vorverurteilt zu werden. Sosehr er bemüht war, Missverständnisse vorherzusehen, bevor sie überhaupt entstanden, passierte so etwas andauernd, wenn er mit Mom unterwegs war und
ihr half, mit den Bräuchen seiner Welt zurechtzukommen.

Nachdem wir unser Leben in den Vereinigten Staaten begonnen hatten, folgten mehrere Heimreisen in Moms Dorf, doch
diese eine, von der ich erzählen will, fand ungefähr ein Jahr
nach meiner Geburt im November 1987 statt. Mom war im
vierten oder fünften Monat mit Vanessa schwanger. Es war geplant, einige Monate im Dschungel zu verbringen und rechtzeitig wieder zurückzufahren, damit Mom in einem US-amerikanischen Krankenhaus entbinden konnte. Vanessa stellte sich
das allerdings anders vor. Sie kam im Februar 1988 zur Welt,
also ungefähr zwei Monate zu früh – und zwar auf einem Bana-
nenblatt. Mann, war sie winzig! An Vanessas Geburt erinnere
ich mich nicht, aber ich habe Bilder gesehen und Geschichten
gehört. Sie war so klein, dass mein Vater fürchtete, sie würde
nicht durchkommen. Wäre Vanessa in einem Krankenhaus geboren worden, hätte man sie wahrscheinlich für mehrere Wochen in einem Perinatalzentrum rund um die Uhr beobachtet,
doch im Dschungel gibt es so etwas nicht. Man konnte einfach
nur hoffen, dass sie es schaffte – und glücklicherweise war das
der Fall.

Ich denke, Vanessas Geburt war auch für mich ein trau-
matisches Ereignis, weil mir mit einem Mal die Brust meiner
Mutter entzogen wurde. So läuft das im Dschungel – ein Kind
wird so lange gestillt, bis das nächste da ist. Mein Vater hat mir
öfter erzählt, dass Yanomami-Frauen ihre Kleinen viel länger

stillen als zum Beispiel US-Amerikanerinnen. Aber sobald das nächste Kind zur Welt kommt, hat das ältere Geschwisterchen Pech gehabt. Da gibt es keine allmähliche Entwöhnung. Keine Vorwarnung. Mein Dad erinnert sich, dass Mom das Stillen einfach einstellte, als wäre eine Art Embargo über mich verhängt worden. Ich weinte und brüllte, um weiter gestillt zu werden, aber es hatte keinen Sinn. Mit Vanessas Geburt gab es für mich keinen Tropfen Muttermilch mehr. Ich wurde auf kalten Entzug gesetzt.

Bei dieser Reise lebten wir ungefähr sechs Monate lang in Hasupuwe – lang genug für mich, um ein paar Brocken der Yanomami-Sprache aufzuschnappen und mich einigermaßen selbständig in der vertrauten Umgebung des Dorfs zurechtzufinden. Doch ich war längst nicht alt genug, als dass von diesen Eindrücken etwas haften geblieben wäre. Ich war neugierig, kontaktfreudig und offen für die Umgangsformen meiner Yanomami-Familie ... Eigenschaften, die ich im Lauf der Zeit ablegte, aber darauf komme ich später noch einmal zurück.

Meine allerersten eigenen Erinnerungen? Sie drehen sich alle um das Haus in Rutherford, das wir bezogen, als Dad eine Stelle am Jersey City State College erhielt. Noch heute unterrichtet er dort, allerdings trägt die Institution inzwischen den Namen New Jersey City University. Wenn ich die Augen schließe und mir meine frühe Kindheit vorstelle, sehe ich mich und meine Schwester Vanessa im Erdgeschoss des Zweifamilienhauses, das wir dort gemietet hatten.

Ich erinnere mich, wie Mom uns in Rutherford fürs Bett fertig machte – sie sagte dann: «Geh Zähne putzen.» Das sprach sie ganz schnell aus, als wäre es ein einziges Wort – *gehzähneputzen*. Diese Formulierung war nichts weiter als ein etwas vager Sammelbegriff, denn man kann nicht gerade behaupten, dass sie das Konzept «Schlafenszeit» gekannt oder gewusst hätte, was es heißt, ein Kind fürs Bett fertig zu machen. Im Dschungel bringt niemand «ein Kind ins Bett», doch sie lernte allmählich, sich an die westliche Welt anzupassen, und das gehörte halt auch dazu. Sie verband ihren Mutterinstinkt und das, was sie den Müttern in ihrem Dorf abgeguckt hatte, mit dem, was hier in den Vereinigten Staaten erwartet wurde.

Vanessa und ich teilten uns ein Zimmer mit Etagenbetten, und manchmal, vor allem, wenn Dad nicht da war, machten wir es Mom zur Schlafenszeit alles andere als einfach. Welches Kind geht schon freiwillig ins Bett? Also gingen wir Mom auf die Nerven, und sie griff in ihre stetig wachsende westliche Trickkiste, damit wir schließlich kooperierten. Unter anderem brachte sie uns zur Raison, indem sie uns zu Boden drückte und Pfeffer in den Mund streute. Ich glaube kaum, dass sie Pfeffer aus dem Dschungel kannte, es sei denn, ein Nabuh-Besucher oder ein Missionar hätte zufällig einmal welchen dabeigehabt, in den Vereinigten Staaten jedenfalls benutzte sie ihn eher als Waffe denn als Gewürz. Er war unheimlich scharf und brannte höllisch auf der Zunge! Ich weiß noch, dass ich eines Nachmittags etwas anstellte, worüber Mom sich ärgerte, und wie sie mich dann quer über den Rasen vor dem Haus verfolgte, den Pfefferstreuer hoch über ihrem Kopf schwingend. Ich hatte Angst, als ich vor ihr davonlief, und Mom lief mir lachend nach, auf nackten Füßen, aber als sie mich schließlich eingeholt hatte, war es nicht mehr so lustig.

Bestimmte Dschungelbräuche legte sie nie ab und gab sie auch an uns Kinder weiter – zum Beispiel ihre Methode, Bananen mit den Zähnen zu schälen. Sie biss an einem Ende in die Banane, als würde sie einen Maiskolben abknabbern, und arbeitete sich dann seitlich voran. Das machte sie mehrmals, bis sich die Schale lockerte und abnehmen ließ.

Auch ging sie stets barfuß – eine Angewohnheit, die meine Schwester übernahm. Bis zum heutigen Tag läuft sie zu Hause und im Garten ohne Schuhe herum, und wenn jemand sie darauf anspricht oder neckt, erwidert sie: «Hey, das habe ich von meiner Mom, okay?»

Ich erinnere mich auch, wie ich mit Mom und Vanessa im Schnee herumtobte, und im Rückblick denke ich, dass es für sie hart gewesen sein muss, sich an den Winter zu gewöhnen. Wie schafft man bloß den Sprung aus einer indigenen tropischen Umwelt und findet, ohne über meteorologische Kenntnisse zu verfügen, im eigenen Denken Raum für ein Phänomen wie Schnee? Oder Wind und Eis und Temperaturen unter dem Gefrierpunkt? Doch irgendwie gelang es ihr, und es dauerte nicht lang, bis sie mit Stiefeln und Skianorak in unserem Viertel umherstapfte und sich im Schnee wälzte wie ein Kind am Weihnachtsmorgen. Es kam sogar so weit, dass sie den Schnee liebte – sie fand ihn toll, so ganz anders als alles, was sie je erlebt hatte. Sie half sogar beim Schneeschaufeln.

Und ich erinnere mich auch daran, wie wir die Hauptstraße zu Dunkin' Donuts hinuntergingen, was beinah zum tagtäglichen Ritual wurde. Als Danny im Mai 1991 zur Welt kam, war ich viereinhalb und half Mom, meinen kleinen Bruder im Kinderwagen zu schieben. Dad gab Mom jeden Tag zwanzig Dollar, damit sie uns etwas zu essen, und was wir auf unseren Ausflügen sonst noch brauchten, kaufen konnte. Aber Mom hatte überhaupt keinen Bezug zu Geld. Für sie war es nichts weiter als ein Stück Papier, für das man etwas eintauschen konnte. Was Sachen kosteten, war ihr ebenso schleierhaft wie die Bedeutung einer derartigen Transaktion. Wir deuteten einfach auf die Donuts, die wir wollten, und wenn das Mädchen hinter der Theke den Preis dafür nannte, reichte Mom ihr dieses Stück Papier und wartete darauf, dass sie einige Scheine und

Münzen zurückbekam. In Moms Augen war das Ökonomie für Anfänger: Man gibt ein Stück Papier her und bekommt dafür, was man möchte.

Auf unserer täglichen Route lag auch ein Burger King, bei dem wir ebenfalls häufig haltmachten. Mom liebte die Burger-King-Pommes – und wegen all der Donuts, all der Pommes und all der anderen industriell verarbeiteten Lebensmittel nahm sie stark zu. Damals fiel das niemandem auf, niemand redete darüber – wenigstens bekamen wir Kinder nichts davon mit –, aber wenn man sich unsere Familienfotos aus der damaligen Zeit ansieht, wird überdeutlich, wie sehr sich Mom in New Jersey veränderte.

So sah unser Alltag aus, bis Danny seinen ersten Winter erlebte und ich dabei half, seinen Kinderwagen durch den Schnee zu schieben, weil ich glaubte, Mom fiele es schon schwer genug, selbst im Schnee vorwärtszukommen. So wie es mir Jahre später schwerfallen sollte, barfuß auf dem unsicheren Terrain des Regenwaldbodens zu gehen. Es stellte sich allerdings heraus, dass sich Mom mit dem Kinderwagen erstaunlich geschickt im Schnee fortbewegte. Heute, aus Sicht des Erwachsenen, ist mir klar, dass sie meine Hilfe gar nicht brauchte, sie vermittelte mir lediglich ein Gefühl der Selbständigkeit und übertrug mir Verantwortung, indem sie den Eindruck erweckte, sie sei auf meine Hilfe angewiesen.

Die Mutter, die ich aus der ersten Zeit in Rutherford in Erinnerung habe, lächelt glücklich und bestaunt die Wunder der Welt mit großen Augen. Äußerlich unterschied sie sich kaum von den anderen Müttern in der Nachbarschaft. Sie ließ sich sogar beim Friseur eine Dauerwelle legen, wie es damals Mode war. Doch hinter der äußeren Erscheinung verbarg sich der ruhelose Geist eines neugierigen Kindes. Stundenlang saß sie mit uns vor dem Fernseher. Sie liebte Barney und Pee-Wee Herman.

Außerdem fuhr sie unheimlich gern Karussell. Und wenn Dad nicht zu Hause war, drehten wir Gloria Estefan oder Michael Jackson richtig laut auf, und dann sprang sie zu der Musik mit uns auf den Betten herum.

Dad war ziemlich oft nicht zu Hause – damals arbeitete er sehr viel, wie jeder junge Professor. Er stand in der Hierarchie der Fakultät noch ganz unten, das hieß, sein Unterrichtspensum war hoch und seine Bürozeiten lang. Und wenn er nicht gerade lehrte, Seminararbeiten korrigierte oder Besprechungen mit Studenten hatte, versuchte er, seine Forschungsarbeit voranzutreiben.

Mom verstand Dads Arbeitszeiten nicht. Schon allein das Konzept von Arbeitszeiten leuchtete ihr nicht ein. Die Vorstellung, dass man zur Arbeit ging und dort den Großteil des Tages verbrachte, war ihr völlig fremd. Hier, in Dads Nabuh-Dorf, verschwanden die Männer für viele, viele Stunden. Dad erklärte ihr, wenn er ans College gehe, um zu unterrichten, unterscheide sich das nicht so sehr davon, wenn sich ein Yanomami-Mann zur Jagd in den Dschungel begebe. Er müsse arbeiten, um Geld zu verdienen, damit sie sich etwas zu essen und andere Dinge kaufen könnten. Das sei die westliche Art zu jagen und zu sammeln. Natürlich war es nicht das Gleiche, aber auch die Analogie wollte Mom nicht einleuchten. Im Dschungel hatte sie nie Veranlassung gehabt, weiter als bis zwei zu zählen, und hier in den Vereinigten Staaten konnte sie zwei und zwei nicht zusammenzählen und begriff nicht, warum mein Vater jeden Tag so lang außer Haus war.

Im Lauf der Zeit – so erfuhren wir später – fühlte sich Mom ziemlich isoliert und einsam. Außer uns Kindern hatte sie niemanden zum Reden. Mein Vater holte zwar jemanden ins Haus, der mit Mom Englisch übte, aber sie war keine besonders eifrige Schülerin. Dad hatte bei seinem ersten Aufenthalt im

Dschungel relativ mühelos Yanomami gelernt, doch er war sprachbegabt und beruflich motiviert. Zudem tauchte er völlig in die ihm fremde Kultur ein. Letzteres trifft zwar auch auf Mom zu, doch ihr fehlte schlicht und ergreifend die Motivation. Sie kam mit ein paar Worten und Redewendungen über die Runden, und wir Kinder konnten bald ganz gut Yanomami, doch allmählich sehnte sie sich nach dem aktiven Leben zurück, das sie im Dschungel geführt hatte.

Rückblickend denke ich, dass Mom einfach keinen Grund sah, ihr Englisch zu verbessern. Sie war von vornherein davon ausgegangen, dass sie nur kurze Zeit in den Vereinigten Staaten verbringen würde – eine Art längerer Urlaub, während mein Vater für unsere Familie den nächsten Schritt vorbereitete. Vielleicht wartete sie einfach nur die ganze Zeit darauf, dass wir alle wieder nach Hause fuhren – in ihr wahres Zuhause.

Als das Buch meines Vaters erschien, gab er sehr viele Interviews. Anfangs sprach mein Vater nur dann in der Öffentlichkeit über seine Situation, wenn er um ein Interview oder einen Vortrag gebeten wurde. Das änderte sich, als sein Buch herauskam. Von da an bemühte er sich aktiv um Auftritte. Er wollte sein Buch verkaufen. Bei dieser zweiten Welle medialer Aufmerksamkeit trat meine Mutter häufig mit ihm vor die Kamera. Hin und wieder fragte ein Reporter Mom, wie es ihr in New Jersey gefiele, woraufhin sie höflich lächelte, wie um anzudeuten, es gefalle ihr sehr gut, doch gleichzeitig schüttelte sie verneinend den Kopf. Manchmal antwortete sie auf Englisch: «Nein», sagte sie dann – was so viel hieß wie: *Ich lebe nicht gern in New Jersey.* In solchen Fällen ergriff mein Vater das Wort und erklärte einige der Schwierigkeiten, vor denen Mom stand, erinnerte noch einmal an die mühsame Eingewöhnungszeit, um schließlich zu dem Schluss zu kommen, dies sei kein unkompliziertes Abenteuer, aber alles entwickle sich zum Guten.

Ich glaube nicht, dass Mom etwas dagegen hatte, mit Dad Interviews zu geben – aber gleichzeitig vermute ich, dass sie gar nicht wirklich verstand, worum es dabei ging. Sie wollte einfach mit dabei sein.

Ich halte es durchaus für möglich, dass meine Eltern zusammengeblieben wären, wenn es nicht diese Dokumentation für die National Geographic Society mit dem Titel *Yanomami Homecoming* gegeben hätte. Nichts gegen National Geographic – die Spannungen und Schwierigkeiten, die damals aufkamen, hätten bei den Dreharbeiten für jede andere Produktionsgesellschaft ganz genauso entstehen können. Um die Zusammenhängen zu verstehen, empfiehlt es sich, die Hintergründe kurz zu beleuchten. Die Produzenten von National Geographic redeten meinem Vater ein, es sei eine gute Idee, wenn die ganze Familie sich in den Dschungel aufmache, damit Filmmaterial für eine geplante Dokumentation über meine Familie und das Leben in unserem Regenwalddorf gedreht werden könne. Der Film, der damals entstand, stellte einen bedeutenden Einschnitt in unser Familienleben dar. Er erzählte die Geschichte der einzigartigen Beziehung meiner Eltern und zeigte der Welt, wie es war, wenn sich in einer Familie zwei völlig verschiedene Kulturen miteinander vermischten. *Yanomami Homecoming* erhielt hervorragende Kritiken, obwohl einige Szenen falsch interpretiert oder aus dem Zusammenhang gerissen wurden. Die Dokumentation löste darüber hinaus kontroverse Diskussionen über meinen Vater aus – zumindest unter seinen Fachkollegen, von denen viele dachten, mein Vater habe meine Mutter nur geheiratet, um seine Karriere irgendwie voranzubringen. Damit lagen sie falsch. Wenn überhaupt, hatte die Ehe mit meiner Mutter meinem Vater berufliche Nachteile gebracht. Sie hatte seinem Ansehen in akademischen Kreisen geschadet und es ihm erschwert, in den einschlägigen Fachzeitschriften zu veröffentlichen. Er würde jederzeit ohne Zögern bestätigen, dass die Ehe seine Karriere ruinierte, dass ihm das aber gleichgültig war. Wichtig war ihm meine Mutter – ihr dabei zu helfen, sich an das Leben in New Jersey zu gewöhnen, ihr etwas beizubringen, ihr beim Aufziehen von drei Kindern zu helfen.

Dennoch stellten die Dreharbeiten für den Dokumentarfilm, jedenfalls in der Erinnerung meines Vaters, einen Wendepunkt dar. Der Film entstand fast vier Jahre nach unserer letzten Reise in den Dschungel, bei der Vanessa zur Welt gekommen war. Die ganze Familie flog also nach Venezuela, um an dem Film mitzuwirken. Die Vorbereitungen dafür liefen zwar bereits seit Monaten, doch für Mom und uns Kinder kam trotzdem alles ganz plötzlich. Eben wanderten wir noch die Straße entlang zu Dunkin' Donuts, Mom den kleinen Danny in seinem Kinderwagen schiebend, während Vanessa und ich hinterherzockelten, und plötzlich packten wir hektisch unsere Taschen und bereiteten uns auf den langen Treck zurück in den Regenwald vor. Mein Vater besprach die Reise natürlich mit uns, doch von der logistischen Planung, die zweifellos viel Zeit in Anspruch genommen haben muss, bekamen wir nichts mit. Zu Mom sagte er, sie würde nach Hause fahren. Und uns Kindern erklärte er einfach, wir würden zu einem großen Abenteuer in den Regenwald aufbrechen, um Moms Familie zu besuchen.

Wir waren seit vier Jahren nicht mehr im Dschungel gewesen – diese Zeitspanne musste meiner Mutter endlos erschienen sein und zugleich unermesslich. Man darf nicht vergessen, dass der Zeithorizont meiner Mutter eng mit ihrer begrenzten Vorstellung von Mengen und Zahlen verknüpft war. Zeit bedeutete für sie heute und morgen, einen Mond und zwei Monde, vorwärts und zurück. Innerhalb dieses begrenzten Zeithorizonts war kein Platz für so etwas wie Sehnsucht. Ein

Zeitraum jenseits von ein, zwei Tagen, ein, zwei Wochen, ein, zwei Jahreszeiten ... entzog sich ihrer Vorstellungswelt. Doch je länger sie in der Vorstadt lebte, desto mehr müssen die Tage, die sich fern der Heimat aneinanderreihten, eine Bedeutung gewonnen haben. Die Zeit in der Fremde begann sie zu belasten, auch wenn sie nicht so recht in der Lage war, diese Zeitspanne zu verstehen oder zu messen. Anfangs konnte Mom ihre Zeit mit meinem Vater in seinem Nabuh-Dorf als eine Art Wayumi sehen – einen sehr langen Treck. Das passte zu der nomadischen Lebensweise, die ihr immer schon vertraut gewesen war. Im allerersten Jahr waren meine Eltern für eine Weile in den Dschungel zurückgekehrt und später dann noch ein weiteres Mal, es gab also einen Aspekt des Kommens und Gehens in ihrem Leben, eine gewisse Balance zwischen hier und dort. Als meiner Mutter dann klar wurde, dass wir alle gemeinsam in ihr Dorf reisen würden, geriet sie in allerhöchste Aufregung. Die letzten vier Jahre erschienen ihr plötzlich wie zwei Monde und noch einmal zwei Monde, mehr nicht. In Moms Bezugsrahmen gab es jedoch nichts, was sie auf den Kurzurlaub vorbereitet hätte, den sich mein Vater und die Produzenten von National Geographic vorstellten.

Wir hielten uns nur fünf Tage in Moms Dorf auf, und doch gelang es dem Team von National Geographic, unser Leben im Regenwald auf fesselnde Weise einzufangen und den Eindruck zu erwecken, als hätten sie uns über Wochen oder gar Monate begleitet. Es wurden unter anderem Aufnahmen von Vanessa und mir gemacht, wie wir mit anderen Yanomami-Kindern im schlammigen Wasser des Bachs spielten – und bis heute fühle ich mich, wenn ich diese Bilder sehe, in diese Schnappschuss-Idylle zurückversetzt, in der ich völlig sorglos herumplanschte, als würde ich dazugehören. Die Dorfkinder unterschieden sich kaum von den Kindern in meiner Vorschulklasse daheim, jedenfalls für die Augen eines Kindes, außer dass sie weitgehend nackt waren und ich vieles von dem, was sie sagten, nicht verstand. Mit fünf Jahren achtete ich kaum auf kulturelle Unterschiede, vielmehr spielten wir Ball und Fangen im Schlamm und im Regen, rauften, hielten Händchen, lachten ... fanden also einen Weg, gleich zu sein anstatt verschieden. In der Dokumentation sieht man, wie meine Mutter Feuerholz sammelt, mein Vater bei Reparaturen am Shabono hilft oder sich mit einem der Dorfältesten ins Gespräch vertieft. Man sieht uns um das Gemeinschaftsfeuer versammelt, lachend, spielend, essend. In der Zusammenstellung wirkt das alles wie eine dieser Montagesequenzen in Spielfilmen, in denen verschiedene Szenen aneinandergereiht werden, um zu zeigen, wie quasi im Normalbetrieb die Zeit verstreicht. Es ist wirklich erstaunlich, wie es dem National-Geographic-Team gelungen ist, in einer so kurzen Zeitspanne den Anschein zu erwecken, dass alles seinen gewohnten Gang ging. Die Filmaufnahmen von gerade einmal fünf Tagen reichten ihnen, um den ganz normalen Alltag herauszukristallisieren und abzubilden.

Und dann, als die Kameras alles eingefangen hatten, was an Bildmaterial benötigt wurde, nachdem Mom und Dad mit dem Dorf im Hintergrund interviewt worden waren, hieß es plötzlich wieder Abschied nehmen. Einfach so. Und wenn ich heute höre, wie mein Vater das erzählt, kann ich förmlich spüren, wie meiner Mutter der Boden des Regenwalds unter den Füßen weggezogen wurde.

Sie rechnete nicht ansatzweise damit, wieder abreisen zu müssen. Wir waren doch gerade erst angekommen.

Es war keineswegs so, dass mein Vater unseren Reiseplan vor meiner Mutter geheim gehalten hätte, es gab nur einfach keinen geeigneten Weg, ihn ihr begreiflich zu machen. Zudem sah er einfach keine Alternative: Er hatte drei Kinder zu ernähren.

Sein Arbeitgeber gewährte ihm nur einen kurzen Urlaub. Sein Stundenplan an der Uni sowie die Termine der Produzenten ließen nur dieses kleine Zeitfenster für den Fünf-Tage-Dreh im Dschungel zu. Außerdem besuchte ich bereits die Vorschule, und mein Vater meinte, er könne mich nur für relativ kurze Zeit vom Unterricht fernhalten.

Mom verstand das alles überhaupt nicht. Sie wusste nur, dass wir endlich die lange Reise antraten, auf diesem großen Vogel am Himmel und mit ihren drei kleinen Kindern. Sie musste geradezu annehmen, dass nach so langer Zeit und einer so langen Reise wieder eine entsprechend große Zeitspanne vergehen würde, ehe erneut eine Reise anstand, damit das Hier und das Dort erst einmal ins Gleichgewicht zurückfinden konnten. Als ihr dann aber klar wurde, dass wir so schnell nach unserer Ankunft wieder unsere Sachen packen und ihr Dorf verlassen würden, erwachte ihr Zorn.

Dass Mom sauer oder beleidigt war, hatte ich noch nie erlebt, geschweige denn, dass sie vor Wut kochte. Vermutlich konnte ich diese Emotion gar nicht richtig einordnen. Doch selbst als kleines Kind begriff ich damals, dass sie entsetzt war, völlig außer sich, und ich konnte sehen, wie tieftraurig und unglücklich sie sich fühlte.

Es gibt sogar ein Yanomami-Wort, das annähernd ausdrückt, wie meiner Mutter zumute war: *hushuo*! Ich glaube, es fasst ganz gut zusammen, wie meine Mutter auf unseren Kurzbesuch im Dschungel reagierte.

Es gibt noch einen weiteren Grund, aus dem mein Vater dieses Erlebnis als Wendepunkt betrachtete, denn während der fünf idyllischen Tage im Dschungel wurde unser Familienleben mit einem Gift infiziert, das ein einheimischer Helfer/Dolmetscher/Fahrer versprühte, der zum National-Geographic-Team gehörte. Ich werde seinen echten Namen an dieser Stelle nicht nennen, weil der Mann im Territorium bekannt ist und ich nicht möchte, dass meine Familie irgendwelche Schwierigkeitcn bekommt, wenn ich sein Verhalten öffentlich anprangere. Also nennen wir ihn Armando und halten fest, dass er ein Problem darstellte. Wie Armando es im Einzelnen geschafft hat, in dieser kurzen Zeit, die er während der Dreharbeiten mit uns verbrachte, unsere Familiendynamik zu stören, lässt sich schwer sagen. Jedenfalls fand er ganz offensichtlich einen Draht zu meiner Mutter, sodass er ihr Vertrauen gewann und sie seinerseits ins Vertrauen zog. Heute glaube ich, dass er sich damals die plötzlich aufflammende Wut meiner Mutter zunutze machte und ihr alle möglichen Ideen einflüsterte. So redete er ihr ein, sie würde von meinem Vater in den Vereinigten Staaten schlecht behandelt und irgendwie ausgenutzt. Armando war kein Yanomami, er gehörte zu einem anderen Stamm im Territorium, den Ye'kwana, dennoch stellten die Produzenten ihn zur Unterstützung vor Ort an. Er sollte dazu beitragen, dass die Filmarbeiten reibungslos über die Bühne gingen, sowie beim Transport und Dolmetschen helfen. Mein Vater gewann allerdings rasch den Eindruck, dass Armando seine Befugnisse überschritt. Armando kannte das Territorium, zudem arbeitete er als Fremdenführer und sprach Spanisch, das machte ihn für das National-Geographic-Team zu einem wertvollen Mitarbeiter, der allem Anschein nach seine Aufgaben zufriedenstellend erledigte. Trotzdem war er meinem Vater suspekt, irgendwie hatte er etwas Hinterhältiges an sich. Mein Vater nahm uns daher öfter beiseite und sagte: «Haltet euch von Armando fern.»

Dad traute dem Mann von Anfang an nicht.

Ich war damals noch klein, ich verstand nicht, was mein Vater meinte, und hatte keine Vorstellung davon, was er an Armando auszusetzen haben könnte, aber ganz offensichtlich gefiel er ihm nicht. Inzwischen habe ich mir zusammengereimt, dass Armando in dem Kontakt zu meiner Mutter wohl eine Chance sah, selbst ein wenig ins Rampenlicht zu rücken, schließlich war sie im Territorium keine Unbekannte. So läuft es im akkulturierten Dschungel, wie ich später herausfand. Ureinwohner, die über ein bisschen Bildung verfügen, die mit der modernen, entwickelten Welt, wenn auch nur ein ganz klein wenig, in Kontakt gekommen sind, neigen anschließend oft dazu, die eigenen Leute als Erste auszunutzen. Jeder sieht die Dinge aus seinem Blickwinkel, doch welche Perspektive Armando hatte, war damals noch nicht klar. Mein Vater durchschaute ihn nicht, und ich halte es durchaus für möglich, dass Mom über unseren überstürzten Aufbruch auch deshalb so sichtlich empört war, weil ihr Armando eingeflüstert hatte, sie könne sich ja auch von meinem Vater trennen und einfach im Dorf bleiben.

Vielleicht war der Verdacht gegen Armando völlig unbegründet, das Problem war nur, dass er uns quasi verfolgte – selbst als wir schließlich wieder getrennte Wege gingen, wurden wir ihn nicht endgültig los. Wir verabschiedeten uns von ihm, als wir das Territorium verließen, um nach Caracas zu fahren, und es gab keinen Grund anzunehmen, wir würden ihn jemals wiedersehen. Aber Mom hatte sich verändert. Wir Kinder hatten den Eindruck, dass sie traurig war – und zwar die ganze Zeit. Sie lachte nicht mehr, dabei hatte sie doch früher ständig gelacht. Sie lächelte nicht mehr, dabei hatte sie doch sonst immer gelächelt. Sie kümmerte sich zwar um uns, half beim Packen und stillte den kleinen Danny, doch in Gedanken war sie völlig woanders. Und im Herzen erst recht. Als wäre sie innerlich zerbrochen.

In Caracas verbrachten wir noch einige Tage bei Freunden meines Vaters. Während dieses Besuchs jagte Mom mich bei einer Gelegenheit mit einem Stock in der Hand durch die Wohnung. Was ich getan hatte, um sie so in Rage zu bringen, und ob ich überhaupt etwas angestellt hatte, weiß ich nicht mehr. Vielleicht ließ sie einfach nur ihre Wut und Enttäuschung an mir aus, wobei ich nicht sagen kann, ob ich das damals auch so aufgefasst habe. Zu Hause in New Jersey warf sie manchmal Schuhe nach uns Kindern, und wir neckten sie deshalb spaßeshalber, aber Dinge zu werfen ist eine typische Yanomami-Geste. (Als ich später im Erwachsenenalter in Moms Dorf zurückkehrte, beobachtete ich oft, dass meine Familienmitglieder Bananenschalen nach lästigen Hunden oder Affen warfen, die sich zu nah an das Feuer wagten, um das wir saßen.) Wir Kinder machten immer ein Spiel daraus. Doch mein Vater und seine Freunde sahen in Moms Verhalten etwas anderes ... etwas *ganz* anderes. Da jagte sie ihr Kind mit einem Stock durch die Wohnung von Freunden – für meinen Vater war das ebenso peinlich wie besorgniserregend, denn offenbar drohte mir Mom nicht nur, sondern hatte vor, mich mit dem Stock zu schlagen.

Jahre später gestand mir Dad, dass er einfach nicht wusste, wie er Mom begreiflich machen sollte, dass die Familie in sein Nabuh-Dorf zurückkehren musste. Es sei nicht die Sprachbarriere gewesen, meinte er, sondern vielmehr eine kulturelle Barriere – von der Art, die sich nicht immer überwinden lässt.

Seine Freunde machten ihm einen Vorschlag, wie er damit umgehen könnte. Nicht in einer Million Jahren wäre mein Vater selbst auf diesen Plan gekommen, und wenn ich heute zurückblicke, kann ich kaum glauben, dass er sich überhaupt darauf eingelassen hat. Jedenfalls meinte jemand, meine Mutter müsse einfach noch eine Weile im Dschungel bleiben. Dads Freunde betonten, Mom sei vier lange, verstörende Jahre von ihrer Familie getrennt gewesen, abgeschnitten von der einzigen Welt, die sie je gekannt hatte. In ihrer Familie hatte es während unserer Abwesenheit viele Geburten und Todesfälle gegeben, und auch sonst hatte sich einiges getan. Dieser Kurzbesuch konnte Mom ja gar nicht genügt haben, um sich an die neue Wirklichkeit in ihrem Dorf zu gewöhnen. Natürlich sah Dad das genauso. Er liebte meine Mutter, er liebte das Leben, das sie im Dschungel geführt hatte, und es war ihm zuwider, dass sie durch das Leben, das sie in den Vereinigten Staaten führen musste, in einen Konflikt geriet. Seine Freunde glaubten offenbar, er würde es nicht schaffen, sich allein um uns drei zu kümmern. Weil Danny noch gestillt wurde, beschloss man also, er solle mit meiner Mutter in ihr Dorf zurückkehren.

Während diese Pläne Gestalt annahmen, erzählten die Freunde meinem Vater von einer deutschen Familie in Caracas, die sie kannten. Die Familie habe drei kleine Mädchen, ungefähr in Vanessas Alter. Die Familie kenne die Geschichte meiner Eltern und sei bereit, Vanessa vorübergehend aufzunehmen. So wäre Dad in der Lage, mit mir nach New Jersey zurückzufliegen, wo er bis zum Ende des Semesters seiner Arbeit nachgehen und ich die Vorschule besuchen könnte.

Das war zwar nicht der beste Plan der Welt, aber es war wenigstens ein Plan. Immerhin bot sich damit eine Möglichkeit, Mom zu geben, was sie brauchte. Es stellte, zumindest für den Augenblick, eine Lösung dar. Allerdings kann ich mir nicht vorstellen, was sich im Kopf meines Vaters abgespielt haben mag, als er darüber nachdachte. Denn es gab eine Menge zu beachten und zu bedenken. Es kann nicht leicht für ihn gewesen sein, genauso wenig wie für meine Mutter. Er war außer sich vor Sorge – um Mom, um uns Kinder, um seine Karriere, um unsere Zukunft als Familie. Und Mom – sie war einfach nur verzweifelt.

Und so fiel dann die Entscheidung. Vanessa würde in Caracas bei der deutschen Familie bleiben, und Mom sollte mit

Danny in ihr Dorf zurückkehren. Für Dad handelte es sich dabei um eine vorübergehende Regelung – so als würde man getrennt in den Urlaub fahren. Am Ende des Semesters würden Dad und ich nach Caracas fliegen, Vanessa abholen und nach Hasupuwe oder Irokai oder Wawatoi weiterziehen, jedenfalls dorthin, wo auch immer die Hasupuwe-teri dann leben mochten. Dort würden wir die Weihnachtsferien mit Mom und Danny verbringen. Bis dahin wäre Mom wieder auf der Höhe, und die ganze Familie könnte gemeinsam nach New Jersey zurückkehren. Und dann endlich wäre in unserer kleinen Welt wieder alles in Ordnung.

Jedenfalls war das der Plan.

Doch so lief es nicht, und genau hier kam Armando wieder ins Spiel. Aus irgendeinem Grund engagierte ihn mein Vater als Begleiter, der meine Mutter zurück ins Territorium bringen sollte. Zwar hegte mein Vater ein tiefes Misstrauen gegen ihn und er wusste, dass der Mann Gift für unsere Familie war. Andererseits brauchte meine Mutter einen Führer für ihre Reise zurück ins Yanomami-Territorium, und Armando mit der Aufgabe zu betrauen war naheliegend. Dad konnte damals nicht klar denken. Vielleicht wollte er Mom auch in der Obhut eines Menschen lassen, den sie kannte, selbst wenn er, Dad, ihm nicht traute – das klassische Dilemma zwischen einem bekannten und einem unbekannten Übel. Weder standen ihm besonders viele Optionen offen, noch hatte Dad viel Zeit, die Heimreise meiner Mutter nach Hasupuwe zu koordinieren.

Was immer er sich dabei gedacht haben mag, wir waren den Dreckskerl gerade erst losgeworden, da trat er schon wieder in unser Leben, genoss Moms Aufmerksamkeit und flüsterte ihr seine destruktiven, egoistischen Ideen ein. Natürlich wusste Dad nicht, wie destruktiv und egoistisch Armando war, er konnte es bloß ahnen. Darüber hinaus hatte er den Verdacht, da könne noch etwas mehr zwischen Mom und Armando sein – annähernd so etwas wie eine Affäre. In unserer westlichen Kultur ist das eine große Sache, im Leben der Yanomami hingegen ist es gerade mal ein Achselzucken wert. Für Dad bedeutete es alles, für Mom, wenn es denn überhaupt stimmte, bedeutete es nichts.

Ungeachtet all seiner Sorgen und Zweifel und seinem Misstrauen zum Trotz engagierte er Armando als Begleiter für Mom auf der Rückreise in ihr Dorf und holte damit dieses Gift wieder in unser Leben.

An den Rückflug mit meinem Vater in die Vereinigten Staaten erinnere ich mich genauso wenig wie an das Leben ohne meinen Bruder, meine Schwester und meine Mutter. Ich weiß nur noch, dass Dad sich in die Arbeit stürzte, als wir wieder zu Hause waren, und dass ich meinen Alltag wieder aufnahm. Es ging weiter wie vorher, nur dass riesige Lücken in unserem Leben klafften.

Vanessa gewöhnte sich unterdessen nur schwer ein. Bis heute ist ihr diese Zeit als traumatisierend in Erinnerung geblieben, wobei es mir nie gelungen ist, ihr Einzelheiten zu entlocken. Letztlich war die deutsche Familie wohl nicht so warmherzig und freundlich, wie man Dad versichert hatte. Allerdings glaube ich, das könnte vor allem damit zu tun haben, dass die damals vierjährige Vanessa bei einer völlig fremden Familie zurückblieb – natürlich konnten diese Menschen ihr die eigene Familie nicht ersetzen, und wenn sie noch so warmherzig und freundlich gewesen wären.

Vanessas Verbleib in Caracas weckte zu allem Überfluss Bedenken bei der venezolanischen Regierung. Als Kind einer Yanomami-Mutter und eines US-Amerikaners, das also zwei Kulturen in sich vereinte, stand sie im Mittelpunkt der öffentlichen Aufmerksamkeit. Nachdem die Geschichte meiner

Eltern zunehmend bekannt geworden war, sahen es einige Regierungsbeamte mit Sorge, dass Vanessa in der Obhut dieser Familie zurückgelassen wurde. Die Gastfamilie erhielt Anrufe von Bürokraten, die in bedrohlichem Ton nach dem Kind von Yarima und Kenneth Good fragten. Daher glaubte die Familie, sie müsse Vanessa vor den Augen der Öffentlichkeit verstecken, was vermutlich zu ihrem Gefühl der Isolation beitrug. Nach einigen Wochen rief Vanessas Gastvater schließlich meinen Dad in New Jersey an und sagte: «Das funktioniert nicht. Sie müssen kommen und Ihre Tochter holen. Ich kann nicht länger für ihre Sicherheit garantieren.»

Der verzweifelte Anruf kam an einem Wochenende. Damals musste mein Vater montags, dienstags und donnerstags unterrichten, also brachte er seine Veranstaltungen an den beiden kommenden Tagen hinter sich, stieg Dienstagabend in einen Flieger nach Caracas und kehrte rechtzeitig nach New Jersey zurück, um sein Seminar am Donnerstag zu halten. Der straffe Zeitplan erlaubte es ihm nicht, auch noch im Dschungel nach Mom und Danny zu sehen, er holte also nur Vanessa ab und brachte sie nach Hause.

Es ist mir ein Rätsel, wie mein Vater diese Zeit der Ungewissheit durchgestanden hat. Nein, seine Entscheidungen im Hinblick auf seine Familie sind weiß Gott nicht immer gut ausgegangen, und im Rückblick sind sie teilweise auch nur schwer verständlich, aber er traf sie unter großem Zeitdruck, zwischen Stoßgebet und Stoßgebet, in dem verzweifelten Versuch, doch noch alles zum Guten zu wenden. Den Gedanken, meine Mutter zu verlieren, konnte er einfach nicht ertragen. Also legte er sich ins Zeug und kämpfte um sie.

An die folgende Zeit kann ich mich gut erinnern – wenigstens aus der eingeschränkten Sicht eines Kindes. Ich weiß noch, wie Vanessa zurückkam und ich das Gefühl hatte, dass immerhin ein fehlender Teil unserer Familie wieder da war. Bei unserem Wiedersehen flossen keine Tränen (das war in unserer Familie nicht üblich), so wie es auch keinen tränenreichen Abschied gegeben hatte (denn das war bei uns ebenfalls nicht üblich). Dennoch hatte ich den Eindruck, dass das Bild unserer Familie wieder ein wenig vollständiger war. Nach Vanessas Rückkehr herrschte in unserer kleinen Familie eine etwas unbeschwertere Stimmung. Ich erinnere mich, wie es war, wieder eine Spielkameradin zu haben, jemanden, der mir Gesellschaft leistete, wenn Dad seine Vorlesungen vorbereitete oder Seminararbeiten korrigierte. Ich weiß noch, wie Weihnachten näher rückte und Dad plante, uns bei unserem Onkel zu lassen, während er nach Venezuela flog. Sogar an das Gespräch erinnere ich mich noch genau – Dad sagte: «Ich gehe in den Dschungel und hole Mommy und Danny.» Für mich hörte sich das völlig normal an, als würde er zu uns Kindern sagen, er gehe jetzt in den Laden an der Ecke, um Milch zu besorgen.

Weil Weihnachten nahte, packte Dad eine Menge Geschenke ein – für die Dorfbewohner und für Danny. Unsere Festtage sind für die Yanomami naturgemäß völlig bedeutungslos, aber mein Vater war vorweihnachtlich gestimmt und sah der Wiedervereinigung seiner Familie freudig erregt entgegen, also kaufte er den üblichen Vorrat an Töpfen und Pfannen, Macheten und anderen Handelsgütern und steckte sie in einen großen Sack, als wäre er ein Nabuh-Weihnachtsmann. Auch für Mom und Danny hatte er Geschenke im Gepäck, und die wickelte er sogar in Geschenkpapier ein. Mom kannte Weihnachten aus ihrer Zeit in New Jersey, und sie mochte es – die Lichter, das Spektakel, die guten Gefühle, die dann immer in der Luft lagen. Aber als er mit all diesen Dingen bepackt im Regenwald eintraf, wurde er nicht gerade mit offenen Armen empfangen. Jahre später erzählte er mir die Geschichte und versuchte, ihr eine lustige Note zu geben, dabei war sie eigentlich eher traurig – richtig traurig. Er stieg also aus dem Boot und kam nach einer absurd langen Anreise in Hasupuwe an. Dort stieß er auf eine Gruppe spielender Kinder. Sie sahen meinen Vater, diesen riesigen Nabuh, beladen mit großen Plastiksäcken. Er muss furchterregend ausgesehen haben. Und, wer weiß, vielleicht hatten die Kinder ja Geschichten über meinen Vater gehört, und man hatte ihnen beigebracht, ihn zu fürchten so wie andere Außenstehende auch.

Jetzt kommt der Teil, den mein Vater versuchte, als lustig zu verkaufen: Unter den Kindern, die voller Angst vor ihm davonrannten, war ein nackter kleiner Junge, den Dad sofort als Danny erkannte. Dad hatte Danny seit Monaten nicht mehr gesehen, und das in einem Alter, in dem Kleinkinder dramatische körperliche Veränderungen durchmachen, aber er war nicht zu verkennen. Seine Haut war deutlich heller als die der anderen Kinder, aber er schrie aus Leibeskräften und nahm Reißaus, weil ihn der Anblick des eigenen Vaters wahnsinnig erschreckte.

Für meinen Vater muss das ein vernichtender Moment gewesen sein – da war er von so weit weg angereist, um seine Familie wieder zusammenzuführen, und dann erschrak sein eigener Sohn vor ihm. Doch als Dad davon erzählte, tat er es mit einem Lachen ab, zumindest versuchte er es.

Und noch eine weitere niederschmetternde Erfahrung erwartete meinen Vater bei seinem Besuch: Armando war immer noch da. Oder, falls er nicht die ganze Zeit da gewesen war, so trieb er sich jedenfalls jetzt wieder hier herum, und das beunruhigte meinen Vater. Natürlich hatte mein Vater diesen Mann wieder in unser Leben geholt, indem er Armando engagierte, um meine Mutter von Caracas zurück in ihr Dorf zu begleiten. Doch er war davon ausgegangen, die Beziehung sei damit beendet – und nun war Armando immer noch da. Damit erwachten nicht nur die Zweifel wieder, die mein Vater im Hinblick auf Armandos Pläne hegte, sondern auch der Verdacht, es handle sich bei der Beziehung zwischen den beiden um die Regenwaldversion einer «Affäre». Als Mom und Dad sich dieses Mal im Shabono umkreisten und sich schließlich begrüßten, war die Stimmung also entsprechend frostig.

Dann erschien auch schon bald der kleine Danny auf der Bildfläche. Als er ins Shabono kam, beäugte er meinen Vater zunächst vorsichtig, dann sprang er ihm in die Arme. Die Spannungen zwischen meinen Eltern ließen sich leider nicht so leicht auflösen.

Eines ist in diesem Zusammenhang wichtig: Als mein Vater nach Hasupuwe kam, glaubten die Dorfbewohner, Yarima werde mit ihm in sein fernes Nabuh-Dorf zurückkehren. Eines folgte aus dem anderen – ein Yanomami-Wenn-Dann-Szenario. Wenn mein Vater kam, dann würde Yarima ihn in sein Dorf in New Jersey begleiten. Sie würde wieder bei ihren Kindern sein, auch wenn sie sich nach dem Dschungel sehnte, auch wenn ihre Sippe sie in ihrer Nähe behalten wollte. Das war das Leben, das sie sozusagen gewählt hatte – und mein Vater war der Mann, den sie sich ausgesucht hatte. Auch Armando schien das zu begreifen, und wenn er sich mit Yarima und meinem Vater im Gemeinschaftsbereich aufhielt, appellierte er an sie, zurückzugehen und sich um ihre Kinder zu kümmern. Was er sagte, war richtig – und ob er dabei doppelzüngig oder intrigant war, ließ sich zur damaligen Zeit nicht so recht beurteilen. Wer wusste schon, wie er unter vier Augen mit meiner Mutter sprach, öffentlich ermunterte er Yarima jedenfalls, meinem Vater in sein Heimatdorf zu folgen.

Doch solange sich Dad in Hasupuwe aufhielt, wollte das

Unbehagen zwischen meinen Eltern nicht weichen. Er hatte eigentlich nur ein paar Tage im Territorium bleiben wollen, gerade genug Zeit, um alles, was Mom und Danny gehörte, einzusammeln und sonstige Reisevorbereitungen zu treffen. Selbst unter den besten Bedingungen, wenn meine Eltern «sich verstanden» hätten, wäre es schwierig gewesen, weil auch Dad jedes Mal, wenn er das Dorf verließ, der Abschiedsschmerz packte. Aber diesmal fiel es ihm noch sehr viel schwerer zu gehen als sonst. Obwohl der Stamm ja inzwischen mehrmals erlebt hatte, dass Mom lange weg war, konnte Dad den Dorf-ältesten nicht recht erklären, wie viel Zeit bis zu ihrem nächsten Besuch vergehen würde.

Die Yanomami verstanden, was es heißt, sich zu begegnen, und sie wussten, was Abschied bedeutet. Der Zeitraum dazwischen hatte jedoch keine Bedeutung für sie, und genau in diesem Zeitraum spielte sich das Drama meiner Eltern ab.

Mom aber wusste sehr wohl, was eine Trennung bedeutet, und ihr Herz war schwer. Sie half beim Packen, sie kümmerte sich um den kleinen Danny, aber mein Vater hatte das Gefühl, dass sie es ungern tat. Die düstere Stimmung, in die sie Monate zuvor in Caracas verfallen war? Sie war nicht verflogen – und wenn doch, so ergriff sie jetzt wieder Besitz von ihr. Dad hatte vollstes Verständnis dafür, wie er später erklärte, doch er glaubte, Moms Laune würde sich bessern, wenn sie ihre Kinder in den Vereinigten Staaten wiedersah. An diesen Glauben klammerte er sich verzweifelt, so meinte er später, weil sie die Frau war, die er liebte, und sie sich gemeinsam dieses Leben aufgebaut und diese Familie gegründet hatten.

Sie brachen also auf und gelangten bald nach Platanal. Seit mein Vater vor Jahren zum ersten Mal ins Territorium gekommen war, hatte sich einiges verändert: Die Kräfte der Außenwelt waren eingedrungen. Hier in Platanal bauten zum

Beispiel die Majecodo-teri ein neues Shabono und hatten Hasupuwe-teri als Lohnarbeiter eingestellt, um beim Bau zu helfen. Es bildete sich also eine Klassenstruktur heraus, in der ein Dorf der Wohlhabenden Wege fand, ein Dorf der Habenichtse auszubeuten. Für meinen Vater war das ein großer Schock, eine Kulturrevolution, ein beunruhigendes Anzeichen dafür, dass die Außenwelt, die Kräfte von Angebot und Nachfrage ihre Finger nach dem Dschungel ausstreckten.

Zu allem Überfluss heftete sich Armando an ihre Fersen. Es war, als sei mein Vater in Hundekot getreten, der sich nicht von der Schuhsohle abstreifen ließ. Dad begriff nicht, warum Armando sie verfolgte, welche Absichten und heimlichen Motive ihn bewegten.

Schließlich landete ein Flugzeug auf der kleinen Piste von Platanal, um Mom, Dad und Danny nach Esmeralda zu bringen – einer kleinen Siedlung am Ufer des Orinoco und Treffpunkt für Militärpersonal, Ärzte, Missionare sowie Mitarbeiter von Hilfsorganisationen in der Region. Die Ankunft eines Flugzeugs sorgt im Dschungel immer für große Aufregung. Es ist wie ein Feiertag mit Festzug. Sobald der Motor zu hören ist, versammeln sich die Yanomami an der Landebahn, und wenn das Flugzeug über die Piste rollt, laufen Dutzende Dorfbewohner nebenher. Immer herrscht reges Treiben, Kinder rennen herum, und so war es auch an diesem Tag. Dad kümmerte sich um die diversen Gepäckstücke – es war niemand da, der ihm dabei geholfen hätte. Unterdessen bewegte sich Mom langsam auf das Flugzeug zu. Ihre Schritte waren so klein und zögerlich, dass jedem, der sie dabei gesehen hätte, sofort sonnenklar gewesen wäre, dass sie nicht wirklich fort wollte. Mein Vater erinnert sich, dass es heiß war und überall hektische Betriebsamkeit herrschte. Dann plötzlich bemerkte er, dass der Strom aufgeregter Dorfbewohner unvermittelt eine Kehrtwende machte und in die entgegengesetzte Richtung eilte. Das war äußerst merkwürdig – als wäre ein Schalter umgelegt worden. Erst rannten Dutzende von jauchzenden, johlenden Dorfbewohnern an ihm vorbei auf das Flugzeug zu, das gerade zum Halten kam; und im nächsten Moment eilten dieselben Dorfbewohner wieder in die andere Richtung an ihm vorbei. Er verfolgte das Treiben, als beobachte er ein Tennismatch von der Mittellinie aus.

Erst dachte er, es hätte einen Überfall gegeben. Oder vielleicht einen Streit, und nun würden sich die Leute in alle Richtungen zerstreuen. Darüber konnte er sich in diesem Moment aber nicht den Kopf zerbrechen. Er konzentrierte sich schließlich gerade darauf, das Gepäck an Bord zu schaffen und die Formalitäten zu erledigen, also steuerte er weiter auf das Flugzeug zu. Mom und Danny waren auf dem kurzen Weg von dem Unterstand, wo sie neben der Piste gewartet hatten, vor ihm hergegangen. Er hatte ein-, zweimal umkehren müssen, um die restlichen Gepäckstücke zu holen, und die beiden dabei aus den Augen verloren.

Als er beim Flugzeug angelangt war, traute er seinen Augen nicht. Da saß Danny ganz allein auf der grasbewachsenen Landepiste und brüllte aus Leibeskräften. Er reckte dabei seine kleinen Händchen in die Luft, als würde er nach etwas greifen ... wonach bloß? Und Mom war nirgends zu sehen.

Dad schaute erst nach rechts und links, dann guckte er sich rundherum um, doch von meiner Mutter keine Spur. Und während er hektisch die Umgebung absuchte, fiel sein Blick immer wieder auf dieses schreiende Kind, ganz allein mitten auf einer Landebahn im Dschungel. Der arme Danny war in heller Panik, und Dad stand vor einem Rätsel. Er verstand einfach nicht, was gerade passiert war, was es zu bedeuten hatte und was er nun machen sollte.

Doch bald begriff er, dass meine Mutter ihr Heil in der Flucht gesucht hatte. Sie wusste, dass er Danny auf der Landebahn finden und ihn nach Hause in unser Dorf in New Jersey bringen würde. Jetzt musste mein Vater entscheiden, ob er meine Mutter suchen sollte oder nicht. Seine Gedanken rasten.

Noch komplizierter (oder wenigstens verwirrender) wurde die Lage durch Armandos Anwesenheit, der vorgab, meinen Vater trösten zu wollen, ihm sogar riet, meiner Mutter nachzulaufen und sie irgendwie zurückzuholen. Der Mann machte ihm etwas vor, was mein Vater aber nicht durchschaute.

Mein armer Dad hatte nicht besonders viele Optionen – und es blieb ihm auch kaum Zeit, sie in Gedanken durchzuspielen. Er hatte das Gefühl, das ganze Dorf sei gegen ihn. Das Flugzeug sollte gleich wieder starten. Er hatte zwei kleine Kinder, die auf seine Rückkehr warteten, eine Arbeit, der er nachgehen musste, und vor Ort eine Regierung, die ihm seit Jahren die Hölle heiß machte und es ihn büßen ließ, dass er eine Ureinwohnerin geheiratet und aus dem Territorium weggeholt hatte. Er fürchtete, es könnte bekannt werden, dass Yarima ihn verlassen hatte, und die Regierung Mittel und Wege finden würde, das gegen ihn zu verwenden.

Was tat er also? Er nahm den kleinen Danny und ging an Bord. Wenn diese «Trennung» über den Urwald hinaus in der großen Stadt bekannt wurde, erwartete ihn Ärger in Caracas, so viel war ihm klar. Möglicherweise käme irgendein Bürokrat auf die Idee, Dad würde Danny entführen, das Kind mit Gewalt seiner Mutter entreißen, und dann würde man Dad inhaftieren, ins Gefängnis werfen oder Schlimmeres. Niemand konnte vorhersagen, wie die Behörden auf diese Wendung der Ereignisse reagieren würden. Dads neuer Verzweiflungsplan sah also vor, auf schnellstem Weg nach Esmeralda zu fliegen, dort mit seinen Freunden in der Missionsstation zu sprechen, damit sie sich ein genaues Bild von der Situation machen konnten, und dann den nächsten Flug nach Caracas zu nehmen. Mein Vater war der Überzeugung, es sei von entscheidender Bedeutung, dass er seine Zeit in Esmeralda möglichst gut nutzte. Also wandte er sich direkt an seine dortigen Freunde, ehe Gerüchte und Lügen an ihr Ohr drangen.

Der Zwischenstopp in Esmeralda stellte Dads Nerven ohnehin schon auf eine Belastungsprobe, aber dann litt Danny auch noch unter Würmern. Dads Lage wurde also noch ein bisschen schwieriger. Der arme Danny hatte fürchterlichen Durchfall, und es bestand die Gefahr, dass er zu viel Flüssigkeit verlor, was vor allem auf dem langen Heimflug von Caracas nach New York ein Problem geworden wäre. Die kurze Strecke von Esmeralda nach Caracas würde er allerdings schaffen, meinte Dad, also sprach er in Windeseile mit den maßgeblichen Leuten und reiste dann sofort weiter. In Caracas zog er sich mit Danny in ein Hotelzimmer zurück und hoffte inständig, der Durchfall würde sich legen, ehe am nächsten Morgen ihr Flug ging.

In dem Punkt hatten sie zwar beide Glück – doch damit waren noch längst nicht alle Schwierigkeiten durchgestanden. Denn kurz nach der Landung in den Vereinigten Staaten erlitt Dad eine schwere Nierenkolik. Mein armer Vater! Alles, aber wirklich alles, was auf seiner Rückreise aus dem Dschungel schiefgehen konnte, ging auch gründlich schief. Auf der Fahrt zu meinem Onkel, wo er mich und Vanessa abholen wollte, wurden die Schmerzen so schlimm, dass er sich in die Notaufnahme eines Krankenhauses begab. Er schaffte es gerade noch, mit Danny auf dem Arm in die Notaufnahme zu stolpern, dann brach er zusammen.

Dad verbrachte nur eine Nacht im Krankenhaus, aber als er endlich bei meinem Onkel eintraf, blieb er uns eine Erklärung schuldig, was genau mit Mom passiert war. Wie erklärt man den eigenen Kindern, dass ihre Mutter nicht zu ihnen zurückkommt? Wie sagt man ihnen, dass die Liebe zu ihren Kindern nicht groß genug war, um den Schmerz der Trennung von ihrer Familie, ihrem Dorf, ihrer Lebensweise aufzuwiegen? Wie spricht man darüber, dass man an gebrochenem Herzen leidet, weil die Frau, die man liebt, die Frau, mit der man sich ein Leben aufgebaut hat, nicht mehr nach Hause kommt?

Und – lassen wir uns Kinder mal beiseite – wie gesteht man sich selbst all das ein?

Dafür gibt es keine Worte – weder auf Englisch noch auf Yanomami. Also sagte Dad einfach, Mom sei noch im Dschungel, und es sei geplant, dass sie noch eine Weile dort bleiben würde. Das war alles. Damals leuchtete mir das ein. Bedachte man die seltsamen Konstellationen und Trennungen der vergangenen Monate, passte diese Information ins Bild. Und keiner von uns – Dad eingeschlossen – wäre auf die Idee gekommen, *noch eine Weile* könnte bedeuten, dass wir Mom niemals wiedersehen würden.

Das nächste Kapitel in Moms Leben wie auch in unserem Leben als Familie ist ein wenig verschwommen, und ich fürchte, vieles davon wird ungeklärt bleiben. Sehr viele Einzelheiten gingen zwischen den Welten verloren, andere wiederum wurden durch die Entfernung verschluckt und von der Zeit fortgespült.

Soviel ich aus Interviews und Gesprächen mit Freunden weiß, besuchte Armando das Dorf immer wieder, und es gelang ihm, großen Einfluss auf meine Mutter auszuüben. Fest steht, dass er ihr weismachte, ihre Kinder seien in Caracas, und er könne sie zu ihnen bringen. Natürlich tat sie daraufhin, was Armando von ihr verlangte. Schließlich waren wir ihre Kinder.

So überredete er Mom, mit ihm nach Caracas zu gehen. Sie

ging zwar freiwillig mit ihm, doch dort war sie dann von ihm abhängig. Dass sie sich nicht mehr in ihrem Dorf aufhielt, war bekannt, und gelegentlich wurde sie in der Stadt von Missionaren und anderen Leuten gesehen, die sie oder ihre Geschichte kannten. Auch wenn sie nicht direkt in Geiselhaft gehalten wurde, so ließ Armando sie dennoch nicht aus den Augen. Er versteckte sie in einem Zimmer, in dem sie vergewaltigt und misshandelt wurde. Und für den Fall, dass sie während seiner Abwesenheit fortging, drohte er ihr Gewalt an.

Diese «Gefangenschaft» dauerte tagelang, und Dad erhielt währenddessen vereinzelte Anrufe von seinen Freunden in Caracas, die ihm berichteten, jemand habe gesehen, dass Armando Yarima grob behandelt oder zusammengeschlagen oder in aller Öffentlichkeit bedroht habe. Während dieser Zeit zwang Armando Mom, im staatlichen Rundfunk und Fernsehen aufzutreten und zu behaupten, sie sei von meinem Vater missbraucht und misshandelt worden – das Ganze gipfelte in der Aussage, sie sei zwangsweise in die Vereinigten Staaten verschleppt und dort gegen ihren Willen vier Jahre lang festgehalten worden.

Mir ist klar, dass Mom nicht wusste, wem sie glauben und was sie glauben sollte. All diese Kräfte, diese äußeren Interessen, wirkten auf sie ein und zerrten sie in entgegengesetzte Richtungen ... eine krankhafte Propaganda, die meinen Vater als bösen, imperialistischen US-Amerikaner hinstellte, als weißen Mann, der eine unschuldige Amazonasbewohnerin aus dem Dschungel gerissen und gezwungen hätte, eine Hausfrau im westlichen Stil zu werden. Kein Wunder, dass sie praktisch durchdrehte. Die tragische Ironie dabei war, dass sie während ihrer Gefangenschaft tatsächlich missbraucht wurde, und zwar von diesem Dreckskerl Armando. Den Berichten zufolge, die mein Vater erhielt, war er ein mieser, manipulativer Intrigant.

Soviel ich weiß, glaubte mein Vater anfangs nicht, dass er aus der Ferne etwas unternehmen könnte, um Mom zu beschützen. Er wagte es nicht, venezolanischen Boden zu betreten. Ein Regierungsbeamter hatte meinen Vater zu Hause in New Jersey angerufen und gefordert, er solle in das Territorium zurückkehren, um sich gegen mehrere aus der Luft gegriffene Vorwürfe zu verteidigen. Man teilte meinem Vater jedoch nicht mit, welche Anschuldigungen konkret gegen ihn erhoben wurden, nur dass er praktisch schon abgeurteilt war. Wäre er nach Venezuela zurückgekehrt, hätte man ihn vermutlich inhaftiert und gefoltert, und wir Kinder wären wohl in einen internationalen Sorgerechtsstreit geraten.

Schließlich wurde bekannt, dass Yarima gegen ihren Willen festgehalten wurde – was kein gutes Licht auf das Büro für Indianische Angelegenheiten warf. Schließlich mussten die Beamten wohl oder übel veranlassen, dass Armando seine wie auch immer geartete Beziehung zu meiner Mutter aufgab. Kurze Zeit später wurde sie in ihr Dorf zurückgebracht.

In den ersten Monaten danach, vielleicht auch im ersten Jahr oder noch etwas länger, ließ Dad uns regelmäßig kurze Nachrichten auf Band sprechen, die wir als Gruß in den Dschungel schickten. Er hoffte, die Stimmen ihrer Kinder würden bei Mom den Wunsch wecken, zurück zu uns nach New Jersey zu kommen. Dafür kaufte er eigens einen Kassettenrecorder – genauer gesagt, kaufte er zwei Geräte und schickte eines davon an Mom, damit sie die Kassetten hören konnte. Unsere Botschaften waren nicht gerade originell:

Wir haben dich lieb, Mommy.

Wir vermissen dich, Mommy.

Bitte komm heim zu uns, Mommy.

Dad hatte gute Freunde in Venezuela, die Dawsons. Ihnen schickte er die Kassetten in der Hoffnung, sie würden den Weg den Orinoco aufwärts ins Dorf meiner Mutter finden. Ob je eines dieser Tonbänder bei meiner Mutter angelangt ist, wissen wir nicht, aber so viele Jahre später kann ich mir heute kaum vorstellen, wie sie darauf reagiert hätte. Man stelle sich vor: Sie war vergewaltigt und geschlagen worden. Sie war traumatisiert und brutal behandelt und gezwungen worden, im staatlichen Fernsehen Lügen über ihren Mann und ihre Erfahrungen in den Vereinigten Staaten zu erzählen. Mittlerweile hatte sie solche Angst vor Außenstehenden, dass sie, sobald sich ein Nabuh dem Dorf näherte, in den Dschungel floh, um nicht ihrer Familie entrissen zu werden. Sie vertraute niemandem mehr – nicht einmal den Missionaren, die sie seit Jahren kannte. Man mag sich gar nicht vorstellen, wie sie diese Tonbänder abspielt und unsere Stimmen hört … es hätte sie vermutlich völlig verstört.

Dennoch gaben sich die Dawsons unbeirrt alle Mühe – und wir schickten nach wie vor unsere Botschaften, aber als Monat um Monat verstrichen und schließlich Jahre vergingen, ohne dass wir von Mom hörten, fanden wir uns allmählich mit der Tatsache ab. Mom war fort. Sie würde nicht zurückkommen.

Und unterdessen ging zu Hause in New Jersey das Leben weiter.

....

Oberer Orinoco, Yanomami-Territorium

Nach zehn Minuten war das Schlimmste ausgestanden, und als sich der Wind allmählich legte und der Regen nachließ, ging mir auf, dass ich in dieser Gruppe vielleicht eine eher traditionelle Männerrolle übernehmen sollte. Dass ich mich so völlig überflüssig fühlte, war mir unangenehm. Ich wollte diese Frauen beschützen, so gut ich konnte.

Ich wollte wichtig sein, ich wollte dazugehören.

Natürlich konnte ich im Moment nichts tun, genauso wenig wie jeder andere männliche Dorfbewohner, aber davon ließ ich mich nicht aufhalten. Es regnete immer noch heftig genug, sodass wir weiter unter unserem Felsendach ausharrten, aber ich erinnerte mich, dass mir meine Freundin Hortensia Caballero erzählt hatte, die Männer des Dorfs würden bei Tropenstürmen gelegentlich spirituelle Hilfe suchen.

Hortensia, die venezolanische Ethnologin, hatte mich bei meiner Expedition flussaufwärts zu den Yanomami maßgeblich unterstützt, und auf unserer langen Reise in diesen Teil des Regenwalds hatte sie mir von Schamanen berichtet, die Gewitterwolken mit Tanz und Gesang vertrieben.

Wie ein Idiot dachte ich: Hey, das kann ich doch auch!

Also tat ich es – oder versuchte es wenigstens. Obwohl der Sturm nicht mehr so schlimm tobte, bestand immer noch die Gefahr, dass Windböen Äste abrissen, deshalb hatten die anderen noch nicht vor, die Geborgenheit unseres Kokons zu verlassen – ich aber sprang dummerweise furchtlos zwischen den Findlingen hervor und hüpfte mitten in den Bach hinein. Das Wasser war nur knöcheltief, also bewegte ich mich darin wie in einem Planschbecken. Ich tanzte ohne Anmut und ohne Skrupel. Und dabei sang ich – bedeutungslose Silben in einem Singsang, der eine vorzeitliche Beschwörung sein sollte. Ich hatte keine Ahnung, was ich da machte, aber ich tat es mit großer Begeisterung. Wenn ich nur laut genug singe, wild genug tanze, mir Mühe gebe, die Wolken wegzublasen, so dachte ich, dann kann ich die Götter des Regenwalds dazu bewegen, diesen Sturm abzuschwächen. Ich ging in die Hocke und bewegte mich dabei wie ein Sumo-Ringer – wahrscheinlich hatte ich so etwas einmal in einer Fernseh-Dokumentation gesehen. Dabei verdrehte ich meinen zusammengekauerten Körper derart, dass mich keiner mehr erkannt hätte. Dann reckte ich mein Gesicht dem peitschenden Regen entgegen und streckte die Arme gen Himmel. Und schließlich legte ich die Hände um den Mund und versuchte, die Wolken vom Himmel zu pusten, wie Hortensia es mir beschrieben hatte.

Ich muss ziemlich blöd ausgesehen haben – so viel ist mir jetzt klar –, aber damals war ich wild entschlossen. Ich dachte, so könnte ich auf die Geister einwirken, sozusagen geistige Kräfte kanalisieren, um mit ihrer Hilfe die Sturmwolken weg, weit weg, zu wünschen.

Mein Verhalten war so lächerlich, war so jenseits ihres Erfahrungshorizonts, dass die anderen nichts damit anzufangen wussten. Einmal sah ich sie an und fing Blicke meiner beiden Ehefrauen auf, die mich vollkommen verblüfft und verständnislos beobachteten. So ein Verhalten hatten sie noch nie erlebt. Und meine arme Mutter, die noch vor wenigen Minuten heiter und gelassen das Wüten des Sturms verfolgt und auf ihre Weise diesen besonderen Moment mit ihrem lange verschollenen Sohn genossen hatte ... nun, wahrscheinlich schämte sie sich für mich, ihren Sohn, diese Karikatur eines Schamanen. Wer konnte es ihr verübeln? Ich sang und pustete und hampelte ja wirklich herum wie ein Clown. Sogar das kleine Mädchen sah mich an, als wären mir gerade Hörner gewachsen, als würde es rätseln, was dieser verrückte Nabuh da anstellte, der wie ein Idiot im Regen tanzte.

Die ganze Zeit über war mir klar, dass mein Herumhüpfen rein gar nichts bewirkte, aber so konnte ich wenigstens irgendetwas tun und Spannung abbauen.

Das ging eine ganze Weile so – viel zu lange, bis eine der Frauen in lautes Lachen ausbrach. Und dann, sobald eine angefangen hatte zu lachen, stimmten die anderen ein. Bald konnten sich alle vier nicht mehr halten vor Lachen, deuteten mit dem Finger auf mich und gackerten wie wild. Wieder einmal stand ich im Mittelpunkt und löste Gekicher aus. Doch diesmal blieb mir gar nichts anderes übrig, als mitzukichern.

Während der nächsten Woche war ich der Dorfdepp. Zurück im Shabono, konnte ich immer wieder beobachten, wie eine der Frauen – sogar meine Mutter! – mein Verhalten nachäffte, und versuchte, dabei ernst zu bleiben und das Lachen zu unterdrücken, bis ihre Vorstellung vorbei war.

Aber zu meiner Verteidigung muss ich vorbringen: Der Sturm legte sich schließlich. Und ich zog es vor, zu glauben, dass ich daran meinen Anteil gehabt hatte. Zugegeben, ich war kein Schamane, aber ich war eben auch nicht bereit, tatenlos herumzusitzen, während die Frauen aus meinem Dorf in einem Unterschlupf zwischen zwei Findlingen hockten und ein tosender Sturm drohte, uns den Garaus zu machen.

Das kam überhaupt nicht in Frage.

....

Kapitel vier

ALLES BRAUCHT SEINE ZEIT

Bei uns zu Hause gab es, soweit ich mich erinnern kann, keine Fotos von meiner Mutter. Nichts, was tagtäglich an sie erinnert oder einen bleibenden Eindruck hinterlassen hätte. Heute erscheint mir das seltsam, doch damals bemerkte ich es nicht einmal. Es war, als sei meine Mutter verschwunden, aus unserem Leben ausradiert wie eine der Zeichnungen, die ich gern auf meiner Magischen Tafel anfertigte. Ja wirklich, genauso war es. Erst der große Umbruch, der große Aufruhr, und dann plötzlich der weiße Fleck auf der Leinwand, genau dort, wo vorher meine Mutter gewesen war.

Irgendwann verdrängte ich alle Erinnerungen an meine Mutter so weit, dass es schien, als würde sie nicht mehr zu mir gehören. Sobald feststand, dass sie nicht zu uns zurückkehren würde, hatte ich keine Verwendung mehr für sie und auch keinen Platz mehr in meinem Herzen. Ich war wütend, schätze ich. Durcheinander. Wahrscheinlich ein bisschen verängstigt. Wie geht man mit solch einem Verlust um, wenn man fünf oder sechs Jahre alt ist? Wie hilft man einem Kind, den plötzlichen, unwiederbringlichen Verlust seiner Mutter zu verstehen?

Als wir uns ein paar Jahre später an unsere neue Realität gewöhnt hatten, erzählte mir mein Dad von den Äußerungen meiner Mutter auf der bittersüßen Bootsfahrt nach Platanal, während der sie ihm erklärt hatte, sie wolle *richtige* Yanomami-Kinder. Ziemlich verkorkst, so eine Aussage – dass meine Mutter fand, ich sei nicht gut genug, um dazubleiben. Aber das war der Erziehungsstil meines Vaters, wobei der Ausdruck «Stil» andeutet, er habe es durchdacht oder sich irgendwie zurechtgelegt – was eigentlich nicht auf ihn zutraf. Dad redete einfach mit uns, als seien wir erwachsen, und in diesem Fall gab er eine Bemerkung meiner Mutter wieder, als sei sie nicht weiter wichtig, ohne sich der schmerzhaften Ablehnung bewusst zu sein, die aus diesen Worten sprach.

Bevor ich beschloss, mir diesen Teil meines Lebens zurückzuerobern, kam mir nie in den Sinn, dass mein Vater wohl seine Gründe hatte, warum er die Erinnerung an meine Mutter in unserem Haushalt verblassen ließ. Gewiss, es widersprach seiner Veranlagung, auf die seelischen Bedürfnisse von Kindern, die ihre Mutter verloren hatten, besonders einzugehen – aber ich glaube, es steckte noch mehr dahinter. Mit Sicherheit litt er unter den Turbulenzen, die das Fortgehen meiner Mutter ausgelöst hatte, unter den Anklagen gegen ihn, unter der unerwarteten Trennung von der Frau, die er liebte und mit der er sein Leben verbringen und Kinder großziehen wollte – eine unkonventionelle Familie, ja, aber nichtsdestotrotz eine Familie. Der Gedanke, unser Haus mit Bildern seiner Yarima zu schmücken, Andenken an die gemeinsame Zeit in Ehren zu halten, sie mit Hilfe von Geschichten in unseren Herzen und Köpfen zu bewahren, muss zu schrecklich, zu schmerzhaft gewesen sein, um ihn auch nur zu erwägen.

Mein Vater tat auf seine eigene, von seinem gebrochenen Herzen gezeichnete Weise sein Bestes, um uns Kindern die Situation begreifbar zu machen. Doch für mich waren das alles nur Worte. Sie hatten keinerlei Bedeutung. Oder ich begriff ihre mögliche Bedeutung einfach nur nicht. Oder sie war mir egal. Natürlich war mir das alles im tiefsten Innern nicht wirklich egal, aber zu diesem tiefsten Inneren hatte ich damals keinen Zugang. Da ich meine Gefühle nach außen nicht zeigen konnte, verstummte ich einfach. Ich zog einen Schlussstrich und löschte die Erinnerungen an meine Mutter aus meinem Gedächtnis. Ich war ein ziemlich willensstarkes Kind, also atmete ich tief durch, streckte die Brust raus und sagte mir, ich wolle nichts mehr mit ihr zu tun haben. Niemals wieder. Der Entschluss stand felsenfest. Ich hasste meine Mutter damals, wünschte, sie wäre nie geboren worden. (Was das für mich bedeutet hätte, kam mir dabei natürlich nicht in den Sinn.)

Sobald mein Vater das Gespräch auf meine Mutter lenkte oder etwas über irgendeine Yanomami-Tradition oder unsere Zeit als Dschungelfamilie erzählte, schaltete ich ab. Ich war wie die drei Affen, die «nichts Böses sehen, nichts Böses hören, nichts Böses sagen», in einer Person – quasi taub, stumm und blind für diese Seite meiner Familie, diesen Aspekt meiner Kindheit. Bei meinen Geschwistern war es, glaube ich, eher ein «Aus-den-Augen-aus-dem-Sinn-Effekt». Danny jedenfalls war noch zu klein, um sich mit dem Verschwinden unserer Mutter aus unserem Leben näher zu befassen, zu jung, um sich an die kurze Zeit zu erinnern, die er als Kind im Regenwald verbracht hatte. Und Vanessa … wer weiß, was sie dachte, woran sie sich erinnerte, was sie durchmachen musste, während sie bei dieser deutschen Familie in Caracas lebte? Seit wir drei erwachsen sind, sprechen wir von Zeit zu Zeit darüber, wie das alles für uns als Kinder gewesen ist, doch die Gespräche bleiben an der Oberfläche. Wir rufen uns dann die Geschichten ins Gedächtnis, nicht aber die Gefühle, die mit diesen Geschichten einhergingen. Wir denken gemeinsam an Momente, aber nicht an die Bedeutung dieser Momente. Und ich habe das Gefühl, nicht das Recht zu haben, hier über Dannys oder Vanessas Erinnerungen zu sprechen. Ich spreche hier nicht für sie. Vielmehr respektiere ich ihre Privatsphäre. Vielleicht erzählen sie eines Tages

ihre eigene Geschichte – dann wird es zu ihren Konditionen geschehen, nicht zu meinen. Für den Augenblick werde ich sie in
diese Geschichte einbeziehen, ohne Vermutungen darüber an-
zustellen, wie unsere gemeinsame Welt in ihren Augen jeweils
ausgesehen haben mag.

Tatsächlich habe ich nie darüber nachgedacht, dass mein
Vater all das erst verarbeiten musste, dass er trauerte, dass er
über das, was er verloren hatte – was wir alle verloren hatten –,
erst einmal hinwegkommen musste. Ich sah die Situation nur
auf mich bezogen. Nicht dass ich egoistisch oder egozentrisch
gewesen wäre – das glaube ich nicht. Kinder sehen die Welt
auf der Grundlage ihrer eigenen Bedürfnisse. Und mein Vater,
seine Bedürfnisse ... kamen mir nie in den Sinn. Sie waren für
mich unerheblich.

Wie auch immer, es staute sich während meiner Kindheit
und Jugend sehr viel Wut in mir an. Ich sagte mir, ich hätte
keine Mutter. Ich weigerte mich, Yanomami zu sein. Ich würde
schon bestens allein zurechtkommen, danke schön. Ich würde meinen Weg gehen, in *dieser* Welt, in *meiner* Welt. In New
Jersey. Es war ja nicht gerade so, als wären gelegentlich Post-
karten von Mom gekommen oder spezielle Geschenke aus dem
Regenwald oder ein Telefonanruf zum Geburtstag – nichts, was
unsere Bindung zu ihr gestärkt oder wiederhergestellt hätte.
Wir konnten nicht einmal an *ihrem* Geburtstag innehalten
und an sie denken, denn Geburtstage und Kalender gab es im
Dschungel nicht.

Im Dschungel war man, wenn man da war, einfach da.

Im Dschungel war man, wenn man fort war, einfach *nicht* da.

So sah es bei uns zu Hause aus, als wir unseren Weg ohne
meine Mutter antraten. Es war ein ziemlich klarer Schnitt,
abgesehen von den regelmäßigen Botschaften, die unser Vater

auf Tonband aufnahm. Soweit wir Kinder wussten, kam von meiner Mutter nie eine Botschaft zurück – jedenfalls keine, die zu mir durchgesickert wäre. Wir hatten also keine Ahnung, ob unsere «Briefe» überhaupt bei ihr ankamen oder ob Mom uns einfach ignorierte oder ob es sonst ein Problem gab.

Irgendwann verliefen diese Versuche, über die kulturellen Grenzen hinweg in Verbindung zu bleiben, im Sand, und damit verblasste unsere Mutter für uns Kinder zunehmend. Sie war nicht mehr Teil unseres Lebens. Ab und zu, das weiß ich noch, schlich ich mich in das Büro meines Vaters in unserem Keller und suchte nach Anhaltspunkten dafür, dass sie einmal da gewesen war. Diese Mutter-Sohn-Beziehung war stärker als ich, so mächtig, dass ich dagegen nicht ankam – wie Sirenengesang. Ich versuchte also gewissermaßen meine Mutter wieder greifbar zu machen, ohne es zu merken. Ich war vielleicht sieben oder acht, möglicherweise auch zehn oder zwölf. Vielleicht kehrten diese Momente auch regelmäßig wieder, aber das glaube ich nicht. Gleichwohl habe ich ein paar konkrete Erinnerungen daran, wie ich am Schreibtisch meines Vaters saß, sein Buch durchblätterte, in seinen Aktenordnern stöberte und innehielt, um die wegsortierten Bilder meiner Mutter zu betrachten – halb nackt, in Stammesbemalung, Hii-hi-Stäbchen durch die Nase, sah sie so ganz anders aus als die Mütter aller meiner Freunde. Ganz anders, als ich sie in Erinnerung hatte, obwohl die Erinnerungen bereits verblassten. Doch das Bild, das in meinem Kopf zurückgeblieben war, war das einer irgendwie amerikanisierten Mutter, die halbwegs normale westliche Kleidung trug, eine bei uns übliche Frisur hatte und bei Burger King Pommes aß.

Die heimlichen Momente, in denen ich im Büro meines Vaters Bilder meiner Mutter anschaute, wie sie wirklich war, wenn sie am glücklichsten war, wenn sie sie selbst war, wurden immer seltener, und im Laufe der Zeit erschien mir meine Mutter immer weniger real. Und auch immer weniger wichtig. Meine Emotionen waren wohl einfach ein bisschen zu heftig, als dass ich mir hätte zugestehen können, sie überhaupt zuzulassen. Woher ich das weiß? Was ich damit meine? Nun, Jahre später waren mein Vater und mein Bruder im Keller, und sie stießen dabei auf einen Haufen entzweigebrochener Bleistifte. Mein Vater setzte Danny deswegen zu, weil er glaubte, er sei dafür verantwortlich. Jedes Mal, wenn ihm wieder ein zerbrochener Bleistift untergekommen war, hatte mein Vater sich gefragt, was das sollte, war dann aber abgelenkt worden oder hatte sich mit anderen Dingen befasst. Doch nun hatten sie diesen Haufen aus Dutzenden zerbrochenen Bleistiften entdeckt. Ein Rätsel, das mein Vater erst in jenem Moment als Rätsel begriff. Doch es war nicht Danny, der all diese Stifte zerbrochen hatte; ich war es. Offenbar brach ich die Stifte entzwei, wenn ich am Schreibtisch meines Vaters saß, die Bilder betrachtete und abwechselnd versuchte, mich an meine Mutter zu erinnern und sie zu vergessen, als könnte ich dadurch den Druck in meinem Kopf abbauen. Da waren so viele Gedanken, so viele Gefühle, so tief in mir vergraben, dass sie sich, obwohl ich sie mir weder eingestehen noch entsprechend handeln konnte, in dieser merkwürdig aggressiven Weise Bahn brachen.

Dergleichen geschah bei uns zu Hause unbemerkt – versteckt wie die zerbrochenen Stifte und die Fotos von meiner Mutter, die so gut wie nie angesehen wurden. Einmal, lange nachdem meine Mutter gegangen war, fragte mein Vater uns Kinder, ob wir «sogenannte gemeinsame Zeit» bräuchten. Er fragte es in einem Tonfall, der deutlich machte, so etwas sei Unsinn. Natürlich reagierten wir entsprechend. Ich jedenfalls. Ich tat, als wäre ich mit ihm einer Meinung, und sagte: «Gemeinsame Zeit? Wir? Du machst Spaß, oder?» Ich sagte meinem

Entspannte Stunden in unserem Zuhause in Rutherford, New Jersey. Von
links nach rechts: Mom, ich, Vanessa und Dad. Man beachte Moms Harvard-
Sweatshirt!

Mom mit der kleinen Vanessa im Arm, die ich neugierig betrachte. Erst
wenige Wochen zuvor waren wir aus Hasupuwe gekommen, wo Vanessa das
Licht der Welt erblickt hatte. Die Pommes von McDonald's zählten zu Moms
Lieblingsspeisen in der westlichen Welt. Als ich 20 Jahre später zu ihr zurückkehrte, waren mit ihre ersten Worte zu mir: «Ich will Pommes!»

Mom übt das Abc. Das Englisch-
lernen war frustrierend für
sie, besonders als wir Kinder
anfingen, sie zu überholen. Nach
langem Üben brachte sie es zu
einer eigenen Unterschrift – zwei
verschnörkelte Kreise.

⋯⋯⋯⋯⋯⋯⋯⋯⋯⋯⋯⋯⋯⋯

Mit meinem kleinen Bruder
Daniel ist die große, glückliche
Familie komplett.

Es gab auch einiges an
der westlichen Kultur,
was Mom gefiel – zum
Beispiel am Pool in der
Sonne zu liegen. Hier ist
sie mit Vanessa und dem
kleinen Daniel zu sehen.
Ich bin der hinter dem
Handtuch.

Auf dem Weg den Orinoco hinauf. Wir nähern uns langsam meinem Dorf. Ein Gefühl von Vertrautheit erfasste alle meine Sinne, als die Bäume, das Wasser, die schwüle Luft und das Geräusch des Motors Erinnerungen in mir weckten.

Nachdem ich in Hasupuwe meine Hängematte aufgehängt hatte, wartete ich auf Moms Eintreffen. Die Frauen und Kinder aus dem Dorf versammelten sich, um mich «kennenzulernen». Nie zuvor habe ich so viele Hände gleichzeitig auf meinem Körper gespürt. Alle berührten meine Nase, meine Ohren, mein Gesicht, meine Haare … Es war ein ergreifender Moment, als ich zum ersten Mal seit 20 Jahren meiner indigenen Familie begegnete.

Wenige Augenblicke nach meiner Wiederbegegnung mit Mom. Obwohl wir vollkommen unterschiedlichen Kulturen entstammen und uns verbal nur ansatzweise verständigen können, haben weder die langen Jahre noch die vielen Kilometer das Band zwischen Mutter und Sohn zerreißen können.

....

Das erste «Familienfoto» mit meiner Yanomami-Familie. Es zeigt mich, Mom und meinen Bruder Ricky Martin. Ich finde es so schön, wie Moms Hand meinen Arm hält, als wollte sie dem Dorf verkünden: «Das ist mein Sohn. Er ist zurück, und ich erhebe Anspruch auf ihn.»

Ricky Martin hört, auf meiner ersten Reise ins Territorium, Punkrock auf meinem MP3-Player. Ich gehe jede Wette ein, dass er der einzige Fan von Taking Back Sunday im Yanomami-Land ist.

Hier spricht Ricky Martin auf meiner Reise 2013 via Satellitentelefon mit meinem Vater in den USA. Hinter ihm steht einer meiner Onkel, der sich zweifellos fragt, wieso aus dem seltsamen schwarzen Klotz die Stimme von «Kenny» dringt.

Um der Mittagssonne zu entgehen, entspanne ich mich auf meiner Reise 2013 in meiner Hängematte. Wenige Minuten vor dem Foto bekam ich meinen ersten Yanomami-Haarschnitt im traditionellen Topf-Stil. Schön langsam fand ich mich in meine Rolle hinein.

Beim Wäschewaschen mit Mom in einem nahen Bach. Obwohl wir uns tief im Dschungel befanden, schaffte es Mom, dass meine Kleidung frisch und sauber roch. Was Wäsche angeht, haben Mütter einfach ein Händchen!

Auf meiner Reise 2013 übe ich mit den Jungs Bogenschießen. Nach ein paar Versuchen landete ich einen Volltreffer, der die anderen vor Ehrfurcht erstarren ließ. Tüchtigkeit bei der Jagd ist eines der vielen Merkmale, die in der Yanomami-Kultur den Mann auszeichnen. Irgendwann werde ich mit Pfeil und Bogen meinen ersten Tapir erlegen.

Gelegentlich überraschte mich Mom mit einem Schwall englischer Worte. Hier, bei meinem Aufenthalt 2011, streckt sie mir eine gesäuberte und ausgenommene Boa constrictor entgegen und fragt: «Want some snake?»

Ich habe Spaß mit Layla – Ehefrau Nummer 1. Freundlich und geduldig brachte sie mir eine Menge über die Lebensweise der Yanomami bei.

Ein Dschungel-Selfie mit Lucy, Ehefrau Nummer 2, entstanden auf meiner Reise 2011. Wir kamen gut miteinander aus, obwohl ich meinen ehelichen Pflichten keineswegs nachkam.

. . . .

Auf dem Weg zum Angeln bei meinem Aufenthalt 2011. Layla trägt ihre Tochter Paula in der traditionellen Weise.

Vater praktisch das, was er mutmaßlich hören wollte, aber die traurige Wahrheit war, dass ich mich genau danach sehnte. *Gemeinsame* Zeit – mit meinem Vater, mit meiner Mutter, mit meinen beiden Eltern, zusammen … all das fehlte in meinem Leben, und ich nahm es nicht einmal wahr.

Wie das alles für meinen Vater gewesen ist, kann ich nur vermuten. Ich meine, ich hatte meine Mom verloren. Danny und Vanessa hatten ihre Mom verloren. Aber mein Vater hatte seine Frau verloren, seine Partnerin, die Liebe seines Lebens … das muss niederschmetternd gewesen sein. Es war keine Ehe aus Neugier gewesen, wie die Zeitungen es oft darstellten oder wie in unserem Umfeld getuschelt wurde, ja sogar in der Familie meines Vaters und unter seinen wenigen Freunden und Kollegen. Es war nicht der Reiz des Neuen, kein Souvenir aus seiner Dschungelzeit. Nein, zwischen meinen Eltern bestand eine bedeutsame, fast schon spirituelle Verbindung. Sie kamen aus zwei ganz unterschiedlichen Welten, aber sie waren eins … eine Zeitlang. Und jetzt stand er da, als alleinerziehender Vater von drei kleinen Kindern, mit einem anspruchsvollen, intellektuell fordernden Job, und tat einfach nur sein Bestes.

In den ersten paar Jahren hielten wir alle still, schlichen auf Zehenspitzen um das Thema «Mutter» herum. Irgendwann wurde uns Kindern klar, dass sie nicht wiederkommen würde, doch gesprochen wurde darüber eigentlich nicht – zumindest nicht in einer unserem Alter entsprechenden Weise. Und ganz sicher nicht in einer förderlichen Weise. Es kam vor, dass mein Vater einen Schwall Yanomami-Ausdrücke losließ. Das war für mich gewöhnlich ein Trigger, und dann brüllte ich zurück: «Hör auf mit dem blöden Dschungelgequatsche!» So nannte ich es: Dschungelgequatsche – als sei die Sprache durchwoben von schwarzer Magie und dunklen, uralten Stammesritualen.

Ach, und noch etwas: Nach dem Verschwinden meiner Mutter schleppte uns mein Vater viele Jahre lang zum Jahrestreffen der American Anthropological Association mit. Als ich zwölf war, stand ich mit einer befreundeten Kollegin meines Vaters bei einer dieser Konferenzen im Flur. Wir kannten diese Frau seit vielen Jahren, und aus irgendeinem Grund hatte sie mich in ein Gespräch verwickelt. Die Konferenz fand gewöhnlich gegen Jahresende statt, im November oder Dezember, also ging es in unserem Gespräch um Weihnachten.

«Erzähl mal, was du dir dieses Jahr zu Weihnachten wünschst, David», sagte die Frau.

Ich war schüchtern und wusste nicht, was ich antworten sollte. Aber diese Frau war hartnäckig.

«Nein, wirklich», sagte sie. «Egal, was du dir wünschst, du bekommst es von mir.»

Total aufgeregt riss ich die Augen auf. «Ich wünsche mir eine Nintendo 64 mit Mario Kart!», platzte ich heraus wie der kleine Junge in *Fröhliche Weihnachten*, der sich das Luftgewehr *Red Ryder BB Rifle* wünscht. Ein paar Sekunden lang machte mich der Gedanke, dass diese Frau mir diesen Herzenswunsch erfüllen würde, zum glücklichsten Zwölfjährigen auf dem Planeten – doch ich hatte es noch nicht ganz ausgesprochen, da sah ich schon ihr entsetztes Gesicht, und mir ging auf, dass sie ihr Versprechen nicht halten würde.

Sie schnappte theatralisch nach Luft wie in einem Film. So, als sei sie zutiefst erschrocken. Dann erklärte sie: «David, ich wundere mich doch sehr über dich. Und ich bin sehr enttäuscht von dir. Du wünschst dir ein Videospiel? Ausgerechnet du! Du bist offenbar genau wie jedes andere US-amerikanische Kind. Von dir hätte ich wirklich anderes erwartet.»

Ihre Stimme war voller Verachtung.

Scheiße noch mal, das tat weh! Es war das gleiche Gefühl, wie auf dem Pausenhof der Schule von einem Kind gehänselt zu werden, das von meinen Familienverhältnissen erfahren hatte – nur dass diesmal eine erwachsene Frau vor mir stand. Noch dazu eine Freundin der Familie! Zuerst hatte sie mich geködert, damit ich ihr verriet, was ich mir wirklich, aus tiefstem Herzen, zu Weihnachten wünschte, hatte mich gedrängt, es nicht zurückzuhalten – und dann hatte sie mich abgeknallt. Und nicht nur das; sie durchsiebte förmlich mein Selbstbild mit Kugeln, denn ich wollte ja gerade so sein wie jeder andere US-amerikanische Zwölfjährige. Natürlich war ich auch genauso – schließlich war ich ganz genauso aufgewachsen! –, aber aus irgendeinem Grund war das nicht gut genug. Es war nicht die Rolle, die für mich vorgesehen war; in gewisser Weise war es mir nicht einmal *erlaubt*, diese Rolle zu spielen.

Die ganze Zeit über lebte ich mit der unerschütterlichen Überzeugung, die Welt würde uns als seltsame Familie betrachten. Denn, hey, damals Anfang der 1990er Jahre gab es in unserer Gegend nicht gerade viele alleinerziehende Väter und unter den wenigen kaum einen, der ganz allein drei Kinder großzog ... und nur einen einzigen, der bis in den Amazonas-Regenwald gereist war, um eine Frau zu finden, die er heiratete und die die Mutter seiner Kinder wurde.

Sehen wir den Tatsachen ins Gesicht – unsere Familie war von den Normen unserer Gesellschaft so weit entfernt, dass zwangsläufig mit dem Finger auf uns gedeutet und getuschelt wurde – auch so etwas, gegen das ich aufbegehrte, womit ich haderte. Ich hasste die Art, wie wir als Familie unter die Lupe genommen wurden. Eine Erfahrung der besonders schlimmen Art war, dass ich mich immer wieder gezwungen sah, mit meiner Kindergärtnerin Mrs. M. zu sprechen, die versuchte, mit zuckersüßen Worten mein Vertrauen zu gewinnen. Ich weiß noch, dass ich diese Frau verabscheute, denn ich traute ihr nicht über den Weg und war überzeugt, dass sie uns eins auswischen wollte. Sie nahm mich immer wieder mal beiseite, während die anderen Kinder spielten, oder hielt mich nach dem Kindergarten oder in der Pause zurück, während die anderen schon gehen durften, und bombardierte mich dann mit viel zu persönlichen Fragen:

Vermisst du deine Mom? Liebst du deinen Vater? Schlägt er dich manchmal? Fasst er dich vielleicht an?

Mit meinen sechs Jahren konnte ich darauf nur einsilbig antworten, aber schon damals war mir klar, was da ablief. Es war äußerst unangenehm und absolut verstörend. Ich merkte deutlich, dass den Menschen unsere Lebensumstände merkwürdig erschienen, dass sie beunruhigt waren und meinten, ich und meine Geschwister müssten geschützt werden – vom Jugendamt oder ähnlichen Einrichtungen.

Dementsprechend war ich gerade mal in der Lage, reflexhaft auf ihre Fragen zu reagieren:

Ja, ich vermisse meine Mom. Ja, ich liebe meinen Vater. Nein, er hat mich noch nie geschlagen. Nein, er fasst mich nicht an. Lass mich in Ruhe, du böse Frau.

Meine Lehrer und andere Erwachsene konnten herumschnüffeln, so viel sie wollten. Sie konnten sich noch so sehr anstrengen, etwas Abscheuliches zu finden – es gab nichts Abscheuliches, rein gar nichts. So ziemlich das einzig Negative, was man über meinen Vater sagen konnte, war die Tatsache, dass er alle Anzeichen dafür übersah, dass ich mit dem Verlust meiner Mutter und einem erschütterten Identitätsgefühl zu kämpfen hatte. Ab und zu nahm er mich beiseite und erklärte mir, ich solle stolz auf mein Erbe sein, allerdings immer nur dann, wenn ich zuvor irgendeinen Wutanfall gehabt und zum Beispiel verkündet hatte: «Ich bin kein Yanomami», oder: «Ich hasse Mom!», oder: «Wer will schon im Dschungel leben und Schlangen essen?»

Zu diesen Ausbrüchen kam es bisweilen, wenn mich Mitschüler oder die Nachbarskinder mal wieder wegen meiner Mutter gelöchert hatten oder etwas anderes in der Art vorgefallen war. Sie stellten eine Menge Fragen. Dass unsere Familie sozusagen berühmt war, machte alles nur noch schlimmer. Es erschienen Artikel in der Zeitschrift *People*. Es gab Talkshows, Lesungen, Autogrammstunden. Es wurde über einen Film, eine Dokumentation gesprochen. Das meiste war nur Gerede – und manches davon war an mich und meine Geschwister gerichtet, was für mich wirklich, wirklich grauenvoll war. (Wirklich!) Also blendete ich es aus, so gut ich konnte. Ich verschanzte mich noch ein bisschen mehr. Leugnete mein Yanomami-Erbe noch ein bisschen vehementer. Vergrub meine Vergangenheit auf altersgemäße Weise und war entschlossen, ein durch und durch US-amerikanisches Leben zu führen, genauso auszusehen wie alle anderen und keine Aufmerksamkeit zu erregen.

Ich weiß nicht mehr, wann genau ich mich entschloss, nicht länger ein Yanomami zu sein. Es muss einen konkreten Wendepunkt gegeben haben, bei dem ich von der einen auf die andere Seite wirbelte. Was das für ein Moment war und wodurch er ausgelöst wurde, ist mir im Lauf der Jahre abhandengekommen, vergraben unter einer lebenslangen Identitätskrise und einer Scham, die fehl am Platz war. Heute wünsche ich mir nichts sehnlicher, als die Kluft zuschütten zu können, die ich als Heranwachsender zwischen mir und den Erinnerungen an meine Mutter gegraben habe – doch das ist natürlich nicht möglich, also begnüge ich mich damit, die verlorene Zeit aufzuholen und nach vorn zu blicken.

Doch wo ich schon mal dabei bin – ich glaube trotzdem, dass es sinnvoll und vielleicht sogar lehrreich ist, im Rückblick die Ablehnung meiner Yanomami-Abstammung in einen Zusammenhang zu stellen. Was ging in meinem kindlichen Kopf vor sich? Was ließ mich glauben, es könnte mir gelingen, mein Familien«geheimnis» vor meinen Freunden geheim zu halten?

Auf diese Fragen gibt es keine einfachen Antworten, und die Fragen hören an dieser Stelle auch nicht auf, aber es gibt einen gemeinsamen Nenner. So wie ich es heute sehe, interpretierte ich das Weggehen meiner Mutter als Verlassenwerden, und vermutlich war das der Grund, warum ich diesen Teil meines Lebens ablehnte. Ich hatte das Gefühl, ich sei nicht gut genug, um ihr Sohn zu sein – als sei ich nicht *Sohn* genug gewesen, um sie zu bewegen zu bleiben oder mich bei sich im Dschungel zu behalten. Geäußert habe ich diese Gefühle nie, vielmehr war ich weit davon entfernt, sie überhaupt als solche anzuerkennen oder sie mir einzugestehen. Aus der heutigen Perspektive verstehe ich sie allerdings genau so. Ja, ich war das Ergebnis einer außergewöhnlichen Ehe, der Sohn einer Yanomami-Frau. Und ja, dieser charakteristische Unterschied trennte mich in gewisser Weise von den anderen – zu einer Zeit in meinem Leben, wo mein sehnlichster Wunsch war, einfach nur dazuzugehören.

Wenn ich heute über diese Jahre nachdenke, wird mir klar, dass dieses Gefühl, verlassen worden zu sein, auf meinen eigenen westlichen Idealen fußte. Aus meinem ethnozentrischen Blickwinkel heraus haderte ich mit der Entscheidung meiner Mutter, uns zu verlassen. Wie hätte ich auch sonst reagieren sollen? Ich war ein Kind, ein Heranwachsender, ein Teenager, ein junger Erwachsener … Ich verfügte weder über die Werkzeuge noch über das Weltbild, um Moms Handeln im Kontext betrachten zu können. Und dennoch zerren diese alten Gefühle nach wie vor an mir, wenn ich an mein jüngeres Ich denke. Ich schließe die Augen und sehe vor meinem geistigen Auge, wie meine Mutter meinen kleinen Bruder auf der grasbewachsenen Landebahn zurücklässt, wie dieser sich die Augen aus dem Kopf weint, weil er weiß, dass er sie vielleicht nie wiedersehen wird. Ich weine um den kleinen Danny, um Vanessa, um mich. Vom Verstand her begreife ich, dass meine Mutter das tun musste, um zu überleben, um atmen zu können ... um zu *sein*. Und ich kann nachvollziehen, wie sehr sie gekämpft haben muss, als sie in den Vereinigten Staaten war und versuchte, mit dem Leben zurechtzukommen, das sie mit meinem Vater und ihren drei kleinen Kindern führte.

Aber all das denke ich mit dem Kopf, heute, als Erwachsener. Damals, als ich mich bemühte, meinen Platz in der Welt zu finden, konnte ich nur mit dem Herzen denken.

Als ich in der dritten Klasse war, zogen wir nach Long Valley, New Jersey – eine vornehme Gegend, in der ich mich noch mehr als Außenseiter fühlte. Dad glaubte, Long Valley sei ein guter Ort für Kinder, um großzuwerden, und in gewisser Weise traf das auch zu. Allerdings nahm ich dank der Tatsache, dass dort ausschließlich Weiße lebten, meine physischen Merkmale und meine Yanomami-Identität zwangsläufig überdeutlich wahr. Soweit ich mich erinnere, gab es nur drei farbige Kinder an der ganzen Schule. Ich stach absolut heraus – und fand es einfach nur grauenhaft. Es ist eine ermüdende, nie enden wollende Attacke auf das sich entwickelnde Selbstgefühl, zu wissen, dass man auffallen wird – egal, was man tut oder wie sehr man sich anstrengt. Man wird bemerkt, man wird schikaniert. Und das passierte mir ständig. Die anderen beiden farbigen Schüler, meine Leidensgenossen, hatten ein bisschen mehr Glück. Immerhin hatten sie «normale» weiße Eltern – beide waren adoptiert –, also entsprach wenigstens ihr Zuhause absolut den Normen der Gemeinschaft.

Meines? Nicht so richtig. Ich war ein Sonderfall, in jeder erdenklichen Weise, und jeden Abend, wenn ich in einen unruhigen Schlaf fiel, überlegte ich mir neue Methoden, wie ich mein Geheimnis vor den Mitschülern verstecken könnte. Soweit ich weiß, hat keiner meiner Freunde über meine Dschungel-Mom Bescheid gewusst, aber ich lebte in ständiger Furcht, es könnte herauskommen und ich deswegen auf dem Pausenhof gehänselt werden. Ich hatte Angst, man würde meine Mutter als «primitive Wilde» bezeichnen oder verkünden, sie lebe «nackt im Dschungel» mit «komischen Stäbchen in der Nase». Ich hörte diese Worte ganz konkret in meinem Kopf, in meinen Träumen, und ich schämte mich zu sehr, fürchtete mich zu sehr, um mit meinem Vater darüber zu sprechen.

Mein Erbe, mein einzigartiger Platz auf der Verwerfungslinie zwischen diesen vollkommen verschiedenen Welten, ließ sich nicht leugnen, und doch leugnete ich es trotzdem. Nachdem meine Mutter uns verlassen hatte, sprach ich von ihr nicht mehr als «Mom», sondern nannte sie ganz kalt die Frau, die mein Vater geheiratet hatte. Doch selbst nachdem ich diesen Schalter umgelegt und mir geschworen hatte, meine Herkunft in Dunkelheit zu hüllen, kam meine Yanomami-Vergangenheit immer wieder ans Licht, vor allem in den höheren Klassen. Schon in der Grundschule gab es eine lange Reihe von Mrs. M.s, die meine wahre Identität zu enthüllen drohten, mich drängten, meine Familiengeschichte in einer Weise zu betrachten, die *ihren* Bedürfnissen gerecht geworden wäre anstatt meinen. Doch damals gelang es mir noch, dieser Aufmerksamkeit praktisch auf Schritt und Tritt auszuweichen.

In der Mittelstufe gestaltete sich das allerdings schon ein bisschen schwieriger. Meine Lehrer waren eher geneigt, mich als Erwachsenen zu behandeln – oder zumindest wie einen kleinen Erwachsenen, den man anregen konnte, sein zugegebenermaßen engstirniges Weltbild zu überdenken. Ich erinnere mich an einen kritischen Moment, als ich den Flur entlang zum Sozialkundeunterricht ging. Wenn ich die Augen schließe, sehe ich es bildhaft vor mir. Ich marschierte an den dunkelblauen Spinden vorbei, die den Korridor säumten. Ich trug meine Lieblingsjeans und ein ausgeblichenes T-Shirt, mein langes Haar war links gescheitelt – eine Frisur, wegen der mich Vanessa und Danny oft hänselten; es sehe aus, als würde ich mir die Haare ganz altmodisch über die (nicht vorhandene) Glatze kämmen. Aber auch wenn es vielleicht nicht so aussah, ich stylte mich so, um auszusehen wie alle anderen Jungs an der Schule, denn dieses Ziel verfolgte ich stets und ständig. Jeder Tag, an dem ich nicht weiter auffiel, an dem ich einfach nur eines von vielen typischen US-amerikanischen Kindern an dieser Schule war, war ein guter Tag. Doch an jenem Tag kippte es. Und zwar in dem Moment, als ich das Klassenzimmer betrat, in dem gerade Sozialkunde unterrichtet wurde, und dort einen Stapel *Scholastic-Journal*-Hefte liegen sah. Diese Zeitschrift kam etwa einmal im Monat heraus. Dann mussten wir während der ersten paar Minuten des Unterrichts jeder für sich das Magazin durchblättern, und anschließend leitete die Lehrerin Gruppendiskussionen über das Gelesene an. In der Regel ging es um aktuelle Ereignisse, die für Schüler als Zielgruppe aufbereitet worden waren.

Bis zum Unterrichtsbeginn waren noch ein paar Minuten Zeit, also nahm ich mein Exemplar zur Hand und begann es durchzublättern. Sofort hatte ich das Gefühl, mir bliebe das Herz stehen. Im Leitartikel jener Ausgabe ging es um die Abholzungen im Amazonasgebiet und inwiefern die Yanomami davon bedroht waren. Den Artikel ergänzte ein gutes Dutzend Fotos, darunter auch (man stelle sich das mal vor!) eine Aufnahme von mir! Entstanden war sie bei unserer letzten Reise in den Regenwald, als ich fünf Jahre alt war; auf dem Foto brachte einer meiner Onkel mir den Gebrauch von Pfeil und Bogen bei.

Wahrscheinlich hätte keiner in der Klasse einen Zusammenhang herstellen können, aber da war es – unwahrscheinlich, unglaublich, vernichtend. Die Bildunterschrift lautete: «Yanomami-Junge lernt mit Pfeil und Bogen zu schießen.» Panik ergriff mich – ich hatte das Gefühl, in einer Gefängniszelle zu sitzen anstatt in einem Klassenzimmer.

Ich sah mich um und merkte, dass ein paar andere Schüler, die ebenfalls zu früh dran waren, den gleichen Artikel lasen, einige blätterten gerade genau die fragliche Seite um. Ich beobachtete ihre Mienen, konnte aber keine Anzeichen dafür entdecken, dass sie mich erkannt hätten. Es gab keinen logischen Grund, warum irgendjemand diese Verbindung herstellen sollte, trotzdem fürchtete ich genau das. Ich konnte nicht mehr klar denken, sondern malte mir das Schlimmste aus – dass ein Kind womöglich auf mich deutete und Dschungellaute von sich gab, woraufhin alle mitmachten und sich schlapplachten.

Ich überflog den Artikel und stellte zu meiner großen Erleichterung fest, dass mein Vater nicht namentlich erwähnt wurde. Dennoch war ich außer mir vor Angst, eines der anderen Kinder könnte die Wahrheit über mich herausfinden – dass ein Teil meiner Familie nackt im Dschungel lebte, Affen von den Bäumen schoss und Käfer aß und dass ich der kleine Junge auf dem Foto war. Hier in Long Valley war es noch mein Geheimnis – zumindest meinen Schulkameraden gegenüber. Jedenfalls sagte niemand irgendwas, und die anschließende Diskussion in der Klasse verriet mich ebenso wenig. Die Lehrerin ließ uns laut aus der Zeitschrift vorlesen, und jedes Mal, wenn ich das Wort «Yanomami» hörte, hatte ich das Gefühl, ein Messer in den Rücken gebohrt zu bekommen.

Endlich war die Stunde zu Ende. Zum Glück! Ich stopfte meine Bücher in den Rucksack und versuchte, mich schnell zu verdrücken – doch bevor ich es zur Tür geschafft hatte, rief mich die Lehrerin zu sich ans Pult.

Ich fühlte mich besiegt, ertappt ... als würde mir die Luft ausgehen. Und so war es dann auch. Natürlich kannte die Lehrerin meine Geschichte – sie sollte mich meine ganze Schulzeit über verfolgen, schließlich stand das alles in meiner Akte. Aber sie wusste auch, dass ich darüber Stillschweigen wahrte. Und in diesem Fall, das muss ich ihr immerhin zugutehalten, posaunte sie meine Geschichte nicht laut vor meinen Mitschülern heraus. Sie ergriff lediglich die Gelegenheit, mich unter vier Augen darüber auszuquetschen – und das war für mich damals schon schmerzhaft genug. Es war ein Übergriff. Ich fühlte mich verletzlich, bloßgestellt. Ich wollte nicht, dass jemand mich schwach sah, mich so sah, wie ich nicht gesehen werden wollte – niemand, auch nicht meine Sozialkundelehrerin. Aber ich konnte mich nicht wehren. Ich musste die Fragen beantworten, ihr alles sagen, was sie wissen wollte, noch eine Schicht von mir abstreifen und ihr zur Begutachtung vorlegen.

In dieser Nacht lag ich wach im Bett und fühlte mich hilflos, hoffnungslos, erbärmlich, beschämt, deprimiert. Ich hätte gern geschrien – aber dann wäre bloß mein Vater gekommen, um nachzusehen, was los war. Schreien hätte mich nur gezwungen, noch eine weitere Schicht abzustreifen und über meine Gefühle zu sprechen ... Gefühle, die ich noch gar nicht verstand.

Ich bin kein Psychologe und kann deshalb nicht darüber spekulieren, was in jenen ersten Jahren, nachdem Mom weggegangen war, in mir vorging. Als Erwachsener habe ich eine Menge Therapiestunden absolviert, doch selbst dort konnte ich nur händeringend fragen, was an mir als Kind genagt, wogegen ich aufbegehrt, warum ich dagegen aufbegehrt hatte. Doch eines weiß ich sicher: Ich lehnte meine Mutter ab, kompromisslos.

Ich weiß, dass ich irgendwie das Gefühl hatte, sie hätte uns verlassen, weil wir nicht gut genug waren, nicht liebevoll genug, nicht Yanomami genug ... nicht *genug* genug. Mein Vater hat nicht gerade großes Geschick darin bewiesen, solche Gedanken in eine andere Richtung zu lenken. Anstatt mir zu sagen, ich solle stolz auf das sein, was ich war, und meine Yanomami-Wurzeln würdigen, hätte er mir diese Dinge *zeigen* können. Damit will ich ihm keinen Vorwurf machen, überhaupt nicht, denn tief im Herzen weiß ich, dass er im Rahmen seiner Möglichkeiten sein Bestes getan hat ... aber trotzdem, er hätte die fortgeräumten Fotos herausholen und versuchen können, die geheimnisvollen Gesichter mit Geschichten zu verbinden. Oh, Mann ... wie sehr ich mir wünsche, er hätte auf irgendeinen der Hinweise reagiert, auf all die kleinen roten Fahnen, die ich unwillkürlich schwenkte und mit denen ich ihm zu verstehen gab, dass ich mich quälte. Ich wünschte, er hätte meine Gedanken lesen können. Offenbar war er der Ansicht, «gemeinsame Zeit» sei für die Gesundheit und das Wohlergehen unserer kleinen Familie nicht notwendig. Ich wünschte, wir hätten solche gemeinsame Zeit miteinander verbracht.

Als ich zwölf war, zogen wir nach Easton, Pennsylvania – wieder ein Neuanfang. Jetzt war ich alt genug, eigenständiger zu handeln, meinen eigenen Weg zu finden, mir eine ganz neue Identität zu schaffen. Dieses Mal schwor ich mir, dass *niemand*, keine Menschenseele, meine Geschichte erfahren sollte. Kein Lehrer, kein Freund, kein Tutor ... niemand. Man würde mich nicht als den Sohn einer exotischen Frau vom Amazonas kennen. Nein. Man würde mich als den kennen, der ich *war*.

Diese Strategie funktionierte recht gut, aber sie hatte auch negative Folgen – Kollateralschäden, könnte man vielleicht sagen. Als ich in die Highschool kam, entfremdete ich mich zunehmend von meinem Vater. Wir hatten keine emotionale

Bindung mehr. Ein Therapeut würde wohl auch in diesem Fall wieder sagen, ich hätte ihm eine Teilschuld daran gegeben, dass ich mich so dauerhaft und verzweifelt fehl am Platz fühlte, dafür, dass ich keine Möglichkeit sah, all diese verwirrenden Gefühle loszuwerden und die Dinge geradezurücken. Doch am Ende lag die Schuld zu weiten Teilen auch bei mir, weil ich nicht die Einsicht oder das Vertrauen aufbrachte, mit ihm darüber zu sprechen.

Damals verbrachte ich auch immer weniger Zeit mit meinen Geschwistern. Wir hatten uns als Kinder sehr nahe gestanden, doch jetzt grenzte ich mich ab, und schon bald lebte jeder von uns sein eigenes Leben. Ich hatte inzwischen mehrere gute Freunde und war nur noch selten zu Hause. Ich bewegte mich durch unsere Kleinstadt, als hätte ich schon immer hier gelebt – als hätte ich nie irgendwo anders hingehört. Ich trieb viel Sport, ging oft ins Kino, hing bei meinen Freunden in der Küche herum, sprach mit *ihren* Müttern, stellte mir vor, ich lebte *ihr* Leben. Wenn ich hörte, dass meine Freunde nach ihren Müttern riefen, wurde ich total eifersüchtig – allein schon die Gelegenheit, das Wort Mom auszusprechen, und die Tatsache, dass es mit Inhalt gefüllt war ... schon allein das hätte mir die Welt bedeutet. Oft waren wir zu mehreren zu Hause bei einem Freund, und alle übrigen gingen dann in ein Zimmer, um dort fernzusehen oder Videospiele zu spielen, oder vielleicht nach draußen, um dort Unfug zu treiben – ich hingegen blieb in der Küche und half der Mutter dieses Freundes beim Kochen oder Abspülen oder bei anderen Arbeiten ... und genoss auf diesem Umweg das Zusammensein mit einer Mutter aus zweiter Hand.

Das also war ich – ich ging in Deckung, passte mich an, gab mich als typisches US-amerikanisches Kind aus.

In meiner Kindheit bot mir der Baseball ein geniales Versteck. Wahrscheinlich fühlte ich mich deswegen so von diesem Sport angezogen, weil er durch und durch US-amerikanisch war – *die* «nationale Freizeitbeschäftigung». Baseball stand einfach für alles, was ich sehnlichst nach außen darstellen wollte … doch es war noch mehr dran als das. Ich war auch gut darin. Ich war ein ganz passabler Sportler, und sämtliche Begabungen, die ich von Natur aus mitbrachte, passten eins zu eins für dieses Spiel. Ich war schnell – aber eben nicht nur schnell, sondern auch flink und wendig. Ich konnte im Outfield einen weiten Raum abdecken und hatte ein gutes Gespür dafür, wohin der Ball fliegen würde. Außerdem flitzte ich wie der Teufel von Base zu Base und bewies an der Home Plate einen laserscharfen Blick. Ich schlug auf der ersten Position, überdurchschnittlich gut, links oder rechts, ganz egal, und schaffte es oft zur ersten Base … und war ich da erst mal angekommen, hatte ich ein Händchen dafür, den Hitter aus dem Konzept zu bringen und so einiges möglich zu machen.

Ich sage das alles nicht, um mich selbst zu beweihräuchern, sondern um den Rahmen abzustecken, um zu zeigen, wie es ist, wenn man bei einer Sache ermutigt wird, wenn man ein gewisses Maß an positivem Feedback dafür erhält – dann begeistert man sich dafür und lässt sich voll und ganz darauf ein. Und trägt das Positive dazu bei, Schmerzen oder Kummer oder Unsicherheit zu ersticken, die mit deinem Leben zu Hause zusammenhängen, wo du dich bisher versteckt hast, dann ergreifst du den Strohhalm und lässt ihn nicht mehr los.

Das zweite geniale Versteck, das ich mir schuf, war eine kühne, hasserfüllte Lüge: Ich begann den Leuten zu erzählen, meine Mutter sei bei einem Autounfall ums Leben gekommen. Ich war derart versessen darauf, meinen Dschungelstammbaum zu vertuschen, dass es fast an Wahnsinn grenzte – entsprechend entschied ich, für meine Mutter wäre es besser, tot zu sein. Es brachte die Menschen zum Schweigen, so einfach ist das. Heute ist mir klar, dass es durchaus andere Möglichkeiten gegeben hätte, die Aufmerksamkeit von der Wahrheit abzulenken – zum Beispiel einfach zu erzählen, meine Mutter sei aus Venezuela, und nicht weiter ins Detail zu gehen oder, wenn ich denn Eindruck schinden wollte, vielleicht sogar zu behaupten, sie sei Italienerin, was mein Aussehen erklärt hätte. Ich hätte sagen können, sie sei nach Hause gefahren, um einen Onkel oder eine Tante zu pflegen, was ihre Abwesenheit erklärt hätte ... aber ich entschied mich anders.

Ich erinnere mich noch daran, wie ich zum ersten Mal jemandem erzählte, meine Mutter sei tot. Es war auf der Rückbank eines Autos, wo ich neben meinem besten Freund Kyle saß. Seine Mutter fuhr und betrieb währenddessen höfliche Konversation mit mir. Ich weiß nicht, ob sie über meine Familiengeschichte Bescheid wusste, sich nur dumm stellte oder bloß nett sein wollte, jedenfalls fragte sie irgendwann nach meiner Mutter – etwas in der Art wie: «Ich glaube, ich habe deine Mutter noch gar nicht kennengelernt, David. Arbeitet sie außerhalb?»

Vielleicht war es eine ganz harmlose Frage, etwas, das man eben so dahinsagt, doch ich empfand es als Angriff. Und weil ich das Gefühl hatte, Kontra geben zu müssen, erklärte ich: «Meine Mutter lebt nicht mehr. Sie ist bei einem Autounfall gestorben.»

Es war gar nicht meine Absicht gewesen, das zu sagen, geschweige denn, dass ich das vorher durchdacht hätte. Und ich wollte auch nicht gemein sein oder provozieren. Es kam einfach auf diese nüchterne und beiläufige Art aus mir heraus ... und als es einmal in der Welt war, blieb ich dabei. Was hätte Kyles Mutter schon groß dazu sagen sollen, also entschuldigte sie sich bloß wortreich.

Sobald wir ausgestiegen waren, boxte mich Kyle gegen die

Schulter und sagte: «Alter, was zum Teufel war das denn? Ich habe gehört, deine Mutter sei aus einem anderen Land. Es hat geheißen, sie ist nach Hause zurückgegangen oder so.»

Ich boxte zurück und erwiderte: «Halt zum Teufel noch mal die Klappe, Kyle.»

Und das war's dann.

Von diesem Tag an war das meine Standardantwort. Wie durch Zauberei setzte sie allen Fragen ein Ende – selbst den völlig arglosen, gut gemeinten. Und das Beste an dieser kleinen Notlüge (okay, vielleicht war es auch eher eine große Notlüge) war, dass niemand mehr weiterfragte. Was sagt man zu einem Kind, das so etwas herausposaunt? Jedenfalls erkundigt man sich ganz bestimmt nicht nach Einzelheiten. Man wechselt einfach das Thema. Ich glaube allerdings, dass für mich nicht nur wichtig war, dass das Gespräch in eine andere Richtung ging. Es spielte zweifellos auch Rache mit hinein. Ganz hinten, im hintersten Winkel meines Kopfes, gab es mir ein wenig Macht über diese Situation, der ich bis dato vollkommen ausgeliefert gewesen war, und verlieh mir Kontrolle darüber, wie ich die Welt sah und wie die Welt mich sah.

Von Zeit zu Zeit gerieten meine beiden Verstecke miteinander in Konflikt – das heißt, das eine hob sozusagen das andere auf, und dann fühlte ich mich verloren, schutzlos. Einmal, kurz nachdem wir in diese neue Stadt gezogen waren und ich glaubte, ich hätte meine Familiengeschichte erfolgreich geheim gehalten, fand ein Abendessen mit meinem Baseballtrainer statt. Er interessierte sich für mich als Spieler und verbrachte sehr viel Zeit mit mir, und an diesem Abend lud er mich und meinen Vater zu den besten Cheesesteaks ein, die ich je gegessen habe. Mein Trainer war einer dieser grauhaarigen Baseballveteranen, ein Mann von der Sorte, die aussieht, als habe sie ihr ganzes Leben auf dem Spielfeld verbracht. Er erzählte Geschichten über seine Zeit als Spieler, gab mir jede Menge Tipps, wie ich noch besser werden könnte, und so weiter. Doch dann, an jenem Abend mit den großartigen Cheesesteaks und dem tollen Baseballgeplauder, versuchte mein Vater einen Witz zu machen – und im Handumdrehen versank meine Welt in Finsternis. An meinen Trainer gewandt, sagte er: «Mein David ist nicht wie die anderen Jungs, die Sie sonst trainieren. Die anderen Jungs werden von ihren Müttern zum Training gefahren und auch wieder abgeholt. Davids Mom jedoch läuft irgendwo im Dschungel nackt herum und ernährt sich von Taranteln.»

Diese Aussage habe ich später geklaut und in Interviews verwendet – doch damals war ich tief getroffen. Ich fand es überhaupt nicht lustig. Nein, es war demütigend. Schon immer hatte ich nur den Wunsch gehabt, genauso wie die anderen Kinder zu sein, mich anzugleichen und dazuzugehören, und nun saß mein Vater da und stellte mich vor meinem Trainer auf diese peinliche Weise bloß, zog den Vorhang zurück, der verhüllte, was mit unserer Familie los war, *scherzte* sogar noch darüber. Am liebsten hätte ich mich unter dem Tisch verkrochen und wäre gestorben. Das Schlimmste daran war aber, dass mein Vater das ausgerechnet vor meinem Baseballtrainer tat, vor einem Mann, der bis zu diesem schrecklichen Moment nicht im Traum auf die Idee gekommen wäre, ich könnte mich irgendwie von seinen anderen Spielern unterscheiden. Schließlich war Baseball mein Ding, mein sicherer Hafen. Im Laufe der Zeit war dieser Sport für mich der einzige Ort geworden, an dem ich mich wirklich mit mir im Reinen fühlte, der Ort, wo ich hingehörte, und jetzt sprengte mein Vater diese Zuflucht sozusagen in die Luft.

Doch es sollte sogar noch schlimmer kommen. Mein Trainer fand das unglaublich lustig, griff den Witz postwendend am nächsten Tag im Training auf und ermunterte mich, barfuß zu spielen. «Du kannst die Bases barfuß ablaufen», sagte er, «und dein Volk repräsentieren.»

Er meinte das halb scherzhaft, halb ernst, doch wie auch immer, ich fühlte mich nun entblößt und schämte mich vor einem Mann, den ich bewunderte, einem Mann, dessen wohlwollende Haltung mir unheimlich wichtig war. Und er ließ nicht locker. Ich versuchte es zu ignorieren, es mit einem Achselzucken abzutun, aber der Trainer fand die ganze Saison lang immer wieder Gelegenheit, das Thema aufzutischen. Zum Beispiel nahm er mich beiseite und sagte so dummes Zeug wie: «Hey, Good, du brauchst diese Stollenschuhe doch gar nicht. Lauf die Bases einfach barfuß ab.»

Es ist schwierig für mich zu erklären, warum Baseball in meinem Leben diesen ganz besonderen Stellenwert einnahm. Auch heute bedeutet es mir noch viel, obwohl ich nur noch selten spiele. Ich bin ein Kind Pennsylvanias, also bin ich ein glühender Anhänger der Philadelphia Phillies. Gegen Ende meiner Highschool-Zeit hatten sie einen kleingewachsenen, schnellen hawaiischen Feldspieler namens Shane Victorino, der mich an meine eigene Art zu spielen erinnerte – mit Volldampf voraus. Natürlich wurde er mein Lieblingsspieler. Und er ist es nach wie vor, falls Sie das interessiert. Ich kann mich, auch nach all dieser Zeit, immer noch im Geruch des Handschuhs verlieren, im Rhythmus des Spiels, das ich erstmals beim Ballfangen mit meinem Vater wahrgenommen habe – insofern hat mein alter Herr durchaus Wege gefunden, sich auch außer Haus mit mir zu beschäftigen. Dad war ein guter Sportler mit einem starken Wurfarm. Wenn er warf, landete der Ball mit einem wunderbar dumpfen Knall in meinem Handschuh – eines der unverkennbaren Geräusche meiner Kindheit.

Was mir vom Baseballspielen damals zu Schulzeiten besonders lebendig in Erinnerung geblieben ist, ist der viele Platz, den ich da draußen im Center Field für mich ganz allein hatte. Das war meine Position, und ich war stolz darauf. Ich hatte dort einen weitläufigen Raum abzudecken, und das fand ich toll. Es war so ziemlich der einzige Ort in Easton, Pennsylvania, an dem ich wirklich das Gefühl hatte, am richtigen Fleck zu sein, wo ich die Macht hatte, alles zu tun, alles zu schaffen ... alles zu *sein*. Es war so friedlich da draußen, so ruhig ... auch das zog mich magisch an. Baseball an sich ist eher ein Kopfspiel – oder um es mit Yogi Berras berühmtem Ausspruch zu sagen: «Neunzig Prozent des Spiels finden halb im Kopf statt.» Es ist nicht rein körperlich – jedenfalls nicht uneingeschränkt und die ganze Zeit. Es gibt Momente großer Aktivität, unterbrochen von wunderbaren langen Pausen, die einem viel Zeit zum Nachdenken geben, und ich versuchte diese Zeit bestmöglich zu nutzen. Ich beobachtete das gegnerische Team genau. Stand einer mit einem kurzen Schlag an der Home Plate, richtete ich mich im Center Field darauf ein. Ich versuchte vorauszuahnen, ob unser Pitcher es auf einen Runner auf der zweiten Base abgesehen hatte. Ich stellte mir vor, wie Shane Victorino reagieren, vorhersehen, sich von seinem Willen genau dorthin lenken lassen würde, wo der Ball hinflog, und zwar einen oder zwei Herzschläge, bevor er tatsächlich dort ankam.

Es war gut, mich im Team zu haben, aber ich war keiner von denen, die auf der Spielerbank lautstark dumme Sprüche in Richtung Hitter brüllten. Ich glaubte nicht daran, dass es viel brächte, meine Mitspieler anzufeuern, also setzte ich meine Zeit, wie ich meinte, produktiver ein. Ich studierte den Pitcher. Ich hatte ein Auge darauf, wie er sich in Richtung erster Base bewegte. Ich schnappte mir einen Schläger und wartete, bis ich dran war, und wenn man mich so gesehen hätte, mitten im Spiel in dieses Gedankenspiel vertieft, hätte man es nicht für möglich gehalten, dass ich innerlich aufgewühlt war, dass in meinem Herzen ein riesiges Loch klaffte ... eine Leere, und zwar an der Stelle, wo früher meine Mutter gewesen war.

Also, ja, Baseball hat mir geholfen. Aber das sollte nicht lange so bleiben. Bald schon brachten mich Mädchen und Alkohol und alle möglichen Schwierigkeiten von meinem Spiel ab.

Mit vierzehn Jahren trank ich zum ersten Mal Alkohol. Ich hatte das Versteck im Küchenschrank gefunden, in dem Dad Gin und Wein aufbewahrte. Zunächst war es keine große Sache. Wie viele Jugendliche hatte ich nur eingeschränkt Zugang zu Alkohol, deshalb hielt sich mein Konsum in Grenzen. Doch ich fand sofort Geschmack daran und wollte mehr – ein Durst, der mein Leben für immer verändern sollte. Ich erinnere mich an das erste Mal, wo ich betrunken war. Ein paar Schlucke, und meine Fingerspitzen fühlten sich komisch an. Noch ein paar Schlucke, und ich fing an zu kichern; plötzlich war alles nicht mehr schlimm. Diese magische Flüssigkeit nahm mir den Schmerz, verscheuchte meine Sorgen. Meine Probleme interessierten mich nicht mehr – wer ich war, wo ich herkam, wer das wusste oder nicht ... interessant war eigentlich nur noch, wo ich die nächste Flasche herbekam. Es war der Anfang eines dunklen, destruktiven Wegs, der mir fast zum Verhängnis geworden wäre.

Ablenkung gab es in meinem Umfeld reichlich – so viel, dass ich mir vormachen konnte, es sei alles in bester Ordnung in meiner kleinen Welt. Schon bald hatte ich meine erste Freundin. Sie hieß Sarah. Mit ihr konnte ich über meine Gefühle, meine Emotionen, meine Familie sprechen. Eine solche Beziehung hatte ich nie zuvor gehabt. All der verschüttete Dreck kam nun ans Licht. Damals erst begann ich die Lücke in meinem Leben, dort, wo meine Mutter hätte sein sollen, wirklich wahrzunehmen. Etwas fehlte. Etwas, von dem ich mir verboten hatte, es zu sehen oder zu fühlen, bis ich Sarah gegenüber alles auspackte. Bis ich zum ersten Mal betrunken war.

Wir hingen aneinander wie die Kletten – vielleicht auf eine ungesunde Weise, wer weiß das schon. Ich war wie besessen von ihr. Nachts stahl ich mich aus dem Haus und fuhr mit dem Fahrrad zu ihr, obwohl sie nicht gerade in der Nachbarschaft wohnte. Sie lotste mich dann unbemerkt in ihr Schlafzimmer, wo wir redeten und knutschten und noch mehr redeten.

Eines Nachts kamen Sarahs Eltern uns auf die Schliche. Ich versteckte mich zwar im Schrank, und sie sagten nichts, aber es war sonnenklar, dass sie wussten, was vor sich ging. Am nächsten Morgen bekam ich einen Anruf von Sarahs Mom, doch sie zerriss mich nicht in der Luft. Nein, sie verhielt sich wirklich toll. Sie erklärte mir, ich sei in ihrem Zuhause immer willkommen, und sie und ihr Mann seien vor allem in Sorge, weil ich mitten in der Nacht durch die ganze Stadt radelte. Sie willigte auch ein, meinem Vater nichts zu sagen, damit ich daheim keine Probleme bekam, aber irgendwie kam Dad doch dahinter. Und wurde fuchsteufelswild! Es störte ihn nicht so sehr, dass ich mich wiederholt davongestohlen hatte; was ihn viel mehr aufbrachte, war die Tatsache, dass Sarahs Eltern es zusammen mit mir vertuscht hatten. Oh, Mann, war er sauer! Aus Elternsicht kann ich seine Reaktion total verstehen. Ich kann es wirklich nachvollziehen ... jetzt. Aber damals ... eher nicht. Mein Vater verbot mir schließlich, Sarah zu Hause zu besuchen, was ich als eine Art Todesurteil empfand. Immerhin war es meine erste echte Romanze. Es war wahre Liebe. Ich glaubte, ich würde dieses Mädchen heiraten, und entsprechend erschüttert war ich.

Ich versank in einer tiefen Depression, brachte viele Stunden allein in meinem Zimmer zu. Sarah steckte es leichter weg. Auch sie war traurig, aber nicht allzu traurig – und nicht allzu lange. Sie wandte sich wieder ihrem gewohnten Alltag zu, und schon bald traf sie sich mit anderen Jungs – während mir nichts blieb, als ihr dabei zuzusehen, und es immer dunkler um mich wurde. Das tiefe, schwarze Loch – es war wieder da.

Die Sache mit Sarah hatte zur Folge, dass ich meinen Vater in der Rolle des Bösen sah, als sei er die Ursache all meiner Probleme. Damals hasste ich ihn. Er hatte mein Leben ruiniert. Und dabei hatte ich nicht nur diese letzte Sache mit Sarah im Kopf. Im Geiste sah ich vor mir, wie er meiner Mutter begegnete und sie in die Vereinigten Staaten brachte, um eine Familie zu gründen. Ich war stinksauer, dass er so wenig Weitsicht hatte walten lassen, als er mich in die Welt gesetzt hatte. Ich war anders, und ich fand es schrecklich, anders zu sein, und ich hasste ihn, weil er dafür verantwortlich war.

Ich fühlte mich leer, und mir fiel nichts ein, was ich hätte tun können, um das alles in Ordnung zu bringen – außer vielleicht zu verschwinden. Also tat ich genau das: Mit sechzehn Jahren entwendete ich meinem Vater in einer kalten Februarnacht sowohl sein Auto als auch rund 1200 US-Dollar. Es war ein beigefarbener Toyota Camry, Baujahr 1999. Der Wagen war ziemlich gut in Schuss – zumindest bis zu dem Moment, in dem ich damit ungefähr fünfzehn Minuten von zu Hause in einer Wohngegend ein am Straßenrand parkendes Auto rammte. Der Rückspiegel auf der Beifahrerseite brach ab, was darauf hindeutete, dass vermutlich auch das andere Auto beschädigt worden war. Doch anstatt auszusteigen und mir ein Bild von dem Schaden zu machen, fuhr ich einfach weiter – meine erste Fahrerflucht, dabei war ich erst seit einer Viertelstunde unterwegs.

Ich nahm den Wagen meines Vaters zwar aus einer Laune heraus, trotzdem handelte ich dabei nicht unüberlegt; ich hatte es im Geiste oft genug durchgespielt und war mir sicher, dass ich damit durchkommen würde. Bisher hatte ich es einfach nur nicht in die Tat umgesetzt, es war eher eine Phantasie gewesen, in die ich allerdings sogar meine Freunde eingeweiht hatte. Wochen, bevor ich schließlich losfuhr, unternahm ich ein regelrechtes Täuschungsmanöver; ich erzählte meinen Freunden, ich hätte vor, nach Kanada abzuhauen. Wahrscheinlich wollte ich damit den Boden bereiten, damit alle Kanada im Kopf hatten, wenn ich schließlich wirklich verschwand. Von der Polizei befragt, würden meine Freunde ihnen das dann erzählen und sie damit auf die völlig falsche Fähre setzen, sie also in die komplett entgegengesetzte Richtung schicken.

Jedenfalls hatte ich keinen Führerschein – zum Teufel noch mal, ich hatte nicht einmal mehr als zwei, drei Stunden Fahrpraxis –, aber das hinderte mich nicht daran, meinem Impuls zu folgen. Ich startete in Richtung Philadelphia, fuhr bei einer Tankstelle raus und kaufte mir eine Straßenkarte. Ich hasste die Kälte im Winter, also beschloss ich, nach Florida runterzufahren. Ich fragte den Typen an der Kasse, wie ich zur Interstate 95 käme, er wies mir die Richtung, und schon war ich unterwegs.

Keine Ahnung, wie ich die ganze Strecke nach Florida geschafft habe, aber ich schaffte sie. Ich ermahnte mich selbst, es ruhig angehen zu lassen, einfach weiterzufahren und möglichst nicht auszuflippen. Ich redete mir ein, den Rückspiegel auf der Beifahrerseite bräuchte ich eigentlich gar nicht. Ich war schon immer gut darin gewesen, meine Emotionen, meine Probleme einfach von mir wegzuschieben. Das Gleiche tat ich jetzt mit all den Ängsten und Befürchtungen, die während der Fahrt in mir hochkamen. Ich sagte mir immer wieder, Angst würde alles nur noch schlimmer machen. Die Wahrscheinlichkeit, jeden Moment von der Polizei angehalten zu werden, im Nacken, stieg ich einfach aufs Gas und fuhr los. Kein Blick zurück. Kein allzu langer oder allzu tiefgehender Gedanke an irgendwelche möglichen Hindernisse auf meinem Weg.

Es war im Jahr 2003 – lange bevor Leute wie mein Vater GPS im Auto hatten. Allerdings besaß ich ein Handy, doch ich rief nicht zu Hause an. Schließlich wollte ich verschwinden – also gehörte es nicht gerade zu meinen obersten Prioritäten, daheim anzurufen und meinen Vater darüber zu informieren, dass ich nicht tot war. Es kam mir nicht einmal in den Sinn, ihn anzurufen, so egal war mir alles, so sehr stand ich neben mir. Hätte ich darüber nachgedacht, wäre mir bewusst geworden, dass mein Vater bestimmt halb verrückt wurde vor Sorge und in seiner Verzweiflung wahrscheinlich überall in der Stadt Plakate mit der Aufschrift «Haben Sie dieses Kind gesehen?» aufhängte.

Aber ich war weg. Einfach nur weg.

Ich hatte mir in den Kopf gesetzt, ein Vagabund zu werden, ein Landstreicher. Ich würde mir einen Job in einer Restaurantküche suchen und im Garten hinter dem Haus schlafen. Es würde mir gutgehen. Aber es ging mir nicht gut; ich glaube, ich habe die halbe Strecke geweint. Irgendwann lief im Radio *I Drove All Night* von Céline Dion, und ich weiß noch, dass ich vor mich hin gelacht, mir die Tränen abgewischt und gedacht habe: Wie passend.

Die Erste, die ich von Florida aus anrief, war Sarah. Ihr gehörte immer noch mein Herz, also war sie selbstverständlich diejenige, die ich anrief. Sie erzählte mir, die Polizei würde sie verhören, und alle meine Freunde würden polizeilich vernommen. Es war ein Riesenchaos. An das Durcheinander, das ich hinterlassen würde, hatte ich überhaupt nicht gedacht. Ich wollte einfach nur weg, doch kaum war ich weg, setzte sich das ganze Räderwerk in Bewegung. Sehr viele Leute waren im Strudel dieser Ereignisse gefangen. Ein entfernter Verwandter von mir war IT-Forensiker und beteiligte sich an der Suche nach mir. Damals wusste ich es noch nicht, aber jedes Mal, wenn ich das Handy benutzte, konnte er mich orten, sodass er in der Lage war, meinen Fluchtweg quasi in Echtzeit nachzuverfolgen. Zu allem Überfluss gab es auch einen Haftbefehl gegen mich. Ich war des schweren Autodiebstahls angeklagt – nicht weil mein Vater unbedingt Anzeige erstatten wollte, sondern weil jemand ihm erklärt hatte, der Haftbefehl würde es der Polizei erleichtern, mich aufzuspüren.

Sarah kannte jemanden in der Gegend von Tampa – den Freund eines Freundes eines Freundes – und stellte für mich den Kontakt her. Diese Person brachte mich wiederum mit einer anderen Person in Kontakt, die mir einen Schlafplatz anbot. Wie sich herausstellte, war diese Person Sozialarbeiterin und arbeitete mit gefährdeten Jugendlichen. Es war, als hätte mich das Schicksal auf die Schwelle dieser Frau, auf ihr Sofa, geführt. Sie lebte in einer einigermaßen hübschen Wohnwagensiedlung am Stadtrand, und wir setzten uns hin und redeten. Sie versuchte mir dabei zu helfen, meine Situation klarer, objektiver zu sehen, und sie war dabei sehr freundlich und mitfühlend. Außerdem bemühte sie sich, bei mir Verständnis für die Situation meines Vaters zu wecken. Ja, sie tat wirklich, was sie konnte, um mir zu helfen, damit ich meine Dämonen besiegen und in das Leben zurückkehren konnte, aus dem ich geflohen war. Aber ich war noch nicht bereit, auf sie zu hören. Stattdessen setzte ich darauf, dass sie mich so lange in ihrem Wohnwagen nächtigen ließ, bis ich meinen Scheiß geregelt kriegte. Doch nach einer Woche erklärte sie, ich müsse mir jetzt eine andere Bleibe suchen, sie könne keinen minderjährigen Ausreißer beherbergen, das sei eine Straftat. So viel war mir natürlich auch klar, aber ich hatte gehofft, sie würde mich nicht so schnell rauswerfen.

Mein Plan war eigentlich gewesen, von dort nach Ohio zu fahren, wo ein anderer Freund eines Freundes angeboten hatte, mich aufzunehmen, aber bevor ich dort ankam, fasste ich einen neuen Entschluss und fuhr zurück nach Nazareth, Pennsylvania – gut 15 Kilometer von unserem Wohnort in Easton entfernt. Ich war sauer und enttäuscht, weil ich es so weit geschafft hatte, nur, um dann doch wieder in der Nähe von unserem Zuhause zu landen. Doch so furchtbar viele Möglichkeiten boten sich mir nicht. Das Geld, das ich meinem Vater geklaut hatte, hatte ich verprasst. Ich brauchte einen Schlafplatz, und ich wollte untergetaucht bleiben – und nun sah ich mich zu guter Letzt tatsächlich gezwungen, den ganzen Weg, den ich nach Florida gefahren war, wieder zurückzufahren, nur, um mich dann im Haus eines Fremden zu verkriechen, das ich genauso gut mit dem Fahrrad hätte erreichen können.

Kurz und gut, ich blieb sechs Monate lang verschwunden. Niemand aus meiner Familie wusste, wo ich war, aber zurück in Pennsylvania, gelang es mir nicht besonders gut, meine Spuren zu verwischen. Inzwischen war mir der Gedanke gekommen, dass die Polizei mein Handy orten konnte, also hatte ich es weggeschmissen, sobald ich in Florida angekommen war – und jetzt entledigte ich mich auch des Autos. Ich ließ es einfach auf dem Parkplatz eines Supermarkts in York stehen, einer für ihre Bandenkriminalität bekannten Nachbarstadt. Als die Polizei das Auto schließlich fand, ging man davon aus, ich sei getötet worden oder hätte mich einer Bande angeschlossen – das zumindest waren die Gerüchte, die unter meinen Freunden kursierten. Es war egoistisch und boshaft, einfach unterzutauchen, während mein Vater vor Sorge außer sich war und meine Freunde ständig von der Polizei ausgequetscht wurden. Aber zu meiner Verteidigung: Ich war verzweifelt und konnte nicht klar denken. Es ging mir nur darum, von der Bildfläche zu verschwinden, und ich machte mir keinerlei Gedanken darüber, was das wohl für meinen Vater bedeutete, der schon mit dem

Trauma fertigwerden musste, dass auch seine Frau einfach so aus seinem Leben verschwunden war – also, ja, das war absolut egoistisch, unreif, gedankenlos von mir ...

Ach, und da war noch etwas: Als ich in Florida angekommen war, hatte ich als Erstes ein Netz Orangen gekauft – und diese Orangen lagen immer noch im Auto, als ich wieder in Pennsylvania ankam. Es war inzwischen erheblich wärmer, sodass diese Orangen, als ich den Wagen vor dem Supermarkt stehen ließ, anfingen zu stinken. Ich war zwar mitten im Winter losgefahren, doch inzwischen war Frühling, es wurde total heiß in dem Auto, und die Orangen stanken erbärmlich. Als mein Vater sein Auto schließlich zurückbekam, roch es einfach ekelerregend – und das verzieh er mir nicht. Der Seitenspiegel, die Kratzer und Dellen, die sich auf meiner Reise angesammelt hatten, waren ihm nicht weiter wichtig. Es war der Gestank, der ihn aufregte – und zwar so sehr, dass er mich bei unserem Wiedersehen als Allererstes fragte: «Warum hast du bloß diese Orangen nicht aus dem Auto genommen?» Er sagte es im Scherz, und mit der Zeit ist es zu einem Running Gag in unserer Familie geworden, aber ich weiß noch, dass ich damals dachte, wir hätten diesen Moment in bedeutsamerer Weise nutzen können.

Der Gerechtigkeit halber muss gesagt werde, dass mein Vater sehr wohl versucht hat, mit mir über mein Verschwinden zu reden, doch er tat es in seiner typischen, nicht gerade zupackenden Art und Weise. Während ich dies schreibe, suche ich in meinem Nachschlagewerk nach einem Wort, das beschreibt, wie er mit solchen emotionsgeladenen Situationen umging, auch in Bezug auf uns Kinder, aber ich finde keines. Was ist das Gegenteil von «gefühlsduselig»? Genau das wäre nämlich eine gute Charakterisierung für meinen Dad und würde auch in diesem Zusammenhang gut passen. Denn diejenige seiner Fragen, die noch am ehesten zu einem *echten* Gespräch hätten führen können, lautete: «Hat es irgendwas damit zu tun, dass Mom weggegangen ist?»

Er wollte wirklich wissen, was mit mir los war, was mich bewegt hatte, sein Auto zu nehmen und einfach so für sechs Monate abzuhauen, und irgendwie hing das ja auch alles mit dieser einen schlichten Frage zusammen.

Ich erwiderte: «Ja.» Das ist alles, nur dieses eine Wort. Doch nichts in meinem Tonfall oder meinem Verhalten deutete darauf hin, dass ich gern ausführlicher darüber gesprochen hätte, also wechselten wir das Thema.

So war das zwischen uns, so war es immer gewesen, und die ganze Zeit, in der ich von daheim weg gewesen war, hatte ich mir vorgestellt, wie dieses Gespräch laufen würde. Natürlich wusste ich es – aber *trotzdem* stellte ich es mir vor. Und wie gesagt, ich sprach während des halben Jahres nicht ein einziges Mal mit meinem Vater. Ich konnte mich nur jeden Abend «vaterseelenallein» in den Schlaf weinen, wütend darüber, dass mein Vater mich so in Rage brachte, wütend auf mich selbst, weil ich so weit aus der Spur geraten war. In Wahrheit vermisste ich meinen Vater schrecklich, während ich weg war – ich hätte alles gegeben, um all die Meilen zurückzuspulen und mich in seine Arme zu werfen, damit er mich umarmte wie in meiner Kindheit. Aber mein Vater fand keine Möglichkeit, Kontakt zu mir aufzunehmen, und ich fand keinen Grund, nach Hause zurückzukehren.

Und jetzt, wo ich endlich wieder da war ... nun, es war, als wäre ich nie fort gewesen.

Um das klarzustellen: Viele Einzelheiten, die mit meinem Verschwinden damals zu tun haben, müssen selbst jetzt nach all der Zeit ein Geheimnis bleiben. Warum? Weil eine ganze Reihe von Menschen mir geholfen, mich aufgenommen, mir

Ratschläge gegeben hat, und ich möchte sie nicht in Schwierigkeiten bringen. Schließlich haben sich einige von ihnen strafbar gemacht, als sie einen Minderjährigen bei sich aufgenommen und seinen Aufenthaltsort nicht der Polizei gemeldet haben. Ich bin ihnen allen dankbar, und diese Dankbarkeit kann ich nur zeigen, ihre Freundlichkeit kann ich nur vergelten, indem ich die Details aus diesem Bericht aussparе und gleich den Sprung zu dem Moment vollziehe, in dem ich beschloss, wieder in das Leben zurückzukehren, das ich hinter mir gelassen hatte.

Ich verabschiedete mich also von meinen «Gastgebern» und begab mich zur nächstgelegenen Polizeistation. Dort erklärte ich der Frau hinter dem Schalter, ich sei ein durchgebrannter Jugendlicher, und es gebe einen Haftbefehl auf meinen Namen. Sie schrieb meine Aussage nieder und rief einen Beamten herbei. Das Nächste, woran ich mich erinnere, ist, wie ich in der Arrestzelle meinen Vater wiedersehe.

Ich hätte weinen können … tat es aber nicht. Er hätte weinen können … tat es aber nicht. Allerdings schüttelten wir einander verlegen die Hand. Dann zog er die Anklage wegen schweren Autodiebstahls zurück, sodass ich wenigstens nicht als jugendlicher Straftäter in der Kartei gespeichert wurde. Damit war die Episode abgehakt.

Während meiner Abwesenheit erlebte ich eine Art emotionales Erwachen. Ich verbrachte viele Tage allein in einem Zimmer, meditierte und las Selbsthilfebücher. Dabei wurde mir eines klar: Auch wenn ich noch so deprimiert, meine Zukunft noch so ungewiss war – heraushelfen konnte ich mir nur selbst. Also beschloss ich, an die Highschool zurückzukehren und den Schlamassel zu beseitigen, den ich hinterlassen hatte. Allerdings tat ich das erst nach ein, zwei weiteren Ausrutschern, die ich mir zuvor noch leistete. Dad und ich gingen nach meiner

Heimkehr ein wenig merkwürdig miteinander um. Irgendwie umkreisten wir einander voller Angst, irgendetwas anzusprechen. Jahre später, als ich sein Buch las, erinnerte es mich an die Art und Weise, wie er sich Mom langsam näherte, wenn er nach langer Abwesenheit zurück ins Dorf kam. Es dauerte jedes Mal eine Weile, bis die beiden wieder dort anknüpfen konnten, wo sie stehengeblieben waren, und ein bisschen war es auch zwischen mir und meinem Vater so. Tatsächlich zog ich auch erst Monate später wieder bei uns zu Hause ein. Davor wohnte ich bei Freunden, zeltete im Wald ... überhaupt mied ich ihn, wahrscheinlich hing es mit all dem zusammen, was zwischen uns ungesagt blieb.

Einen Tag, bevor die Schule wieder losging, rief er mich an. Ich hatte inzwischen ein neues Handy, gekauft von dem Geld, das ich mit meinem ersten Job bei *Play it again, Sports*, einem Geschäft für gebrauchte Sportartikel, verdient hatte.

Er sagte: «David, hier ist dein Vater. Hast du für heute Nacht schon einen Schlafplatz?»

«Nein, aber ich finde schon einen», erwiderte ich.

«Hast du einen Ort, an dem du lernen kannst?»

«Nein, aber ich finde schon einen.»

«Hast du was zu essen?»

«Normalerweise findet sich immer was.»

Schließlich sagte er: «Also, morgen wirst du ja wohl wieder mit der Schule anfangen. Warum kommst du nicht einfach nach Hause?»

Und das war's dann. Wenn ich heute zurückblicke, kann ich mir nicht ansatzweise vorstellen, was mein Vater meinetwegen mitmachte, als ich so mir nichts, dir nichts verschwand, mich schließlich freiwillig der Polizei stellte und dann trotzdem noch Mittel und Wege fand, meinem Zuhause fernzubleiben.

Dass ich wieder zur Schule gehen wollte und das Bedürfnis

nach so etwas wie Normalität verspürte, war allerdings Grund genug, wieder zu Dad, Vanessa und Danny zu ziehen. Da ich die zweite Hälfte des zehnten Schuljahrs verpasst hatte, kam ich im Herbst zwar in die elfte Klasse, musste aber parallel dazu alles Versäumte nachholen. Mein Stundenplan war rappelvoll, doch ich war ein guter Schüler und hatte es im Griff. Womit ich trotz meines emotionalen Erwachens nicht so recht umgehen konnte, war der Rest meines Lebens. Ich hatte geglaubt, es jetzt auf die Reihe zu kriegen, doch sobald ich wieder daheim wohnte, fiel diese Illusion rasch in sich zusammen wie ein Kartenhaus – das war der Punkt, an dem ich richtig zu trinken anfing. Anfangs beschränkte es sich auf die Wochenenden, doch dann wurde es stufenweise mehr. Ich begann auch unter der Woche zu trinken – sogar während des Schultags. Meine Noten gingen rauf und runter wie ein Jojo – besser gesagt, wie eine Achterbahn, denn die Höhen und Tiefen hatten etwas Gefährliches und Aufregendes. Ich war sowohl den Lehrern als auch meinen Mitschülerin immer eine Nasenlänge voraus gewesen, doch nun ging es bei mir richtig ab. Als Einziger in meiner Klasse schnitt ich in einer Prüfung extrem gut ab, nur, um die nächste komplett zu verhauen. Ich wusste nie, wie es laufen würde, und eigentlich war es mir auch egal.

Die meisten meiner Freunde tranken nur, um Spaß zu haben. Sie ließen sich volllaufen, hingen herum, ließen Dampf ab. Ich hingegen trank nicht, um einen Rausch zu bekommen oder am Wochenende ein bisschen über die Stränge zu schlagen. Ich beneidete meine Kumpels, die trinken konnten, ohne nachzudenken – trinken bloß um des Trinkens willen, sternhagelvoll sein, bloß, um sternhagelvoll zu sein. Bei mir hatte es hingegen immer auch eine emotionale Komponente. Ich betrank mich bis zur Besinnungslosigkeit, als versuchte ich all den Dreck wegzuwaschen, den ich im Kopf hatte. Doch ich hatte damals noch keinerlei Zugang zur Selbstbeobachtung. Ich besaß nicht das Handwerkszeug dazu, nehme ich an. Oder ich hatte es, wusste aber nicht, wie man es aus dem Werkzeugkoffer nimmt und so einsetzt, dass man *wirklich* damit arbeiten kann. Wir ließen es alle einfach laufen. Ich merkte bald, wenn ich viel trank, dann kamen all die dunklen Gedanken völlig unkontrolliert hoch – Gedanken, die ich tief in meinem Innersten vergraben hatte und die dort unten irgendwo, säuberlich weggeheftet, bloß darauf warteten, dass ich mit ihnen umgehen konnte. Bloß war ich damals noch nicht so weit – und so versank ich, je öfter ich über meine Mutter nachdachte, die von meinem fünften Lebensjahr an aus meinem Leben verschwunden war, immer tiefer in dem dunklen, schwarzen Sumpf der Depression. Und wenn ich mir über meinen Vater Gedanken machte, der mich daran gehindert hatte, Sarah zu treffen, der mir diesen Dschungelhintergrund aufgehalst hatte und der so gut wie nicht vorhanden war, als ich mühevoll versuchte, meinen Weg zu finden, wurde mein Bedürfnis überwältigend, diese Gedanken fortzuspülen.

Letzten Endes flog ich von der Highschool. Ich begann Vollzeit in einem Telekommunikationsladen zu arbeiten, und in dieser Zeit schaffte ich es irgendwie, ein paar Kurse zu belegen und auf dem zweiten Bildungsweg meinen Abschluss zu machen – fast gleichzeitig mit meinen Freunden, die an der Highschool geblieben waren. Alles in Butter sozusagen – Ende gut, alles gut. Doch je älter ich wurde, desto größer schienen auch meine Schwierigkeiten zu werden – genauso wie die Kluft zwischen dem Leben, das ich führte, und meinem Selbstbild. Ich war außer Kontrolle, soff wie ein Irrer. Mit meinem Abgang von der Highschool schnellte mein Alkoholkonsum drastisch empor, nicht nur, weil er nun plötzlich so einfach und schnell zu bekommen war, sondern weil ich das Gefühl hatte, das würde von mir erwartet. Alle meine Freunde tranken reichlich, allerdings hatten sie die Sache anscheinend unter Kontrolle. Ich hingegen war überall und nirgends zugleich. Ich verschrieb mich der Hemmungslosigkeit auf allerhöchstem Niveau.

Irgendwann in dieser Zeit lernte ich ein Mädchen kennen, das ich im Folgenden Karen nennen möchte. Wir begegneten uns kurz nach meiner Rückkehr von meiner Florida-«Reise». Insgesamt waren wir fast vier Jahre lang zusammen, und ich war bis über beide Ohren in sie verliebt. Es war wirklich erstaunlich, dass Karen so lange bei mir blieb und meine Trinkerei sowie meine emotionalen Zusammenbrüche ertrug – doch selbst Karen gelangte an ihre Grenzen. Einmal, Karen studierte bereits an der Susquehanna University, sprang ich nach der Arbeit ins Auto, um sie zu besuchen. Ihre Uni lag etwa drei Autostunden von Easton entfernt, aber ich kannte die Strecke praktisch im Schlaf, so oft legte ich sie zurück. Auf dieser einen Fahrt jedoch reisten meine innere Dämonen quasi auf dem Beifahrersitz mit und funkten mir dazwischen. Bevor ich die Stadt verließ, hielt ich noch an einem Spirituosenladen und kaufte eine Flasche von meinem Lieblingsrum. Kaum auf dem Highway, setzte ich die Flasche an, und als ich bei Karens Studentenwohnheim ankam, war ich sturzbetrunken. Es grenzt an ein Wunder, dass ich es bis dorthin geschafft hatte, ohne das Bewusstsein zu verlieren. Als Karen schließlich rauskam, um mich zu begrüßen, fiel ich mit dem Gesicht voraus aus dem Auto auf den Asphalt.

Ich war weg ... einfach *weg*. Für gewöhnlich buchten wir uns, wenn ich zu Besuch kam, in einem schäbigen Hotel in Campusnähe ein. Ich war damals ziemlich schüchtern und ging nicht gern unter Menschen. Außerdem wollten wir unter uns sein, ohne die Gesellschaft ihrer Mitbewohnerinnen. Also klaubte mich Karen vom Boden auf und schob mich auf den Beifahrersitz. Am Hotel angekommen, ließ sie mich im Auto und ging hinein, um uns anzumelden. Dann schleppte sie mich in unser Zimmer. Sie drehte das – kalte – Wasser in der Dusche auf, zog mich aus und bugsierte mich unter den eisigen Strahl. Ich kann mir vorstellen, was ich für ein Bild abgegeben habe – betrunken, zitternd, nackt, mitleiderregend … Auch das ein Wunder, dass Karen mich nicht stehenden Fußes verließ. Sie erklärte mir später, sie habe mit dem Gedanken gespielt, lange und ausführlich, doch damals hielt sie noch ein Weilchen durch.

Ich glaube, Karen hat mich wirklich geliebt, wirklich an mich geglaubt. Ihre Mutter hingegen machte sich langsam ernsthafte Sorgen. Sie begann zu begreifen, dass ich kein guter Partner für ihre Tochter war, und lud mich eines Nachmittags zum Essen ins Olive Garden ein.

Über die Jahre war eine große Nähe zwischen Karens Mutter und mir entstanden. Sie war wie eine Mutter für mich. Zunächst glaubte ich, sie hätte mich nur zum «All you can eat» eingeladen, und nichts anderes erwartete ich – gratis essen! Doch während wir aßen, nahm das Gespräch eine ernste Wendung. Karens Mom brach fast in Tränen aus. Sie wirkte verletzt und als habe sie große Angst. Meine Gedanken rasten. Ich wappnete mich für das, was kommen musste.

«Ich liebe dich, als wärst du mein Sohn, David», sagte sie schließlich. «Und ich weiß, dass Karen dich liebt. Aber ich sehe auch, wie viel du trinkst. Karen erzählt mir nicht alles, aber ich weiß genug, um sicher zu sein, dass du ein Problem hast. Ich fürchte wirklich um das Leben meiner Tochter, wenn sie bei dir bleibt.»

Ihre Worte haben damals gesessen wie eine Ohrfeige, doch würde ich behaupten, sie hätte mich damit total überrascht, wäre das schlichtweg übertrieben. In Wahrheit hatte ich es kommen sehen. Auf irgendeiner Ebene hatte ich es bereits gespürt. Ich sackte auf meinem Stuhl zusammen. Natürlich, ich wusste, dass ich eine Gefahr für mich selbst war, so, wie ich trank – und wenn ich eine Gefahr für mich selbst war, stellte ich auch für Karen eine Gefahr dar. Ich befand mich auf einem destruktiven Weg, ohne jeden Zweifel, und ich wollte sie auf gar keinen Fall mit mir in die Tiefe ziehen – doch genau das tat ich.

Wahrscheinlich hätte ich eine Therapie anfangen und versuchen können, mich zu ändern. Ich hätte meinen Fall mit Karens Mom und auch mit Karen durchsprechen können. Genauso wie Karen beschlossen hatte durchzuhalten, hätte auch ich einen Weg finden können, durchzuhalten und für die nächste Zeit eine passable Fassade zu präsentieren. Womöglich hätte ich sogar eine Möglichkeit finden können, alles in Ordnung zu bringen. Doch so sollte es nicht kommen. Ich war Alkoholiker genug, um zu wissen, dass ich nicht mit dem Trinken aufhören würde. Und ich war Romantiker genug, um zu wissen, dass ich Karen keiner solchen Prüfung unterwerfen durfte, also zog ich einfach den Schwanz ein. Ihre Mutter hatte recht, ich war eine Gefahr – und das fand ich selbst mehr als fürchterlich. Trotzdem fiel es mir schwer, loszulassen. Wir waren uns so lange Zeit so nah gewesen, dass mir schien, meine gesamte Identität hinge davon ab, Karens Freund zu sein. So sah ich mich selbst, auch wenn ich tief im Innersten nie das Gefühl hatte, gut genug für sie zu sein. Ehrlich gesagt fühlte ich mich nie gut genug für irgendjemanden – als wäre ich sogar für das Leben an sich eine Enttäuschung.

Eines Tages, während ich verzweifelt versuchte, irgendetwas auf die Reihe zu kriegen, kaufte ich einen Kasten Bier und sperrte mich in meinem Zimmer ein. Ich wohnte damals immer noch zu Hause, hielt jedoch Distanz zu meinem Vater – und auch zu meinen Geschwistern. Wir Kinder waren uns früher nah gewesen, aber wir nahmen den gleichen Pfad wie Dad: Wir sprachen kaum über unsere Gefühle. Wir hingen zusammen rum, wir hatten Spaß, doch das war's dann. Und als wir älter wurden, drifteten wir auseinander, und jeder ging seiner Wege. Mein Weg war, von der Schule zu fliegen und zu trinken und zu arbeiten und mich selbst zu bemitleiden und noch mehr zu trinken – und nun wollte es der Zufall, dass ich eines Nachmittags allein zu Haus war. Mein Plan war, mich ganz allein bis zur Bewusstlosigkeit zu betrinken und aus den Latschen zu kippen. Nach der Hälfte des Kastens stand ich mit dem Rücken an der Wand meines Zimmers und ließ mich zu Boden sinken. Dort hockte ich eine ganze Weile, die Beine weit von mir gestreckt. Meine Gedanken waren gleichzeitig überall und nirgends. Durch den biergetränkten Nebel, der mich umgab, blickte ich auf mein verpfuschtes Leben. So sah ich es damals – und so sehe ich es noch heute. Nichts schien zu funktionieren, nichts schien zu passen. Ich konnte nicht verstehen, warum ich die ganze Zeit in diesem kranken, schwarzen Sumpf steckte, warum ich mich nicht lebendig fühlte, warum ich jeden Morgen mit zusammengebissenen Zähnen aufwachte, warum alles um mich herum in die Brüche zu gehen schien.

Ich war unglücklich, deprimiert, verzweifelt, ratlos.

Ich hasste den, der ich war, den, der ich geworden war.

Wahrscheinlich wusste ich auf irgendeiner Ebene schon immer, dass die inneren Dämonen, mit denen ich kämpfte, mit dem «Mommy»-Thema zu tun hatten – soll heißen, das Fortgehen meiner Mutter hatte einen Scherbenhaufen in mir hinterlassen. Ich wusste es, aber mir war nicht klar, wie ich dieses Thema angehen oder hinter mir lassen sollte. Ich war nicht klug und gefühlvoll genug, um meiner Mutter meine ganze Verzweiflung vor ihre nackten Füße zu werfen – jedenfalls nicht in irgendeiner bewussten Art und Weise. Doch dann erzählten mir Karen und später auch andere Freunde, ich hätte die seltsame Angewohnheit, kurz vor dem Blackout nach meiner Mutter zu rufen. Es passte alles zusammen. Ich hatte nie einen Zusammenhang hergestellt, doch da war er – ein emotionales Kotzen, ein qualvoller Hilfeschrei. Das war, so sehe ich das heute, ein Riesenschritt, und vielleicht war es nicht fair, alles auf das Weggehen meiner Mutter zu schieben, aber so reimte ich es mir damals zusammen.

Ein paar Bier hatte ich noch vor mir, und als der Kasten fast leer war, überfiel mich eine bodenlose und totale Traurigkeit. Wobei Traurigkeit das, was ich empfand, nicht einmal ansatzweise beschreibt. Es war weit mehr als das. Es waren auch Hilflosigkeit und Hoffnungslosigkeit und Entsetzen. Der Gedanke beschlich mich, ich hätte es nicht verdient zu leben – und auch, dass vielleicht alles viel einfacher wäre, wenn ich nicht mehr leben würde. Einfacher für mich ... und für meinen armen Vater, der nicht die leiseste Ahnung von meinem inneren Aufruhr hatte. Na ja, vielleicht hatte er sogar eine leise Ahnung, aber das war's auch schon.

Zutiefst verzweifelt, entschied ich, dass ich dem Tod ins Gesicht sehen wollte. Ich glaube nicht, dass ich vorhatte, mich umzubringen. So war es nicht. Aber ich meinte, es würde mir helfen, einfach nur ein bisschen mit dem Tod zu spielen, ihn mal auszuprobieren, zu erleben, wie er sich anfühlt.

Und dann hörte ich auf zu denken.

Ich schnappte mir eine Fiskars-Schere, die mit dem klassischen orangefarbenen Griff. Es war ein solides Werkzeug mit hochwertigen, präzisionsgeschliffenen Edelstahlklingen – eine gute Wahl für mein Vorhaben, insbesondere weil sie nagelneu und messerscharf war. Ich spreizte die Klingen und drückte mein Handgelenk gegen eine der scharfen Schnittkanten. Während ich den Stahl in meine Haut drückte – langsam, weil ich es spüren, miterleben wollte –, begann ich zu schluchzen.

Die Schnitte, die ich mir zufügte, waren nicht allzu tief – nicht tief genug jedenfalls, um eine Ader zu verletzen. Letztlich wollte ich wohl nicht wirklich sterben, sonst hätte ich mich besser angestellt. Ich wollte die Entscheidung treffen, ob ich es verdiente, durch eigene Hand zu sterben oder nicht. Vielleicht klingt das nicht einleuchtend, aber für mich ergab das damals Sinn. Es war alles so sonnenklar. Mann, dachte ich, bin ich ein Jammerlappen! Und ich dachte: Wer zum Teufel bin ich, um selbst zu entscheiden, ob ich auf diese Welt gehöre?

Ich leistete mit dieser großartigen Schere so miserable Arbeit, dass ich sie angeekelt wegwarf, und dabei fiel mein Blick auf einen Kronkorken, den ich hatte fallen lassen und der auf dem hellbeigefarbenen Teppich lag. Er schien mich zu rufen. Ich stellte mir den Schaden vor, den ich mit dem zackigen Rand des Kronkorkens anrichten konnte, schnappte ihn mir und grub die Zacken in die Innenseite meines linken Unterarms, dicht am Handgelenk. Junge, Junge, tat das weh! Ich drückte immer stärker drauf, drehte das Ding in meine Haut hinein, bis ich spüren konnte, dass die Zacken die oberste Hautschicht durchdrangen und die oberflächlichen Blutgefäße verletzten. Von Schmerz überwältigt, kippte ich vornüber und stellte mir vor, wie das Blut nur so aus meinen Handgelenken schießen und den Teppich tränken würde.

Aber ich war noch nicht ganz fertig. Ich nahm den Kronkorken und rammte ihn noch tiefer in meine Haut, schrammte mit ihm über die gesamte Länge meines Unterarms und drehte ihn dabei. Bei jeder Umdrehung, jedem Blutstropfen und jedem Schmerz, der mich durchzuckte, spürte ich Adrenalin durch meine Adern schießen, Energie, fast ein Wiederaufleben. Es war total eigenartig und fast schon gruselig! Und doch hatte mich dieses allumfassende Unheimliche so fest im Griff, dass ich nicht dagegen ankam. Ich konnte nicht anders, als weiterzumachen, die letzten Biere hinunterzustürzen und mir alles zu schnappen, was mein Zimmer hergab, um mich in jeder erdenklichen Weise selbst zu verletzen. Ich schlitzte, ich schrammte, ich schnitt, ich schürfte an mir herum – und zermarterte meinen Arm bis aufs äußerste, wortwörtlich bis aufs Blut.

Und während ich auf diese urweltliche Weise an mir herumfuhrwerkte, fühlte ich mich unglaublich, wunderbar lebendig. Als ich später im Lauf der Jahre daran arbeitete, diesen Moment zu begreifen, wurde mir klar, dass es sich für mich damals besser anfühlte, diesen heftigen Schmerz zu spüren, als gar nichts zu empfinden.

Irgendwann wurde ich ohnmächtig – vom Bier und vom Weinen. Ich hatte nicht genug Blut verloren, um meinem Leben ein Ende zu setzen, und ehrlich gesagt glaube ich, dass ich das auch gar nicht wollte. Nein. Wie gesagt, darum ging es nicht. Und es war auch kein Hilferuf. Es war nichts als ein blödsinniger Versuch, zu dem zurückzufinden, was es bedeutet, lebendig zu sein. Über die Konsequenzen machte ich mir keinerlei Gedanken.

Ich war lange Zeit so weit unten, dass ich gar nicht mehr weiß, wann der absolute Tiefpunkt erreicht war – in diesem Moment war ich jedenfalls ganz nah dran. Karen und ich waren seit mehreren Monaten getrennt. Ich studierte am Northampton Community College Biologie und wohnte nach wie vor zu Hause. Von außen betrachtet, sah es vielleicht aus, als hätte ich endlich alles halbwegs auf die Reihe gekriegt, doch das entsprach nicht der Realität. In meinem Inneren – und nur das zählt – war ich immer noch voller Wut, immer noch auf der Suche, immer noch außer Kontrolle. Inzwischen war ich einundzwanzig und trank jetzt, wo es «legal» war, noch häufiger und noch aggressiver.

Es passierte auf einer Privatparty am Delaware River mit ein paar College-Freunden. Inzwischen war ich ein regelrechter Komasäufer und konnte auf ein paar Dutzend bis zum Exzess feierwütige junge Leute in meinem Umfeld zählen – eine tödliche Kombination. Der Abend begann wie jede andere Party auch. Ich war gut drauf, wild und ausgelassen. Ich flirtete, machte Unsinn, unterhielt meine Kameraden. Gegen Ende der Nacht bröckelte dann meine unbekümmerte Fassade, und die dunklere Seite kam ans Licht. Die anderen feierten weiter – lachten, sangen, mischten den Saal auf, während ich, je mehr ich trank, umso tiefer in eine tiefschwarze Depression versank, ähnlich wie ein paar Monate zuvor in meinem Zimmer.

Ich erlitt häufig heftige Panikattacken, allerdings wusste ich nicht, dass es Panikattacken waren. Es kam mir wohl nie in den Sinn, sie beim Namen zu nennen oder sonst wie einzuordnen oder gar zu verstehen. Ich wollte bloß, dass sie vorbeigingen. Was auch immer es war, ich litt daran seit der Mittelstufe und die gesamte Highschool-Zeit hindurch. Ausgelöst durch den Alkohol und angesichts der wachsenden Distanz zu meinem Vater und der bangen Frage, wie es mit meinem Leben weitergehen sollte, wenn ich ganz auf mich allein gestellt wäre, waren meine Ängste im Lauf der Zeit immer schlimmer geworden und hatten erschreckende Ausmaße angenommen. Und die Sache ist die, ich spürte einen herannahenden Anfall schon im Voraus. Mein Puls begann dann schlagartig zu rasen, meine Atmung wurde flacher und mühsamer. Ich hatte das Gefühl, die Kontrolle zu verlieren – obwohl ich ja damals, ehrlich gesagt, zu keinem Zeitpunkt die Kontrolle über irgendetwas in meinem Leben hatte. Meist ließ ich es eher einfach laufen, aber wenn es dann wieder so weit war, zitterte und schwitzte, tobte und stöhnte ich. Als ich älter wurde, kamen die Panikattacken seltener, doch von Zeit zu Zeit schlugen sie immer noch zu, besonders wenn ich getrunken hatte. Ich hatte keinerlei Einfluss darauf, keine Möglichkeit, sie zu stoppen. Mehrere Stunden lang hatte ich dann das Gefühl, einen echten Nervenzusammenbruch zu erleiden. Anschließend wurde ich dann entweder ohnmächtig, oder aber der schwarze Sumpf löste sich ein wenig auf, und mir war, als sei das Schlimmste vorbei und ich sei nur ein bisschen deprimiert – an einer Depression im klinischen Sinn litt ich wohl nicht, soweit ich das beurteilen kann, aber ich war down, down, down … in so ziemlich jeder Hinsicht. Ich wusste nie, wann ein solcher Anfall kommen würde – nur, dass ich machtlos dagegen war. Es war, als bewegte ich mich mit einer schwarzen Wolke über dem Kopf durchs Leben.

Da waren wir nun also, im Haus der Eltern eines Freundes außerhalb von Belvidere, New Jersey, und tranken und tranken. Es war ein schönes Haus, ein Ferienhaus direkt am Fluss, und wir hatten alle jede Menge Spaß. Mein Alkoholkonsum war allerdings jenseits von gut und böse. Unverantwortlich. Ätzend. Der Abend hatte für mich gar nicht so begonnen. Eigentlich begann der Abend nie so für mich. Aber irgendwann nahm er dann eine dunkle, gefährliche Wendung.

Es war geplant, dass wir alle dort übernachten sollten, also brauchte auch niemand darauf achten, es nicht zu übertreiben. Wir mussten ja nirgends mehr hin. Die Leute bildeten Paare, schleppten einander ab, bauten Mist, verloren das Bewusstsein … und irgendwann am frühen Morgen, noch vor der Dämmerung, fand ich mich allein im Badezimmer wieder. Zusammengerollt wie ein Fötus. Und weinte und schrie nach meiner Mutter.

Ich versuchte zu verstehen, wie ich mich fühlte. Zertrümmert, zerbrochen. Und beklagenswert, bemitleidenswert traurig. Ich konnte meine Empfindungen nicht in Worte fassen – damals nicht, und bis heute fällt es mir schwer zu artikulieren, was damals in meinem Kopf vor sich ging. Ich weiß noch, dass ich mich irgendwann aufgerafft und meinen Platz am Feuer verlassen hatte, weil ich spürte, dass ich abglitt. Anders kann ich es nicht beschreiben. Der Abend entglitt mir. Meine Emotionen entglitten mir. Ich wollte mich nicht blamieren und vor meinen Freunden weinend zusammenbrechen und eine Szene machen. Also verdrückte ich mich in ein Badezimmer und schloss die Tür ab.

Das war meine Art, mit der Situation umzugehen.

Etwa eine Dreiviertelstunde später kämpfte ich mich hoch und wusch mir das Gesicht. Eine lange Weile starrte ich mich im Spiegel an. Meine Augen waren gerötet vom Weinen. In mein Gesicht, in meine Wangen, hatten sich Furchen gegraben, wohl weil ich auf einem zerknitterten Handtuch gelegen hatte, als ich ohnmächtig geworden war. Zunächst erkannte ich mich selbst gar nicht – und als ich es dann tat, gefiel mir das, was ich sah, überhaupt nicht.

Unentwegt überlegte ich, wie zum Teufel ich mich vor diesen Leuten rechtfertigen sollte. Aber so wie die Dinge lagen, hatte anscheinend niemand mein Verschwinden bemerkt. Fast alle schliefen oder waren mit ihren eigenen Angelegenheiten beschäftigt. Ich und mein kleiner Zusammenbruch spielten überhaupt keine Rolle. Nichts hielt mich mehr auf dieser Party. Ich war erschöpft und wollte einfach nur in mein Bett kriechen, den Kopf auf ein Kissen legen und das Bewusstsein verlieren. Diese Leute waren meine Freunde – viele von ihnen sogar *gute* Freunde –, trotzdem fühlte ich mich irgendwie bloßgestellt. Verletzlich. So wollte ich nicht gesehen werden.

Also schlich ich mich davon.

Ich war nicht ansatzweise fahrtüchtig, aber ich konnte auch nicht mehr klar denken, sodass sich mir die Argumente, die dagegen sprachen, mich ans Steuer zu setzen, nicht gerade aufdrängten. Immerhin gelang es mir, halbwegs geradeaus zu meinem Auto zu gehen – das genügte mir. Ich schaffte es, die Tür zu öffnen und hineinzukrabbeln, den Schlüssel herauszukramen und den Motor anzulassen. Nun war ich startklar. Ich sagte mir, der Wagen werde mir schon Bescheid sagen, wenn ich lieber nicht fahren sollte, und der Wagen sagte keinen Ton.

Damals fuhr ich einen zehn Jahre alten Toyota Camry, schmutzig beige. Es war ein solides, zuverlässiges Auto, aber es hatte einen Spurfehler. Wenn man geradeaus fahren wollte, zog der Wagen nach rechts, und man musste gegenlenken. Ich hatte schon lange vor, das mal reparieren zu lassen, kam aber nie dazu. Es gab so viele Dinge in meinem Leben, die es in Ordnung zu bringen galt, und diese Sache war nur eine von vielen. Nichts Besonderes eigentlich.

Ich brach auf, ohne mich von irgendjemandem zu verabschieden.

Es muss gegen drei oder vier Uhr morgens gewesen sein. Ich hatte seit vierundzwanzig Stunden nicht geschlafen. Auf den Straßen – insbesondere auf den Nebenstraßen – war nicht viel los. Ich fuhr in nördlicher Richtung, um auf die Route 22 zu kommen, die mich zum Haus meines Vaters in Easton gebracht hätte – eine Fahrt von etwa einer halben Stunde. Ich war erschöpft. Mit den Nerven fertig. Am Ende. Oder so etwas in der Art. Sobald ich auf dem Fahrersitz saß, sobald die Räder über den Asphalt glitten, ertappte ich mich dabei, dass ich einnickte, doch ich riss mich zusammen und fuhr weiter. Wahrscheinlich fuhr ich sehr viel schneller als erlaubt. Und die Kurven nahm ich wohl, als wäre helllichter Tag – als wäre ich stocknüchtern und hellwach, als wäre ich in der erforderlichen Verfassung.

Ich sage «wahrscheinlich», weil ich mich nicht daran erinnern kann, sosehr ich es mir auch wünsche.

Und dann bin ich wohl doch eingenickt und nicht wieder aufgewacht. Keine Ahnung, wie viele Sekunden ich weg war, jedenfalls kam ich von der Straße ab. Und an dieser Stelle kommt der Spurfehler ins Spiel. Ich glaube, er rettete mich, denn ich kam rechts von der Fahrbahn ab auf den Seitenstreifen, anstatt in den Gegenverkehr zu geraten.

Als ich wieder zu mir kam, holperte ich schlingernd über eine Wiese, Bäume zogen an mir vorbei, als wäre ich mit einer Million km/h unterwegs. Schon möglich, dass ich übertreibe. Fest steht jedoch: Während ich holperte und schlingerte, hatte ich Zeit zum Nachdenken. Oh Mann, guck dir nur all diese Bäume an, die da an dir vorbeiflitzen! Es war dunkel, und ich konnte rein gar nichts erkennen, außer den Schatten, die sich wahnsinnig schnell bewegten. Ich glaube nicht, dass ich den Wagen zu diesem Zeitpunkt unter Kontrolle hatte – aber offenbar kam ich auch nicht auf die Idee, irgendeinen Versuch zu unternehmen, das zu ändern. Ich fuhr einfach weiter, bis irgendetwas mir sagte, ich sollte mal lieber auf die Bremse steigen, also tat ich es. Genau in diesem Moment tauchte vor mir ein Graben auf. Die Schnauze des Camry kippte in voller Fahrt hinein, und er kam mit einem lauten Krachen zum Stehen.

Die Airbags lösten aus. Viele Leute wissen nicht, wie das ist, weil sie es nie erlebt haben, aber wenn diese Dinger sich unvermittelt mit Luft füllen, entsteht ein ekliges Geräusch – wie von einem röchelnden Staubsauger, bei dem irgendetwas im Schlauch steckt und rattert. Es ist nicht besonders laut, aber es klingt unheimlich und fremd. Offenbar war ich immer noch bei Bewusstsein – jedenfalls dachte ich: Das klingt nicht gut. Und ich dachte: Okay, so hört es sich also an, wenn die Airbags aufgehen.

Als der Lärm aufhörte, merkte ich, dass ich Schmerzen hatte. Ich stöhnte laut auf, als hätte man mir einen Schlag in die Magengrube versetzt. Dann fiel mir ein Brennen an beiden Armen auf – es kam von dem Gas, das beim Auslösen der Airbags ausgetreten war. Wie sich herausstellte, war mein Brustbein-Schlüsselbein-Gelenk ausgerenkt – das ist, wie der Name schon sagt, das Gelenk, das Brustbein und Schlüsselbein verbindet. Ich schälte mich unter dem Airbag hervor, stieß die Tür auf, krabbelte aus dem Wagen und lief ein bisschen herum, um einen klaren Kopf zu kriegen.

Nach ein paar Minuten kam ein Mann mit einem LKW vorbei. Allem Holpern und Schlingern zum Trotz hatte ich mich nicht allzu weit von der Straße entfernt, sodass der Mann meine Scheinwerfer sehen konnte und angehalten hatte, um sich ein Bild von der Lage zu machen. «Alles okay, Kumpel?», fragte er, ließ die Szene auf sich wirken und fragte sich wohl, wie es sein konnte, dass ich hier herumlief.

«Ja, Mann, alles klar», sagte ich. Als würde es reichen, das zu behaupten. Als könnte ich das überhaupt beurteilen.

«Ich sollte dich besser ins Krankenhaus bringen», meinte er nach einer kurzen Weile.

«Nee», sagte ich, «passt schon. Ein Freund ist unterwegs. Hab schon angerufen. Er bringt mich hin.»

Das war natürlich glatt gelogen. Ich konnte nicht klar denken. Ich hatte eine Gehirnerschütterung und stand unter Schock. Nachdem ich dem LKW-Fahrer eingeredet hatte, ich sei Herr der Lage, holte ich mein Handy heraus und rief meinen Freund Jeff an, der noch auf der Party war.

Er erkannte meine Nummer und meldete sich: «Dave! Was ist los, Mann?»

Ich erzählte ihm, dass ich mein Auto zu Schrott gefahren hatte.

Nach seinem Zustand bei meiner Abfahrt zu schließen, hatte Jeff zu diesem Zeitpunkt wahrscheinlich noch immer einen kapitalen Vollrausch, und was ich sagte, stürzte ihn in tiefe Verwirrung. Er glaubte, ich sei noch auf der Party, und kapierte deshalb nicht recht, was passiert sein sollte. Doch schließlich schnappte er sich einen anderen Kumpel, um mich abzuholen und zum Haus zurückzubringen.

Meine Freunde machten sich Sorgen um mich. Sie befürchteten, ich hätte mir das Schlüsselbein gebrochen. Jemand schlug vor, einen Krankenwagen zu rufen. Jemand anderes meinte, ich sollte mich im Krankenhaus untersuchen lassen. Ein Dritter erklärte, es sei vielleicht nicht so gut, wenn ich in diesem Zustand in dem Haus blieb. Dann vermuteten wir, man würde das Auto neben der Straße entdecken und mich suchen, und obwohl wir nichts Illegales getan hatten, sich keine Drogen in dem Haus befanden und der «Gastgeber» die Erlaubnis seiner Eltern hatte, das Haus zu nutzen, fingen wir an, fast schon ein bisschen paranoid zu werden – das ist gar nicht so schwer, wenn man um drei oder vier Uhr morgens komplett betrunken ist und ein Freund sein Auto geschrottet und sich dabei ein Gelenk ausgerenkt hat.

Schließlich kamen wir überein, dass wir den Unfall der Polizei melden sollten und dass jemand mich zur Polizeiwache begleiten würde, damit ich aussagen konnte. Dann ging ich ins Krankenhaus, um mich behandeln zu lassen.

Anschließend wanderte ich ziellos durch die Stadt, ich fühlte mich vollkommen hilf- und hoffnungslos. Schließlich setzte ich mich auf eine Bank und starrte hinauf in den Himmel. Ich hatte solche Schmerzen, innerlich wie äußerlich, dass ich weder ein noch aus wusste. Also saß ich einfach nur da, bis ich irgendwann einen Freund anrief und ihn bat, mich abzuholen. Und sobald er da war, brach ich zusammen und weinte.

Himmel, war das ein Schlamassel!

Später, als der Nebel sich lichtete und ich diese Tiefpunkte im Geiste immer wieder durchspielte, wurde mir klar, dass ich mich um ein Haar umgebracht hätte. Dass ich auch jemand anderen hätte umbringen können. Ich überlegte, ob das jetzt mein absoluter Tiefpunkt war oder ob ich noch tiefer fallen konnte, ob ich mich womöglich wirklich umbringen würde.

Im Kopf hörte ich immer noch die Stimme des einen Polizisten, der den Unfallort inspiziert hatte. Am Telefon hatte er mir erklärt: «Junge, ich weiß nicht, wie du das geschafft hast, aber es ist dir gelungen, jedem einzelnen Baum und jedem einzelnen Telegraphenmasten auszuweichen.» Er hatte die Bremsstreifen zurückverfolgt, die entstanden waren, als ich von der Straße abkam. So konnte er den Weg rekonstruieren, den mein schlingerndes Auto genommen hatte, und dabei sah er ungefähr ein Dutzend Hindernisse, gegen die ich hätte prallen und dabei ums Leben kommen können.

Ach ja, dachte ich, das erklärt natürlich die furchterregenden vorbeiflitzenden Schatten.

So sah also damals mein Leben aus. Ich trank bis zur Besinnungslosigkeit, blamierte mich vor meinen Freunden (und vor Fremden!), kam immer gerade noch so davon, rappelte mich wieder auf und machte irgendwie weiter. Dann trank ich wieder, und die ganze Geschichte begann von vorne. So gesehen konnte man nicht von einem einmaligen Ausrutscher sprechen. Einmalig war bloß, dass dieses Mal alles zusammengekommen war. Sämtliche roten Fahnen, die ich in die Welt hinaushielt, leuchteten nun greller. Alle Warnsignale, die ich so gerne ignorierte, waren jetzt ein bisschen deutlicher, ein bisschen lauter.

Ein paar Monate vor meinem schlimmen Unfall, ein paar Monate nach meiner Trennung von Karen, lernte ich ein Mädchen namens Daisy kennen. Sie war schön, zurückhaltend, hochintelligent. Bei unserer ersten Begegnung wusste ich sofort, dass sie ein reines Herz voller Mitgefühl hatte. Sie strahlte eine solche Sanftheit und Freundlichkeit aus, dass ich intuitiv ihre Gesellschaft suchte.

Es zeigte sich, dass Daisy der erste Mensch in meinem Leben war, der wirklich begriff, wie kaputt ich innerlich war, der mir half, meine Identität und meine Familiengeschichte zu akzeptieren. Ja, sie half mir, mich selbst zu akzeptieren. Ich hatte so lange Zeit jede Beziehung zu meiner Mutter verleugnet – sogar geleugnet, dass sie überhaupt existierte –, dass dieser Teil meiner Persönlichkeit komplett abgespalten war. Und weil ich mir stets Mühe gab, mich anzupassen, fröhlich und unbeschwert zu wirken wie jedes andere US-amerikanische Kind in meinem Umfeld, hatte Dad gar nicht ahnen können, wie sehr ich eigentlich litt.

Die ganze Zeit über hatte es in meinem Denken keinen Platz für eine andere Sichtweise auf die Welt gegeben, für die Entwicklung von so etwas wie Selbstgefühl, und erst nach mehreren Gesprächen mit Daisy – zugegebenermaßen in angetrunkenem Zustand – sah ich meine Vergangenheit in einem positiveren Licht. Und gestand mir überhaupt erst ein, dass es einen Yanomami-Anteil in meinem Erbgut gab. Vor Daisy schämte ich mich nicht, um meine sonderbare Familie zu weinen, wegen meines Gefühls, verlassen worden zu sein, wegen des Emotionschaos, in das ich damals verstrickt war – das alles hatte irgendwie mit meiner Mutter zu tun.

Daisy war wirklich ein Rettungsanker.

Mit zunehmender Vertrautheit öffnete ich mich Daisy immer mehr. Sie wusste von Anfang an, dass ich einen guten

Freund brauchte, der einfach nur zuhörte. Ich brauchte einen Freund, der mich bestätigte, der mir sagte, dass es sich lohnen würde, mich mit meiner emotionalen Instabilität und Unsicherheit zu befassen. In den folgenden Monaten ermutigte Daisy mich, über die Leiden und Qualen, die sich seit meiner Kindheit in mir aufgestaut hatten, zu sprechen. Gemeinsam sahen wir uns die National-Geographic-Dokumentation über meine Familie an und lasen das Buch meines Vaters noch einmal – sowie alles, was wir im Internet über die Yanomami finden konnten.

Langsam, aber sicher begann ich, mich in meiner Haut wohler zu fühlen. Und Neugier zu entwickeln. Schritt für Schritt akzeptierte ich, wer ich war und wie ich dazu geworden war – und dieses Gefühl entsprang offenbar jener schrecklichen Nacht, in der ich mich lange und intensiv im Badezimmerspiegel betrachtet und das, was ich dort sah, nicht gemocht hatte.

Daisy machte mir klar, dass meine Zusammenbrüche und mein destruktives Verhalten Hilfeschreie waren, Schreie nach Zuwendung. Sie brachte mir bei, dass es in Ordnung war zu weinen, verletzlich zu sein, über das zu sprechen, was in meinem Leben fehlte. Sie half mir zu erkennen, dass ich praktisch schon mein ganzes Leben lang mit dem Gefühl des Verlassenseins und meiner Identitätskrise zu kämpfen hatte. Sie akzeptierte mich als einen trauernden jungen Mann, der seine Mutter verloren hatte – und als ich mich mit ihren Augen betrachtete, meine Familie mit ihren Augen sah, gab ich mir selbst endlich die Erlaubnis zur Heilung.

Jene Dämonen in meinem Inneren ... sie gingen auf meine Beziehung zu meiner Mutter zurück – obwohl es eine solche Beziehung im Grunde gar nicht gab. Sie war seit meinem fünften Lebensjahr aus meinem Leben, aus dem Land, aus meinem Blickfeld verschwunden und seither nicht wiederaufgetaucht.

Was aber wieder geradegebogen werden musste, war meine *Bindung* zu meiner Mutter. Ich musste mit ihrer Entscheidung, sich von uns zu trennen, die sie vor all diesen Jahren getroffen hatte, ins Reine kommen. Ich musste verstehen, dass sie eigentlich gar keine andere Wahl gehabt hatte. Und dass der pure Selbsterhaltungstrieb sie dazu gebracht hatte, in den Dschungel zurückzukehren. Jetzt, nachdem Daisy mich mit der Nase darauf gestoßen hatte, konnte ich das auf einmal in aller Klarheit erkennen. Als ich mich eingehender mit der Yanomami-Kultur beschäftigte, leuchtete mir ein, dass Mom nicht für die westliche Welt geschaffen war. Sie war komplett anders gestrickt, und auch wenn sie lange genug versucht hatte zurechtzukommen, war es doch die ganze Zeit so gewesen, als könnte sie, wie ein Fisch auf dem Trockenen, kaum atmen.

Und so vergab ich ihr. Sie brauchte meine Vergebung nicht, hatte nicht darum gebeten und hätte auch gar nichts damit anfangen können, selbst wenn ich einen Weg gefunden hätte, sie ihr anzubieten – aber für mich selbst war es ein wichtiger Meilenstein, ein Meilenstein, der mir half, mich des Mühlsteins zu entledigen, den ich all die Jahre lang mit mir herumgeschleppt hatte.

Am liebsten hätte ich sie über all die Kilometer, all die Jahre hinweg in die Arme geschlossen und geflüstert: «Es ist okay, Mom. Ich verstehe dich.»

Obwohl ich keinerlei Ahnung hatte, wie ich das anstellen sollte.

Ungefähr zur gleichen Zeit, in meinem zweiten Studienjahr am College, belegte ich bei einem Professor namens Alan Spevak ein Seminar in Anatomie und Physiologie. Ab und zu besuchte ich ihn während der Bürozeiten. Ich begann gerade, mich selbst zu entdecken, lernte mehr und mehr über den Stamm meiner Mutter – über *meinen* Stamm – und konnte mich immer besser damit arrangieren, was und wer ich war, sowie mit meinem Platz in der Welt. Bei einem meiner Besuche bei Alan Spevac kamen wir auf Anthropologie zu sprechen. Das war nicht sein Spezialgebiet – er war eigentlich Biologe –, aber er war Wissenschaftler, er befasste sich mit der menschlichen Natur, und ich wusste aus Diskussionen im Seminar, dass seine Interessen breit gefächert waren. Irgendwann erwähnte er, dass er – ich glaube, im Grundstudium – ein Anthropologieseminar besucht hatte, woraufhin ich sofort mit meiner Geschichte herausplatzte. Nach all den Jahren, in denen ich meine «Herkunftsgeschichte» verheimlicht hatte, brach sie nun aus mir heraus wie ein Wasserfall.

Es war, als hätte man mich auf den Kopf gestellt.

Während ich sprach, stand ich ein wenig neben mir. Damit meine ich, dass ich mir absolut bewusst war, wie ich wirkte. Zunächst war ich angespannt, nervös, voller Angst, meine gerade erst heilenden Wunden offenzulegen. Doch je länger ich redete, desto mehr entspannte ich mich. An dem Feedback, das Spevak mir gab, merkte ich, dass ihn interessierte – *wirklich* interessierte –, was ich zu sagen hatte, und das war für mich eine große Sache, es war einfach wunderbar. Ich weiß nicht, warum ich etwas anderes hätte erwarten sollen, aber ich erinnere mich, dass es mir auffiel. Ganz unverhofft verlieh ich Gedanken und Erinnerungen Ausdruck, die ich viele Jahre lang nicht beachtet hatte – und der Auslöser war das staunende Interesse dieses Wissenschaftlers, dieses guten und geduldigen Zuhörers.

Irgendwann mitten in meinem Redeschwall gestand ich, dass ich in den Regenwald wollte, um wieder Kontakt zu meiner Mutter zu bekommen – ein lange gehegter Traum, von dem ich nicht einmal gemerkt hatte, dass ich ihn in mir trug. Es brach einfach aus mir heraus, zusammen mit allem anderen. Sobald ich es ausgesprochen hatte, wurde mir klar, wie verletzlich ich nun war, nach diesem Schritt aus dem Schutz und der Sicherheit meiner Einsamkeit. In der Tat war mir nicht einmal bewusst gewesen, dass ich in diese Richtung dachte, bis ich es erwähnte, und jetzt, wo es passiert war, überlegte ich, wie ich es zurücknehmen konnte. Es hatte schließlich überhaupt keinen Sinn – so einfach ins Blaue hinein aufzubrechen, ganz ohne Geld, ohne Kontakte, ohne einen Zusammenhang, ohne eine Ahnung, wie ich meine Mutter finden sollte oder ob sie überhaupt noch lebte.

Doch dann geschah etwas Erstaunliches. Spevak sah mich keineswegs an, als sei ich nicht ganz bei Trost. Er erklärte mir nicht, dass die Suche nach meiner Mutter im Regenwald nach beinahe zwanzig Jahren der berühmten Suche nach der Nadel im Heuhaufen gleichen würde. Nein, er sagte einfach nur: «Wow!» Das war alles. «Wow!» Und in diesem kleinen Wort mit Ausrufezeichen lag eine gewaltige Kraft. Es eröffnete grenzenlose Möglichkeiten. Und über allem schwebte das Gefühl, einen Gedanken wie diesen in die Welt setzen und irgendwie verwirklichen zu können. Kraft meines Willens.

Dieses eine Wort löste sehr viel aus. *Wow.* Vor allem sorgte es dafür, dass ich tatsächlich auf die Reise ging. Ich fühlte mich ermächtigt. Ich lachte laut auf. Dann weinte ich. Dann musste ich mich zusammenreißen, um nicht über den Campus zu rennen und jeden, der mir in die Quere kam, zu umarmen – solch eine starke Wirkung hatten dieses Gespräch und das, was es bedeuten konnte, auf mich. Es erinnerte mich ein wenig daran, wie es gewesen war, kreuz und quer durch den weiten Raum zu laufen, damals beim Baseball im Center Field, allein mit meinen Gedanken und frei, mein eigenes Ding zu machen. Befreit. Voller Hoffnung. Als wäre alles möglich.

An diesem Tag also begann meine Suche, die mich mit meiner Mom wiedervereinen, den Kontakt zu ihr wieder herstellen sollte – an diesem Nachmittag in Alan Spevaks Büro. Wer konnte schon wissen, ob so etwas überhaupt möglich war? Aber in ebenjenem Moment fühlte es sich an, als sei meine Mutter zum Greifen nah.

Ich konnte sie finden. Irgendwie. Kraft meines Willens.

Oberer Orinoco, Yanomami-Territorium

*D*as Unwetter kam und ging – wobei es dem Unwetter nicht gerecht würde, zu behaupten, dass es einfach nur so kam und ging. Es war ein großes Glück, dass wir unter den Findlingen Schutz gefunden hatten. Zu dem sintflutartigen Regen gesellten sich stürmische Winde und dunkle Wolken, die jedem Horrorfilm Ehre gemacht hätten.

Sobald der Regen aufhörte, klarte es auf. Eines ergab sich aus dem anderen. Der Wind legte sich. Rasch kehrte die morgendliche Hitze zurück. Während der geschätzt fünfzehn Minuten hatte meine Mutter meist aus dem Spalt zwischen den Felsen zum Himmel hinaufgeblickt. Die ganze Zeit über war sie ruhig, gelassen, unbekümmert. Sie hatte die Führung unserer Gruppe übernommen. Die anderen orientierten sich an ihr, und ich weiß noch, dass ich dachte: Hey, das ist meine Mom. Sie kennt sich aus. Als sie überzeugt war, dass es vorbei war, trat sie selbstbewusst aus unserem Unterschlupf heraus und sah sich um. Dann bedeutete sie uns Übrigen mit einigen Armbewegungen, uns wieder in Marsch zu setzen.

«Let's go», sagte sie. Wieder staunte ich über ihr Englisch. Es war ein Satz, den sie aus ihrer Zeit in den Vereinigten Staaten noch in Erinnerung hatte und den sie zweifellos bei meinem Vater aufgeschnappt hatte. Sie sprach es aus wie ein Wort – «Letsgo». So wie «Hü!». So, als müsste das einfach als Nächstes geschehen, da sich eines aus dem anderen ergab. Und als dürften wir uns nur auf ihr freundliches Kommando hin bewegen.

Wir steuerten wieder das verlassene Shabono an, wohl, um uns mit den anderen zu treffen. Seit dem Morgengrauen waren wir unterwegs – so ist das im Dschungel, lernte ich. Der Tag beginnt, wenn der Tag beginnt, also waren wir um fünf Uhr morgens aufgebrochen – eine willkürliche Zeitangabe, die in diesem Teil der Welt nichts bedeutete. Nun war es vermutlich ungefähr halb elf, und ich bekam langsam Hunger. Soweit ich es überblicken konnte, gab es keine festgelegten Essenszeiten; wir aßen, wenn es Zeit war zu essen. Wir fischten, wenn es Zeit war zu fischen. Wir sammelten Kochbananen, wenn es Zeit war, Kochbananen zu sammeln.

Bestimmt war es auch bald Zeit zu essen, aber jetzt gerade war es Zeit, sich zu bewegen.

«Letsgo.»

Eine Zeitlang wanderten wir schweigend dahin, und ich dachte dabei an das Unwetter, das gerade abgezogen war. Dampf stieg vom Boden auf, wo die Sonne auf die Pfützen schien, in denen sich das Regenwasser gesammelt hatte. Überall war zu sehen, wie heftig der Sturm gewesen war – hier ein umgestürzter Baum, dort ein herabgefallener Ast. Mir war sofort klar, in welcher Gefahr wir gewesen wären, hätten wir keinen Unterschlupf gefunden. Einige aus der Gruppe holten ihre Macheten hervor und zerhackten die abgebrochenen Äste, um den Weg für die Nachfolgenden freizuschlagen. Ich half mit, so gut ich konnte, wurde aber den Gedanken nicht los, dass wir gerade einer großen Katastrophe entgangen waren. Auch das war so im Dschungel – man war unterwegs, ahnte nichts Böses, und plötzlich zog ein Gewitter auf, Bäume stürzten um, und Äste brachen ab, die einen erschlagen konnten, wenn man Pech hatte. Als wir über die entwurzelten Bäume stiegen, wurde mir die unheimliche, urtümlich schöne Kraft des Regenwalds bewusst. Die urtümlich schöne Kraft des Yanomami-Volks. Meines Volks.

Wir verließen den Regenwald auf demselben Weg, auf dem wir gekommen waren. Ich war Yanomami genug, um den Pfad wieder-

zuerkennen, und US-Amerikaner genug, um mit Sorge daran zu denken, wie leicht wir durch das Unwetter hätten Schaden nehmen können. Wir gingen dahin, und ich dachte zurück an mein Leben in Pennsylvania, daran, wie ich mich dort vorbereitete, wenn ein Unwetter nahte. Zu Hause hörte man Nachrichten oder informierte sich online über das Wetter. War Regen angesagt, nahm man einen Schirm mit oder blieb im Haus. Doch hier im Dschungel gab es keinen Wetterbericht. Man stieg im Morgengrauen aus seiner Hängematte und begab sich auf der Suche nach Nahrung in den Wald. Wie das Wetter sich entwickeln würde, konnte man einzig und allein vom Himmel ablesen. Und wenn ein heftiges Unwetter losbrach, verhielt man sich entsprechend. Man suchte Schutz.

Das tat man, ohne auch nur darüber nachzudenken.

Man ging seinem Tagwerk nach.

Kapitel fünf

HEIMAT

Es war eine Sache zu verkünden, dass ich meine Mutter finden wollte. Etwas ganz anderes war es jedoch, diesen Entschluss in die Tat umzusetzen. Aber immerhin, ein Anfang war gemacht. Schon dass ich meine Geschichte jemandem anvertraut hatte, gab mir Kraft. Und Alan Spevak war wohlwollend und machte mir Mut. Wir trafen uns mehrmals, um alles zu besprechen, und er wandte sich an Ethnologen, die er kannte ... kurz, er tat, was er konnte, um mir zu helfen.

Als ich mich in dieses Abenteuer stürzte, war ich unglaublich nervös, weil ich nicht wusste, wie die Leute reagieren würden. So lange Zeit war ich vor meiner Geschichte davongelaufen, hatte meiner Mutter ihren rechtmäßigen Platz in meinem Leben verweigert, hatte meine Yanomami-Wurzeln verleugnet. Dass ich nun so plötzlich aus dem Nichts, ohne auch nur einen blassen Schimmer von irgendetwas zu haben, diese große Ankündigung machte ... da war Kritik eigentlich vorprogrammiert. Ich konnte sie schon förmlich hören: «Ach komm schon, das kannst du doch nicht wirklich machen.» Oder: «Was bildest du dir ein, dass du nach so langer Zeit deine Mutter suchen willst?» Ich wäre der Erste gewesen, der zugegeben hätte, dass es eine verrückte Idee war, aber von anderen wollte ich es mir nicht sagen lassen müssen.

Schließlich wurde mir klar, dass es keine große Rolle spielte, was andere dachten. Es kam nur darauf an, dass die Menschen, die mir nahestanden und die mir helfen konnten, sich darauf einließen, also bemühte ich mich vor allem um sie. Erstaunlicherweise griffen sie alle die Idee bereitwillig auf – ich erlebte das Gegenteil von dem, was mein ahnungsloser kleiner Verstand befürchtet hatte. Die Leute begeisterten sich dafür, boten mir ihre Hilfe an. Daisy ermutigte mich rückhaltlos. Spevak genauso. Und meine Freunde ... ebenfalls.

Aus welchem Grund auch immer, es dauerte Wochen, bis ich meinen Vater einweihte. Vermutlich wollte ich erst an Boden gewinnen, in Schwung kommen, bevor ich ihm die Idee präsentierte. Letztlich sprach ich ihn eines Abends zu Hause an. Ich lebte noch daheim, und die Beziehung zu meinem Vater war festgefahren wie eh und je. Die Stimmung zwischen uns war ziemlich angespannt gewesen, nachdem ich seinerzeit nach Florida verschwunden war und etliche Wochen bei Freunden gewohnt und im Wald gezeltet hatte. Doch die Zeit hatte auch diese Wogen geglättet, und nun war es, als hätte diese ganze Geschichte nie stattgefunden.

Wir hatten gerade zu Abend gegessen und waren im Begriff, den Tisch abzuräumen. Nur wir beide waren da. Ich brachte es direkt auf den Punkt: «Dad, ich habe vor, Mom zu suchen.»

Das war alles. Kein großes Brimborium.

Er war überrascht, klar. Auch ein bisschen durcheinander, vermutlich. Ich saß am Tisch, während er stand, und ich erinnere mich, dass er sich von mir weg und den Küchenschränken zuwandte. Ich dachte, dass er vielleicht nicht wollte, dass ich sein Gesicht sehe – oder er wollte nicht in meines blicken. Der Bruch mit meiner Mutter war hässlich und schmerzhaft gewesen, und nun verlangte ich von ihm, all das noch einmal zu durchleben. Wie sehr die Trennung von meiner Mutter mich mitgenommen hatte, konnte er nicht ahnen. Es war mir mit viel Mühe gelungen, das vor ihm zu verbergen, meine Gefühle zu unterdrücken und zu begraben, damit keiner bemerkte, dass ich litt – also kann ich ihm gar keinen Vorwurf machen. Er wusste nichts von meinen Zusammenbrüchen. Dass ich in der Nacht der Party einen Autounfall gebaut hatte, war ihm bekannt, aber wie es dazu gekommen war, wusste er nicht. Und aus welchem Grund auch immer hatten wir nie wirklich darüber gesprochen – genauso wenig wie über die Zeit, als ich von zu Hause ausgerissen war. Sicher, er kannte die Einzelheiten. Ich hatte sein Auto geklaut und war nach Florida abgehauen, aber warum, fragte er nicht, einmal abgesehen von der kurzen Nachfrage, als er wissen wollte, ob es etwas mit meiner Mutter zu tun gehabt hätte. Von all meinen Dummheiten, die seine Aufmerksamkeit verlangten, wusste er, wenn auch nur in Ansätzen; aber von dem Kummer, der dahintersteckte, hatte er keine Ahnung. Irgendwie war es mir gelungen, die Fassade des typisch US-amerikanischen braven Jungen perfekt aufrechtzuerhalten. Ich war ein All-Star-Baseball-Spieler. Ich mähte den Rasen. Ich trug Zeitungen aus, hatte im Großen und Ganzen gute Noten und nahm mir die Zeit, mit älteren Leuten Tee zu trinken. Mein Vater hatte keinen Grund zu der Annahme, mit mir stimme irgendetwas nicht. Als er nun hörte, dass ich meine Mutter suchen wollte, sah und verstand er die emotionale Komponente nicht. Vielleicht glaubte er, ich wolle nur eine Art Abenteuer erleben, und das sei bloß so eine Phase.

Heute erkenne ich, dass ich ihn damals aus heiterem Himmel überfallen habe. Niemals hätte er das auch nur ansatzweise ahnen können. Immerhin war ich derjenige, der so viel Zeit und Energie darauf verwendet hatte, meine Mutter und mein Erbe zurückzuweisen. Wie hätte er darauf kommen sollen, was wirklich mit mir los war?

Nach einer Weile drehte er sich zu mir um und bedachte mich mit einem ratlosen Blick – also, einem *wirklich* ratlosen

Blick. So als könne er sich nicht erklären, woher diese Idee kam. Er fragte: «Warum? Du hast es doch immer schrecklich gefunden, Yanomami zu sein. Du wolltest nichts damit zu tun haben.»

Ich konnte nur mit den Achseln zucken. Ich hatte keine passende Antwort auf diese Frage, aber er gab mir auch keine Zeit, eine zu finden. Sofort begann er zu erklären, was alles in Erwägung gezogen und berücksichtigt werden musste, falls ich das wirklich durchziehen wollte.

Mein Vater hatte sich all die Jahre durch etliche Schwierigkeiten durchbeißen müssen. Finanzielle Probleme. Probleme in der Welt der Wissenschaften. Andauernde Probleme mit der venezolanischen Regierung. Manches davon hatte ich mitbekommen, aber Einzelheiten kannte ich nicht. Ich hatte mir nie überlegt, wie er die Welt wohl sah. Jedenfalls muss ich ihm zugute halten: Entmutigen wollte er mich an diesem ersten Abend nicht. Ob er *ermutigend* auf mich einwirkte, kann ich gar nicht so genau sagen, aber er wimmelte mich auch nicht kurzerhand ab.

Letztlich redeten wir die ganze Nacht. Zum ersten Mal sprachen mein Vater und ich offen über meine Mutter. Er erzählte mir, dass Mom entführt und in einer heruntergekommenen Wohnung in Caracas als Geisel gehalten worden war und dass man sie schließlich gezwungen hatte, in den Medien Lügen über meinen Vater zu erzählen. Als Kind hatte ich nichts davon geahnt, umso mehr erschütterte es mich nun. Es war, als hätte mein Vater gerade ein komplett neues Buch aufgeschlagen, ein druckfrisches Kapitel aus unserem Familienleben – und zwischen den Zeilen nahm eine neue Geschichte Gestalt an. Endlich erkannte ich, dass unsere Mutter sehr wohl versucht hatte, mit uns Kindern in Kontakt zu kommen. Sie *hatte* sich Mühe gegeben. Aber sie war von den Ereignissen so traumatisiert

gewesen, hatte sich so sehr um ihre und unsere Sicherheit ge-
ängstigt, dass sie letztlich zurück ins Dorfleben entschwunden
war und unsere Familie hintangestellt hatte.

Wenn überhaupt, dann bestärkte diese neue Perspektive
auf Moms Leben meinen Entschluss, sie zu suchen. Im Laufe
dieser langen Nacht in der Küche meines Vaters wandte sich
das Gespräch irgendwann logistischen Fragen zu. Mein Vater
stellte mir haufenweise Fragen – Fragen, auf die ich keine Antwort hatte. Nicht dass er versucht hätte, mir ein Bein zu stellen,
er wollte nur sichergehen, dass ich diese und jene Eventualität
bedacht, dass ich mir ernsthafte Gedanken gemacht hatte. Er
sorgte sich ganz einfach um meine Sicherheit.

Aber ihm fiel wohl nichts anderes ein, um das anzusprechen,
als den Finger in die Wunde zu legen und meine in der Familie
bestens bekannte Schwäche ins Feld zu führen, die zeigte, wie
wenig Yanomami ich im Herzen war. Er erinnerte mich: «Du
fürchtest dich vor Insekten, David.»

Das hatte ich vorausgesehen. Und ich antwortete: «Ja, ich
habe Angst vor Insekten. Die werde ich wohl überwinden müssen.»

Es war ganz bestimmt nicht geringschätzig von meinem
Vater gemeint, nur praktisch gedacht. Aber diese praktische
Herangehensweise ließ mich meinen Plan noch einmal überdenken. Und doch war ich wild entschlossen. Meine Sehnsucht
war einfach zu groß. Ich würde das durchziehen. Ich würde
mich auf den Weg in den Regenwald machen. Ich würde meine
Mutter finden.

Irgendwie.

Mein Vater wollte mir zwar helfen, doch er hatte keine Kontakte mehr in Venezuela. Es frustrierte ihn, das feststellen zu
müssen – aber immerhin waren zwanzig Jahre vergangen.

Trotzdem wusste er einiges mehr über die Region und über Expeditionsvorbereitungen als ich. Nach unserer gemeinsam durchwachten Nacht beschlossen wir, dass ein Anruf bei Dr. Robert Carneiro, dem Dirktor des American Museum of Natural History, ein guter Anfang wäre. Carneiro war ein bekannter und respektierter US-amerikanischer Ethnologe. Vor vielen Jahren hatte er gemeinsam mit meinem Vater die Yanomami besucht. Zudem war er ein langjähriger Freund der Familie und kannte unsere Geschichte – einschließlich aller Höhepunkte (oder sollte ich lieber *Tiefpunkte* sagen?) meines Kampfes mit mir selbst. Und so war es in mehr als einer Hinsicht, als bäte ich meinen Lieblingsonkel um professionelle Unterstützung.

Genau genommen rief ich ihn nicht an – ich schickte eine E-Mail, was mir womöglich als mangelnde Initiative ausgelegt werden konnte, doch es war mir wichtig, meine Worte gewissenhaft zu wählen. «Ich bin einfach ein Sohn, der seine Mutter sucht», schrieb ich. «Allerdings weiß ich nicht recht, wie ich das anfangen soll. Ich habe meinem Vater davon erzählt. Wir haben stundenlang darüber gesprochen, welche Umstände dazu führten, dass meine Mutter uns verließ. Ich bin zu dem Schluss gekommen, dass mein Vater noch immer mit den schmerzhaften Vorwürfen lebt, die seinerzeit gegen ihn erhoben wurden. Ich will nicht, dass er all das noch einmal durchmachen muss. Ich liebe meinen Vater und will nicht, dass er noch mehr leiden muss.»

Als ich die E-Mail tippte und auf Senden klickte, kam es mir komisch vor, Carneiro auf so unpersönliche Weise zu kontaktieren. Ich glaube, ich wollte erst einmal eine Konfrontation vermeiden und sein Interesse wecken, bevor ich mich einem Gespräch stellte. Und falls seine erste Reaktion auf mein Anliegen negativ ausfiel, hatte er wenigstens Zeit, seine Haltung zu überdenken. Außerdem konnte ich mir in diesem Fall auch meine Antwort darauf wieder gut überlegen. Hätte Carneiro bei einem Treffen oder Telefongespräch Zweifel angemeldet oder meine Beweggründe hinterfragt, hätte ich wahrscheinlich nicht so gut damit umgehen können.

Doch es zeigte sich, dass meine Sorgen unbegründet waren. Carneiro antwortete praktisch sofort und sprudelte nur so vor Enthusiasmus. «Zweifelsohne wird die Suche nach deiner Mutter eine reizvolle und aufregende Odyssee!», schrieb er. «Ich habe vollstes Verständnis für deinen Wunsch, deine Mutter zu finden, die im Regenwald im Süden Venezuelas zu Hause ist. Mit Sicherheit wird es ein höchst emotionales Erlebnis, wenn ihr euch endlich wieder gegenübersteht. Bestimmt bist du dir völlig im Klaren darüber, dass es kein leichtes Unterfangen wird, doch ich bin davon überzeugt, dass du dich nicht durch etwaige Hindernisse wirst aufhalten lassen.»

Nach seiner begeisterten E-Mail konnte ich es kaum erwarten, ihn zu treffen und gemeinsam einen Schlachtplan auszuarbeiten.

Da Carneiro die Region seit Jahrzehnten nicht bereist hatte, war der Begriff «Schlachtplan» eher relativ zu verstehen, muss ich dazusagen. Wie es aussah, hatte er die Hasupuwe-teri nur ein Mal für einige Monate besucht, seine Forschung hatte sich im Wesentlichen mit einem anderen Stamm befasst. Immerhin besaß er viele Kontakte im Amazonasgebiet, sein Name öffnete Türen und verlieh meinem Unterfangen eine gewisse Legitimität. Sofort machte er sich an die Arbeit, um mir seine Kontakte zu vermitteln. Als ich ihn in seinem Büro im Museum besuchte, schien er körperlich nicht mehr ganz auf der Höhe zu sein, doch sein Verstand war messerscharf wie eh und je. Jedes meiner Worte erwog er genau, akribisch bedachte er jede Eventualität. Auf Anhieb erkannte er alle positiven und negativen Aspekte meiner Reise – aber im Großen und Ganzen fand er die Idee großartig.

Einer der ersten Anrufe, die er für mich tätigte, galt dem Instituto Venezolano de Investigaciones Científicas – das Venezolanische Forschungsinstitut oder kurz IVIC. Dieser Anruf löste eine telekommunikative Kettenreaktion aus, an deren Ende ein Telefonat mit Dr. Hortensia Caballero stand, einer Ethnologin aus Caracas, die meine Familie von einer unserer früheren Reisen kannte. Damals war sie noch Studentin und ich ein Kleinkind gewesen. Ich konnte mich zwar nicht mehr an diese Begegnung erinnern, Hortensia aber sehr wohl – und glücklicherweise wollte sie hören, was ich zu erzählen hatte.

Mehr als jeder andere würde Hortensia mir, dem *eingeweihten* Außenseiter, die Vielfalt des Regenwalds näherbringen. Aber was mich in den Wochen nach der ersten E-Mail an Carneiro am meisten verblüffte, war, wie begeistert die ethnologische Gemeinschaft an meiner Suche Anteil nahm. Natürlich war das nur mein persönlicher Eindruck nach etlichen Gesprächen mit verschiedenen Personen und Organisationen. Doch jeder, mit dem ich in Kontakt trat, war herzlich, entgegenkommend und grenzenlos optimistisch.

Das war eine angenehme und unerwartete Entwicklung. Dass ich unsere Familiengeschichte so öffentlich ausbreitete, schien meinen Vater ein wenig zu verunsichern, auch wenn er es nicht offen ansprach. Immerhin wäre ihm diese Geschichte damals beinahe zum Verhängnis geworden, und er konnte nicht einschätzen, welche Konsequenzen sich nun ergeben würden, wenn ich daran anknüpfte. Er bot mir jede erdenkliche Hilfe an, doch uns beiden wurde rasch klar, dass ich die Hauptarbeit übernehmen musste. Er würde mich wichtigen Leuten vorstellen, mir hinter den Kulissen Ratschläge erteilen, aber meinen Pfad zurück in den Dschungel musste ich selbst schlagen.

Das sollte mich nicht nur für die große Reise motivieren. Nein, es war auch eine Strategie – eine Verteidigungsstrategie. Man darf nicht vergessen, dass es in der venezolanischen Regierung immer noch genug Leute gab, die ganz und gar nicht damit einverstanden waren, dass mein Vater eine Yanomami-Frau geheiratet hatte – er galt deswegen nach wie vor als eine Art Persona non grata. Noch Jahre nach seiner Rückkehr in die Vereinigten Staaten musste er sich mit der Anschuldigung herumschlagen, er hätte meine Mutter und ihr Volk ausgenutzt. Dieses Gruppendenken stand auch hinter den Vorwürfen, mit denen er sich in Caracas konfrontiert sah, lange bevor ich geboren wurde – Vorwürfe, die nie ganz entkräftet wurden, sondern nur verschiedenste Formen annahmen, während die Yanomami-Familie meines Vaters wuchs. Jahrelang attackierte ihn die regierungstreue venezolanische Presse, weil er ihrer Ansicht nach gegen die Interessen der indigenen Bevölkerung im Regenwald verstieß – bis sich um meine Familiengeschichte ein Netzwerk aus Lügen und Missverständnissen rankte, das einige Venezolaner, die es nicht besser wussten, für bare Münze nahmen.

Außerdem, da bin ich mir sicher, vermisste er meine Mutter aufs schmerzlichste. Immer noch.

Und dann, nach all den Jahren, zerrte ich alles wieder an die Oberfläche, suchte einen Weg zurück in die Region, zu meiner Mutter, und riss alte Wunden auf – natürlich versetzte das meinen Vater in große Unruhe. Zweifellos befürchtete er, dass ich für Aufruhr sorgen und er am Ende wieder als der Bösewicht in diesem Drama dastehen würde. Verübeln kann ich ihm das nicht, ich hätte an seiner Stelle ganz genauso empfunden.

Erneute Attacken von Seiten der Presse waren aber noch nicht einmal seine schlimmste Befürchtung. Weit schwerer wog die Möglichkeit, dass auch die juristischen Probleme, die unsere Abreise 1986 ausgelöst hatten, wieder von vorne anfingen. Langsam beschlich mich das Gefühl, dass ich dabei war, viel Staub aufzuwirbeln, der sich gerade erst gelegt hatte.

Natürlich wollte ich meinem Vater das alles nicht antun – und eigentlich hatte ich vor, diesen Abschnitt des Weges so unauffällig wie möglich zu gestalten, doch es erwies sich als unmöglich, eine solche Expedition vorzubereiten, ohne ein gewisses Aufsehen zu erregen. Und meine Geschichte ging den Menschen so zu Herzen, dass sie einfach nicht den Mund halten konnten. Zudem lernte ich, dass die ethnologische Gemeinschaft eine relativ kleine und eng vernetzte Gruppe war. Jeder kannte jeden, und als sich die Nachricht verbreitete, dass Kenneth Goods Sohn zurück in den Dschungel wollte, um seine Mutter zu suchen – nun ja, da horchten die Leute auf. Entwicklungshelfer, Missionare, Ethnologen ... jeder war gespannt, wie unsere allseits bekannte Familiengeschichte wohl weitergehen würde. Selbst Leute, die meinem Vater früher eher skeptisch gegenübergestanden hatten, waren geneigt, ihre Vorurteile über Bord zu werfen und die schöne Geschichte weiterzuverfolgen – fast als warteten sie alle nur darauf, dass ich unsere Saga endlich ihrem Happy End entgegenführte und das Leben wieder seinen gewohnten Gang gehen konnte.

Teilweise waren die Reaktionen wirklich überwältigend. Schon zu einem frühen Zeitpunkt machte mir etwa ein Produzent von National Geographic das Angebot, meine Reise komplett zu finanzieren, wenn ich im Gegenzug die Rechte für eine Dokumentation abtrat – was natürlich kompletten Zugriff und Zensur eingeschlossen hätte. Sie waren daran interessiert, meine Wiedervereinigung mit meiner Mutter filmen. Zudem wollten sie Teile des Filmmaterials, das sie vor zwanzig Jahren aufgenommen hatten, einer neuen Verwendung zuführen. Es sei eine wichtige Story, versicherten sie mir. Zunächst war ich begeistert, nicht wegen des Medieninteresses, sondern weil sie versprachen, die Reisekosten zu übernehmen. Denn schon früh hatte sich Geld als eine meiner Hauptsorgen erwiesen – im Grunde war ich völlig mittellos, und so allmählich begann ich zu begreifen, dass dies ein echtes Problem darstellte. Aber National Geographic, schon der Name allein, bedeutete mehr als nur Geld, denn genau wie Carneiros Segen schenkte er meinem Unterfangen eine gewisse Legitimität und verhieß die Chance, die Yanomami in positiverem Licht erscheinen zu lassen – und so wertete ich auch deren Angebot als ermutigenden Fortschritt.

Womit ich aber überhaupt nicht gerechnet hatte, war die Reaktion meines Vaters auf diese Anfrage. Er kochte vor Wut. Kurz nach Erscheinen der Dokumentation *Yanomami Homecoming* hatte er sich mit seinen dortigen Kontaktpersonen überworfen. Seiner Meinung nach war er während der Dreharbeiten schlecht behandelt worden, außerdem fand er die Interview-Methoden teilweise skrupellos, insbesondere bei der Befragung meiner Mutter. Darüber hinaus, so glaube ich, machte er den Leuten auch zum Vorwurf, dass sie den Verräter Armando engagiert hatten – auch wenn es Dad gewesen war, der ihn nach Abschluss der Dreharbeiten erneut in unser Leben gelassen hatte.

Zwanzig Jahre später waren diese Wunden immer noch nicht geheilt.

Freilich wollten einige der Leute, die an der ersten Dokumentation mitgewirkt hatten, auch an diesem Homecoming-Projekt mitwirken. Doch mein Vater sträubte sich mit Händen und Füßen dagegen, dass ich mich mit diesen Leuten einließ. Mir hätte es zwar sehr viel bedeutet, National Geographic auf dieser Reise an meiner Seite zu haben, aber gegen meinen Vater wollte ich mich auch nicht stellen. Schließlich war er mein Vater. Aus Respekt vor ihm beschloss ich also, meine Reise ganz ohne Begleitung irgendwelcher Medien anzutreten. Das ging nur mich und meine Familie etwas an. Falsch – nur mich und meine Mutter.

Als meine Pläne nach und nach Gestalt annahmen, erzählte ich meiner Schwester davon – schließlich sollte sie wissen, was ich vorhatte, und vielleicht wollte sie mir ja eine Nachricht für Mom mitgeben. Sie freute sich für mich, womöglich beneidete sie mich auch ein wenig um mein Abenteuer. Es war das erste Mal, dass ich ihr von meinen widersprüchlichen Gefühlen unserer Mutter gegenüber erzählte. Ich hatte nie mit meinen Geschwistern darüber gesprochen, wie verlassen ich mich gefühlt hatte, als Mom plötzlich weg war, wie ich um meine Identität gekämpft hatte, und auch jetzt, angesichts der bevorstehenden Reise, kam es wieder nicht *richtig* zur Sprache. In Vanessas Leben war gerade genug los – sie war verheiratet, hatte ein kleines Kind, und das zweite war unterwegs. Trotzdem bot sich immerhin die Chance, unsere einzigartige Familiengeschichte wenigstens oberflächlich anzukratzen, und ich fragte sie, ob ich unserer Mutter ein Andenken von ihr oder eine Nachricht überbringen sollte. Sie dachte darüber nach, dann antwortete sie: «Ich habe Mom eigentlich nichts zu sagen. Versteh mich nicht falsch, David. Ich bin ihr überhaupt nicht böse. Ich wünsche dir alles Gute und hoffe, dass du sie findest.» Sie war nicht wütend, hegte keinen alten Groll, diese Reise hatte für Vanessa einfach eine völlig andere Bedeutung als für mich.

Und was Danny anbelangte … ihn weihte ich eines Morgens beim Frühstück im Haus meines Vaters ein. Er hatte gerade die Highschool hinter sich und wohnte, genau wie ich, noch daheim. Schule und Arbeit hatten uns beide in letzter Zeit stark in Anspruch genommen, und so hatten wir nicht viel Zeit miteinander verbracht, abgesehen von ein paar Worten zwischen Tür und Angel. Wie bei Vanessa spielte unsere Mutter in seinem Denken eine ganz andere Rolle als in meinem. Er war noch zu jung, um echte Erinnerungen mit den wenigen Fotos zu verknüpfen, die ihm wohl im Lauf der Jahre untergekommen waren, oder mit den Bildern der Dokumentation, die er bestimmt einmal gesehen hatte.

Er stand in der Küche und briet Eier. Natürlich hatte er die Gespräche über die Reisevorbereitungen mitbekommen, wir lebten ja in einem gemeinsamen Haushalt, aber er hatte sich bisher nicht dazu geäußert. Jetzt legte er den Arm um meine Schulter und meinte: «Wie ich höre, machst du dich also auf den Weg zum Amazonas, auf der Suche nach deinen Wurzeln.»

«So in der Art», antwortete ich. «Ich versuche, Mom zu finden.»

Er zog mich in eine warme, brüderliche Umarmung und wünschte mir Glück. «Was auch immer du suchst, Dave, ich hoffe, du findest es.»

Als wir uns aus der Umarmung lösten, schubste er mich kumpelhaft und scherzte: «Du bist vielleicht ein verrückter Mistkerl.»

Ja, das war ich vermutlich – dennoch ertappte ich mich bei dem Gedanken, wie es sein konnte, dass meine Geschwister in dieselben Umstände hineingeboren waren wie ich, aber die Anziehungskraft des Dschungels nicht spürten. Oder sie spürten sie vielleicht doch und gaben es bloß nicht zu ... jedenfalls nicht mir gegenüber. Wir hatten unterschiedliche Lebenswege eingeschlagen, und sie konnten den ihrigen nur ihren jeweils eigenen Vorstellungen entsprechend beschreiten. Ich war mit Moms Abwesenheit auf meine Art umgegangen und suchte nun einen neuen Weg – den Weg nach vorn. Vanessa und Danny vorzuschreiben, was sie zu tun und zu lassen hatten, war nicht meine Aufgabe. Ich konnte nur mit gutem Beispiel vorangehen, und dafür musste ich meine Entdeckungsreise fortsetzen, in der Hoffnung, sie würden mir eines Tages folgen. Oder auch nicht – das lag (und liegt) ganz in ihrer Hand.

Fürs Erste war ich mit ihrem Segen und ihrer Unterstützung zufrieden.

Hortensia Caballero schickte mir bald nach unserem ersten Gespräch eine wirklich nette E-Mail, in der sie mir ihre volle Unterstützung zusicherte und anbot, vor meiner Anreise vor Ort so viele Formalitäten wie möglich zu erledigen. Zwar hatte auch sie keinen Zugang zu Forschungsgeldern oder Stipendien, aber allein, dass sie mir den ganzen Papierkram abnehmen wollte, der zweifellos auf mich zukam, wenn ich nach Venezuela zurückkehrte, war eine enorme Hilfe. Außerdem sicherte sie mir zu, mich unter ihre Fittiche zu nehmen und mir die wichtigsten Leute in der Region vorzustellen. Es war eine glückliche Fügung, dass Hortensia an der nächsten alljährlichen Versammlung der American Anthropological Association in Philadelphia teilnehmen sollte, also arrangierten wir ein Treffen. Ich war nervös, denn selbst in dieser frühen Phase der Planung war mir klar, dass meine Reise ohne Hortensias Hilfe nicht zustande kommen würde, daher wollte ich nichts tun oder sagen, was sie hätte verstimmen können. Und auf gar keinen Fall wollte ich die Gelegenheit verpassen, sie persönlich kennenzulernen.

Wir trafen uns in einem Café in der Innenstadt, unweit des Hotels, in dem sie abgestiegen war. Ich bestellte einen Caffè Americano. Normalerweise nehme ich einfach einen normalen Kaffee, aber ich dachte, so würde ich weltmännischer wirken. So aufgeregt war ich bei diesem ersten Treffen, doch es lief super. Wir tauschten Geschichten über verloren geglaubte Verwandte aus – sie erzählte, dass sie im Westen der USA nach einem Familienangehörigen geforscht hatte und sich deshalb meiner Suche sehr verbunden fühlte. Schließlich verbrachten wir den ganzen Nachmittag zusammen, und die ganze Zeit dachte ich: Heiliger Strohsack, das hier passiert wirklich! Es war fast, als hätte ich dieses Treffen mit Hortensia gebraucht, um überhaupt zu realisieren, dass mein Traum nun wahr wurde.

Und unterdessen ging Hortensia ein ganz ähnlicher Gedanke durch den Kopf, denn erst jetzt, wo sie mir – dem Jungen aus dem Regenwald, den sie zuletzt vor gut zwanzig Jahren gesehen hatte – gegenübersaß, begriff sie die Bedeutung dieses Abenteuers wirklich. Das war der Anfang einer bemerkenswerten Freundschaft – und einer unschätzbar wertvollen Arbeitsbeziehung. Ohne Hortensias großartige Unterstützung hätte ich dieses absolut gewagte Unternehmen nie verwirklichen können – sie ist eine außergewöhnliche Frau, eine wahrhaft gute Seele und den Yanomami und ihrer Art zu leben tief verbunden. Auf einer rein praktischen Ebene spielte sie eine Schlüsselrolle. Sie sprach fließend Englisch, nur ihr trällernder venezolanischer Akzent bremste sie manchmal ein wenig, und sie hatte viele Freunde innerhalb und außerhalb des Yanomami-Territoriums. Vor allem aber vertraute ich ihr. Auf der emotionalen Ebene kam ihre wahre Natur ins Spiel. Sie legte sich so eifrig, so unermüdlich und so selbstlos ins Zeug, um mich in den Regenwald zu bringen, dass ich den Eindruck gewann, die Wiederbegegnung mit meiner Mutter und mit meinem Yanomami-Erbe wäre ihr genauso wichtig wie mir selbst.

Im Anschluss an unser Treffen in Philadelphia hielt Hortensia Wort. Sie brachte mich immer wieder auf den neuesten Stand – und sie schickte mir die Papiere, die ich brauchte, um ins Land zu dürfen, sowie die Reiseroute, der wir nach meiner Landung in Caracas auf dem Weg nach Puerto Ayacucho folgen würden. Außerdem erklärte sie mir, welche Ausrüstung auf so einer Reise unverzichtbar war. Sie arbeitete alles gewissenhaft aus und unternahm sogar eine kleine Aufklärungsreise in den Dschungel, um Anhaltspunkte über den Aufenthaltsort meiner Mutter zu finden. Sie hörte sich um – zuerst bei den Missionaren in der Gegend und bald schon, als sie der Spur meiner Mutter folgte, bei den Stämmen, die sie entlang des Orinoco antraf.

Es stellte sich heraus, dass jeder Yarima kannte. In ihrem Heimatdorf ebenso wie in den Nachbardörfern am Flusslauf oder tief im Urwald – die Geschichte meiner Mutter war allseits bekannt. Sie war in ihrer Heimat nicht unbedingt eine Prominente – wahrscheinlich gibt es in der Yanomami-Kultur gar keinen Platz für eine solche Vorstellung –, doch ihre Heirat mit meinem Vater, dem Nabuh, hatte für reichlich Gesprächsstoff gesorgt. Und ihre Reisen in seine Welt und die Geschichten, die sie mitgebracht hatte, gehörten längst zum Legendenschatz ihres Dorfes. Also war es für Hortensia nicht allzu schwierig, ihren Aufenthaltsort in Erfahrung zu bringen.

Schließlich folgte Hortensia ihrer Spur nach Koripi-wei, einem Dorf, das nicht allzu weit entfernt flussabwärts lag. Wie es dazu gekommen war, dass meine Mutter unter den Koripi-weiteri lebte, blieb ein Geheimnis, aber dort war sie.

Hortensia schrieb mir umgehend. Begeistert berichtete sie mir, dass meine Mutter am Leben und wohlauf sei – worüber wir ohne Hortensias gründliche Recherchen natürlich niemals Gewissheit gehabt hätten. Uns wäre nichts anderes übrig geblieben, als entgegen aller Wahrscheinlichkeit zu hoffen. Eigentlich hatte ich keinen guten Grund, zu glauben, dass ich meine Mutter überhaupt würde lokalisieren können. Die Yanomami waren ein halbnomadisches Volk. Der Stamm meiner Mutter – *mein* Stamm! – zog mit den Jahreszeiten umher und hinterließ dabei keine Nachsendeadresse. Die Gezeiten des Dschungels trugen sie erst in einen Teil des Waldes, dann in den nächsten und in den übernächsten. Wenn die Ressourcen eines Gebiets aufgebraucht waren, zogen sie tiefer in den Urwald hinein.

Die topographische Komponente war nur ein Teil des Problems – hinzu kam die Zeit. Es ist nicht so einfach, die Lebenserwartung unter den Yanomami zu berechnen, die in eher abgelegenen Gegenden leben. Da sie keinen Jahreskalender besitzen, stehen abgesehen von singulären Lebensereignissen oder den Regenzeiten keine Möglichkeiten der Zeitmessung zur Verfügung. Eine allgemein anerkannte Schätzung besagte allerdings, dass die durchschnittliche Lebenserwartung im Dorf meiner Mutter bei etwa fünfundvierzig Jahren lag – ein Alter, das meine Mutter mit Sicherheit schon erreicht hatte. Seit zwanzig Jahren hatte mein Vater keinen Kontakt mehr zu ihr gehabt. In der Zwischenzeit hätte alles Mögliche passiert sein können.

Überglücklich nahm ich Hortensias Neuigkeiten auf – ich war sogar zu Tränen gerührt. Diese Emotionalität überraschte mich ein wenig. Lange hatte ich behauptet, meine Mutter sei bei einem Autounfall ums Leben gekommen. All die Jahre über war sie für mich tot gewesen. Und auch der mit ihr zusammenhängende Teil meiner Seele, meine Verbindung zum Regenwald und seinen Menschen, hatte für mich nicht mehr existiert. Doch nun, als mich plötzlich interessierte, wer ich war und woher ich kam, als ich sie quasi ins Leben zurückgeholt hatte und das Wiedersehen mit ihr mein Leben wieder in die richtigen Bahnen lenken sollte, bedeuteten mir ihre Gesundheit und ihr Wohlbefinden mehr als alles andere.

Während der ganzen Planungen hatte ich einfach angenommen, dass Mom genau da war, wo sie uns verlassen hatte, und dort einfach ihr Ding machte. Eine völlig naive Vorstellung, klar. Und das dachte ausgerechnet ich, der ich meine Mutter all die Jahre abgeschrieben hatte, der ich meine Kindheit damit zugebracht hatte, sie aus meinem Kopf und meinem Herzen zu verbannen, der ich mein Erbe als gegeben hingenommen hatte, um es dann links liegen zu lassen – und so war diese Annahme auch ein bisschen arrogant. Die gute Nachricht von Hortensia hatte ich gebraucht – auch wenn ich mich ehrlich gesagt geweigert hatte zu glauben, dass es Mom womöglich nicht gutgehen könnte. Mein Vater, Carneiro, Hortensia ... jeder Ethnologe, den ich um Rat fragte, jede Ethnographie, die ich aufmerksam las, bereiteten mich darauf vor, dass ich meine Mutter womöglich niemals finden würde, weil sie entweder tot oder tief im Herzen des Regenwalds verschwunden war. Doch all das blendete ich einfach aus. Nach meiner geistigen Hundertachtzig-Grad-Wende konnte nichts, außer einem hundertprozentigen, epischen, gefühlvollen Wiedersehen, die verlorene Zeit wiedergutmachen.

Hortensia ließ mich außerdem wissen, meine Mutter habe gelächelt, als sie hörte, dass ich sie sehen wollte. Sie fragte nach jedem von uns, einem nach dem andern. Und sie war begeistert zu hören, dass ich sie suchte, begeistert, dass Danny zu einem großen, starken jungen Mann herangewachsen war, begeistert, dass Vanessa ihrerseits Mutter geworden war, und begeistert, dass Dad immer noch unterrichtete und es ihm soweit gutging. Laut dem Mittelsmann, einem Missionar, konnte meine Mutter meine Ankunft plötzlich kaum mehr erwarten. Einem Übersetzer zufolge bat sie Hortensia: «Sag ihm, er soll ein Boot nehmen und herkommen.»

Natürlich war das nicht so einfach. Man kann nicht einfach so ins Yanomami-Territorium marschieren. Zuvor gilt es, eine Menge Papierkram zu erledigen, Impfungen vorzuweisen und den Kampf gegen die Regierungsbürokratie zu gewinnen, um eine Sondererlaubnis zu erhalten. Obwohl ich Halb-Yanomami bin, würde mein US-amerikanischer Anteil mit Argwohn betrachtet und auf Herz und Nieren geprüft werden. Anscheinend hatte Mom all diese Scherereien, all das Kopfzerbrechen vergessen – oder es fehlte ihr einfach das Verständnis dafür. Und dann stellte sich noch das Problem der Finanzierung. Allein der Flug würde über tausend Dollar kosten. Hinzu kamen Handelsgüter für die Yanomami, also Macheten, Töpfe, Angelhaken und alle möglichen Eisenwaren. Ich musste Verpflegung, lebensrettende Medikamente und Ausrüstung besorgen, inklusive Hängematte, Moskitonetze und Insektenschutzmittel. Alles in allem würde die Reise mehrere tausend Dollar kosten – Geld, dass ich nicht hatte, nun, da National Geographic aus dem Rennen war, Geld, von dem meine Mutter im Grunde keine Vorstellung hatte.

Mit Hilfe desselben Übersetzers beschaffte Hortensia in weiser Voraussicht einen Einladungsbrief von meiner Mutter, der die Rechtmäßigkeit meines Besuchs unterstreichen sollte. Der Brief war auf Yanomami geschrieben und ins Spanische übersetzt worden. Er lautete wie folgt:

Davi, wir wollen, dass du uns im Dorf Koripi-wei besuchst. Ich bin deine Mutter. Du musst deine Familie, deinen Großvater, deine Großmutter und deinen Schwager besuchen. Natürlich wollen wir, dass du kommst und uns besuchst und Sachen mitbringst. Wir brauchen Macheten, Schalen, Angelhaken, Textilien und Stoffe und Perlen. Diese Dinge sollst du uns als Geschenke mitbringen. Davi, du kannst deinen Bruder und deine Schwester mitbringen. Wir wollen ihre Gesichter sehen. Ich bin eure Mutter, Yarima. Ich schicke dir diesen Brief. Natürlich warte ich im Dorf Koripi-wei auf dich. Natürlich musst du kommen und deine Familie besuchen. Davi, du kannst natürlich im August kommen und deinen Neffen mitbringen. Ich will das Gesicht meines Enkels sehen.

Dieser Brief war bemerkenswert. Ich freute mich wahnsinnig – obwohl *freuen* nicht ansatzweise die Gefühle beschreibt, die mich beim Lesen der Worte meiner Mutter überwältigten. Ja, es war eine doppelte Übersetzung – und das Englisch war so gebrochen, dass es mir nur süß und lustig vorkommen konnte. Seit zwanzig Jahren waren das die ersten Worte, die mich von ihr erreichten. Das ist wirklich eine Ewigkeit, und als ich den Brief ein zweites und ein drittes Mal las, versuchte ich mir vorzustellen, wie es klingen mochte, wenn sie diese Worte sprach. Es brachte mich schier um, dass ich nicht mehr wusste, wie ihre Stimme klang, und ich sehnte mich danach, sie zu hören. Dann schloss ich die Augen und malte mir aus, wie sie wohl aussah, überlegte, was wir wohl zueinander sagen würden, wenn ich endlich wieder bei ihr war.

Bei dem Gedanken daran (und ich dachte weiß Gott sehr oft daran) wurde mir klar, dass dieser Brief das erste und einzige Indiz dafür war, dass meine Mutter nach ihrer Rückkehr in ihr Dorf überhaupt noch an mich und meine Geschwister gedacht hatte – und das ist keine Kleinigkeit, denn insgeheim hatte ich befürchtet, sie hätte uns einfach vergessen.

Dieser Brief war eine Bestätigung. Immer wieder dachte ich: Das sind die Worte meiner Mutter. Und während ich den Brief wieder und wieder las, war es, als hätte es die letzten zwanzig Jahre nie gegeben.

Paradoxerweise fragte ich meinen Vater während der ganzen Vorbereitungszeit nicht ein Mal, ob er mitkommen wollte. Ihm hätte es ebenso viel bedeutet wie mir. Er hätte nein gesagt, aber darum geht es nicht. Er war überzeugt, die venezolanische Regierung würde ihn hinter Gitter bringen, sobald das Flugzeug in Caracas landete. Trotzdem, ich hätte wenigstens fragen können. In dieser ganz besonderen Umbruchsituation hätte ich ihm einen Platz einräumen können. Aber so dachte ich in dem Moment nicht. Ich dachte nur an mich und Mom. Diese Reise war nur ... für mich.

Mein Vater unterstützte mich nach besten Kräften. Mein Flugticket – das um die zwölfhundert Dollar kostete – zahlte ich zwar selbst, aber er lieh mir seine teuren Peli-Koffer – bruchfest und wasserdicht – für meine elektronische Ausrüstung. Außerdem kaufte er mir auch Dinge, die ich im Dschungel brauchen würde, wie einen Trekking-Rucksack mit Rahmen und Mückenschutzkleidung. Dann gingen wir zu Wal-Mart, und er stattete mich großzügig mit allerlei Werkzeug und nützlichen Utensilien aus, darunter die richtigen Angelhaken und -schnüre, im Grunde mit allem, was die Dorfbewohner brauchten – oder vielleicht auch als Geschenk erwarteten. Er wusste, mit welchem Garn die Yanomami-Frauen gerne ihre Röcke nähten, also kam auch das in den Einkaufswagen.

Sein Wissen und seine hart erarbeitete Erfahrung waren ohne Frage sehr wichtig, aber er unterstützte mich auch emotional. Stundenlang beschäftigten wir uns mit der Ausrüstung und besprachen die Logistik. Er gab mir unermesslich viel Wissen und gute Ratschläge mit auf den Weg. Heimlich hoffte ich, er würde mir irgendwann den Arm um die Schulter legen und sagen: «Mein Junge, ich bin stolz auf dich.» Aber wie ich wohl schon klargemacht haben dürfte, ist das einfach nicht seine Art, also setzte er sich auf diese Weise für mich ein. Und ich wusste auch so, dass er stolz war.

Am 24. Juli 2011 brach ich Richtung Newark auf. Etwas unbeholfen verabschiedete ich mich von meinem Vater. Er gab mir seinen Segen, und ich dankte ihm für seine Hilfe. Eigentlich hätte ich ihn gern umarmt, auch wenn wir uns seit zwanzig Jahren nicht mehr umarmt hatten. Doch wir waren nur zwei verlegene Männer, die einander in diesem alles entscheidenden Augenblick umkreisten – der eine schickte seinen Erstgeborenen in die Wildnis des Amazonas, damit er hoffentlich zu seiner verschollenen Mutter zurückfand, der andere sehnte sich nach einem Ort, den er sich kaum vorstellen konnte, um sich wieder zu fangen und einen verlorenen Teil von sich selbst wiederzuentdecken.

In der traditionellen Yanomami-Kultur kommt es oft erst dann zu Konflikten, wenn eine Dorfbevölkerung innerhalb eines Shabono zu zahlreich wird. Für gewöhnlich ist es das, was hinter Spaltungen einer Dorfgemeinschaft steckt, wie ich sie bereits beschrieben habe. Diskussionen und Verhandlungen, wie wir sie aus der westlichen Welt kennen, gibt es in dem Fall nicht. Es passiert einfach, fast, als wäre es abgesprochen. So ist es eben. Wenn es zu viele Einwohner gibt, teilen sie sich auf. Eine Gruppe bleibt, die andere zieht tiefer in den Dschungel und baut ein neues Heim.

Etwas in dieser Art war, seit ich meine Mutter das letzte Mal gesehen hatte, vermutlich mehrmals geschehen. Und als ich mich im Juli 2011 auf den Weg machte, in Caracas ein Flugzeug nach Puerto Ayacucho nahm, in Samariapo dann in ein Boot stieg, in Boca Mavaca in ein Boot nach Platanal umstieg und endlich in Hasupuwe, dem Dorf meiner Mutter, ankam – da hätte ich mir denken können, dass sie inzwischen weitergezogen war.

Trotzdem hatte ich damit überhaupt nicht gerechnet. Warum? Weil meine Mutter wusste, dass ich kam, wenn auch nicht genau, wann. Auch war ihr bekannt, dass ich von einer Ethnologin am Venezolanischen Forschungsinstitut IVIC unterstützt wurde. Die Einzelheiten, das Institut, kannte sie vielleicht nicht, aber sie wusste, dass Behörden vor Ort mir behilflich waren. Und Hortensia kannte, wie gesagt, die Region, die

Yanomami, die Missionare vor Ort. Auf ihren zahlreichen Expeditionen hatte sie meine Mutter kennengelernt. Mich kannte sie bereits, seit ich ein Baby war, und eine großzügigere Hilfe hätte ich mir bei meiner Planung nicht wünschen können.

Ein Spaziergang war es nicht. Mitnichten. Militärische Kontrollpunkte mussten passiert werden, Terminprobleme und andere Hindernisse drohten mich aufzuhalten ... doch immer fanden wir einen Weg. Als ein bewaffneter Posten uns zum ersten Mal aufhielt und Ärger machen wollte, gab Vater Arroldo, ein katholischer Missionar, der angeboten hatte, mich in das Territorium zu begleiten, mir einen guten Rat: «Du bist Venezolaner und von der Verfassung geschützt. Du siehst aus wie ein Einheimischer, David. Es ist dein gutes Recht, hier zu sein, also wird es auch gutgehen. Sag einfach nichts.»

Und so hielt ich den Mund, während wir tiefer ins Hinterland vordrangen.

Für die venezolanische Etappe meiner Reise schloss sich Hortensia in Caracas an, und in knapp zwei Wochen erreichten wir die Stromschnellen Raudales de Guahjaribos. Wir hatten inzwischen herausgefunden, dass meine Mutter nicht mehr bei den Koripi-wei-teri lebte, sondern in ihr Heimatdorf zurückgekehrt war. Jahrhundertelang hatten die frühen europäischen Entdecker geglaubt, dass diese Stromschnellen die Quelle des Orinoco wären, was erklärt, weshalb der Fluss jenseits dieses Punkts nie erforscht worden war und die Yanomami in dieser Gegend so lange in völliger Abgeschiedenheit gelebt hatten. Natürlich wusste ich das, aber nun selbst in diese Gewässer vorzudringen und die Isolation zu erfahren, machte all die Geschichten und Ethnographien, die ich gelesen hatte, erst lebendig.

Diese Stromschnellen hatten Symbolkraft. Zwanzig Jahre zuvor hatte ich sie mit meiner Familie passiert, als wir hierher zu Besuch gekommen waren. Das wusste ich, auch wenn ich mich nicht daran erinnern konnte. Noch zehn Jahre früher war hier das Boot meines Vaters, der zu der Zeit an Malaria litt, gekentert, er hatte damals alles verloren und nichts als seine nackte Haut retten können. Und nun war es an mir, die heimtückischen Stromschnellen zu überwinden. Unser Aluminiumboot mit Außenbordmotor wurde von einem Einheimischen namens Jacinto gesteuert, dessen einzige Qualifikation, soweit ich das beurteilen konnte, darin bestand, dass er diese Gewässer bereits befahren hatte.

Doch Jacinto verstand sein Handwerk. Er wusste genau, wann er wenden musste, wann es Zeit war zu bremsen und wann es sich empfahl, den Motor ausgehen zu lassen. Er kannte die Strömungen.

Am Fluss stießen zwei Missionare zu uns. In der ständigen Erwartung eines Aufpralls kauerten wir alle auf unseren Sitzen – doch meine Sorge war völlig unnötig. Das Boot schlingerte und ruckelte zwar, aber das war auch schon alles. Während wir uns dem Ende der Stromschnellen näherten, ließ ich immer wieder den Blick über den Fluss schweifen und suchte mir die beste Schwimmroute, falls wir kentern sollten, denn das war in diesen tückischen Gewässern immer möglich.

Einmal tauchte direkt vor uns in der Mitte des Flusses ein ziemlich großer Felsen auf, von dem ein starker Sog ausging. Jacinto zuckte nicht einmal mit der Wimper, während er den Felsen betrachtete, auf den wir zutrieben. Auch die Missionare zeigten keine Angst, nur ich begann mir allmählich Sorgen zu machen. Hinter dem Felsen schien der Fluss steil abzufallen, und ich hatte das Gefühl, als würde sich der Boden rasend schnell auf uns zu bewegen. Ich fragte mich, wann Jacinto endlich den Gashebel betätigen wollte, denn wir waren der Strömung ganz und gar ausgeliefert. Er sollte aggressiver, aktiver vorgehen, fand ich – und endlich, im allerletzten Moment, kurz bevor wir unweigerlich seitlich gegen den Felsen gekracht wären, heulte der Motor auf. Fassungslos beobachtete ich, wie wir an dem Hindernis vorbeischossen.

Als wir die Raudales de Guajaribos endlich hinter uns ließen, war das Jubelgeschrei groß. Alle klatschten sich ab, und erst jetzt bemerkte ich, was für ein seltsames Bild wir abgeben mussten – ein katholischer Pfarrer, eine Nonne, ein US-amerikanischer Yanomami, eine venezolanische Ethnologin und ein einheimischer Führer ... vereint in diesem emotionalen Abenteuer.

Ich beobachtete Jacinto und fragte mich, wie er wohl gelernt hatte, diese Gewässer so geschickt zu befahren. Er war furchtlos, ruhig und äußerst konzentriert. Und ich überlegte, wie ich ihm jemals nacheifern sollte, wie ich auch nur den Versuch wagen könnte, diese Gewässer selbständig zu bezwingen. Woher sollte ich das dafür erforderliche Selbstvertrauen nehmen? Wie sollte ich solche Fähigkeiten erlernen? Wie könnte ich in diesem entlegenen Winkel der Welt, auf mich allein gestellt, überleben?

Ich wollte alles wissen, was die Yanomami wussten. Ich wollte genauso sein wie sie. Aber ob ich jemals so viel würde lernen können?

Als wir noch tiefer in den Dschungel vordrangen, flogen Schwärme von wunderschönen Papageien auf, als würden sie uns willkommen heißen. Es war magisch. Das Blattwerk wurde dichter, satter und einladender. Die Bäume ragten hoch über uns auf. Und während wir uns weiter ins Reich des Amazonas vorarbeiteten, kam mir das Titellied von *Jurassic Park* in den Sinn. Bald erblickte ich die Yanomami, die am Ufer unsere Ankunft erwarteten. So gespannt ich darauf wartete, meiner Mutter wiederzubegegnen, sie in die Arme zu schließen und all die Jahre der Trennung zu vergessen, so sehr irritierte mich auch der Anblick all dieser kaum bekleideten und ursprünglich wirkenden Menschen, die das Ufer säumten. Ja sicher, als Kind war ich hier gewesen, und nun hatte ich mich monatelang mit der Region befasst, aber darauf, mich selbst in diesen Menschen wiederzuentdecken, war ich nicht vorbereitet. Ich konnte mir nur schwer vorstellen, dass ich einer von ihnen war. Sie wirkten so anders, so fremd, mir so unähnlich – und doch bemerkte ich beim genaueren Hinsehen, dass die Gemeinsamkeiten die Unterschiede überwogen.

Als Jacinto den Motor abstellte und wir uns dem Ufer näherten, wurde mir klar, dass es eine Sache war, Bilder zu betrachten, ein Buch zu lesen oder eine Dokumentation anzuschauen, aber etwas ganz anderes, einer so großen Schar fremd wirkender Menschen gegenüberzustehen. Tausendmal hatte ich mir diesen Augenblick ausgemalt, doch ihn ganz real zu erleben war schockierend, und ich dachte unwillkürlich: Bin ich wirklich einer von ihnen?

Die Hasupuwe-teri waren an das Flussufer gekommen, um uns zu begrüßen, weil sie das Geräusch unseres Motors kilometerweit gehört hatten – das Geräusch des Fortschritts. Das Geräusch der eindringenden Außenwelt. Missionare, Ethnologen, Regierungsmitarbeiter ... inzwischen waren diese freundlichen Menschen seit Jahrhunderten auf der Landkarte unserer zivilisierten Welt verzeichnet. Und doch war jeder Besuch wie der erste, wie ich lernen sollte. Jedes Motorengeräusch, das der Wind durch die Bäume trug, war wie Musik, die zum ersten Mal erklingt. Und so versammelten sich die Dorfbewohner am schlammigen Ufer und warteten gespannt darauf, was es zu sehen gab. Ich betrachtete die Menschenmenge – *meine* Leute. Die Frauen waren barbusig, viele trugen Röcke, die aus Lianen oder ausrangierter westlicher Kleidung gefertigt waren. Die

Männer hatten T-Shirts und kurze Hosen an, viele davon zierten Logos und Sprüche, die ich von zu Hause kannte – zweifelsohne die Ausbeute aus Spendensammlungen für die Region. Vielleicht hatten sie die Sachen aber auch als Handelsware erworben. Alle waren barfuß. Die Kinder rannten nackt am Ufer entlang und quietschten vergnügt.

Das waren die Hasupuwe-teri – die Menschen, unter denen mein Vater so lange gelebt hatte. Das Volk meiner Mutter, Yarima.

Mein Volk.

Jacinto sprach als Erster. Ich hatte die Yanomami-Sprache gepaukt und verstand trotzdem kein Wort. Und doch erkannte ich am Tonfall, der Körpersprache und den entsprechenden Gesten, dass meine Mutter nicht mehr bei den Hasupuwe-teri lebte. Das war eine Wendung, die mich entmutigte – damit hatte ich nicht gerechnet, doch wie sich immer wieder zeigen sollte, war in diesem Teil der Welt gar nichts so, wie ich es mir vorgestellt hatte.

«Natürlich warte ich auf dich», hatte sie gesagt.

«Natürlich musst du kommen», hatte sie gesagt.

Aber sie war nicht da.

Ich hätte heulen können – wirklich. Mein Leben lang hatte ich erzählt, meine Mutter sei tot. Das war mein Standardspruch gewesen, in der Grundschule, in der Mittelstufe und in der Oberstufe. Doch jetzt kam mir der flüchtige Gedanke, dass meiner Mutter wirklich etwas zugestoßen sein könnte. Hortensia hatte zuletzt vor einigen Monaten mit ihr gesprochen, als sie unerklärlicherweise bei den Koripi-wei-teri lebte – also weit, weit weg von ihrem Heimatdorf am oberen Orinoco. Bei unserer Ankunft hier in der Region hatte es geheißen, sie sei wieder bei ihrem Volk, aber wie verlässlich diese Information war, wussten wir nicht. So tief im Dschungel, mitten im Nirgendwo, konnten wir unmöglich sagen, ob meine Mutter hier war oder dort und ob sie überhaupt noch lebte.

Nach allem, was ich inzwischen über die Yanomami-Kultur wusste, hätte mir in den Sinn kommen müssen, dass ich meine Mutter möglicherweise nicht antreffen würde, trotzdem nahm es mir den Wind aus den Segeln. Fast zwei Jahre lang hatte ich mich auf diese Expedition vorbereitet. Und nun stand ich hier, tief im Dschungel, an einem Scheideweg. So weit hatte ich es geschafft ... nur, damit sie mir wieder entwischte ... sie noch einmal zu verlieren, hätte ich wohl kaum ertragen.

Wie sich schließlich herausstellte, war sie nicht besonders weit weg. Sie lebte bei einer kleineren Gruppe in einem anderen Dorf, das Irokai hieß – nur dreißig Minuten zu Fuß entfernt. Vor vielen Jahren, als ihre Familie und die Hasupuwe-teri sich entzweiten, hatte sie schon einmal dort gelebt.

Jacinto, Hortensia und ich steckten die Köpfe zusammen, um uns zu beratschlagen, doch als wir gerade mit dem Motorboot wieder abfahren wollten, erhob sich ein Trillern, und die Dorfbewohner winkten, als wollten sie meine Aufmerksamkeit auf sich lenken.

«Was ist los?», fragte ich Hortensia.

«Sie wollen dich ansehen und berühren», meinte sie. «Sie haben sich lange gewünscht, dich kennenzulernen.»

Auch wenn Yarima weitergezogen war, standen die beiden Dörfer noch immer in Kontakt. Sie waren miteinander verflochten. Sie waren eine Familie. Tatsächlich winkten mir vom schlammigen Ufer aus viele Tanten und Onkel und Cousins zu – sogar ein Halbbruder, wie ich bald erfahren sollte. Jedenfalls kommt in diesen Breiten nicht alle Tage ein Fremder vorbei, und so war die Nachricht meiner bevorstehenden Ankunft mir vorausgeeilt. Und hier angekommen, war ich längst kein Fremder mehr.

«Was mache ich jetzt?», wollte ich von Hortensia wissen. Ich hatte wirklich keine Ahnung.

«Runter vom Boot», antwortete sie.

Also befolgte ich ihren Rat, und als ich ans Ufer stieg, verschluckte mich diese fröhliche Menschenmenge förmlich und hieß mich willkommen. Das war kein Stamm wilder Krieger. Es hatte eher etwas von der Schlussszene aus *Unheimliche Begegnung der Dritten Art*, in der die fröhlichen Außerirdischen Richard Dreyfuss erwählen, um ihn in ihr Schiff zu eskortieren und in ihre Welt mitzunehmen. Ich war unfassbar nervös – aber auch grenzenlos begeistert. Und ich freute mich, das außerirdische Leben, das ich daheim geführt hatte, hinter mir zu lassen.

Auf die Yanomami muss ich tatsächlich gewirkt haben wie aus einer anderen Welt, mit meiner westlichen Kleidung – Khakihose, Hemd in die Hose gesteckt, Gürtel, Schuhe. Die Frauen und Kinder kamen auf mich zu und legten ihre Hände auf mich. Sie kicherten und machten «Oooh!» und «Aaah!». Sie zupften an meinem Haar, an meinen Ohren, an meinen Kleidern. Sie berührten meine Nase und meinen Dreitagebart – für sie etwas Ungewohntes, da Yanomami-Männer nur eine sehr spärliche Gesichtsbehaarung aufweisen.

Ich war eine lebendige, atmende Neuheit, und in jenem Augenblick erfüllte es mich mit gemischten Gefühlen, so im Zentrum der Aufmerksamkeit zu stehen. Zu Hause hätte ich es gehasst. Als Kind war ich immer vor dem Scheinwerferlicht zurückgeschreckt, das sich wegen der Arbeit meines Vaters und unserer exotischen Familie auf uns richtete. Aber hier im Urwald genoss ich es, weil es für mich bedeutete, dass sie wussten, wer ich war, und dass ich dazugehörte.

Es wurde beschlossen, dass wir hier auf meine Mutter warten würden. Einer ihrer Söhne (mein Halbbruder!) würde sich aufmachen, um sie zu holen. Derweil luden wir die Ausrüstung aus dem Boot und liefen auf einem kurzen Pfad bis ins Dorf, wo ich auf sie warten sollte.

Bevor er sich auf den Weg machte, stellte Hortensia mich meinem Halbbruder vor, der nach meiner Rechnung mindestens sieben Jahre jünger sein musste als ich – also um die achtzehn Jahre alt. Er sah gut aus mit seinem dichten Haar, das an den Seiten abrasiert war – eine klassische Undercut-Frisur. Ich konnte mir nicht vorstellen, was so ein Haarschnitt mitten im Dschungel auf dem Kopf meines Yanomami-Halbbruders verloren hatte. Dann sah ich ihn genauer an und bemerkte, dass er ein rotgrünes Fußballtrikot, schwarze Shorts und um den Hals bunte Perlenketten trug. Außerdem war er barfuß wie alle anderen.

Eine seltsame Mischung aus *hier* und *dort*.

Ich wusste nicht, welche Begrüßungsformel bei den Yanomami angemessen war, wenn man seinen Halbbruder zum ersten Mal traf, also streckte ich ihm die Hand entgegen. Das war die erste von vielen dummen, hirnlosen Aktionen, die ich bei diesem Besuch noch bringen sollte. So eine nichtssagende Geste! Was habe ich mir bloß dabei gedacht? Die Yanomami schütteln einander nicht die Hand, das hätte ich wissen müssen; genauso gut hätte ich ihn bitten können, mir die Füße zu küssen, so bizarr muss ihm mein Verhalten vorgekommen sein.

Hortensia stellte ihn mir als Micashi vor, und während ich unbeholfen meine Hand wieder zurückzog, wiederholte ich seinen Namen.

«Micashi», sagte ich.

Mein Halbbruder legte mir eine Hand auf die Schulter und meinte: «Nein, nein.» Er schien mich umgehend korrigieren zu wollen. Dann zeigte er auf sich und sagte mit einem starken Akzent: «Ricky.»

«Ricky?», wiederholte ich, nur, um sicherzugehen.

Er sprang ein wenig auf und ab – als kleines Zeichen der Begeisterung und Anerkennung. Es schien ihm zu gefallen, dass ich ihn verstanden hatte.

«Ricky», sagte er wieder. «Ricky Martin.»

Das war wirklich alles mehr als kurios. Ich hatte diesen ganzen Weg zurückgelegt, um meine verloren geglaubte Mutter im Amazonasgebiet zu finden, und nun stand ich vor einem jungen Mann, der mir als mein Halbbruder Ricky Martin vorgestellt wurde ... ich lebte tatsächlich im wahrsten Sinne des Wortes *la vida loca*!

Später erfuhr ich, dass «Ricky Martin» vor kurzem in Esmeralda gewesen war – einer kleinen Siedlung am Orinoco, Treffpunkt für Militärangehörige, Ärzte, Missionare und Entwicklungshelfer. Es war die Reise seines Lebens gewesen. Dort hatte er die Kleidung und den Haarschnitt her sowie ein paar Brocken Spanisch aufgeschnappt, schlussfolgerte ich. Wahrscheinlich hatte er dort auch einen Ricky-Martin-Song gehört oder ein Video gesehen. Unsere Popkultur kennt keine Grenzen, dämmerte mir langsam. Und, wie sich herausstellte, liebten es die Yanomami, spanische Namen anzunehmen. Es ergab also durchaus Sinn, dass das Ricky Martin war – mein Halbbruder Ricky Martin. All diese Dinge wurden mir mit der Zeit immer klarer.

«Ricky Martin», wiederholte ich.

Er lächelte, dann zeigte er auf mich und gab bekannt, er werde mich Herman nennen, wegen des spanischen Worts «*hermano*» für «Bruder».

Ich lächelte ebenfalls. Schon hatte ich einen Spitznamen – einen Halbbruder und einen Spitznamen, um genau zu sein. Dieser Tag war jetzt schon ein guter Tag. Meine Mutter hatte ich zwar noch nicht getroffen, aber inzwischen war Ricky Martin unterwegs, um sie zu mir zu bringen. Ich war angekommen.

Ich platzte fast vor Vorfreude, versuchte meine Aufregung aber im Zaum zu halten. In ihrem Brief hatte meine Mutter gemeint, dass sie mich unbedingt sehen wollte («Natürlich musst du kommen»). Aber was, wenn sie mich nicht erkannte? Was, wenn ich sie nicht erkannte? Wir sprachen nicht einmal dieselbe Sprache, was sollten wir einander also sagen?

Ich überlegte, wie unsere Begegnung wohl ablaufen würde, und steigerte mich langsam total hinein. Ich war nervös, unruhig und aufgewühlt. Hauptsächlich wartete ich allerdings ungeduldig darauf, dass es weiterging. Ich war zwar hier, doch dieser eine Augenblick schien immer noch außerhalb meiner Reichweite.

Auf unserem Weg zum Dorf kam eine ältere, halbnackte Frau auf mich zu und redete wie ein Wasserfall auf mich ein. Natürlich verstand ich kein einziges Wort, aber was mich wirklich beunruhigte, war der Umstand, dass ich nicht ausmachen konnte, ob ich ihre Aufregung als freundlich oder aggressiv einordnen sollte. Ihre Stimme klang eindeutig sehr gefühlvoll, aber das entsprach keineswegs ihrem Gesichtsausdruck. Im einen Augenblick wirkte sie streng und ablehnend, im nächsten herzlich und freundlich. Sie blickte finster drein, sie lächelte. Sie schrie, sie flüsterte. Es war merkwürdig – und ziemlich verwirrend. Doch dann tat sie etwas Überraschendes, Wundervolles. Sie griff nach meinem Gesicht und zog mich zu sich heran, als wollte sie mir etwas ins Ohr flüstern. Dann drückte sie mir ihre Nase an die Schläfe und rieb sie energisch über meine Wange – hin und her, so wie ein kleines Tier vielleicht seine Mutter herzen würde. Dies war, wie ich später herausfand, die traditionelle Geste für Liebe und Freundschaft. Ich wäre wirklich ergriffen gewesen und hätte mich für diesen Willkommensgruß völlig begeistert, hätte sie nicht eine zähflüssige Spur aus Speichel und Tabaksaft in meinem Gesicht hinterlassen.

Übrigens: Jeder im Dorf kaut Tabak – nicht, wie wir in den USA ihn kennen, sondern ein zusammengerolltes Tabakblatt, das man sich in die Backentasche steckt. Das soll im Grunde gar nicht so ungesund sein, wenn man von dem sanften Sprühregen aus Tabaksaft absieht, der hier scheinbar zum Reden dazugehört.

Wir gelangten zum Eingang des Shabono. Plötzlich war ich umgeben von Bildern und charakteristischen Gegenständen, die ich von den Fotos meines Vaters kannte. Es war, als wäre ich schon einmal hier gewesen – nur waren meine Erinnerungen an die Fotos gebunden, die ich betrachtet hatte, und nicht an die Zeit, die ich tatsächlich vor vielen Jahren in so einem Bauwerk verbracht hatte. Es waren die Erinnerungen meines Vaters, nicht meine.

Mir fiel auch eine Neuerung auf: eine Hütte, die die geschlossene Struktur des Shabono aufbrach. Und in der Mitte des Bauwerks befanden sich Grasflächen. Ich sah auch eine Menge Kleidung – teils westlicher Herkunft, teils selbstgemacht –, die an Querbalken hing. Außerdem gab es diverse Töpfe und Pfannen. Offenbar waren im Lauf der Jahre etliche Besucher in diesem Dorf vorbeigekommen.

Ich hängte meine Hängematte auf und packte meine Sachen aus, und während ich mich einrichtete, war ich wieder von Frauen und Kindern umgeben. Sie saßen zu meinen Füßen auf dem Boden und beobachteten mich auf Schritt und Tritt. Sie lächelten. Sobald meine Hängematte befestigt war, hüpften ein paar Kinder hinein. Es wurde viel gelacht. Die Männer des Dorfs standen im Halbkreis um uns herum und beobachteten das Geschehen schweigend. Vielleicht wussten sie nicht, was sie von mir halten sollten. Oder sie warteten ab, was als Nächstes passieren würde.

Die Frauen und Kinder redeten pausenlos auf mich ein, als

Antwort konnte ich nur lächeln. Aus den Tiefen meiner Kindheitserinnerungen konnte ich nur zwei Yanomami-Sätze ausgraben: *ya-ohi* («Ich habe Hunger») und *ya-posi-shiiti* («Mein Po juckt»). Der erste traf zweifellos zu, denn wir hatten seit den Stromschnellen nichts mehr gegessen. Der zweite ... nicht wirklich. Aber ich sagte nichts – dafür war ich zu aufgeregt. Bald würde ich meine Mutter wiedersehen, nach so langer Zeit. Es gab nichts zu sagen.

Schließlich kam sie, ein wenig außer Atem. Ich konnte mir nur ausmalen, was sie für ein Gesicht gemacht hatte, als Ricky Martin ihr mitteilte, dass ich endlich hier war. Bestimmt war sie aufgeregt, hatte stehen und liegen lassen, was sie gerade tat, und war zu ihrem Sohn geeilt, ihrem lange verschollenen Sohn. Abruptes Schweigen kündigte ihr Kommen an. Das Lachen, das Geplauder, das wasserfallartige Reden ... verstummte, als meine Mutter das Shabono betrat. Alle Blicke richteten sich erst auf sie und dann wieder auf mich. Ich hörte, wie die Leute wisperten, und ich vernahm in dem Wispern den Namen meiner Mutter: «Yarima».

Ich schaute auf und erkannte sie sofort.

Meine Mutter kam auf mich zu, auf dem Rücken einen traditionellen Yanomami-Korb, der von einem Band an ihrer Stirn gehalten wurde. Ich hatte Bilder von solchen Körben gesehen – dieser war bis über den Rand mit Maniok gefüllt. Sie war traditionell gekleidet, das hieß, sie hatte kaum etwas an. Sie war barfuß, oben ohne und trug einen roten Rock. Außerdem waren ihre Nase und ihre Unterlippe mit Hii-hi-Stäbchen gepierct, ein bei Frauen im Regenwald beliebter Schmuck. Um den Hals hatte sie Ketten aus blauen Perlen, ihre Ohren schmückten tropische Blumen. Ihr Haar trug sie kurz, in einem typischen Topfschnitt, und ihr Gesicht war mit dekorativen roten Streifen bemalt.

Ich hatte gewusst, dass mir meine Mutter so entgegentreten würde. Auf einer intellektuellen Ebene hatte ich es gewusst. Trotzdem war ich ein wenig verdattert. Ich meine – das war meine Mutter! Während der kurzen Zeit, die sie mit uns in den Vereinigten Staaten gelebt hatte, die Zeit, an die ich mich erinnerte, war sie wie eine typische US-Amerikanerin gekleidet gewesen. Sie trug Jeans und hatte eine Frisur wie jede andere Mutter in der Nachbarschaft – obwohl sie auch damals schon wenig für Schuhe übrig hatte. Wenn möglich, ging sie barfuß. Aber sie jetzt so zu sehen, eine waschechte Amazonas-Dschungelbewohnerin – ich erstarrte förmlich vor Ehrfurcht und Bewunderung.

Sie löste das Band mit dem Korb von ihrer Stirn und stellte ihn ab. Ich erhob mich von meiner Hängematte und ging auf sie zu, und während ich das tat, dachte ich: So ein Mist, was mache ich jetzt? Jede meiner Bewegungen war mir bewusst, wahrscheinlich, weil so viele Augenpaare uns beobachteten. Ich spulte in meinem Kopf alles ab, was ich über die Region und ihre Menschen gelesen hatte. Wie begrüßt man eine Yanomami-Frau? Wie begrüßt man eine Yanomami-Frau, die zufällig die eigene Mutter ist? Ich hatte ja schon alles vermurkst, als ich versuchte, meinem Halbbruder die Hand zu schütteln. Aber das war meine Mutter. Wir hatten einander seit über zwanzig Jahren nicht gesehen. Ich wollte *unbedingt* alles richtig machen.

Doch für diesen Augenblick gab es kein «Protokoll». Wir standen einfach da, ein, zwei Meter voneinander entfernt, und ich hätte so gern die Hand nach ihr ausgestreckt, sie in die Arme genommen, aber die Yanomami umarmen einander nicht. Das kommt in ihrer Kultur nicht vor. Sie küssen einander auch nicht – ebenso wenig, wie sie sich die Hand geben, das wusste ich ja jetzt. Verglichen mit dem Theater, das wir westlichen Menschen veranstalten, wenn wir kommen und gehen, machen die Yanomami zur Begrüßung und beim Abschied ziemlich wenig. Jedenfalls *normalerweise*. Meine Mutter ging nun die letzten Schritte auf mich zu und legte mir die Hand auf die Schulter, ich konnte spüren, dass ihre Hand zitterte. Dann fing sie an zu weinen. Erst waren es nur ein paar Tränen, aber bald schluchzte sie heftig und stöhnte vor Trauer und Glück.

Sofort wurde ich von Kindheitserinnerungen überflutet ... wie meine Mutter und ich auf dem Boden im Wohnzimmer rauften, wie wir auf dem Bett herumsprangen, wie wir Achterbahn fuhren, wie wir Pommes aßen. Da tickte ich aus. Ich brach zusammen und weinte mit ihr. Die Frauen, die uns beobachteten – die Yanomami ebenso wie Hortensia und einige Missionarinnen –, weinten ebenfalls. Eine Zeitlang waren wir alle schlicht überwältigt. Schließlich legte ich meiner Mutter den Arm um die Schulter, schaute in ihre dunkelbraunen Augen und staunte, wie schön sie waren. Wie schön *sie* war. Ihre Hand lag immer noch auf meiner Schulter, sie berührte mich immer wieder, zog mich aber nicht an sich. Ihre Finger streichelten meine, als wollte sie sehen, ob ich echt war. Oder womöglich ein Geist.

Ich wusste nicht, was ich sagen sollte. «Mom, ich bin's. David», brachte ich schließlich heraus.

Ich wollte einfach irgendetwas sagen, glaube ich, und mitten in dem Lärm, dem Schluchzen und Zittern, war ich mir nicht sicher, ob sie mich gehört und verstanden hatte, also wiederholte ich es. Diesmal sagte ich: «Mom, ich bin's, David. Ich bin heimgekommen.»

....

Oberer Orinoco, Yanomami-Territorium

*D*ie Yanomami-Frauen plaudern gern, wenn sie unterwegs sind. Auf diesen Trecks geht es nicht nur darum, Nahrung und andere Ressourcen zu sammeln, die zum Überleben gebraucht werden. Es sind auch soziale Ereignisse. Die Frauen nehmen eine Auszeit vom Lebensrhythmus und Alltag im Dorf, um zu reden und zu lachen. Nach Herzenslust.

Auf dem gesamten Weg zu dem verlassenen Shabono war meine Mutter ununterbrochen in eine Singsangunterhaltung mit den anderen Frauen vertieft. Sogar als wir unter den Findlingen kauerten und das Ende des Sturms abwarteten, redeten sie ohne Unterlass. Was sie sagten, verstand ich nicht, aber ich malte es mir aus. Ich lauschte der trällernden Stimme meiner Mutter und stellte mir vor, sie erzähle, wie sehr sie sich freue, dass ich zu ihr zurückgekehrt war, wie stolz sie sei, dass ich mir solche Mühe gab, mich einzufügen. Meine Verwandlung in einen Yanomami war längst nicht abgeschlossen, und ich ging noch ziemlich unbeholfen mit den vielen Bräuchen und Ritualen um, die ich erlernte. Wesentlich wahrscheinlicher war aber, dass sie mit der jungen Frau, die meine Ehefrau werden sollte, kicherte und ihr irgendeine peinliche Geschichte aus meiner frühen Kindheit erzählte. Noch wahrscheinlicher war, dass sich ihr Gespräch gar nicht um mich drehte. Aber die Sprache nicht zu kennen bedeutet auch Freiheit. Man kann sich einfach vorstellen, was man gern hören möchte.

Während ich mich auf diese Heimkehr vorbereitete, war es ein Problem für mich gewesen, nicht zu wissen, wie ich mich im Dorf ein-

leben würde. Vorausgesetzt, ich fand meine Mutter, würde sie sich freuen, mich zu sehen? Erinnerte sie sich überhaupt noch an mich? Ja, ich hatte einen Brief von ihr in der Hand, der mich zu dem Besuch ermunterte. Ja, ihre wehmütige Sehnsucht konnte ich zwischen den Zeilen der Übersetzung herauslesen. Doch dann kamen mir wieder Zweifel, und mich beschlich der Verdacht, jemand habe ihr womöglich eingeredet, was sie sagen solle, man habe sie vielleicht erst erinnern müssen, wer ich war, der sich da aus längst verflossener Vergangenheit an sie wandte.

Glücklicherweise war meine Sorge unbegründet, und als ich meine Mutter endlich wiedersah, war die Freude so groß, wie ich es mir nur wünschen konnte – begleitet von Tränen des Glücks bei allen Anwesenden. Es hätte wirklich nicht bedeutungsvoller, nicht besser sein können. Aber als wir jetzt zum Rest unserer Gruppe zurückkehrten, nach einem Unwetter, bei dem westliche Menschen um unsere Sicherheit gebangt hätten, schaute niemand von seiner Beschäftigung auf. Niemand rannte uns entgegen, um uns zu begrüßen oder auch nur beim Abladen der Bananen und der Fische zu helfen, die wir mitgebracht hatten. Und auch wir jubelten nicht vor Glück beim Anblick der anderen, die wir wohlbehalten dort antrafen, wo wir sie verlassen hatten, dabei hatten doch auch sie die große Gefahr überstanden und denselben Tropensturm durchlebt wie wir.

Stattdessen ging jeder einfach seinem Tagwerk nach, machte sein Ding, also versuchte ich das auch. Es war inzwischen später Vormittag, und am Gemeinschaftsfeuer tat sich etwas. Ich legte die Kochbananen ab, die ich getragen hatte, und ging zum Feuer hinüber, um zu sehen, ob ich helfen konnte. Es gab Fisch, Reis, etwas Fleisch. Während ich nach einem leeren Topf suchte, fiel mir ein, dass ich in meinem Rucksack Spaghetti hatte. Ich wusste nicht mehr, warum ich sie auf diesen kurzen Ausflug mitgeschleppt hatte, aber sie waren nun mal da, und ich beschloss, sie zuzubereiten, als Überraschung für die anderen. Ich war noch dabei, mich in der Gruppe zurechtzufinden, mich zu integrieren, und ein Nudelgericht konnte man sicherlich auch als Beitrag gelten lassen.

Bestimmt hatten die Yanomami schon einmal Spaghetti gegessen, dachte ich bei mir – sei es, dass Missionare sie mitgebracht hatten oder sogar mein Vater, also kramte ich sie hervor. Zwei Packungen, genug für alle.

Was die Yanomami von solch einem Essen hielten, wusste ich nicht so recht. Ob sie wohl darüber nachdachten, wie die Nabuhs an Pasta kamen? Vielleicht meinten sie ja, dass wir Spaghettibäume hätten oder dass wir Spaghettisamen aussäten? Was immer sie auch dachten, sie waren begeistert. Wir kochten sie einfach in Wasser mit ein bisschen Salz. Es war ein netter kleiner Imbiss, und nach einer Weile ging ich zu meiner Hängematte, die neben der meiner Mutter hing, um meinen Teller zu säubern. Es war die heißeste Tageszeit, mein Bauch war voll, und ich wollte mich ein bisschen ausruhen, bevor ich mich den Arbeiten widmete, die am Nachmittag anstanden. Aber bald näherte sich eine Gruppe plaudernder, kichernder junger Mädchen. Sie wollten mit mir reden, nur verstand ich sie nicht. Sie sprachen zu schnell, und sie redeten alle durcheinander. Mom war gerade nicht in der Nähe, konnte mir also nicht helfen.

Bald stellte sich heraus, dass die Mädchen wollten, dass ich mit ihnen sang und tanzte – oder, besser gesagt, so tanzte wie sie. Eine von ihnen zerrte mich förmlich aus meiner Hängematte und bedeutete mir, es ihr gleichzutun. Nur konnte ich den traditionellen Yanomami-Tanzstil, den sie vorführte, nicht recht nachahmen. Ich war für alles zu haben, aber meine Bewegungen waren ungelenk. Die Übrigen sangen und klatschten zur Begleitung, und sie freuten sich diebisch über meine offensichtliche Verwirrung – und meine Unfähigkeit, mich so zu bewegen wie die anderen. Die Yanomami-Bezeichnung für zwei linke Füße machte zweifellos die Runde. Zwei linke Füße und Unbeholfenheit.

Nach einer Weile war ich es leid, dauernd ausgelacht zu werden.

Schließlich hatte ich mich schon lächerlich gemacht, als ich albernerweise versucht hatte, stampfend und singend wie der Dorfschamane das Unwetter wegzupusten. Und ich hatte bereits reichlich unwillkommene Aufmerksamkeit und Gekicher geerntet – weil ich die Sprache oder die Bräuche oder was auch immer sonst von mir erwartet wurde nicht verstand.

Die Spaghetti waren ein Anfang gewesen, aber sie änderten nichts, also beschloss ich, den Spieß umzudrehen und meiner Yanomami-Familie zu zeigen, wie wir daheim tanzten und feierten. Ich legte also einen Moonwalk aufs Parkett. Wirklich. Ich präsentierte meine beste Michael-Jackson-Nummer, und was mir an Geschicklichkeit und Anmut fehlte, ersetzte ich durch Mut und Entschlossenheit. Wieder einmal zeigte sich, dass ich zwei linke Füße hatte, aber diese Mädels hatten ja keinen Vergleich. Sie beobachteten mich bass erstaunt – so etwas hatten sie noch nie gesehen! Ihre Mienen spiegelten gleichermaßen Ratlosigkeit und Entsetzen.

Und dann fingen sie, eine nach der anderen, zu lachen an.

Ich zeigte vollen Einsatz – und bald konnte ich ein paar von den anderen überzeugen mitzumachen. Für die nächsten ein, zwei Stunden boten wir wohl einen höchst seltsamen, schrägen Anblick: erst ein, zwei, dann drei, vier und mehr Menschen, die mitten im Amazonasregenwald um eine Kochstelle herumtapsten und tanzten wie verrückt, als stünden wir im Madison Square Garden auf der Bühne.

Sicher ... ich war schon wieder dabei, mich zu blamieren, aber das war es wert, weil ich mich in diesem Moment, zum ersten Mal, völlig unbekümmert, fröhlich und selbstvergessen bewegte. Ich tanzte absolut sorglos, als befände ich mich am Rand des Universums und als könnte es nur noch aufwärtsgehen.

Ich tanzte, als würde ich nirgends sonst hingehören.

Dieses Foto entstand 2011, als ich mich mit Mom und den anderen vor dem Tropensturm unter zwei große Felsen geflüchtet hatte. Die Felsblöcke retteten uns das Leben, denn um uns her stürzten Bäume um, und Äste krachten herab.

. . . .

Auf dieser ersten Reise ins Territorium ging ich mit meiner Lieblingsnichte, dem kleinen Hitzkopf, angeln. Ich musste ihr mein Hemd leihen, weil die Mücken so erbarmungslos stachen.

2013 mit einem meiner Neffen. Nachdem wir eine lange Regennacht unter dem undichten Dach des Shabono verbracht hatten, widmeten wir uns am Tag darauf den Reparaturarbeiten. Heimwerken im Yanomami-Stil. (Und der Amazonas-Regenwald war unser Baumarkt!)

....

Eine meiner Tanten schleppt bei meinem Besuch 2013 eine Ladung Feuerholz. Ich war erstaunt, wie stark diese Frauen sind – und geschickt noch dazu, denn sie tragen diese Lasten über Lianen, Wurzeln und schlüpfrige Ufer, ohne ein einziges Mal zu stolpern oder auszurutschen.

Dies ist der Onkel, der mir den Yanomami-Namen Ayopowe (oder «Umweg»)
gab. Er war mit meinem Vater während dessen Zeit im Dorf gut befreundet.
Selbst als alter Mann war mein Onkel noch stark, beweglich und voller Leben.

Eines Nachmittags auf einer Wanderung blieb eine Tante stehen, um ein paar
Pilze zu sammeln. Sie nahm sie mit zum Shabono, und wir verspeisten sie
heißhungrig zusammen mit Krebsfleisch – ein improvisiertes Festmahl!

Nachtaufnahme des Shabono in Irokai. Als ich das Bild meiner Mutter zeigte, schien es ihr Angst zu machen. Wahrscheinlich konnte sie nicht nachvollziehen, wie ich in vollkommener Dunkelheit ein solches Foto schießen konnte. Wie hätte ich ihr auch die Grundzüge der Fotografie und der Blendenöffnung beibringen können?

Mom unterhält sich 2011 bei einem Besuch in der katholischen Mission Mavaca via Skype mit meinem Vater. Zum ersten Mal seit 20 Jahren hatten meine Eltern Gelegenheit, sich zu sehen und zu unterhalten. Mom ging mit Skype um, als sei sie es längst gewöhnt.

Das Gesicht meiner Mutter zeigt reine Freude, als sie bei meinem Aufenthalt
2013 mit meinem Vater in Easton, Pennsylvania, spricht. Sie war so glücklich,
von ihrem Zuhause aus mit ihrem «Kenny» sprechen zu können.

....

Nach unserer Wiederbegegnung in Hasupuwe im Jahr 2011 reisten wir
zusammen in Moms neues Heimatdorf Irokai, wo dieses Foto entstanden ist.
Von links nach rechts: eine meiner Nichten; Hortensia Caballero, die Anthro-
pologin aus Caracas, die mir auf dieser Reise so unglaublich hilfreich zur Seite
stand; Mom; Lucy (Ehefrau Nummer 2); ich; Layla (Ehefrau Nummer 1); eine
Cousine und Lucys «echter» Ehemann, der Kerl, der mir an meinem ersten
Abend im Dorf erklärte, er werde mich im Auge behalten.

Ein Augenblick entspannter Fröhlichkeit auf meiner Reise 2013. Links ein
Yanomami namens Ruben aus dem fernen Dorf Cosh. Neben ihm mein
Freund Andrew Lee, ebenfalls ein unglaublich hilfreicher Gefährte. Lassen
Sie sich nicht davon täuschen, dass Andrew mit seiner hellen Haut wie ein
Gringo aussieht: Er ist ein Kämpfer für das Amazonasgebiet, und er ist im
Yanomami-Territorium aufgewachsen. Er spricht fließend Englisch, Spanisch
und Yanomami. Außerdem ist er mit einer Yanomami-Frau verheiratet, und sie
haben mehrere Kinder. Er hat ein großes Herz und liebt die Yanomami innig.

Yanomami-Behausung in einem Dorf, das schon stärker von der westlichen
Kultur geprägt ist. Man beachte die getrennten «Wohnbereiche», die Elektro-
leitungen, Metalldächer und Lampen. Obwohl das Dorf eindeutig moderner
ist als die, in denen ich gelebt habe, wird es immer noch Shabono genannt.

Luftaufnahme von Puerto Ayacucho

Auf der Reise 2013 posiere ich vor den Guajaribo-Stromschnellen. Bald werde ich meine Mutter sehen, zum ersten Mal seit 20 Jahren. Ein erstaunlicher Gedanke, dass mein Vater Jahrzehnte zuvor dieselben Stromschnellen fotografiert hat. Genau wie jetzt ich nahm er immer wieder nach langer Abwesenheit den Weg zurück zu seiner geliebten Yarima auf sich.

Mein allererstes Selfie mit meiner Mutter – aufgenommen auf der Reise 2011, als wir gerade in der Nähe von Mavaca mit ein paar anderen Yanomami zum Angeln aufbrachen. Es ist eines meiner Lieblingsbilder aus meiner Dschungelzeit. Ich kann im Gesicht meiner Mutter mein Gesicht erkennen und in meinem Gesicht ihres. Wir entstammen vollkommen unterschiedlichen Welten, und doch sehen wir uns so ähnlich.

Kapitel sechs

MEIN LEBEN ALS YANOMAMI

Ich war müde von der Reise, erschöpft, lief auf Reserve. Das Wiedersehen mit meiner Mutter hätte nicht besser laufen können, und doch war es auch eine seelische Belastung, auf diese Weise und nach all den Jahren über so viele Meilen hinweg wieder Kontakt zu meiner Familie aufzubauen.

Im Dschungel zu leben, fernab von allem, was ich bis dahin gekannt hatte, war für mich immer noch vollkommen neu. Es surreal zu nennen, wäre ein totales Klischee, und Klischees gibt es bei den Yanomami nicht. Sagen wir also einfach, mein Verstand raste mit einer Million Kilometer pro Minute dahin – auch das ein Klischee, ich weiß, aber es trifft ungefähr das, was ich erlebte. Auch mein Herz raste. Mom wich mir nicht von der Seite, und ich hatte das Gefühl, das gesamte Dorf stünde ganz dicht um meine Hängematte herum, um das Drama und die Aufregung des eben vergangenen Moments und der Momente, die noch kommen würden, in sich aufzusaugen. Mom war schwindlig, wie betrunken von dem überwältigenden Gefühl, dass sie ihren Davi zurückhatte. Ich selbst war eher kaputt als aufgekratzt, erleichtert, dass alles gutgegangen war, das schon, aber vor allem freute ich mich auf das, was nun kommen mochte.

Während ich im Begriff war anzukommen und mich an die neue Umgebung zu gewöhnen, fiel mir immer wieder etwas ein, was mir mein Vater über das *Beobachten* der Yanomami erzählt hatte. In seinem Buch ließ er sich ausführlich darüber aus und reflektierte seine stetig wechselnde Rolle in der Gemeinschaft. Er fühlte sich hin- und hergerissen, da er gleichzeitig Beteiligter und Sozialwissenschaftler war. Für ihn stellte das eine ganz zentrale Frage dar, die ihn besonders belastete, als er überlegte, die Verlobung mit meiner Mutter einzugehen. Dieser Konflikt bildete auch den Kern seines erschütternden Berichts über seine Freundin aus einem Nachbardorf, die von einer Gruppe Teenager in den Wald verschleppt und mehrfach vergewaltigt worden war. Seine Rolle als Beobachter war es, die ihn – zunächst – quasi an den Rand des Spielfelds verbannt hatte, ohne dass er eingreifen konnte (oder wollte).

Diesen Konflikt beschrieb er nicht nur in seinem Buch. Vor meiner Abreise sprach er auch ausführlich mit mir darüber. Er sagte: «Dave, einiges von dem, was du dort sehen wirst, wird dir vielleicht nicht gefallen.»

Und tatsächlich, kaum war ich aus dem Boot gestiegen, sah ich mich schon mit diesem Dilemma konfrontiert. Ich hatte kaum Zeit, tief durchzuatmen, geschweige denn, mir zu überlegen, welche Rolle ich in dieser Gemeinschaft wohl spielen würde – Beobachter oder Beteiligter. Im Kopf hatte ich zwar alle möglichen Szenarien durchgespielt, doch bei meiner Ankunft merkte ich, dass meine Rolle bereits feststand. Wie ich zu diesem Schluss kam? Während ich neben meiner Mutter in meiner Hängematte saß, trieben zwei Yanomami-Jungen Unfug im Shabono. Sie mochten vielleicht acht, neun Jahre alt sein. Der eine Junge schubste den anderen, der daraufhin zu weinen begann und den anderen dann seinerseits anrempelte – keine große Sache, könnte man meinen, hier allerdings, unter den Hasupuwe-teri, war sie sehr viel bedeutsamer, als ich für möglich gehalten hätte. Die Situation geriet schnell außer Kontrolle. Bald hatte sich quasi das ganze Dorf am Schauplatz versammelt. Eine Frau nahm einen der Jungen beiseite und gab ihm einen Knüppel. Dann tauchte eine andere Frau, vielleicht die Mutter oder Tante des zweiten Jungen, auf und stattete ihn ebenfalls mit einem Knüppel aus. Man gab den Jungen Anweisungen, was sie mit ihren Knüppeln machen sollten. Diese hatten etwa die Größe von Polizei-Schlagstöcken und waren aus massivem Holz – nicht gerade eine Waffe, von der man gern getroffen werden möchte, selbst wenn nur ein kleiner Junge damit zuschlägt.

Von ihren Eltern dazu genötigt, begannen die Jungen mit ihren Knüppeln auf den Kopf des jeweils anderen zu zielen. Inzwischen weinten sie alle beide. Keiner von ihnen wollte diese Schläge austeilen oder einstecken, aber das war es, was ihre älteren Verwandten von ihnen erwarteten. Es war wie ein Übergangsritus – ein schauderhafter, ekelerregender Übergangsritus –, und er kam mir einfach nur abschreckend und brutal vor.

Mein Vater hatte recht: Einiges von dem, was ich dort zu sehen bekam, mochte ich nicht – und schon jetzt, wo ich noch nicht einmal ausgepackt hatte, war ich empört.

Einer der Jungen war viel größer und stärker als der andere, wirkte aber auch nervöser als sein Gegenüber. Doch keiner der Anwesenden, so glaube ich, war aufgeregter als ich. Die Jungen waren blutverschmiert, schluchzten und taumelten, weil es so anstrengend war und es sie so viel Kraft kostete, diese Schläge auszuteilen. Es war entsetzlich, es tat weh, man konnte es kaum mit ansehen – und irgendwann, als ich mitbekam, dass der eine Junge durch einen Schlag eine regelrechte Platzwunde davontrug, erhob ich mich erzürnt. Fast kannte ich mich selbst nicht mehr, so war ich in Rage. Wirklich, ich war stinksauer!

Doch sobald ich stand, hielt ich inne und sagte mir, ich

müsse mich wie ein Ethnologe verhalten; ich dürfe mich nicht einmischen, das sei nicht meine Rolle; ich sei hier, um zu beobachten, nicht, um mich einzumischen. All diese idiotischen Gedanken schossen mir durch den Kopf, und einen Augenblick lang meinte ich, auf sie hören zu müssen. Doch dann merkte ich, was für ein Unsinn das war. Bei dem Kampf zwischen diesen beiden Jungen ging es nicht um den Sieg, so viel wurde mir klar – es war viel mehr eine Prüfung auf Herz und Nieren, die sie auf die Möglichkeit vorbereiten sollte, dass sie in einen echten Kampf gerieten. Im Westen wäre das Äquivalent wahrscheinlich, dass ein Vater seinem Sohn rät, wenn er geschlagen werde, solle er zurückschlagen – eine Art «Auge-um-Auge»-Grundsatz. Bloß wirkte die Dschungelversion, die hier mit Knüppeln ausgetragen wurde, ein bisschen brutaler – auf *mich* jedenfalls! Aber so war das bei den Yanomami, und wenn ich eine Zeitlang in ihrem Territorium bleiben und mich den hiesigen Gepflogenheiten anpassen wollte, musste ich mich darauf einstellen. Ich spielte die Situation im Kopf durch und dachte: Schön, hier haben Kinder einen Streit angefangen, bei dem es vermutlich um nichts Besonderes ging, und auf diese Weise lassen die Eltern die Kinder den Streit beilegen. Für die Eltern war es eine Gelegenheit, den Kindern etwas beizubringen, eine Ehrensache. Und doch war es in meinen Augen einfach nur brutal, fast schon eine Form von Kindesmisshandlung, diese beiden Jungen zu zwingen, dass sie einander Holzknüppel über den Schädel zogen.

Ich hatte absolut keine Ahnung, was ich tun sollte – was wurde von mir erwartet, was würde man mir durchgehen lassen? Einerseits wusste ich genau, dass dies ein Aspekt dieser Kultur war – einer Kultur, zu der ich nur ansatzweise gehörte. Wenn ich einschritt, würde ich mich selbst als Außenseiter positionieren, wo ich mich doch eigentlich anpassen wollte –

genauso wie ich mich als Jugendlicher in New Jersey hatte anpassen wollen. (Seltsam, wie unsere Bedürfnisse und Wünsche sich immer wieder ihren Weg bahnen.) Ich wollte keine Aufmerksamkeit auf mich lenken, konnte aber auch nicht untätig zusehen, wie diese beiden Jungen einander zusammenschlugen. Es war ein Kulturschock. Ich konnte nicht anders, als meine westliche Moral und meine Maßstäbe auf die Situation zu übertragen.

Wie erstarrt muss ich eine gute Weile dort gestanden haben, unsicher, was ich als Nächstes tun sollte und ob ich überhaupt irgendetwas tun sollte – in der Zwischenzeit schien der Kampf ein wenig abzuflauen. Der eine Junge schlug den anderen, dieser taumelte rückwärts, brachte sich wieder in Position, und dann, wieder ein paar Augenblicke später, setzte der zweite Junge zum Schlag gegen den ersten an. Es war, als würde sich alles in Zeitlupe abspielen – fast, als würden sie versuchen, einander *nicht* zu verletzen, denn natürlich war ihnen klar, dass die Rache immer auf dem Fuß folgt.

Schließlich ertrug ich es nicht länger, nicht einmal bei diesem gedrosselten Tempo, also zog ich ein T-Shirt aus meinem Gepäck – ein leuchtend orangefarbenes, das ich mitgebracht hatte, um es den Dorfbewohnern zu schenken – und ging damit auf den Jungen zu, der bei der Schlägerei mehr abbekommen hatte. Es ist mir wichtig zu erwähnen, dass nicht ich es war, der den Kampf beendete. Er war schon vorbei. Aber dieses eine Kind war wirklich übel zugerichtet. In seinem Kopf klaffte eine Wunde, und ihm liefen das Blut und die Tränen in Strömen übers Gesicht. Der arme Kerl sah furchtbar aus; wahrscheinlich waren die Wunden gar nicht so gravierend, wie es den Anschein hatte, aber sie waren schlimm genug. Ich handelte, ohne zu denken, und spulte die Handgriffe ab, die ich daheim im Erste-Hilfe-Kurs gelernt hatte – niemand machte

Anstalten, mich aufzuhalten. Nicht meine Mutter, nicht mein Bruder, nicht meine Onkel … sie ließen mich einfach gewähren.

Während ich mich dem Jungen näherte, zerriss ich das T-Shirt der Länge nach – wie man es machen soll, wenn man eine Kopfwunde versorgen will. Das T-Shirt war nagelneu, und der Stoff gab beim Zerreißen mit einem klaren, scharfen Knirschen nach. Die Menge, die sich versammelt hatte, um den Kampf zu verfolgen, schnappte augenblicklich kollektiv nach Luft. Plötzlich begannen sie, mich anzuschreien – ganz offensichtlich fanden sie mein Verhalten empörend. Anscheinend verstanden sie nicht, was zum Teufel ich vorhatte, am allermeisten schien sie aber zu stören, dass ich soeben ein vollkommen tadelloses T-Shirt ruiniert hatte.

Mir schoss der Gedanke durch den Kopf, dass sich die gaffenden Dorfbewohner mehr Gedanken um das T-Shirt machten als um die beiden kleinen Kinder … doch sie sahen das Ganze lediglich aus einer anderen Perspektive. Allerdings konnte ich darüber nicht ausführlicher nachdenken, weil ich mich nun ganz auf die Erste-Hilfe-Maßnahmen konzentrieren musste. Ich nahm ein wenig Wasser und schüttete es dem Jungen über den Kopf, um rasch die Wunde zu säubern. Ich setzte ihn hin – um ihn zu beruhigen, wie ich zunächst dachte, bis ich merkte, dass ich derjenige war, der Beruhigung nötig hatte. Dann wickelte ich ihm einen abgerissenen T-Shirt-Streifen um den Kopf, um die Blutung zu stoppen. Die ganze Zeit über sahen die Leute bloß zu. Es war, als verfolgten sie neugierig, was ich tat – selbst der Junge mit dem blutigen Kopf war verdutzt. Sie alle wussten inzwischen, wer ich war, ich war also kein vollkommen Fremder für sie. Man hatte meine Ankunft seit Monaten erwartet, und Yarima war unter ihren Leuten gewissermaßen ein Rockstar – sie war das Mädchen, das dem Nabuh mit der großen Stirn in sein fernes Dorf gefolgt und zurückgekehrt war, um ihre Geschichte zu erzählen. Sie nahmen mir zwar nicht übel, dass ich mich einmischte, aber sie verstanden es auch nicht. So einen Verband, wie ich ihn dem Jungen angelegt hatte, hatten sie noch nie gesehen; der arme Kerl sah mit dem orangefarbenen Stoff um die Stirn aus wie eine Kreuzung aus Kürbis und Pirat.

Dann war alles vorbei. Die Jungen kehrten zu ihren Familien in ihren jeweiligen Teil des Shabonos zurück, und anschließend wurde über einen seltsamen jungen Mann mit merkwürdigen neuen Verhaltensweisen getuschelt, der die Bräuche im Dschungel nicht kannte ... also über mich. Hortensia übersetzte mir, was die Leute sagten. Im Kern lief es auf eines hinaus: Ich hätte wissen müssen, dass diese Schläge auf den Kopf gut für die Kinder waren, dass sie das stark machte, dass es ihre Köpfe abhärtete. Alles in allem wurde der Kampf positiv bewertet. Und ich wurde als sonderbarer Nabuh-Eindringling betrachtet, der ohne Not ein makelloses Shirt ruiniert hatte, das man sehr viel sinnvoller hätte verwenden können.

Ich beschäftigte mich wieder damit, meine Sachen auszupacken, doch der Vorfall ließ mich nicht los. Vor allem der *Zwiespalt* ließ mich nicht los. Einerseits sagte ich mir, ich sei da, um zu beobachten und zu lernen, nicht, um mich einzumischen, und andererseits sah ich, dass dies meine Familie war, mein Dorf, mein Volk. Schon an meinem ersten Nachmittag im Dschungel hatte ich mich von dem Ethnologenideal verabschiedet. Schon jetzt hatte ich eine Grenze überschritten. Aber ich war ja auch kein Ethnologe. Ich konnte nicht danebensitzen und mir Notizen machen, während zwei Jungen sich bis aufs Blut prügelten; ich war nicht hier, um diese Leute *bloß* zu studieren. Ich war hier, um eine *Bindung* zu ihnen aufzubauen, und so fühlte ich mich schließlich versöhnt mit meinem Eingreifen. Scheiß drauf!, dachte ich. Zum Teufel mit den

Erwartungen an mich. Ich war Yanomami – genau wie diese guten Menschen – und würde meine Zeit im Dorf auf meine eigene Weise erleben.

Die Geschichte hatte übrigens noch ein seltsames Nachspiel, das ungefähr zwanzig Minuten später eintrat und mich über meinen gesamten Aufenthalt im Dorf hinweg verfolgen sollte. Na ja, *verfolgen* ist vielleicht ein bisschen übertrieben, aber etwas Ähnliches kam immer wieder vor. Der Junge, der in dem Kampf mehr abbekommen hatte, der mit dem knallorangefarbenen Druckverband, fühlte sich durch meine Fürsorge fast so etwas wie blamiert. Als wäre die Lektion, die er hätte lernen sollen, nun irgendwie umsonst gewesen. Er entledigte sich des Verbands nach kürzester Zeit, als stelle er ein Riesenärgernis dar.

Nach diesem Fiasko stand ich also als der Dumme da – eine Rolle, die zu spielen ich in den folgenden Tagen und Wochen noch reichlich Gelegenheit bekommen sollte.

Nun war ich erst seit ein paar Stunden im Dorf, und schon war so viel passiert. Ich war wieder mit meiner Mutter vereint, hatte meinen Halbbruder Ricky Martin, meinen Onkel Shoape und so viele Tanten, Cousinen und Cousins kennengelernt, dass ich mir ihre Namen unmöglich alle merken konnte. Meine Hängematte hatte ich an einem Ehrenplatz im Shabono aufgehängt und mit Freude die neugierigen Blicke der Yanomami-Kinder bemerkt, die mich wie einen Außerirdischen ansahen. Nachdem ich mich bei dem kleinen Kampfritual «eingemischt» hatte, erschien ich den Dorfbewohnern nun noch fremdartiger als zuvor.

Dabei hatte es gerade erst angefangen.

Als Nächstes brachte meine Mutter noch jemanden zu mir, den ich kennenlernen sollte. Es geschah unerwartet, aber ich hätte es kommen sehen sollen. Zwar hatte sich bereits eine große Gruppe um uns versammelt, weil schon seit einer Ewigkeit nichts so Aufregendes mehr im Dorf passiert war, doch als meine Mutter auf mich zuging, traten die Leute beiseite und machten ihr Platz. Hätte es bei den Yanomami so etwas wie einen Trommelwirbel gegeben, dann wäre jetzt der Moment dafür gewesen, denn es war mein *Willkommen-im-Dschungel*-Moment. Es fehlte nur noch, dass sich der Himmel auftat, um meine Ankunft zu verkünden – die große Offenbarung! Mom konnte es absolut nicht erwarten, die anstehende Begegnung einzuleiten, fast schon, als hätte sie alles von langer Hand geplant. Als hätte sie nur auf diese Gelegenheit gewartet, mich mit einem Willkommensgeschenk, einer Riesenüberraschung, zu beglücken.

Das Geschenk? Eine wunderschöne junge Frau, die – nach meinen westlichen Maßstäben geschätzt – vielleicht achtzehn oder neunzehn Jahre alt sein mochte. Sie trug den typischen Topfschnitt der Yanomami-Frauen und schmale *Hii-hi*-Stäbchen in Unterlippe und Nasenscheidewand. Ihr Oberkörper war nackt, geschmückt mit einer bunten Perlenkette, und sie hatte einen roten Rock an. Diagonal um ihre Schultern war ein Band aus Lianen drapiert – was mich auf seltsame Weise an die Schärpe einer US-amerikanischen Schönheitskönigin erinnerte. Das Mädchen sah atemberaubend aus, und ich war geradezu sprachlos, als sie sich näherte. Mir fiel nichts ein, was ich hätte sagen oder tun können, und ich hatte keinen blassen Schimmer, welche Position in meinem Stammbaum sie wohl einnahm. Sie kam auf mich zu und legte den Arm um meinen Oberkörper – eine Geste der Vertrautheit, die mir für diesen Teil der Welt ungewöhnlich erschien, denn es war nicht üblich, dass sich Männer und Frauen in aller Öffentlichkeit körperlich annäherten. Sie kicherte und lächelte, sodass ein dickes, nasses

Tabakknäuel zum Vorschein kam, das an der Innenseite ihrer Unterlippe ruhte.

Ich lachte nervös, lächelte ebenfalls und tat, was jeder Möchtegern-Yanomami in dieser Situation getan hätte – ich legte meinen Arm um das Mädchen und tätschelte ihren Kopf.

Wohlgemerkt, bis zu diesem Moment hatte ich keine Ahnung, ob das Mädchen meine Halbschwester, eine Cousine oder vielleicht sogar eine Tante war ... ich hielt sie aber auf jeden Fall für ein Familienmitglied. Was mich allerdings nicht hinderte, sie zu taxieren. (Immerhin war sie halb nackt!) Sie war von exotischer Schönheit, selbst mit dem Tabak im Mundwinkel und dem Stäbchen durch die Nase; allerdings war ihr Körper vielfach gezeichnet, von Narben, Moskitostichen, teils schwer entzündeten Stichen größerer Insekten und anderen Anzeichen des harten Lebens im Dschungel. Als sie sich an mich schmiegte, konnte ich die zeremonielle *Onoto*-Farbe riechen, die ihre Wangen zierte.

«Hey», sagte ich. Das war zwar nicht gerade die angemessene Antwort auf eine so warmherzige Begrüßung, aber etwas Besseres brachte ich beim besten Willen nicht heraus.

Die ganze Zeit über lächelte meine Mutter – sie strahlte geradezu, und dann sagte sie etwas zu mir, das ich nicht verstand. Ich machte ein ratloses Gesicht, und sie wiederholte es. Immer noch nicht kapiert. Schließlich schaltete sich Hortensia ein, um mich aufzuklären. Sie hatte ganz in der Nähe gestanden und diese Begegnung mitverfolgt, und sie merkte, dass ich nicht mehr mitkam.

«Das Mädchen», sagte Hortensia, «ist deine Frau.»

Tja, in diesem Moment hätte man mich auch mit einer Papageienfeder einfach umstoßen können. In meinem Hinterkopf war ich zwar darauf vorbereitet gewesen, dass irgendetwas in der Art während meiner Zeit im Dschungel passieren würde –

aber ich war nur rein theoretisch darauf eingestellt. Mein Vater hatte mich vorgewarnt – genauso wie die anderen Ethnologen und Missionare, die ich vor meiner Reise aufgesucht hatte –, es traf mich also nicht vollkommen unvorbereitet. Allerdings hatte ich eher damit gerechnet, dass mich, sofern alles glattlief, einer der Häuptlinge nach ein paar Wochen beiseitenehmen und mir nahelegen würde, mir eine Frau zu nehmen, genau, wie es bei meinem Vater der Fall gewesen war. Das konnte dann etwas zu bedeuten haben oder eben auch nicht, jedenfalls hätte ich bis dahin Zeit gehabt, mich im Dorf einzugewöhnen.

Ihren Namen habe ich nie erfahren – das war bei den Yanomami nicht üblich –, aber insgeheim nannte ich sie Layla. Man sagte mir, ich solle sie mit dem Yanomami-Wort für Frau anreden, «Sua», was ich auch tat; aber sie hatte irgendetwas an sich, was geradezu nach *Layla* schrie wie in dem großartigen Song von Eric Clapton.

Dann, bevor ich auch nur anfangen konnte, darüber nachzudenken, was aus dieser Beziehung zu «Layla» werden sollte, wanderten alle Augen zu einer anderen jungen Frau, die sich im Schlepptau der ersten genähert hatte. Auch sie war bildschön, wirkte allerdings ein bisschen jünger. Und sie war weniger direkt, zog weniger Aufmerksamkeit auf sich, bewegte sich weniger selbstbewusst und weniger zielstrebig. Sie trug etwas, das wie eine gelbe Caprihose aussah, dazu eine bunte Kette, und während ich *sie* nun unter die Lupe nahm, fragte ich mich, wie diese Mädchen zu ihren Kleidern und zu den Perlen für ihre Ketten kamen. Ich überlegte fieberhaft, wer wohl hier gewesen sein und diese Dinge mitgebracht haben konnte. Ärzte? Regierungsbeauftragte? Missionare?

Doch allzu lang konnte ich mir darüber nicht den Kopf zerbrechen – denn wie sich herausstellte, sollte auch dieses Mädchen meine Frau werden. Sie kam nicht mit der gleichen

Selbstverständlichkeit auf mich zu wie meine «erste» Frau, sondern war schüchtern und vorsichtig – was ich ihr nicht zum Vorwurf machen konnte. Ich an ihrer Stelle hätte schon nach dem ersten Blick auf mich in meinen albernen Klamotten und mit meinen albernen Allüren das Weite gesucht – doch Ehefrau Nummer zwei hielt durch – das muss man ihr lassen.

Ehefrau Nummer zwei wurde mir ebenfalls als *Sua* vorgestellt, doch ich beschloss, sie heimlich Lucy zu nennen. Auch in diesem Fall schien der Name, wer weiß, warum, perfekt zu passen – wie in *Lucy in the Sky with Diamonds*.

Wie sich herausstellte, waren meine beiden Ehefrauen Schwestern, und so langsam kam ich mir vor wie in der Parodie einer billigen Krawall-Talkshow. Unabhängig davon war es mir wichtig, sie genauso herzlich zu empfangen wie Ehefrau Nummer eins, also wandte ich mich an «Lucy» und begrüßte sie mit einem: «Hey.» Denn, hey, ich wollte schließlich niemanden beleidigen.

Es zeigte sich außerdem, dass jede meiner beiden Ehefrauen bereits einen Ehemann hatte – und eine von ihnen sogar ein Kind! Die Sache nahm also immer deutlichere Züge einer nachmittäglichen Billig-Talkshow an. Einer der Ehemänner war bei dieser improvisierten «Zeremonie» auch anwesend, aber das bekam ich zu dem Zeitpunkt noch nicht mit. Obwohl der Mann – vielleicht Mitte zwanzig, möglicherweise sogar ein bisschen älter – wirklich auffiel. Er hatte etwas Wildes an sich und wirkte, als könnte er mich mit ein paar Fußtritten niederstrecken, wenn er denn wollte ... nun, Grund genug hatte ich ihm ja schon geliefert. Er war eindeutig stärker als ich, sah brutaler aus als die meisten anderen Männer im Dorf, und hatte ordentlich Speck um die Hüften. Ich kannte ihn bereits von der Bootsfahrt mit Jacinto und Hortensia. Er hatte sich meine Penn-State-Baseballkappe genommen und aufgesetzt – zum

Spaß, wie ich geglaubt hatte, doch inzwischen fragte ich mich, ob er mich irgendwie verhöhnen wollte, denn er weigerte sich, sie mir zurückzugeben.

Mom war vor Begeisterung kaum zu halten, als sie mich mit diesen beiden Frauen verkuppelte. Sie stellte sich vor, dass ich diese Ehen vollziehen und anfangen würde, Yanomami-Babys zu produzieren. Auf diese Weise sollte ich hier Wurzeln schlagen und meine Verbundenheit zum Dorf wachsen, sodass ich niemals in das «Dorf» meines Vaters in New Jersey zurückging. Es war ein Versuch, mich im Regenwald zu halten – aber gleichzeitig auch eine Möglichkeit, dafür zu sorgen, dass ich mehr Yanomami wurde als durch einen Initiationsritus.

Aus Perspektive der Dorfältesten, so begriff ich, sollte mit diesen Verbindungen sowohl den Irokai-teri Ehre erwiesen als auch im Gegenzug mir selbst Ehre zuteilwerden. Wer zum Teufel war ich, mich querzustellen?

Noch ein, zwei Worte zu den «eifersüchtigen Ehemännern»: Später an diesem Nachmittag entspannten einige von uns sich in ihren Hängematten, während die Missionare ein leckeres Willkommensmahl mit Reis und Fisch vorbereiteten. Sie machten auch Kaffee – wir hatten selbst welchen mitgebracht, doch ich war überrascht von seinem kräftigen Aroma. Ich genoss die Bilder, die Gerüche, die Geräusche um mich herum ... versuchte, alles in meiner neuen Umgebung gleichzeitig aufzunehmen. Es wurde viel geredet, aber ich verstand so gut wie nichts, außer ein paar Worten und einzelnen Satzteilen. Zum Glück war Hortensia da, um für mich zu dolmetschen, wie sie es mir für die gesamte erste Etappe meiner Reise versprochen hatte.

Es war eine sanfte, friedliche Szenerie – besser hätte ich mir meinen ersten Nachmittag und Abend nicht träumen lassen. Doch dann sprang ganz plötzlich der Mann, den ich schon vom Boot und von der ersten Begegnung mit meinen beiden

Frauen kannte, aus seiner Hängematte und marschierte direkt auf mich zu. Seine Stimme, seine Haltung, sein Gebaren ... alles wirkte aggressiv, bedrohlich.

Während er näher kam, wandte ich mich rasch an Hortensia und fragte: «Wer ist das?»

«Das ist der Ehemann der Frau», erklärte sie.

«Welcher Frau?»

Sie deutete auf Frau Nummer zwei und sagte: «Dieser Frau.»

Ich dachte nur: Was zum Teufel ...?!

Ehefrau Nummer zwei – die jüngere, die schüchterne von beiden. Anscheinend hatte sie diesen Brutalo geheiratet, einen Typen, mit dem ich mich ganz sicher nicht anlegen wollte. Er sah aus, als sei er gut mit dem Bogen, gut mit der Machete, schnell mit den Händen. Stark genug, um mich in Stücke zu reißen und anschließend vielleicht über dem offenen Feuer zu rösten. Das Letzte, was ich wollte, war in die Ehe dieses Typen einzubrechen und seine Frau für mich zu beanspruchen.

Im Näherkommen brüllte er etwas. Dann baute er sich nur wenige Zentimeter von mir entfernt auf und brüllte erneut. Nach einer Weile hielt er inne, als würde er darüber nachdenken, ob er noch etwas zu sagen habe. Schließlich machte er kehrt und ging zu seiner Hängematte zurück. Innerhalb weniger Schritte wandelte sich sein Auftreten von drohend zu passiv-aggressiv.

Überall um uns herum lachten die Leute fröhlich, als hätten sie gerade die Pointe eines subtilen Witzes verstanden. Alle hatten diese seltsame und überraschende Episode mitverfolgt, und jetzt wandten sich alle Augen mir zu, um zu sehen, wie ich reagierte.

Meine Mutter hatte die ganze Zeit neben mir gesessen. Sie hatte sich nicht gerührt, um einzuschreiten oder mich irgendwie zu verteidigen. Sie saß einfach nur neben mir.

Wieder wandte ich mich hilfesuchend an Hortensia. «Was war *das* denn?», fragte ich sie.

«Er wollte dich wissen lassen, dass er der Ehemann deiner Frau ist. Du sollst vorsichtig sein, denn er kann sehr eifersüchtig werden.»

«Und warum haben dann alle gelacht?», erkundigte ich mich.

«Weil er es sich am Ende anders überlegt und erklärt hat, du bräuchtest dir keine Sorge zu machen, er werde nicht eifersüchtig werden», sagte sie.

Trotzdem merkte ich mir lieber mal: «Vorsicht mit der Frau von diesem Kerl!»

Später an diesem ersten Tag ließ mich der Häuptling durch einen Dolmetscher wissen, dass die Männer des Dorfes mir beim Bau einer Hütte helfen wollten – wie sie es vor über dreißig Jahre auch für meinen Vater schon getan hatten. Ich fand das großartig, denn das spann sozusagen einen roten Faden zwischen der Situation heute und den damaligen Umständen.

Fürs Erste bekam ich einen Platz für meine Hängematte im Shabono zugeteilt. In der ersten Nacht schlief ich nicht allzu gut. Mom erwartete, dass ich mich von Anfang an als Vollblut-Yanomami erwies. Das war ihr Anliegen in allen Lebenslagen – sie wollte, dass ich mich wie ein Yanomami bewegte, schlief, atmete, aß und handelte. Wie ein Yanomami durch und durch. Ich war ihr Sohn, der nach einem viele Jahre dauernden Wayumi als einer von ihnen zurückgekehrt war, und das hieß, ich würde mich unter ihrem Volk, *meinem* Volk, bewegen wie einer von ihnen. Sie war unerschütterlich. Das bedeutete, dass ich ohne Moskitonetz am Feuer schlafen sollte. Es bedeutete, dass ich Käferlarven und Affenfleisch und alles, was sie mir sonst noch vorsetzte, essen sollte. Und es bedeutete auch, dass ich nichts tragen sollte außer meiner Unterwäsche – denn ich war zwar wirklich gewillt, mich kamikazemäßig und auch mit Haut und Haaren auf das Yanomami-Dasein einzulassen, aber ich war nicht bereit, nackt herumzulaufen oder mit einer traditionellen Penisschnur, wie sie offenbar von allen Männern im Dorf getragen wurde. (Was man sich darunter vorzustellen hat? Der Name ist gewissermaßen Programm – man bindet die Vorhaut an eine Schnur, die um die Taille gewickelt wird. Sieht nicht gerade schmeichelhaft aus und ist auch alles andere als bequem.)

Es bedeutete darüber hinaus, dass ich auf meine Schuhe verzichten sollte – womit ich so meine Schwierigkeiten hatte. Meine Mutter deutete auf meine Reeboks und erklärte: «*Zapatos, shami!*» Schuhe, schlecht!

Den gesamten ersten Nachmittag und Abend versuchte ich, barfuß zu gehen, weil es mir wirklich, wirklich wichtig war, meiner Mutter zu gefallen. Doch meine Fußsohlen waren einfach nicht abgehärtet genug, um dem Boden des Regenwaldes standzuhalten, sodass ich jedes Mal, wenn ich zu meiner Hängematte zurückkehrte, wieder in meine Schuhe schlüpfte – bis meine Mutter erneut mit dem Finger darauf zeigte.

«*Zapatos, shami!*»

Dass mein Vater die ersten Nächte im Dschungel eine Taschenlampe und ein Messer mit in die Hängematte genommen hatte, wusste ich nicht mehr – aber genau das Gleiche tat ich nun auch. Diese Parallele fiel mir allerdings erst auf, als ich wieder in den Vereinigten Staaten war und sein Buch noch einmal las. Da lag ich nun also, Taschenlampe und Messer an die Brust gedrückt, und lauschte den Geräuschen der Nacht, verscheuchte die Insekten, versuchte es mir behaglich zu machen, fragte mich, wie ich mich an diesen wilden, wundervollen Ort gewöhnen sollte. In dieser Nacht schwang ich meine beiden

Überlebenswaffen viele, viele Male, so wie in den folgenden Nächten auch.

Ich war zu aufgeregt, um zu schlafen, aber ich hatte auch Angst. Man muss sich klarmachen, dass ich mich tief im Herzen des Regenwaldes befand, ohne die Sprache zu beherrschen und ohne mit Flora und Fauna vertraut zu sein, dass ich panische Angst vor Insekten hatte und dass ich vollkommen abgeschnitten von der Welt war, die ich kannte. Auch wenn ich hellauf begeistert war, meine Mutter endlich wiederzusehen und an meine Yanomami-Wurzeln anzuknüpfen, war ich mir nicht sicher, ob ich der Situation überhaupt gewachsen war. Und diese Sorge war begründet! Als die Dunkelheit hereinbrach und die Nacht voranschritt, fühlte ich mich komplett überfordert. Ich muss zugeben, dass mir, während ich schlaflos in meiner Hängematte lag, all die Geschichten über Gewalt und Stammeskriege in den Sinn kamen, die jahrelang das Bild von den Yanomami geprägt hatten. Vergessen waren die wilden Tiere, die im Wald lauern mochten, vergessen waren die Moskitos, Gnitzen und sonstigen unheimlichen Krabbelwesen. Meine größte Angst galt den wilden Yanomami aus den Nachbardörfern. Chagnons Worte hingen über meiner Hängematte in der Nachtluft und versetzten mich in Todesangst, erfüllten meinen Kopf mit grausigen, gespenstischen Bildern. Geschichten von Vergewaltigungen, Rachezügen, Bandenangriffen ... sie wiederholten sich wie in einer Endlosschleife, und ich konnte sie beim besten Willen nicht abschalten.

Eines will ich ganz offen sagen: Wenn man mitten in der Nacht von Dutzenden schlafenden, schnarchenden Fremden umgeben ist, die nicht recht wissen, was sie von einem zu halten haben, unter einem Baldachin von Dschungelgefahren, die man nicht mal zu benennen weiß – dann kann die Phantasie schon mal mit einem durchgehen. Insbesondere, wenn sich nur ein paar Hängematten weiter ein eifersüchtiger, argwöhnischer Ehemann befindet. Kurz, ich hatte eine Heidenangst. Da ich mich durch nichts ablenken konnte, erschienen mir die nächtlichen Geräusche des Regenwalds wie verstärkt, und ich überlegte die ganze Zeit, was ich mir bloß dabei gedacht hatte, mich auf dieses Abenteuer einzulassen. Auch fragte ich mich, was im Dschungel wohl lauern mochte, bereit, sich auf mich zu stürzen und mich zu vernichten. Das war ganz schön extrem. Die Tatsache, dass ich mich hier befand, fernab des gewohnten Komforts, fernab von allem, was ich als Zivilisation kannte. Ausgerechnet ich. Ich, der panische Angst vor Spinnen hatte. Zu Hause flippte ich schon aus, wenn ich einen Marienkäfer sah, verdammt noch mal. Wenn eine Biene durch ein offenes Fenster hereinflog, bekam ich die Krise. So lag ich die ganze erste Nacht wach (und die nächste, und die übernächste auch) und lauschte in stiller Panik den Geräuschen in meiner Umgebung: Holz knackte, Insekten zirpten, wilde Nachttiere strichen raschelnd durch die Büsche außerhalb der Lichtung, auf der das Shabono stand. Wie ich mir wünschte, das weiße Rauschen des Dschungels mit einem Lautstärkeregler herunterdrehen zu können ... aber diese Kreaturen gaben einfach keine Ruhe!

Wenn ich irgendwo in der Ferne einen Zweig knacken hörte, hob ich den Kopf und richtete den Strahl meiner Taschenlampe in die Richtung, aus der das Geräusch kam. Was war das? Ein Angreifer aus einem Nachbardorf? Ein Jaguar? Der Lichtkegel enthüllte nichts. Warum hörte denn niemand sonst diese Laute?

Irgendwann während dieser ersten Nacht – vielleicht eine Stunde, nachdem alle anderen eingeschlafen waren, vielleicht auch drei oder vier Stunden später – hatte ich das Gefühl, die Nachtluft sei in Bewegung, und zwar, weil ein warmblütiges

Tier sich langsam an meine Hängematte heranmachte. Auf Beute aus. Zum Angriff bereit.

Verdammt!

Ich sprang aus meiner Hängematte, das Messer in der Hand. «Wer ist da?», rief ich flüsternd. Ich wollte niemanden wecken, doch gleichzeitig fragte ich mich, wieso niemand außer mir diese Laute hörte. So dämpfte ich dummerweise meine Stimme, während ich gleichzeitig gehört werden wollte.

Als ich die Taschenlampe anknipste und den Strahl rings um meine Hängematte wandern ließ, konnte ich nichts Auffälliges entdecken. Halb erwartete ich, den eifersüchtigen Ehemann von Ehefrau Nummer zwei zu sehen – schließlich hatte der Typ mich wenige Stunden zuvor in Gegenwart sämtlicher Dorfbewohner bedroht. Zu diesem Zeitpunkt erschien es mir durchaus wahrscheinlich, dass er mich, um der Ehre seiner Ehe willen, im Schlaf angriff, wenn niemand zusah.

«Wer ist da?», fragte ich wieder.

Sobald es heraus war, hätte ich mich dafür ohrfeigen können. Wie blöd war das denn, so etwas zu sagen! Sollte irgendwo im Dunkel tatsächlich ein Eindringling auf mich lauern, verstünde er doch gar nicht, was ich sagte. Und wenn es ein Tier war ... genauso blöd. Ungefähr so sinnvoll, wie wenn ich angefangen hätte zu singen.

Aber da war nichts, niemand. Nach einer Weile wurde mir klar, dass keiner meiner Yanomami-Verwandten wach geworden war, und ich versicherte mir selbst, ich hätte mir alles nur eingebildet. Mom schlief tief und fest in ihrer Hängematte, gleich neben mir. Mein Bruder Ricky Martin schnarchte friedlich auf der anderen Seite des Shabono. Und ich war bloß ein Schwachkopf aus Easton, Pennsylvania, der in seiner Unterwäsche herumsprang, während er Grillen und Frösche verscheuchte, die sich wahrscheinlich über ihn totlachten und zirpten und quakten: «Hey, schaut euch mal den Vollidioten an! Schlaf endlich weiter, du blödes Weichei!»

In der ersten Nacht konnte ich keinen klaren Gedanken fassen. Wenn ich mich nicht gerade herumwälzte und glaubte, bei lebendigem Leib von Schlangen oder Jaguaren verspeist oder von eifersüchtigen Ehemännern erschlagen zu werden, fragte ich mich sorgenvoll, wie Mom und ich unsere Tage herumbringen würden. Es war eine Sache, den weiten Weg hierherzukommen und ihr wiederzubegegnen, aber eine ganz andere, wirklich miteinander in Beziehung zu treten – dazu musste ich mich auf das Dorfleben einlassen, und Mom und meine Wenigkeit mussten gemeinsame Bezugspunkte finden.

Nur, um das klarzustellen: Damals hatte ich keine Ahnung, wie lange ich in Moms Dorf würde bleiben können. Ich war mit einem One-Way-Ticket nach Venezuela gekommen, mein Rückreisetermin stand also nicht fest. Wenn ich mich weiter so durch endlose, schlaflose Nächte quälen musste, würde mein Aufenthalt jedenfalls nicht lange dauern. Gewöhnte ich mich hingegen ein und fühlte mich wohl ... wer weiß? Im besten Fall, so mutmaßte ich, konnte ich mehrere Monate bei Mom bleiben – gerade lang genug, um das Dschungelleben voll auszukosten und eine solide Grundlage für einen zweiten Besuch zu schaffen.

Während ich so dalag, grotesk schlaflos, ging mir auf, dass ich diese Reise definitiv nicht so gut durchdacht hatte, wie ich es hätte tun sollen. Ich war einem irrationalen Impuls gefolgt, und ich befürchtete, die kommenden Wochen würden langsam und kläglich verstreichen. Darüber hatte ich mir überhaupt keine Gedanken gemacht, es war mir nicht einmal in den Sinn gekommen, doch jetzt konnte ich an gar nichts anderes mehr denken. Bevor ich mich jedoch deswegen geißeln, bevor ich mich besorgt fragen konnte, wie ich in der Dschungelwildnis jemals Schlaf finden, wie ich zurechtkommen sollte, da begann die Sonne auf unsere kleine Lichtung herabzulächeln, und als das erste Morgenlicht die Dunkelheit langsam aus dem Shabono verbannte, kam alles in Bewegung. Meine Mutter stand als eine der Ersten auf und verfiel sofort in rege Betriebsamkeit. Sie war überall gleichzeitig, traf Vorbereitungen für ... *irgendetwas*. Am Abend, als alle eingeschlafen waren, hatte ich keine Ahnung gehabt, was am nächsten Morgen oder während meiner verbleibenden Zeit hier passieren würde. So weit waren wir in unserer Planung nie gediehen – monatelang war unser einziges Problem gewesen, wie ich es bis hierher schaffen sollte, und jetzt, nach unserer Ankunft, war der Rest vollkommen offen. Doch Mom irrlichterte herum wie ein Aufziehmännchen.

Fest stand nur, dass unser Bootsmann Jacinto samt seinem Boot mit Außenbordmotor für den Rest des Tages bei uns sein würde, bereit, uns nach Irokai zu bringen, das neue Dorf meiner Mutter, etwa zehn Bootsminuten flussaufwärts. Bei unserem Aufbruch hatten wir nicht realisiert, dass Mom nicht mehr hier in Hasupuwe lebte, doch das war inzwischen klar. Da ich aber vorhatte, so viel Zeit wie möglich mit ihr zu verbringen, mich so rückhaltlos wie möglich auf den Alltag im Dorf einzulassen und Bindungen zu ihren Leuten – *meinen* Leuten – einzugehen, war es sinnvoll, sie dorthin zu begleiten, wo sie wirklich hingehörte und wo sie sich am wohlsten fühlte.

Doch noch bevor ich aus meiner Hängematte klettern und mich über die Planung informieren konnte, hatten Mom und Sor Antonietta schon alles arrangiert. Wir gingen fischen, hörte ich – und zwar schon sehr bald.

Wie Hortensia Caballero spielte auch Sor Antonietta eine Schlüsselrolle auf meiner Odyssee. Wie Hortensia kannte sie meine Familie schon seit den alten Zeiten – bloß hatte ich nicht daran gedacht, sie vor meiner Reise zu kontaktieren. Doch sie erwies sich als Wahnsinnsnonne. Sie hatte seit Jahrzehnten für die Mission im Yanomami-Territorium gearbeitet. Meiner Einschätzung nach war sie inzwischen ungefähr sechzig Jahre alt, allerdings hätte man das nicht geglaubt, wenn man sie in Aktion beobachtete. Sie war gesund, energisch, stark und verstand es ebenso, mit der Machete umzugehen, wie weise, warmherzige Ratschläge zu erteilen. Außerdem konnte sie Wild ausweiden, Piranhas angeln und ein Motorboot lenken. Bei einer Gelegenheit behandelte sie eine Infektion an meinem Fuß mit einem Eimer heißen Wassers, in das sie Salz und Mangoblätter rührte – keine Frage, sie wusste sich im Regenwald zu helfen.

Insgeheim nannte ich Sor Antonietta unsere «Dschungelnonne», dabei verlor ich aber nie ihre spirituelle Verbundenheit mit diesem Ort aus dem Blick. Sie war unendlich liebevoll und lächelte viel. Ihr herzerwärmendes Lachen, das ich oft zu hören bekam, war im wahrsten Sinne des Wortes liebenswert, und hier, auf unserem unverhofften Fischzug mit meiner Mutter, erfüllte es die Luft wie ein fröhliches Lied.

Voller Vorfreude zog ich mich an. Zum ersten Mal würde ich im Amazonasgebiet fischen! Zuletzt war ich angeln gewesen, als ich noch ein kleiner Junge war, und das war rund fünfzehn Jahre her. Mir blieb nicht einmal Zeit, Fragen zu stellen – wir zogen einfach los. Einmal im Boot, mussten wir nicht sehr weit fahren – nur ein paar Minuten flussaufwärts, zu einem kleinen Mündungsgebiet, wo ein Nebenfluss in den Hauptfluss mündete. Jacinto dirigierte das Boot ans Ufer, und Mom sprang ohne ein Wort ins Wasser.

Schon bald war sonnenklar, was sie vorhatte – sie begann nämlich mit ihrer Machete am Flussufer herumzugraben. Das heißt, es war allen klar außer mir.

«*¿Qué está haciendo?*», fragte ich Sor Antonietta. *Was macht sie da?*

«*Está sacando gusanos*», erwiderte Sor Antonietta. *Sie holt Würmer raus.*

Natürlich. Würmer. Ich war kein Outdoor-Typ, aber das leuchtete selbst einem Dummkopf wie mir ein. Und in jenem Moment schien es mir auch sinnvoll, ebenfalls aus dem Boot zu springen und ihr zu helfen, also tat ich das. Allerdings konnte ich nicht wirklich mit Mom kommunizieren, sondern einfach nur nachahmen, was sie machte, sie anlächeln und in ihrer Nähe bleiben. Also hüpfte ich mit Turnschuhen und allem ins Wasser, schnappte mir eine Machete und begann zu graben. Ich stellte mich nicht besonders geschickt an, Mom hingegen war äußerst erfolgreich. Sie bohrte die Schneide in den nassen Schlamm und holte dutzendweise glitschige Würmer heraus, während ich mehr oder minder erfolglos versuchte, es ihr gleichzutun. Immer wenn sie mir das Gesicht zuwandte, lächelte ich. So saß ich also direkt neben meiner Mutter am Ufer, und Seite an Seite taten wir unsere Arbeit – Frauenarbeit, wie ich später erfuhr, was im Boot dann auch einige Besorgnis auslöste. Jacinto fragte Sor Antonietta: «Warum tut er das? Davi, er ist doch ein Mann. Er sollte nicht nach Würmern graben.»

Und Sor Antonietta erklärte: «Er tut es aus Liebe zu seiner Mutter.»

Ich hörte die beiden zwar reden, verstand aber nicht, was sie sagten – mein Spanisch war zwar recht gut, doch sie waren zu weit weg. Hortensia erzählte es mir später. Für den Augenblick war ich sowieso viel zu sehr damit beschäftigt, jede Bewegung meiner Mutter zu imitieren und zu lächeln wie ein armer Irrer, während ich mich bemühte mitzuhalten. Außerdem lenkte das Verhalten meiner Mutter mich ab, denn sobald ich sie erreicht hatte und neben ihr hockte, merkte ich, dass sie weinte. Ich wusste nicht, wie ich regieren sollte, wie ich sie hätte trösten können und ob ich es überhaupt versuchen sollte. Also buddelten wir schweigend weiter.

Eine Weile ging alles seinen Gang, und Mom weinte die ganze Zeit.

Ich fühlte mich vollkommen hilflos – ich war ihr so nah und gleichzeitig so weit weg. Wir waren auf uns gestellt, niemand dolmetschte für uns, also konnten wir einfach nur füreinander da sein. Einerseits fand ich, dass es ein schöner, lieblicher Moment zwischen einer langverschollenen Mutter und ihrem langverlorenen Sohn war, doch andererseits fühlte es sich an wie eine unglaublich peinliche Situation zwischen zwei Fremden.

Was auch immer es war, nach ein paar Minuten nahmen wir unsere Würmer und angelten eine Zeitlang. Als wir kurz darauf zum Camp zurückkehrten, ging ich zu Hortensia, um sie auf den neuesten Stand zu bringen. Sor Antonietta war aber schon bei ihr gewesen, und Hortensia wusste bereits von den Würmern, dem Angeln und dem Weinen. Sie fragte: «Du weißt, warum deine Mutter geweint hat, oder?»

«Nein, eigentlich nicht», sagte ich ehrlicherweise.

Da erwiderte Hortensia: «Sie hat geweint, weil sie Zeit mit ihrem Sohn verbrachte.»

«Was hat sie gesagt?», bohrte ich nach. «Hat sie etwas zu Antonietta gesagt? Erzähl es mir.»

Und Hortensia wiederholte, was meine Mutter zu Sor Antonietta gesagt hatte: «Das wird mir für immer im Gedächtnis bleiben.»

Und während Hortensia diese Worte aussprach, schwor ich mir, dass ich sie nie vergessen würde, niemals.

Schon bald hatte sich unser Tagesablauf eingespielt. Wir standen mit der Sonne auf, um uns irgendeiner Aufgabe zu widmen oder auf einen Treck zu gehen. Die Zeit flog nur so dahin – selbst bei Nacht. Es gab im und um das Shabono so viele Arbeiten zu verrichten, dass ich am Ende eines langen Tages einfach erschöpft einschlief. Es blieb mir gar keine Zeit, um mich in der Hängematte herumzuwälzen und mich vor den Schrecken der Nacht zu ängstigen – das war etwas für Anfänger.

Nach ein paar Tagen beschloss ich, meiner Mutter Fotos zu zeigen. Sie hatte mit Hilfe eines Dolmetschers gefragt, wie es meinem Bruder, meiner Schwester und meinem Vater ging und was sie so machten, und ich dachte, es wäre bestimmt hilfreich, ihr zu zeigen, wie sie inzwischen aussahen. Ich hatte richtiggehend auf eine Gelegenheit gewartet, ihr Familienfotos zu präsentieren – das stellte doch, so meine Hoffnung, eine wunderbare Art dar, uns einander anzunähern, vielleicht die Sprachbarriere zu überwinden und über die lange Trennung hinwegzukommen. Also hatte ich auf meinen Laptop sowohl Fotos neueren Datums als auch jahrealte Aufnahmen aus unserer Zeit als Familie im Dschungel hochgeladen. Ich hatte sogar eine chronologisch aufgebaute Diashow vorbereitet, die die gesamte Zeit von Mutters Fortgehen bis zur Gegenwart umfasste. Als der richtige Moment gekommen war, setzten wir uns zusammen hin, und ich öffnete die Datei.

Für meine Mutter waren dabei gleich zwei Wunder im Spiel – erstens, dass auf der seltsamen Maschine, die ich auf dem Schoß hielt, ein brillantes Farbfoto nach dem anderen auftauchte; zweitens, dass sie Bilder ihrer so weit entfernten Nabuh-Familie sah, dass ihre Kinder jetzt erwachsen waren und ihr Ehemann ein älterer Herr. Ich konnte mir nicht einmal ansatzweise vorstellen, was ihr durch den Kopf ging, aber es freute mich zu sehen, wie ihre Augen jedes Mal aufleuchteten und ihr breites Lächeln noch breiter wurde, wenn auf dem Bildschirm eine neue Aufnahme auftauchte. Da war Danny, bei seiner Abreise noch ein Kleinkind, jetzt ein ausgewachsener junger Mann. Da war Vanessa, jetzt selbst Mutter. Da war Dad, mit sehr viel weniger Haar.

Als Nächstes zeigte ich ihr ein paar ältere Familienfotos aus Moms Zeit in den Vereinigten Staaten. Jedes Bild ihres jüngeren Selbst mit ihrer jüngeren Familie brachte schöne Erinnerungen zurück, sodass wir über unser gemeinsames Leben, das wir damals führten, lachen und in Erinnerungen schwelgen konnten. Es ist erstaunlich, aber Mom gewöhnte sich blitzschnell an die Technik. Zunächst hatte sie den Laptop misstrauisch beäugt, doch schon kurze Zeit später war es, als hätte sie bereits ihr ganzes Leben lang Computer bedient.

Wir hatten so viel Spaß dabei, dass ich auch einen Ordner mit Fotos der Hasupuwe-teri von vor zwanzig Jahren öffnete. Ich wollte die tolle Stimmung unbedingt noch länger genießen. Ein großer Fehler – und ich hätte es eigentlich wissen müssen. Ja, ich *wusste* es sogar tatsächlich besser, aber ich hatte mich vom Strudel der Erinnerungen mitreißen lassen und war ein wenig unachtsam geworden, was den Glauben der Yanomami betrifft. Bei den Yanomami herrscht nämlich, was Tod und Begräbnisse angeht, eine Vielzahl abergläubischer Vorstellungen und Rituale, deren Kern die Überzeugung bildet, es solle von den Toten nach ihrem Ableben keine Spur zurückbleiben. Sämtliche Besitztümer des Verschiedenen werden verbrannt, ebenso der Leichnam. Kein Andenken, keine kleinste Spur bleibt zurück. Das alles wusste ich, weil ich vor meiner Reise recherchiert und darüber mit meinem Vater gesprochen hatte, und doch ließ ich mich von der Begeisterung hinreißen und vergaß vollkommen, wo ich war und was ich da tat. Auf einem der Bilder, die ich durchlaufen ließ, war einer meiner Onkel zu sehen. Ich hatte ihn als freundlich und geduldig in Erinnerung. Er hatte mir den ersten Bogen und die ersten Pfeile gebaut, als ich ein kleiner Junge war. Ich wollte unbedingt hören, was aus ihm geworden war, konnte mich aber einfach nicht an seinen Namen erinnern.

Also fragte ich.

Noch ein großer Fehler.

Während das Foto meines Onkels auf dem Bildschirm zu sehen war, drehte ich mich zur Seite und blickte in das Gesicht meiner Mutter. Ihr breites Lächeln war verschwunden und einem Ausdruck überwältigender, tiefster Trauer gewichen. Ich wusste sofort, was ich getan hatte, nahm ihre Hand und begann mich zu entschuldigen, doch mir fehlten die Worte. Das Einzige, was ich herausbrachte, war: «Es tut mir so leid.» Immer und immer wieder. Sie umklammerte meine Hand und zog mich sanft an sich, um mir den Namen des Onkels ins Ohr zu flüstern. Ich sah sie an und wollte ihn schon wiederholen, um sicher zu sein, dass ich richtig verstanden hatte, doch Mom hob den Zeigefinger an ihre Lippen und machte *pssst* – ich sollte schweigen. Dann begann sie zu weinen – leise, herzerweichend.

Auch ich weinte – weil Mom weinte; weil mein geliebter Onkel tot war; weil ich so ein Trottel war, sie mit diesem Foto und den Erinnerungen an ihn zu konfrontieren.

Lange saßen wir so beieinander und trauerten – ich mit der kleinen Zaubermaschine auf den Knien; beide warteten wir darauf, dass die Tränen versiegten. Und in diesem Moment, wenige Tage nach meiner Ankunft, war ich in der Lage, wirklich wahrzunehmen, wie weit die beiden Hälften meiner Familie auseinanderlagen. Ja, meine Mutter mochte in Rutherford, New Jersey, Hausfrau gewesen sein ... eine Zeitlang. Ja, das mochte das bleibende Bild von ihr gewesen sein, das ich in all den Jahren der Trennung in mir getragen hatte. Ja, das mochten die Bilder gewesen sein, die ich auf dem Laptop mit mir herumtrug. Aber tief im Grunde ihres Herzens war sie eine Dschungelfrau vom Amazonas geblieben.

Wenn ich heute auf meinen ersten Besuch im Dschungel zurückblicke, habe ich das Gefühl, dass Erinnerungen aus einer ganzen Lebensspanne an mir vorbeiziehen – Erinnerungen aus einer ganzen Lebensspanne, verdichtet auf diese wenigen Wochen. Ich führte natürlich Tagebuch, doch meine Notizen sind ein Kuddelmuddel und hauptsächlich als Stichworte nützlich, die mir helfen, die Erinnerungen in einen Kontext zu bringen.

Insgesamt haben sich diese Augenblicke zu einer Empfindung, einer Stimmung, einem Zugehörigkeitsgefühl verwoben, zu einer Betrachtungsweise, die einige Aspekte der Yanomami-Kultur in Beziehung zu meinen eigenen Erfahrungen setzt. Doch ein paar wenige stechen heraus ...

Die Jetsons treffen Familie Feuerstein – genau einen solchen Moment, in dem die Kulturen der Steinzeit und des Raumfahrtzeitalters aufeinanderprallten, gab es auch auf meiner Reise, und zwar in der katholischen Mission in Boca Mavaca. Dazu kam es ganz spontan, es hätte aber genauso gut von mir geplant sein können. Es war nämlich so, dass wir nach ein paar Nächten in Hasupuwe und einem kurzen Besuch in Irokai noch einmal in die Mission zurückkehrten. Hortensia musste wieder nach Caracas, und so beschlossen wir, zusammen zur Missionsstation zu fahren, um uns dort zu verabschieden.

Mom begleitete uns auf dieser kurzen Reise; wir waren uns nach einer halben Ewigkeit gerade erst wiederbegegnet, und vorerst wollte sie nicht von meiner Seite weichen.

Ungefähr eine Woche zuvor, auf dem Weg ins Territorium, hatten wir auch schon halt in Boca Mavaca gemacht. Ich war gar nicht angetan davon, Moms Dorf so kurz nach unserer Ankunft schon wieder zu verlassen, aber so war es vereinbart. Die Missionare hielten es für besser, wenn ich mich nach und nach an das Yanomami-Leben gewöhnte – und als meine Reise sich noch im Planungsstadium befand, konnte ich ihnen nur zustimmen. Doch nun, zurück in Boca Mavaca, hatte ich plötzlich das Gefühl, mich selbst um die volle, hundertprozentige Yanomami-Erfahrung zu betrügen. Schon jetzt bemerkte ich gewaltige Unterschiede zwischen den Anschauungen und dem Auftreten der «Missions»-Yanomami, die seit Jahrzehnten der westlichen Kultur ausgesetzt waren, und den Yanomami aus dem Dorf meiner Mutter, die kaum Fremde zu Gesicht bekamen.

Und doch bot das Missionsleben Vorteile, die ich nicht bedacht hatte – darunter die Satellitenschüssel, die die katholischen Missionare inzwischen installiert hatten. Außerdem lieferte ein Dieselgenerator Strom.

Was bedeutete das alles für einen technikaffinen Yanomami-Amerikaner? Skype!

Das allein war noch keine Offenbarung. Ich hatte auf dem Weg ins Territorium bereits ein paarmal via Skype mit meinem Vater gesprochen. Nein, die Offenbarung lag in dem Gedanken, meine Eltern auf diese Weise wieder miteinander in Kontakt zu bringen. Also nahm ich meine Mutter bei der Hand und führte sie in einen kleinen Raum, in dem ich einige meiner Ausrüstungsgegenstände aufbewahrte. Es war bloß eine winzige Zelle mit einem Blechdach und einem Zementboden. Zunächst hatte Mom keine Ahnung, wo ich sie hinführte, doch dann deutete ich auf meinen Laptop, den ich auf einem provisorischen Tisch bereitgestellt hatte.

Sie kannte den Laptop bereits – darauf hatten wir uns schließlich im Dorf die Familienfotos angesehen. Was das also auch für ein Gerät sein mochte, sie wusste, dass es unerklärliche, übernatürliche Kräfte besaß. Es war in gewisser Weise ein Zauberkasten.

Ich deutete auf den Laptop und sprach den Namen meines Vaters aus: «Kenny.»

Sie sah erst den Laptop und dann wieder mich an, vollkommen ratlos. Verständnislos wiederholte sie den Namen meines Vaters: «Kenny?»

Ein Fragezeichen hing über ihrem Kopf. Sie begriff nicht, was ich ihr sagen wollte. Also streckte ich die Hand aus und tätschelte die Luft – eine westliche Geste, die eine Gesprächspause einleiten soll. «*Waiha*», sagte ich.

Warte.

«*Waiha*», wiederholte Mom.

Ich setzte mich an den Computer und loggte mich ein. Es erschien mir wie eine Ewigkeit, bis der Skype-Anruf durchging, und die ganze Zeit über ertönte das nervige Tuten, das Mom gleichermaßen fasziniert wie verblüfft zur Kenntnis nahm. Am anderen Ende würde, wie ich wusste, Dads Computer ebenfalls Töne von sich geben, bis er sich meldete. Mir fiel ein, dass ich besser vorher einen Termin mit ihm hätte abmachen sollen, denn es war gut möglich, dass er gerade offline war.

Doch nahm er den Anruf endlich an, und sein Gesicht füllte den kleinen Bildschirm meines Laptops. Das Gesicht meines Vaters, ihres Kenny – ein bisschen älter, ein bisschen erschöpfter.

Ich sagte: «Dad, neben mir sitzt Mom. Willst du mit ihr sprechen?»

Natürlich wollte er das. Auf der Stelle. Er brauchte ein wenig, um die Yanomami-Sprache wieder hervorzukramen, doch schon bald unterhielten sich die beiden miteinander, als wären seit ihrem letzten Gespräch nicht zwanzig Jahre vergangen.

Als wäre es das Natürlichste von der Welt, sich auf diese Weise auszutauschen.

Das Seltsame bei diesem Skype-Anruf war, dass meine Mutter mit der Technik besser zurechtzukommen schien als mein Vater. Irgendwie schaute er nie in die Kamera seines PCs, schien nicht im Kopf zu haben, dass der Anruf auch eine Video-Komponente hatte ... aber so ist das eben mit Vätern, oder? Bei solchen Dingen sind sie halt manchmal ein bisschen ahnungslos.

Mom hingegen konnte den Blick gar nicht vom Bildschirm abwenden – obwohl sie über den Anblick meines Vaters zunächst ein wenig erschrocken war. Er hatte seit ihrer letzten Begegnung fast sämtliche Haare verloren, und bei den Yanomami gibt es keine Glatzen. Ihn so zu sehen machte ihr, so mein Einruck, ein bisschen Angst. Sie hatte zwar in der Diashow, die ich zusammengestellt hatte, Fotos von ihm gesehen, sein Aussehen kam also nicht vollkommen überraschend – trotzdem muss es befremdlich gewesen sein, ihn so in Echtzeit zu erleben. Sie ließ ihn eine Mütze aufsetzen – eine Penn-State-Baseballkappe, die zufällig neben seinem Schreibtisch lag. Dann fühlte sie sich schlagartig wohler.

Es war ein zutiefst berührendes, mitreißendes, erstaunliches Erlebnis. Und auch ein bisschen seltsam – Mom und Dad zu hören, wie sie miteinander sprachen, als wären sie zusammen in New Jersey ... es war, als wären wir in eine Zeitmaschine gestiegen. Wie sie miteinander umgingen, selbst über Skype, war so natürlich und unverkrampft. Und Dad sprach, nachdem er wieder hineingefunden hatte, perfekt Yanonami – zumindest klang es für meine unerfahrenen Ohren perfekt, aber was wusste ich schon? Trotz all der Meilen, all der Jahre, trotz des riesigen Abstands, der zwischen ihnen lag, war für mich klar, dass meine Eltern sich immer noch liebten. Sie waren einander immer noch sehr verbunden – und nun zum ersten Mal seit zwanzig Jahren wieder zusammen in einem Raum. In gewisser Weise zumindest.

Wie gesagt, es war ein seltsamer Moment, aber es war auch wunderbar – wirklich, wirklich wunderbar. Als der Anruf dann zu Ende war und der Bildschirm schwarz wurde, näherte sich Mom vorsichtig dem Laptop. Sie berührte ihn voller Ehrfurcht … als sei er eine Art Talisman aus der Nabuh-Welt.

Einer Welt, die sie einst gekannt hatte.

Wenn ich mit meiner Yanomami-Familie kommuniziere, geht ziemlich viel bei der Übersetzung verloren. Es ist nicht bloß die Sprache – es sind die Gepflogenheiten, die Begriffe, der Bezugsrahmen. In der entwickelten Welt gibt es gewisse universelle Wahrheiten, die wir offenbar alle erfassen, egal, wo oder wie wir aufwachsen. Wir verstehen den Gedanken, der hinter dem Handeln steht, hinter dem Einnehmen und Ausgeben, das unsere Tage bestimmt. Wir begreifen, was weite Reisen bedeuten, und haben eine grobe Landkarte des Planeten und unseres Standorts darauf im Kopf. Wir verstehen den Zeitbegriff, wir planen voraus, blicken zurück und sorgen dafür, dass unser gegenwärtiges Tun uns schließlich dort hinbringt, wo wir hinwollen.

Die meisten Mitglieder meiner Yanomami-Familie hingegen können sich nicht recht vorstellen, was hinter den Grenzen ihres Dschungels liegt. Der Regenwald ist alles, was sie kennen, er bestimmt ihre Weltsicht. Einem Außenstehenden mag das als begrenzte Gedankenwelt erscheinen, aber wenn man sich im tiefsten, abgelegensten Teil des Dschungels befindet, was muss man da sonst noch wissen? Als mein Vater regelmäßig Zeit dort verbrachte, als er monate- und jahrelang kam und ging, gelangten die Hasupuwe-teri offenbar zu dem Schluss, er sei aus einem anderen Yanomami-Dorf, das weit weg lag. Sie sahen, dass er mit lauter Gegenständen zurückkehrte, die jenseits ihres Erfahrungshorizonts lagen – Kleidung, Macheten, Angelhaken, Werkzeug, Lebensmittelvorräte, Medizin –, doch sie glaubten, auf diese Dinge sei er einfach in irgendeinem anderen Dorf gestoßen und habe sie dort eingetauscht. Als mein Halbbruder mich mit diesen Dingen sah, vollzog er den gleichen Gedankenschritt. Ich war mit den gleichen nützlichen, fremdartigen Objekten am Orinoco angekommen. Bestimmt hatte ich sie weiter oben am Fluss eingehandelt oder in irgendeinem unbekannten Teil des Regenwaldes. Er möchte mich in mein Dorf in den Vereinigten Staaten begleiten, um solche Gegenstände zu besorgen und mit ihnen heimzukehren, vielleicht findet er sogar noch weitere Dinge, die ihm jetzt noch gar nicht in den Sinn kommen.

Es ist ja auch schwierig zu begreifen. Selbst ein einigermaßen «weltgewandter» Yanomami wie Ricky Martin, der ein wenig Spanisch spricht und gelegentlich mit der Missionsstation Esmeralda zu tun hat, kann kaum über die typische Handelstransaktion hinausdenken. Wie kann ich ihm erklären, dass bei solch einem Tausch Zahlungsmittel eine Rolle spielen? Der Gedanke, dass wir «Geld» verdienen, damit wir Dinge «kaufen» können … ist für ihn nicht nachvollziehbar. Löhne und Gehälter, Jobs, Steuern … das ist eine ganz andere Sprache, eine ganz andere Denkart, und selbst wenn ich ihm das alles erklären würde, könnte er es nur annäherungsweise verstehen. Ein Beispiel gefällig? Einmal glaubte ich große Fortschritte zu machen, als ich ihm schilderte, wie hart ich in meinem Heimatdorf in den USA gearbeitet habe. Ich erzählte ihm, dass ich sehr viel tun musste, um die Flugtickets zu kaufen, die ich brauchte, um mit dem großen Vogel am Himmel zu fliegen, und um die Töpfe, Pfannen, Angelschnüre und anderen Sachen zu bezahlen, die das Dorf so dringend benötigte. Schon mitten in meinen weitschweifigen Ausführungen – Flugtickets? – kam mir die Frage, ob ich mich überhaupt verständlich machen konnte. Und selbstverständlich gelang es mir nicht. Am Ende meiner langen, komplizierten Ausführungen nickte er, als sei alles klar. Und das war es in gewisser Weise wohl auch – wobei seine Antwort lautete: «Aha, ja. Du musst in deinem Garten sehr, sehr hart arbeiten. Dein Garten muss sehr groß sein. Ich werde mit dir in die Vereinigten Staaten kommen und dir in deinem riesigen Garten helfen.»

Seufz.

Ich will keineswegs verallgemeinern und behaupten, die Yanomami seien keine Flussmenschen, denn immerhin gibt es im Amazonasgebiet verteilt zahlreiche Dörfer, die viele Jahre lang am und um den Fluss gelebt haben. Die Yanomami, die *ich* erlebt habe, sind allerdings eher *Fuß*menschen. Sie leben im Dschungel, im Binnenland, und immer wenn sie sich dem Fluss nähern oder auf ihm reisen müssen, sind sie sehr auf der Hut. Historisch gesehen haben *meine* Yanomami immer tief im Dschungel gelebt, fernab des Flusses, der während meines Aufenthalts dort nie als wichtiger Wasserweg oder essenzielle Ressource betrachtet wurde. Er war einfach etwas, an dem man vorbei musste, oder hindurch oder hinauf oder herum.

Wenn wir angelten, so meistens in Bächen, und das Vorgehen dabei war überraschend einfallsreich. Die Yanomami fangen Fische ziemlich häufig mit der Angel – weshalb mein Vater so viel Geld für Haken und Angelschnüre ausgab, die er auf seinen zahlreichen Reisen ins Territorium als Tauschwaren dabeihatte; als Köder werden seit jeher Würmer verwendet, wie schon beschrieben. Wenn aber die Zeit es erlaubt, fischen sie auch auf eine schlaue, ausgeklügelte Art, die ihren uralten Traditionen zu widersprechen scheint. Was also tun sie? Sie wählen einen Bach aus, der für seinen Fischreichtum bekannt ist, und bauen, sobald er Hochwasser führt, einen Damm. So entsteht ein kleines Auffangbecken, in das sie eine spezielle Liane werfen, die im Regenwald wächst und offenbar eine erstaunliche Wirkung besitzt. Hat die Liane nämlich eine Weile in dem Wasser gelegen, sind die Fische kurzzeitig betäubt und treiben mit dem Bauch nach oben an der Wasseroberfläche, wo die Yanomami sie einfach einsammeln und in ihre Körbe stecken können. Ganz fair ist das vielleicht nicht – und ich kann mich nur darüber wundern, wie diese Menschen herausgefunden haben, dass das funktioniert. Natürlich können sie nicht im wissenschaftlichen Sinne wissen, dass die Toxine in der Liane zwar ungefährlich für den Menschen sind, aber eine lähmende Wirkung auf die Kiemenatmung der Fische haben, doch sie haben über Generationen hinweg gelernt, dass eine in einem Wasserbecken eingeweichte Liane eine Rekordernte an frischem Fisch beschert, den man nur noch einzusammeln braucht.

Ursache und Wirkung in Reinform.

Hier noch eine weitere Erinnerung aus dem «Sammelalbum», das ich in meiner Zeit im Regenwald im Kopf erstellt habe. Wie viele andere Erinnerungen hat auch sie mit einer kulturellen Beobachtung zu tun, die sich diesmal auf eine typische Frauenarbeit bei den Irokai-teri bezieht: das Sammeln von Feuerholz.

Als ich in Moms Dorf eintraf, verwirrte es mich sehr, dass diese Aufgabe bei den Yanomami generell den Frauen zufiel – immerhin war es harte, anstrengende Arbeit. Ich hatte ja keine Ahnung. Eines Morgens, kurz nach der Rückkehr aus Boca Mavaca nach Irokai, ging ich mit Mom und ein paar anderen Frauen mit, einfach nur so zum Zuschauen. Da ich mich immer noch in der Eingewöhnungsphase befand, war ich darauf eingestellt, mich zurückzuhalten und bloß zuzusehen, wie Mom arbeitete.

Es haute mich um – wirklich! Schon nach den ersten Minuten war ich vollkommen fassungslos angesichts der Kraft und Ausdauer dieser Amazonas-Frauen. Meine Mutter ist klein und, nach Yanomami-Standards, auch schon in die Jahre gekommen, doch nichtsdestotrotz schlug sie Bäume um und schleppte Holz wie der Teufel. Sie war unermüdlich wie der Duracell-Hase; stark wie ein Gewichtheber. Und ging noch dazu sehr geschickt vor. Die Yanomami-Frauen transportieren das Feuerholz ähnlich wie die Kochbananen, die Körbe sind bloß größer. Sie werden aber ebenfalls an einer Schnur befestigt, die um die Stirn gelegt wird, um das Gewicht zu verteilen. So wird der Korb dann in leicht gebückter Haltung auf dem Rücken getragen.

Ich fühlte mich nutzlos, während ich Mom, meinen Tanten und meinen Ehefrauen bei der Arbeit zusah, also beschloss ich mitzuhelfen. Ehefrau Nummer zwei – «Lucy» – stand mir am nächsten, als ich mich dem Arbeitsbereich näherte, also nahm ich ihren Korb, den sie am Boden abgestellt hatte, und begann ihn mit Holz zu beladen.

«Ich mache das», sagte ich. Auf Englisch. Als hätte meine junge Frau auch nur den blassesten Schimmer gehabt, was das bedeutete – nicht nur in Bezug auf die Worte, sondern auch in Bezug auf die Geste, denn die meisten dieser Frauen sehen kaum jemals einen Mann diese Art Arbeit verrichten.

Trotzdem wich Ehefrau Nummer zwei zurück und sah zu, wie ich versuchte, den Korb anzuheben. Kichernd stand sie mit den anderen da, als ich mir den Riemen um die Stirn legte, in die Knie ging wie ein Sumo-Ringer und versuchte, mich mit dem beladenen Korb aufzurichten. Heiliger Strohsack, war das Ding schwer! Ich musste meine gesamte Kraft und meine gesammelte Würde einsetzen, um nicht vornüberzufallen – und dann hieß es, diese Last zum Gemeinschaftsfeuer im Shabono zu transportieren, unter den günstigsten Umständen ein Marsch von zwanzig Minuten. Während die Frauen mehrmals hin- und zurückgingen, entlastete ich sie nur bei einer einzigen Strecke – und war hinterher dennoch fix und fertig.

Ich reihte mich hinter einer Gruppe von drei Frauen ein, die sich auf den Weg zurück ins Shabono machten, und dabei fiel mir auf, dass sie es selbst mit der schweren Last auf dem Rücken noch schafften, sich äußerst anmutig zu bewegen. Ein wenig sah es aus, als trippelten sie auf Zehenspitzen über den Waldboden – während ich nur außer Atem hinter ihnen hertrampeln konnte und immer wieder über Ranken und Wurzeln stolperte oder auf dem schlammigen Bachufer ausrutschte. Irgendwann strauchelte ich tatsächlich und fiel hin, sodass sich das von Ehefrau Nummer zwei gesammelte Feuerholz überall verteilte – was mir natürlich erneutes Gekicher eintrug.

Mom wollte mir helfen, das Holz wieder einzusammeln, doch ich winkte ab. Mist, dachte ich, wenn diese Frauen das schaffen, dann schaffe ich es auch. Ich war stärker als sie, zäher als sie ... um ehrlich zu sein, ich konnte überhaupt nicht mithalten.

Tatsächlich hielt ich alle nur auf. Hätte ich nicht den großen Korb geschleppt, hätten Mom und die anderen noch eine weitere Ladung fertig machen und ein zweites Mal zum Shabono gehen können, aber sie drosselten mir zuliebe ihr Tempo. Selbst wenn ich es schaffte, auf den Beinen zu bleiben und ein Stück voranzukommen, versetzten mich die tiefhängenden Äste und losen Lianen, die ich auf dem Weg zurück permanent streifte, in Angst und Schrecken. Jeder Ast, jede Ranke war voller Feuerameisen – Hunderte von ihnen. Und jedes Mal, wenn ich gegen einen Ast stieß, landeten Ameisen in meinem Nacken, und ich schrie vor Schmerz und Überraschung auf. Diese Ameisen waren winzig, kaum zu erkennen, aber es brannte wie verrückt, besonders wenn man von einem ganzen Pulk angegriffen wurde. Ich klatschte mir also auf dem ganzen Rückweg immer wieder ins Genick und an die Stirn, um sie zu vertreiben, wodurch ich noch ein-, zweimal aus dem Gleichgewicht geriet und samt meinem Holzkorb schwerfällig zu Boden ging.

Irgendwie schaffte ich es zurück ins Dorf und stellte meine Ladung neben dem Feuer ab. Insgesamt hatte ich mich vielleicht eine Stunde auf diese Weise «nützlich gemacht», wobei ich nicht nur keine Hilfe dargestellt hatte, sondern auch noch beschämt, erschöpft und wütend auf mich selbst war, weil ich mich einer solch simplen Aufgabe nicht gewachsen sah.

Ich dachte nur: Okay, Dave, du bist zwar weit weg von zu Hause, aber auch genauso weit davon entfernt, ein Yanomami zu sein.

Am Anfang war die Kommunikation mühsam. Damit meine ich nicht nur, dass es mir schwerfiel, Yanomami-Wörter und -Sätze aufzuschnappen – nein, das war sogar noch die einfachere Übung. Seltsam und bizarr wurde es hingegen, wenn es darum ging, *wie* etwas gesagt wurde und was *ungesagt* blieb. Auf viele Feinheiten musste ich mich erst einstellen. Zum Beispiel nicken die Yanomami nicht, wenn sie «ja» sagen wollen, oder schütteln den Kopf, um «nein» zu signalisieren – man merkt gar nicht, wie oft man das in der westlichen Welt macht. Ich hatte jedenfalls meine Mühe, es mir abzugewöhnen.

Ja heißt auf Yanomami *awei*. Es dient als Antwort auf praktisch alles, solange man mit dem Gesagten übereinstimmt. Oft wird es in einseitigen Gesprächen als Füllwort benutzt, so wie wenn wir «m-hm» sagen, wenn jemand mitten in einer langatmigen Geschichte eine Pause macht. In diesen Fällen ist es dann eher ein Grunzlaut als eine Zustimmung – ein Platzhalter, der oft überhaupt nichts zu bedeuten hat.

Das war mir schon in meiner Kindheit aufgefallen, und schon damals hatte es mich immer wieder verwirrt. Als ich heranwuchs, konnte ich mich vage an eine entsprechende Geschichte erinnern, die mir wieder voll zu Bewusstsein kam, als ich unter den Hasupuwe-teri lebte. Ich war fünf Jahre alt und planschte mit anderen Kindern im Bach. Ich hatte diese Szene auf ein paar selbstgedrehten Filmen gesehen, bevor ich mich wieder in den Dschungel aufmachte, und einiges davon hatte auch Eingang in die National-Geographic-Dokumentation über unsere Familie gefunden, die Bilder waren mir also vertraut. Ich erinnerte mich an die anderen Kinder, an ihre Gesichter, ihre Art zu lächeln und zu lachen. Für mich unterschieden sie sich in nichts von den Kindern, mit denen ich daheim im Kindergarten spielte, abgesehen davon vielleicht, dass ich meist Kleidung trug und sie meistens nicht. Wir redeten nicht direkt miteinander, wir bedienten uns einfach der in Kinderspielen üblichen universellen Sprache. Wir orientierten uns aneinander, ahmten Bewegungen nach, rannten herum wie die sorglosen Kinder, die wir waren. Wer wir waren oder wo wir herkamen, war unerheblich. Unsere Stammeslinie spielte keine Rolle. Wichtig war nur, dass wir vier, fünf, sechs Jahre alt waren und der Dschungel unser Spielplatz.

Jedenfalls beherrschte ich die Yanomami-Sprache damals nur ganz rudimentär – und das ist heute immer noch so! –, doch ein paar einfache Wörter und Sätze verstand ich schon. Einige davon hatte ich aufgeschnappt, als Mom bei uns in New Jersey lebte, andere hier im Dschungel, einfach durch aufmerksames Zuhören. Zumindest konnte ich irgendwie folgen.

Einmal spielte und planschte ich also mit einem etwa gleichaltrigen Mädchen herum, und wir hatten jede Menge Spaß.

Irgendwann im Laufe des Tages trennten wir uns vom Rest der Gruppe und liefen zurück ins Shabono. Wir waren wie Cousin und Cousine, rannten zusammen durch den Regenwald – und wer weiß, vielleicht waren wir wirklich Cousin und Cousine. Nach einer Weile begann das kleine Yanomami-Mädchen zu reden und zu reden und zu reden, so schnell, dass ich mit meinen rudimentären Sprachkenntnissen nicht mitkam. Ich verlor den Faden und hörte auch gar nicht besonders aufmerksam zu. Eine Weile lang bekam ich gar nichts mit, aber ich wusste genug, um irgendeine Art von Reaktion zu zeigen, also tat ich es, reflexhaft.

«Awei.»

Das passierte mir wieder und wieder – und ich glaube nicht, dass das Mädchen wirklich glaubte, ich würde alles verstehen, was sie sagte. Doch meine Ahnungslosigkeit schien keine Rolle zu spielen, denn sie machte unbeirrt weiter. Sie wollte, was sie wollte; und ich verstand, was ich verstand – also praktisch gar nichts. Wir schlenderten einen Pfad entlang, und sie redete und redete, und ich antwortete Ja und Ja. Immer wieder.

Das ging eine ganze Weile so, ich würde sagen, rund zwanzig Minuten, und irgendwann beschlossen wir, eine Pause einzulegen. Dies geschah ohne Worte und funktionierte prima, denn jedes weitere Wort wäre nutzlos gewesen. Die ganze Zeit bis zu diesem Moment hatte ich immer, wenn ich es für passend hielt, das eine und andere «awei» eingeworfen. (Es war, als würden wir ein Call-and-Response-Lied singen, von dem wir beide den Text nicht kannten!) Als wir stehen blieben, streckte das kleine Mädchen in einer spielerisch-aggressiven Weise die Hand nach mir aus. Sie kam mir zu nahe, und ich schubste sie weg. Sie zerrte an meinem Shirt; ich hielt dagegen. Sie sagte etwas, das ich nicht verstand; und ich antwortete das Einzige, was mir einfiel.

Awei.

Offenbar sendete ich widersprüchliche Botschaften aus, denn das kleine Mädchen hatte die ganze Zeit um mein Shirt gebeten. Das war alles. Ich glaube, die Farbe gefiel ihr. Und ich hatte ihr, ohne es auch nur zu merken, gesagt, sie könne es haben. Das war es, wovon sie sprach; sie wollte mein verdammtes T-Shirt. Und ich sagte ihr immer wieder, ich würde es ihr geben, doch als es Zeit war, das Versprechen einzulösen, brach ich, ohne es zu merken, mein Wort.

Sie näherte sich erneut.

Ich schubste sie wieder weg.

Sie zerrte wieder an dem T-Shirt.

Ich wehrte sie ab.

Schließlich stieß ich das kleine Mädchen zu Boden und ließ sie weinend im Dreck liegen, und als ich wieder bei meinem Vater war, erzählte ich ihm die Geschichte. Zumindest wollte ich es ihm erzählen, doch er wusste schon Bescheid – noch eine harte Wahrheit über das Yanomami-Dorfleben, wo es keine Geheimnisse gibt und alles, was passiert, so ziemlich jedem bekannt ist. Zu meiner Verteidigung muss ich sagen, dass ich die Sprache damals nicht beherrschte. Zuhören hätte nichts genutzt. Für mich war das alles nur ein sinnentleerter Silbensalat, von dem mir lediglich diejenigen sinnentleerten Silben vertraut waren, die ich daheim von meiner Mutter aufgeschnappt hatte. Zum Beispiel das Wort für ja.

Übrigens, wo ich schon dabei bin: «*ma*» ist das Yanomami-Wort für nein. Und offenbar braucht es mehr als ein einziges *ma*, um einen ganzen Nachmittag voller *aweis* zurückzunehmen, denn während des ganzen Gezerres hatte ich auch immer wieder *ma* gesagt und alles von mir gegeben, was kleine Kinder sagen würden, wenn sie «Nein, verdammt noch *mal*!» meinen.

So hatte am Ende des Tages ich mein T-Shirt behalten und

das kleine Mädchen aufgeschürfte Knie – und beide konnten wir die Transaktion unter Sprachkurs verbuchen.

Als ich zwanzig Jahre später in den Dschungel zurückkehrte, klappte die Kommunikation mit den Yanomami-Frauen immer noch eher schleppend. Die Sache mit meinen beiden Ehefrauen war zunächst irgendwie lustig, machte mich dann aber irgendwie nervös. Ich wollte niemanden im Dorf beleidigen und auf keinen Fall meine Mutter enttäuschen, aber an einer «Ehe» mit einem dieser schönen Mädchen hatte ich keinerlei Interesse. Wäre ich daheim gewesen, wäre ich vielleicht gern mit ihnen ausgegangen – aber hier im Dschungel gab es keinen Italiener um die Ecke, wo ich sie zum Abendessen hätte einladen und ein wenig besser kennenlernen können. So, wie die Dinge lagen, konnte ich mir nicht vorstellen, was sie an mir finden sollten.

Mein erster Gedanke war, mich mit einer List aus diesen beiden Beziehungen davonzustehlen – oder mich zumindest allen möglichen Irrungen und Wirrungen zu entziehen. Eines Morgens, wenige Tage nach meiner Ankunft, badeten wir alle im Orinoco – meine zwei Ehefrauen sowie etliche andere, darunter Hortensia, die für mich dolmetschen konnte.

Nachdem wir eine Weile im Fluss geplanscht hatten, holte ich Hortensia und watete mit ihr zu Ehefrau Nummer eins. Ich wollte ihr etwas sagen und brauchte dafür Hortensias Hilfe. Folgendes bat ich sie zu übersetzen: «Ich habe bereits eine Frau in meinem Heimatdorf. Dort, wo ich herkomme, kann man nur eine Frau haben. Ich darf keine zweite haben.»

Auch in diesem Fall übertrug ich meine ethnozentrische westliche Mentalität auf eine lokale Sitte, die nichts mit dieser Mentalität zu tun hatte. Ich dachte, wenn ich einfach nur erklärte, ich sei bereits «vergeben», würde das ganze Thema Heirat sich von selbst erledigen. So wie wenn man in einer Bar ein Mädchen nach seiner Telefonnummer fragt und mit dem Hinweis auf ihren Freund oder Ehemann abgewiesen wird. Auf diese Weise glaubte ich mich entziehen zu können. Indem ich ihr einfach erklärte, ich sei verheiratet. Erledigt. Problem gelöst.

Aber ganz so lief es dann doch nicht.

Ehefrau Nummer eins – «Layla» – erwiderte leicht angesäuert: «Du bist ein Yanomami. Ich bin deine Yanomami-Frau. Jetzt bist du hier, in meinem Dorf. Jetzt werden wir viele Kinder zusammen bekommen!»

So viel dazu.

Um die Wahrheit zu sagen, meine beiden Frauen waren gute Gefährtinnen. Ich begann, mich auf sie zu verlassen – und ich genoss unsere gemeinsame Zeit. Tatsächlich waren sie eine große Hilfe bei dem Versuch, mit den Anforderungen und Eigenheiten des Dschungellebens zurechtzukommen. Beispielsweise sorgten sie stets dafür, dass ich genügend Essen und Wasser hatte, dass meine Hängematte richtig aufgehängt war, dass an meiner Angel ein Wurm in der passenden Größe hing und dass ich frische Tabakblätter zur Verfügung hatte. Wenn wir unterwegs waren, wiesen sie mich sorgsam auf schlüpfrige Steine oder andere Gefahren hin. Sie wurden zu guten und getreuen Freundinnen, und ich muss zugeben, dass ich allmählich eine Bindung zu ihnen aufbaute – wenn auch nicht in romantischer oder sexueller Hinsicht. Es war eher eine tiefempfundene Freundschaft, doch im Hinterkopf wusste ich, dass sie um mich warben und darauf hinarbeiteten, dass wir als *Mann und Frau* zusammen sein konnten.

Das wusste ich schon, aber ich wusste eben nicht so recht, was ich dagegen unternehmen sollte – also tat ich einfach nichts.

Einer der intimsten Momente, den ich mit Ehefrau Nummer

zwei erlebte, begann damit, dass sie, die Beine um mich geschlungen, hinter mir saß. Sie schickte sich an, meine Haare langsam mit den Fingern zu durchkämmen und sorgfältig meine Kopfhaut zu inspizieren. Zunächst konnte ich mir keinen Reim darauf machen, was sie da hinten tat, doch dann wurde mir klar: Sie suchte nach Flöhen! Unter den Yanomami ist das ein selbstverständliches Ritual, eine Geste der Freundschaft, der verwandtschaftlichen Verbundenheit, die über eine bloße Hygienemaßnahme hinausgeht. Es hat mehr mit einem Gefühl der Nähe zu tun – man tut etwas füreinander, unterstützt einander. Ich nehme an, in unserer westlichen Kultur kommt dem am nächsten, wenn wir einen engen Freund bitten, uns den Rücken zu kratzen oder einzucremen, uns die Haare zu kämmen oder die Schultern zu massieren.

Nach einer Weile tauschten wir die Plätze, und ich erwiderte die Gefälligkeit – du kratzt mir den Rücken und ich dir. Ehefrau Nummer zwei trällerte vor Lachen, als ich ihre Bewegungen nachahmte und so tat, als würde ich Flöhe auszupfen. Und während wir diese seltsam intime Nähe erlebten, wurde mir plötzlich bewusst, dass es die Yanomami-Version des Händchenhaltens und Flirtens zwischen jungen Paaren war. Ein solches Signal hatte ich nicht aussenden wollen, aber nun war es schon geschehen.

Sehr schnell kam ich Ehefrau Nummer zwei näher. Ehefrau Nummer eins hingegen – «Layla» – quälte mich ständig, setzte mich unter Druck, erinnerte mich an meine Pflichten als Ehemann, weil ich keinen Sex mit ihr haben wollte. Sie war ein klein wenig fordernder. Ehefrau Nummer zwei – «Lucy» – war entspannter, gelassener. Ich glaube, sie begriff, dass ich eigentlich gar nicht heiraten wollte, und schien es zu akzeptieren. Wir wurden gute Freunde, und Mom schien an dieser Beziehung besonderen Gefallen zu finden, weil sie sich wirklich inständig wünschte, dass ich eine Yanomami-Familie gründete. Aber so weit konnte ich nicht denken. Ich war kein Yanomami-Krieger, kein Jäger, Sammler, Fischer oder Schamane. Ich war bloß ein hilfloser US-amerikanischer Junge, der im Notfall ein anständiges Sandwich mit Erdnussbutter und Marmelade zustande brachte.

Nach ungefähr einer Woche machte man mir unmissverständlich klar, dass ich eine dieser jungen Frauen zu schwängern hatte. Das war meine Rolle, mein Schicksal, meine Aufgabe. Es war die Botschaft, die ich immer wieder von meiner Mutter und meinen Tanten bekam. Es war der einzige Weg, um meine Position in der Gemeinschaft zu festigen. Aber wie gesagt, das brachte ich einfach nicht über mich.

Trotzdem stellten mir meine beiden Ehefrauen auf verspielte Weise unermüdlich nach. Eines Nachmittags, ziemlich zu Anfang meines Aufenthalts, öffnete ich das Moskitonetz meiner Hängematte und kuschelte mich hinein. Es war die heißeste Zeit des Tages, und alle ruhten sich von der Arbeit aus. Sobald ich es mir gemütlich gemacht hatte, merkte ich, dass Ehefrau Nummer zwei zu mir herüberschlenderte. Sie ergriff das Seil, an dem meine Hängematte aufgehängt war, und lächelte mich an. Sie war wirklich bildschön. Ich erwiderte das Lächeln und versuchte mir vorzustellen, was für einer Sorte Mädchen Ehefrau Nummer zwei bei mir zu Hause entspräche. Vermutlich war sie eher der selbstbewusste, unkomplizierte Typ, der Punk hörte und Surfer-Klamotten trug. Die materiellen Dinge, die manch eine meiner Bekannten hochschätzte – wie schicke Kleider, teurer Schmuck und Make-up –, wären ihr vermutlich egal. Sie würde im Secondhandladen einkaufen, Hanf-Armbändchen tragen und Bob Marley hören. Sie würde mit Käfern spielen, auf Bäume klettern und für die Rettung des Regenwalds kämpfen.

Dann dachte ich über ihre Rolle in meinem Leben hier im Dschungel nach. Sowohl meine Mutter als auch die Stammesführer übten Druck auf mich aus, die Ehen zu vollziehen, und ich konnte mir bildhaft vorstellen, dass Mom Ehefrau Nummer zwei zu diesem neuerlichen Annäherungsversuch losgeschickt hatte. Ich blickte hinüber zu Moms Hängematte und stellte fest, dass sie tatsächlich herüberspähte. Es war so: Ich wollte meiner Mutter wirklich gefallen, ihr ein guter Sohn sein, mich in das Dorfleben integrieren. Ich wollte den Erwartungen, die sie an mich stellte, gerecht werden, ihre Träume für mein Leben erfüllen. Vor allem wollte ich sie nicht enttäuschen, also tat ich, wovon ich glaubte, dass es von mir erwartet wurde. Ich erlaubte Ehefrau Nummer zwei, sich auf meine Hängematte zu setzen, indem ich beiseiterutschte und Platz machte. Schon bald saßen wir nicht mehr, sondern lagen, eng aneinandergeschmiegt – das erzwingt schon allein die Schwerkraft, wenn man sich zu zweit eine Ein-Mann-Hängematte teilt. Ihr Arm ruhte auf meinem Brustkorb, und sie begann mit den Fingern über meinen Arm zu streichen – genau so, wie ein Mädchen daheim es machen würde. Ich spürte ihre Brüste an meinem Körper.

Eigentlich war es wirklich schön, so zusammen dazuliegen. Ich muss zugeben, dass ich ziemlich erregt war. Wie oft liegt man schließlich mit einer barbusigen Amazonas-Schönheit in einer Hängematte? Aber die interkulturelle Barriere war und blieb unüberwindbar. Ich geriet in Panik und spielte die lahmarschige Ich-bin-so-müde-Karte aus, tat, als würde ich einschlummern, und hoffte, sie würde sich gelangweilt verziehen.

Aber Ehefrau Nummer zwei ließ sich nicht so leicht ins Bockshorn jagen. Sie hatte anderes vor, und daran hielt sie fest. Sie begann ihre Lippen an meinen Arm zu pressen und arbeitete sich hoch bis zur Schulter. Hartnäckig wie die Stechmücken, die das Netz fernhalten sollte – bloß dass sie sich innerhalb des Netzes befand, nackt und wunderschön war und ernsthaft flirtete. Als sie an meiner Schulter zu knabbern begann, hatte ich das Gefühl, mich nicht länger beherrschen zu können. Aber wie gesagt, ich konnte nicht über meinen Schatten springen, also hüpfte ich aus der Hängematte und fuhr einen der wenigen Yanomami-Sätze auf, die ich inzwischen auswendig kannte:

«*Pehekiyarimou!*» Komm, gehen wir schwimmen.

Als hätte ich das Buch meines Vaters nie gelesen! Eigentlich hätte ich wissen müssen, dass dies nun wirklich der am wenigsten geeignete Vorschlag war, um Ehefrau Nummer zwei von ihrer Idee abzubringen. Schließlich war *«gehen wir schwimmen»* ein lokaler Euphemismus, mit dem geile Yanomami-Männer ihre Ehefrauen einluden, mit ihnen zum nächsten Bach oder Flussbett zu verschwinden, um dort relativ ungestört rummachen zu können. Doch in jenem Moment war mir dieser Zusammenhang nicht bewusst – und Ehefrau Nummer zwei, Gott segne ihr geiles Yanomami-Herz, bemerkte meine Verwirrung oder mein Desinteresse oder meine allgemeine Ahnungslosigkeit und ließ sich die Gelegenheit entgehen.

Also gingen wir schwimmen – kein Grund, zwischen den Zeilen zu lesen, wir gingen einfach nur schwimmen. Schließlich war Ehefrau Nummer zwei eine coole, baumkletternde, selbstbewusste Braut. Sie machte alles mit. So ließen wir die Hängematte hinter uns und machten uns auf zum nächsten Abenteuer, «eskortiert» von ein paar anderen Frauen und Kindern – und zu mehreren ist man bekanntlich sicherer.

Noch mal davongekommen, dachte ich auf dem Weg zum Fluss.

Aber für wie lange?

Die Yanomami, die ich kennen- und lieben gelernt habe, verfügen über eine sehr einfache, sehr intuitive Weltsicht. Sie sind wahrhaftig, in ihrer Kultur gibt es keinen Raum für Unaufrichtigkeit. Sie lösen schwierige und komplexe Probleme, ohne auch nur zu bemerken, dass sie an einem Rätsel knobeln. Irgendwie kommen die Lösungen zu ihnen, auch wenn sie nicht danach gesucht haben.

Zum Beispiel gibt es keine eigenen Bezeichnungen für die unterschiedlichen Blattformen, die unterschiedlichen Baumarten, mit denen es die Yanomami zu tun haben, aber sie wissen trotzdem, wofür welches Blatt gut ist und wofür nicht, welche Beeren man essen kann und welche nicht. Es scheint, als sei ihnen dieses Wissen angeboren. Die Sache selbst hat vielleicht keinen spezifischen Namen, aber wofür sie gut ist, zu was es dienen kann ... das wissen sie, woher auch immer.

Manches davon hatte ich schon gehört, als ich mich in den Dschungel aufmachte, aber man muss unter diesen gütigen Menschen leben, um ihrem Denken wirklich nahezukommen. Einiges vermittelt sich durch die Sprache – was sie ausdrücken und was sich von selbst versteht. Irgendwann gewann ich den Eindruck, dass die Art, wie die Yanomami miteinander kommunizieren, etwas sehr Klares, sehr Elegantes hat. Ihr Umgang miteinander ist auf das Wesentliche reduziert, elementar, ehrlich und ungekünstelt. Nuancen? Untertöne? So etwas hat einfach keinen Platz. Wenn jemand wütend ist, wird er dich in einfachen Worten wissen lassen, dass er wütend ist. Wenn er traurig ist, wird er traurig sein ... und du wirst merken, dass er traurig ist. Es gibt kaum Gründe, die einen Yanomami hindern könnten, seine Emotionen auszudrücken. Nichts wird zurückgehalten, nichts ist privat. Das gesellschaftliche Drehbuch, dem wir in unserer westlichen, entwickelten Welt folgen, hat im Dschungel keine Entsprechung.

Überlegen Sie einmal: Wie oft haben Sie schon in einem vollgestopften Aufzug ein Gespräch mit einem Fremden angefangen? Die Yanomami würden es ziemlich seltsam finden, dass wir Angehörige der westlichen Kultur uns im selben Raum – oder im selben Metallkäfig – befinden, ohne ein Wort zu wechseln. Wir leben so gesehen auf eine ausgesprochen unpersönliche Art. In der entwickelten Welt sind wir darauf konditioniert, unsere Emotionen vor anderen zu verbergen. Männern wird zum Beispiel häufig beigebracht, nicht in der Öffentlichkeit zu weinen. Im Regenwald drückt ein Mann, der traurig ist und seinen Sohn vermisst, diese Traurigkeit offen aus; er weint, ohne Scham oder Sorge, wie er dadurch auf andere wirken könnte. Anders als in den USA ist das hier kein Thema.

Verletzlichkeit und das Gefühl, verurteilt oder im Nachhinein kritisiert zu werden ... derlei Dinge haben im Leben der Yanomami keinen Platz, und irgendwann kam ich zu der Überzeugung, das sei eine ausgesprochen gute Sache. Warum? Nun, die Yanomami sind extrem gesund, ausgeglichen und optimistisch: Sie kennen kein Gehabe – alles ist so, wie es scheint. Ich bin bei ihnen einem reinen, absoluten Zielbewusstsein begegnet, das die gesamte Kultur durchdringt, bar der Leiden und Konflikte unserer sogenannten zivilisierten Welt. Es gibt weder Bluthochdruck noch posttraumatische Belastungsstörungen, kein ADHS, keine Selbstmordgedanken. Depression? Chronische Erschöpfung? Das sind Gebrechen westlichen Stils, die bei den Yanomami einfach nicht vorkommen.

Die Yanomami *sind* einfach ... ohne darüber nachzugrübeln.

Es dauerte ein paar Tage, vielleicht sogar eine Woche oder länger, doch bald begann ich zu verstehen, warum mein Vater sich im Regenwald so zu Hause gefühlt hatte und warum er diese Menschen und ihr natürliches Leben so anziehend fand.

Es ist ein Leben, das auf wechselseitigem Geben und Nehmen basiert. Man gibt, und man bekommt, und die Transaktion ist für beide Seiten selbstverständlich. Es ist tatsächlich erstaunlich, dass hier durch Verwandtschaftsbeziehungen verbundene Gruppen von siebzig bis achtzig Menschen unter dem einen Dach eines Shabonos leben und sie alle im Regelfall gut miteinander auskommen. Das Dorfleben ist auf eine schöne Weise harmonisch, wie ich es daheim nie erlebt habe. Man stelle sich vor, mit siebzig oder achtzig nahen und entfernten Verwandten zusammenzuwohnen ... nicht nur eine Nacht oder ein Wochenende lang, sondern über Generationen hinweg. Kaum vorstellbar, oder?

Für einen außenstehenden Betrachter liegen die Unterschiede zwischen der Kultur der entwickelten Welt und der Kultur der unentwickelten Welt auf der Hand. Natürlich setzen sich die Yanomami nicht hin und beobachten ihr eigenes Verhalten und staunen über die schlichte Eleganz ihres Lebens, dennoch ist sie unübersehbar. Der Lebensstil der Yanomami hat überhaupt nichts Künstliches. Es gibt keine starre, dichotome Trennung zwischen Natur und Mensch – sie sind verbunden, sie sind eins. An den Leuten in meinem Dorf war überhaupt nichts «Wildes» – zumindest nicht, soweit ich das hätte erkennen können. Selbst die scheinbare Wildheit der beiden Jungen, die man kurz nach meiner Ankunft dazu gebracht hatte, mit Knüppeln aufeinander loszugehen, entsprach nicht annähernd der Kriegermentalität, die vorzufinden ich fast erwartet hatte. Ja, es sah brutal aus, aber es war eine Tradition, die diese Jungen auf das Mannsein vorbereiten und sie lehren sollte, Streitigkeiten beizulegen, ohne tödliche Waffen einzusetzen – eine Lektion, die ihre Väter vor ihnen durchgemacht hatten und deren Väter ebenfalls.

Mein Yanomami-Dorf scheint eine ziemlich egalitäre Gesellschaft zu sein, auch wenn es eine Art Führung gibt. Diese ist allerdings verglichen mit Regierungen im westlichen Stil viel weniger starr. Entscheidungen werden nicht von oben herab, sondern kollektiv getroffen. Einzelne handeln mit der Autorität, die ihnen Alter, Weisheit und Stammeslinie verleihen. Angenommen, der Häuptling beschließt, es sei an der Zeit, auf Wayumi zu gehen, einen ausgedehnten Treck durch den Dschungel zu machen: Ist das Dorf derselben Meinung, wird sich ganz zwanglos eine Gruppe bilden und reisefertig machen.

So ist es dann einfach.

Und selbst die sogenannten Häuptlinge der Yanomami-Gesellschaft werden keineswegs auf ein wie auch immer geartetes Podest gestellt. Sie bewegen sich weder auf einem anderen Niveau, noch pflegen sie eine andere Lebensweise als die anderen Männer im Dorf. Auch sie müssen immer noch jagen. Und fischen. Auch der beste Schamane im Dorf muss seinen Alltagspflichten nachgehen.

Zwar gibt es strikt definierte Geschlechterrollen, doch diese sehen ein bisschen anders aus, als man es erwarten würde. Aus irgendeinem Grund obliegt es etwa allein den Frauen, nach Krebsen zu fischen – eine Exkursion, auf der sie sich unterhalten und Klatsch austauschen können. Nur die Männer gehen auf die Jagd – in meiner gesamten Zeit im Dschungel habe ich kein einziges Mal eine Frau mit Pfeil und Bogen hantieren sehen, da besteht also eine klare Trennung. Fischen hingegen ist eine Tätigkeit, die sowohl Männer als auch Frauen ausüben, während das Kochen wiederum meist die Frauen übernehmen. Es ist nicht so, dass die Männer hier nicht selbst für sich sorgen könnten – also einfach noch ein paar zusätzliche Kochbananen aufs Feuer legen –, aber das Kochen gilt als Frauenarbeit. Sehr oft habe ich gesehen, wie meine Mutter, die in ihrer Hängematte ruhte, aufstand, sobald sie merkte, dass die erschöpften Männer nach einem Treck zurück in das Shabono kamen. Dann bereitete sie schnellstmöglich etwas zu essen für sie zu.

Das Schamanentum ist fast ausschließlich den Männern vorbehalten. Es gibt vereinzelte Berichte über weibliche Schamanen – und ich habe sogar einmal eine Schamanin in Aktion gesehen! Aber üblicherweise ist es den männlichen Schamanen vorbehalten, die halluzinogene *epena*-Pflanze zu verwenden – doch auch von dieser Regel gibt es seltene Ausnahmen. Für die Yanomami ist das Inhalieren halluzinogener Substanzen Teil eines heiligen spirituellen Rituals. Aus meiner westlichen Perspektive ist es ein regelrechter Bewusstseinstrip, doch im Dschungel dient er höheren Zwecken. Er gilt als männliche Domäne, weil Frauen, wie man glaubt, nicht auf diese Weise mit den Geistern in Kontakt stehen – ihr spirituelles Handy hat sozusagen nicht genügend Netzabdeckung.

Das Ritual wird aufwendig vorbereitet. Zunächst sammelt man Samen des *epena*-Baums. Sie befinden sich zu sechs oder acht Stück in einer langen, schmalen Schote. Die Samen fühlen sich klebrig an, wenn sie aus der Schote entfernt werden, fast wie mit einer Art Leim überzogen, also lässt man sie zunächst in der Sonne trocknen. Anschließend werden sie mit Speichel sowie der Asche aus der Rinde des *hisiomi*-Baumes vermischt und fein gemahlen. Das entstehende graue Pulver wird in einem kleinen Topf getrocknet und dann in einen hohlen Bambusstab von etwa einem Meter Länge – *mokohiro mo* genannt – gefüllt. Dabei wird ungefähr ein Teelöffel voll von dem Pulver in das eine Ende gestopft, während sich einer der Schamanen das andere Ende ins Nasenloch steckt – hier sind zwei Mann am Werk: Der Mann an dem «geladenen» Ende bläst nun das Pulver in die Nasenhöhle des Empfängers ... und bumm! Der Bewusstseinstrip beginnt.

Bei meiner ersten Reise in den Regenwald konnte ich dieses

Ritual praktisch täglich mitverfolgen. In der Regel waren es die Dorfältesten, die es fast immer zur gleichen Tageszeit und in der gleichen Weise durchführten. Ich möchte diese Praxis keineswegs herabsetzen oder respektlos darüber sprechen, doch sie erinnerten mich an Kneipenhocker, die am helllichten Nachmittag trinken, während die Frauen daheim den Haushalt besorgen und für sie kochen. Sie hatten etwas Träges, Dekadentes an sich. Doch für die Yanomami gab es nichts Heiligeres, und ich lernte es zu respektieren. Ich muss gestehen, dass es auch ein bisschen aufregend war, zu beobachten, wie diese Männer auf ihre *epena*-Dosis reagierten, tanzten und sangen. Sie verfielen in die rituellen Schamanengesänge und bedienten sich dabei einer anderen Sprache – einer Art Turbo-Yanomami. Selbst mein Vater und einige der Missionare in der Gegend, die fließend Yanomami sprachen, verstanden längst nicht alles, was die Schamanen, versunken in ihre *henimou* genannten *epena*-Gesänge, von sich gaben.

Recht bald nach meiner Ankunft wurde ich mehrmals eingeladen, an diesem Ritual teilzunehmen, doch ich lehnte stets ab. Ich verstand das Angebot als große Ehre, blieb aber dennoch skeptisch. Vor Modedrogen habe ich keine Angst, dieses Ritual allerdings erschien mir so exotisch, so unsicher, so verrückt, dass ich zunächst Abstand davon nahm. Trotzdem faszinierte es mich so sehr, dass es mich immer, wenn ich zur *epena*-Zeit im Shabono war, dort hinzog – als Ethnologe sozusagen. Mit großer Bewunderung und voller Staunen sah ich zu, wie die Dorfältesten dieses Dschungelpulver schnupften, wie sie voller Achtung vor den Geistern das Ritual vollzogen. Jeder reagierte ein wenig anders. Manche tanzten und sangen unermüdlich; manche wirkten benommen und auf ihre eigene spirituelle Reise entschwunden; und manche waren so platt von der schlaffördernden Wirkung der Pflanze, dass ich sie am liebsten mit einem Stock angestupst hätte, um zu prüfen, ob sie noch lebten.

Eines Nachmittags war ich zufällig gerade bei meiner Mutter, als die Männer *epena* schnupften. Wir hielten inne und sahen zu, und ich ergriff die Chance, sie etwas zu fragen.

«*Epena, du?*», fragte ich.

«*Ma, du!*», gab sie zurück.

Ich wusste, dass meine Zeit im Dschungel zu Ende gehen würde, aber es gab eine wunderbare Zeitspanne, in der ich weder an den Kalender noch an meine Verpflichtungen daheim dachte. Ich will nicht behaupten, dass meine innere Uhr sich *vollkommen* auf Yanomami-Zeit umgestellt hätte, aber es ging in die Richtung. Wären noch weitere schöne Tage gefolgt, hätte das Verstreichen der Zeit seine Bedeutung komplett verloren.

Aber bald – zu bald! – stand der Abschied bevor. Der Tag meiner Abreise rückte mit jedem neuen Sonnenaufgang näher, und dann war er plötzlich da. Father Nelson, ebenfalls katholischer Missionar, tauchte eines Abends im Dorf auf, um mich abzuholen. Begleitet wurde er von einer Nonne, Sor Yarmila. Ich wusste, dass sie kommen würden, aber nicht genau, wann. Es hätte genauso gut an diesem Tag sein können wie am nächsten, ebenso gut in der darauffolgenden Woche wie in der übernächsten. Als sie eintrafen, war es schon dunkel, also schlugen sie ihr Lager auf und planten, am Morgen mit mir zurückzufahren.

Als ich sie sah, wurde mir das Herz schwer. Lange saß ich in meiner Hängematte. Ich war noch gar nicht abgereist und verspürte doch schon Heimweh nach diesem Ort, diesen Menschen. Ich rührte mich nicht, sagte nichts – ich war wie gelähmt vor Traurigkeit. Um mich herum hörte ich meine Freunde und Verwandten flüstern, während sich im Shabono herumsprach, dass Ayopowe, wie sie mich nannten, seine Abreise vorbereitete, sowie das Schniefen der Kinder, die ihre Tränen runterschluckten und tausend Ausreden fanden, um sich meiner Hängematte zu nähern.

Nach einiger Zeit begann ich meine Habseligkeiten zu packen, nur, um irgendetwas zu tun zu haben – irgendeine Beschäftigung. Während ich packte, kam Ehefrau Nummer eins herübergeeilt zu meiner Hängematte und kletterte hinein. So saßen wir einen wunderbaren, langen Moment lang. Sie hatte ihre Tochter Paula dabei, und ich, das weiß ich noch genau, fand es interessant, dass sie ihre Tochter Paula genannt hatte – ein spanischer Name.

Als wir so zusammensaßen, sah ich meine Mutter aus ihrer Hängematte zu uns herüberblicken. Auch sie hatte geschnieft und Tränen runtergeschluckt, das war mir bewusst. Wahrscheinlich steckte sie auch hinter dem hastigen Abschiedsbesuch von Ehefrau Nummer eins. Sie ist klug und besitzt eine gute Intuition, und sie kennt die Gepflogenheiten der westlichen Welt. Ich glaube, Mom wollte, dass die Missionare Zeugen dieses bittersüßen Besuchs meiner Frau und ihres Kindes wurden – sie sollten mitbekommen, dass ich hier in Irokai eine Familie hatte – dass ich schlussendlich ein Irokai-teri war.

Natürlich hatten weder Father Nelson noch Sor Yarmila darüber zu entscheiden, ob ich blieb oder ging. Ich selbst hatte es Wochen zuvor arrangiert. Schließlich hatte ich ein Leben in Pennsylvania. Ich wollte mein Studium fortsetzen und ein Aufbaustudium anhängen, Ethnologie vielleicht oder Biologie. Vor allem aber gab es finanzielle Verpflichtungen, denen ich nachkommen musste – einen Großteil der Kosten dieser Reise hatte ich mit meiner Kreditkarte bezahlt, also musste ich nach Hause fahren und anfangen, die Schulden abzutragen. So gern ich auch gewollt hätte, ich konnte nicht hier im Territorium bleiben und für immer untertauchen. Das verstand auch jeder, aber gleichzeitig wurde es nicht wirklich in Betracht gezogen.

Die «reale» Welt winkte. *Meine* Welt winkte. Doch andererseits hatte *meine* Welt sich erweitert – nun gehörten auch dieser besondere Ort, diese besonderen Menschen dazu.

Ich hatte Ehefrau Nummer eins nicht viel zu sagen, aber wir saßen eine Weile da und schaukelten hin und her. Ich legte ihr den Arm um die Schulter und drückte sie zum Abschied. Es war ein bisschen peinlich. Ich spürte die Augen aller Dorfbewohner auf uns … auf *mir*. Und das Schweigen. Ich fühlte mich wie einer, der in der Todeszelle langsam seine letzten Dinge erledigt und darauf wartet, dass im Morgengrauen das Urteil vollstreckt wird.

Nach einer Weile kam Mom und löste Ehefrau Nummer eins auf dem Platz neben mir in der Hängematte ab. Jetzt saßen *wir* beide da und schaukelten schweigend. Es gab eigentlich nichts zu sagen. Wir wussten beide, was dieser Moment bedeutete. Nach einer Weile nickte ich ein – das Packen konnte bis morgen warten. Das Abschiednehmen ebenfalls.

Rückblickend kann ich mir nicht vorstellen, was meine Mutter in diesem Moment dachte. Sie begriff wohl kaum, dass ich nur zu einem kurzen Besuch in den Regenwald gekommen war. Sie muss geglaubt haben, jetzt sei sie an der Reihe, dass nun ihre Zeit mit mir gekommen sei. So lange war ich mit meinem Vater in seinem Nabuh-Dorf gewesen, und jetzt würde ich ebenfalls lange in Irokai bleiben. So hatte sie es sich vermutlich zurechtgelegt – wie sie ja auch angenommen hatte, dass die fünftägige National-Geographic-Reise vor all den Jahren irgendwie die gesamte lange Zeit in New Jersey aufwiegen würde. Sicher war es eine große Enttäuschung für sie, dass die Trennung so bald kam, nachdem sie ihren Sohn so lange vermisst hatte.

Am Morgen wachte ich mit der Sonne auf und packte weiter. Ich bewegte mich schweren Herzens durch das Shabono. Das Dorf war ungewohnt still. Einige Kinder begannen zu weinen.

Schließlich war meine gesamte Habe verstaut. Nur meine Hängematte hing noch. Father Nelson kam zu mir und verkündete, es sei Zeit, zu gehen, also schnappte ich mir das Seil meiner Hängematte. Sie war mit einem Laufknoten aufgeknüpft, an dem ich sanft zog. Als sie zu Boden fiel, überkam mich das Gefühl, Dirigent eines großen Orchesters zu sein. Ich hob den Arm, meinen Stab, und plötzlich war das Shabono von einer Melodie des Weinens erfüllt. Die Kinder, die Frauen ... alle weinten. Auch manche Männer schluckten ihre Tränen hinunter, doch der einzige erwachsene Mann, der sie hemmungslos laufen ließ, war mein Bruder Ricky Martin. Er war am Boden zerstört über meine Abreise – und als ich seinen Schmerz so deutlich sah, überkam auch mich großer Schmerz.

Ich ging zu ihm, nahm meine Baseballkappe ab und setzte sie ihm auf den Kopf – es war bloß eine weiße Kappe, die mir zu einem früheren Zeitpunkt der Reise einer der Missionare geschenkt hatte. Ricky Martin – Micashi – wurde die Ehre zuteil, sie zu behalten.

Er lächelte. Ich lächelte ebenfalls – tätschelte dann scherzhaft den Mützenschirm und sagte: «Wir sehen uns, Bruder. Ich komme wieder. Versprochen.» Auf Englisch.

Father Nelson merkte, dass ich Schwierigkeiten hatte, mich von den Dorfbewohnern loszureißen. Er kam zu mir und gab mir einen Rat. «Am besten ziehst du es schnell durch. Je länger du bleibst, desto schwieriger wird es für alle.»

Natürlich hatte er recht.

Ich wandte mein Gesicht der kleinen Menschenmenge zu, die sich in meinem Bereich des Shabono versammelt hatte.

Dann streckte ich den Arm aus und winkte. «*Ya-ko*», sagte ich. Ich gehe.

Am Flussufer angekommen, wandte ich mich an meine Mutter. Eigentlich wollte ich sie ganz fest umarmen, aber wie gesagt, das ist bei den Yanomami nicht üblich. Trotzdem, ich wollte sie in den Arm schließen, sie berühren, also wurde es letztendlich eine halbe Umarmung.

Dann verabschiedete ich mich von Ehefrau Nummer eins und Ehefrau Nummer zwei, und als ich wieder aufblickte, hatte sich Mom schon wieder in die Menge zurückgezogen – fast als wollte sie diese letzte Gelegenheit ergreifen, zu zeigen, dass ich nun durch meine beiden Frauen an das Dorf gebunden war. Meine Mutter stellte sich meine Zeit im Dorf wohl so vor: Ich war als Kind gekommen, um wieder Kontakt zu meiner Mutter aufzunehmen. Ich würde als Mann zurückkehren, um mit meinen Yanomami-Frauen eine Familie zu gründen.

Ich drehte mich um, sah meine Regenwaldfamilie ein letztes Mal an und sagte: «*Ya-ko!*»

Kapitel sieben

DIE ZWEITE REISE

K ameras waren aus meiner Kindheit nicht wegzudenken – weder im Dschungel noch in der Wildnis von New Jersey und Pennsylvania. Solange meine Mutter in den Vereinigten Staaten war, gab mein Vater eine Menge Interviews, und die anhaltende Aufmerksamkeit sorgte dafür, dass die Kameras uns noch auf Jahre begleiteten. Das war einerseits gut, andererseits aber auch nicht so gut. Für meinen Vater war es gut, weil es ein Schlaglicht auf seine Arbeit warf und half, die Kritik zu entkräften, die sich an seiner Beziehung mit meiner Mutter entzündete. Für mich war es weniger gut, vor allem nachdem Mom gegangen war, weil ich mich nicht verstecken konnte, und zwar zu einer Zeit in meinem Leben, als das mein größtes Bedürfnis war. Die Leute konnten gar nicht genug kriegen von unserer Geschichte – ein US-amerikanischer Ethnologe, der mit seiner Yanomami-Braut aus dem Amazonasregenwald zurückkehrte und mit ihr in der Vorstadt eine Familie gründete. Das war eine Geschichte wie aus einem Film, und wir standen einige Jahre lang im Rampenlicht wie Prominente. Kurz bevor das Buch meines Vaters erschien, wäre unsere Familiengeschichte beinah tatsächlich verfilmt worden, mit Alan Alda in der Rolle meines Vaters – so groß war das Interesse an uns.

Unter anderem wurde mein Vater von WABC-TV interviewt, dem lokalen Ableger von ABC in New York. Die Fragen stellte ein junger Rundfunkjournalist namens Steve Hartman. Mein

Vater hatte einen guten Draht zu Steve. Er lernte auch uns Kinder kennen und interviewte uns. Er traf Mom, kam zu uns nach Hause zu Besuch. Jahre später erzählte mir Dad, Steve hätte unsere Familie besser verstanden als jeder andere Reporter, der damals über uns berichtete. Es hatte gefunkt. Steve begegnete uns fair, mit Respekt und gut gelaunt. Seine Berichte waren wahrheitsgetreu und berührend, großherzig und persönlich. Eine Zeitlang hoffte Steve, er könnte aus diesen Interviews eine Dokumentation oder eine Art Miniserie machen – aber so wie aus dem Alan-Alda-Film wurde auch aus diesem Projekt nichts. Zu der Zeit wandten sich nämlich die National-Geographic-Produzenten an meinen Vater, und Dad zog sich aus dem Projekt mit Steve zurück, um diese, wie er meinte, prestigeträchtigere Chance zu ergreifen.

Als ich 20 Jahre später von dem Wiedersehen mit meiner Mutter im Regenwald nach Hause kam, nahm Steve Kontakt zu mir auf. Er habe meine Familie nie vergessen, erklärte er mir. Ja, er sei enttäuscht gewesen, als mein Vater damals absprang, aber er habe seine Entscheidung auch nachvollziehen können, und er hätte an seiner Stelle wahrscheinlich genauso gehandelt – ein Angebot von National Geographic schlug man nicht aus.

Ich selbst hatte von diesen ersten Interviews her wiederum keine klare Erinnerung an Steve – ich war damals ja noch ein kleines Kind. Aber er hatte die Goods in guter Erinnerung behalten. Vor allem, so erzählte er mir später, war ihm aufgefallen, dass diese gewaltige kulturelle Kluft, die meine Eltern eigentlich hätte trennen müssen, sie nur enger zusammenschweißte. Mittlerweile arbeitete Steve als Produzent bei CBS News. Er hatte einen Artikel über mich im *Pocono Record* gelesen, der von Associated Press aufgegriffen worden war – eine Chronik meiner Reise in das Dorf meiner Mutter. Es war kein großer Bericht, aber er erregte Steves Aufmerksamkeit. Das Seltsame war, dass Steve gerade zufällig online nach mir suchte, als er auf den Artikel stieß. Er saß einfach herum, dachte irgendwie an meine Familie und überlegte, dass Vanessa, Danny und ich inzwischen junge Erwachsene sein müssten, woraufhin er seinen Assistenten bat, uns drei zu googeln. Diese Recherche «auf gut Glück» führte ihn dann ausgerechnet zu besagtem Zeitungsbericht – ein Zufall von Weltklasseformat. Und weil ich gerade erst aus dem Dschungel zurückgekommen war, wo meine Yanomami-Familie an Geister und das Schicksal und all diese schönen Dinge glaubte, war ich geneigt anzunehmen, dass die Vorsehung Steve und mich zusammengeführt hatte.

Dank dieser Fügung kamen wir also ins Gespräch. Das sei eine Story, meinte Steve, vielleicht sogar eine Story für *60 Minutes*. Ich sah zwar nicht viel fern, aber sogar ich wusste, dass *60 Minutes* der Ferrari unter den Nachrichtensendungen war. Steve legte sich bei der Produktionsleitung ins Zeug und erhielt tatsächlich grünes Licht. Und von da an sprachen wir über eine zweite Expedition ins Dorf meiner Mutter. Ich hatte ohnehin vor, sie früher oder später wieder zu besuchen, aber das Geld war knapp. Ich befand mich mitten im Masterstudium und hatte Mühe, meine Miete, die laufenden Kosten und die Studiengebühren zu berappen. (Auch meinte ich, ich sollte hin und wieder eine Kleinigkeit essen – nur, um nicht schlappzumachen.) Die Starthilfe von *60 Minutes* kam also mehr als gelegen und half mir dabei, die Planungen für meine nächste Reise zu beschleunigen.

Steves Stärke als Journalist besteht unter anderem darin, dass er wunderbare Fragen stellt – Fragen, die eigentlich auf der Hand liegen, auf die man selbst das Gespräch aber nicht so einfach lenken kann, wenn der Interviewer nicht mitspielt.

Die Gespräche mit Steve und einigen anderen Journalisten, die mich nach meiner Reise befragten, brachten mich dazu, über die Veränderung nachzudenken, die ich auf dieser einen Reise durchgemacht hatte. Einerseits hatte ich meine Mutter wiedergefunden und das Interesse an unserer einzigartigen Familiengeschichte wiederbelebt. Andererseits hatte ich mich aus meiner Komfortzone herausgewagt, mich einigen negativen Seiten meiner Kindheit gestellt und etwas gigantisch Positives daraus gemacht. Unter diesen beiden Aspekten war die Reise bahnbrechend für mich gewesen. Sie zwang mich, meine Vergangenheit, meine Gegenwart, meine Zukunft und mich selbst aus einem völlig neuen Blickwinkel zu betrachten.

Ich muss sagen, dass ich eine Weile brauchte, um mich wieder an den US-amerikanischen Lebensstil zu gewöhnen. Verglichen mit den ersten Expeditionen meines Vaters in den Regenwald, war ich nicht allzu lange weg gewesen, nur ein paar Monate, aber in dieser Zeit hatte ich mich, hatte mich der Dschungel total verändert. Körperlich war ich ein anderer Mensch; ich hatte über 10 Kilo abgenommen. Doch obwohl ich hager und zerbrechlich wirkte, fühlte ich mich stark und gesund. Monatelang hatte meine Ernährung aus den reinsten Lebensmitteln bestanden, die uns die Erde schenkt, frei von Konservierungsmitteln, Chemie und Zusätzen. Ich aß hauptsächlich Kochbananen und Fisch, hin und wieder frisches Obst und Fleisch. Abgesehen von den Spaghetti, die ich mitgebracht hatte, gab es keine Nudeln. In diesem überschaubaren Zeitraum stellte sich meine Verdauung um, und als ich wieder in die Vereinigten Staaten kam, konnte ich meine früheren Hauptnahrungsmittel – Burger, Pommes, Chips, Limonade –, den ganzen Mist, den ich in mich hineingestopft hatte, weil es schnell ging und billig war, kaum mehr bei mir behalten. Das Einzige, was ich vertrug, waren Lachs und Kochbananen, eine

Mahlzeit, die ich mit Bier hinunterspülte. (Aus irgendeinem Grund war meine Fähigkeit, Bier zu trinken, durch den Aufenthalt im Dschungel nicht beeinträchtigt worden.)

Aber die Transformation beschränkte sich nicht auf meinen Körper: Weder mich selbst noch die Welt sah ich so wie früher, doch ich nahm mir einfach nicht die Zeit, diese Veränderungen zu verarbeiten. Ich kehrte kurzerhand in mein altes Leben zurück – die Uni, die Freunde, ohne Geld und klare Vorstellungen, was aus mir werden sollte –, doch unter der Oberfläche des Alltags war ich ruhelos, auf der Suche. Das Leben mit Mom und meiner Yanomami-Familie hatte mir das Gefühl gegeben, ich sollte etwas anderes, etwas *Größeres*, aus meinem Leben machen. Eigentlich wartete da draußen die weite Welt auf mich, aber gleichzeitig waren die Medien eifrig dabei, mich beim Nachdenken zu stören. Ich gab Interviews, hielt Vorträge, hatte Besprechungen mit Steve bei CBS und mit Leuten vom Discovery Channel, die meine Erfahrungen ebenfalls dokumentieren wollten.

In der Zeit kurz nach meiner Rückkehr hätte ich eigentlich ausspannen und dieses merkwürdige neue Licht nutzen sollen, um zu einem anderen Selbstbild zu finden. Es gab so viel zu verarbeiten, so viel zu bedenken. Jahrelang hatte ich mit meiner Identität gehadert, hatte mich gefühlt, als würde ich nicht dazugehören, als wäre ich von meiner Mutter im Stich gelassen worden. Ich hatte in der Schule versagt, in meinen Beziehungen ... Mannomann, ich war total verkorkst. All das hatte mich ja überhaupt erst in den Regenwald getrieben. Doch jetzt hatte ich endlich ein gefestigteres Selbstgefühl als je zuvor, eine neue Wertschätzung für das Leben meiner Mutter, für die Beziehung, die sie mit meinem Vater verbunden hatte, für den eisernen Willen und die Widerstandskraft unseres Volks.

Wo ich hingehörte, wusste ich immer noch nicht, aber im-

merhin war ich von dieser Reise mit der Gewissheit heimgekommen, dass ich ... wenigstens *irgendwo* hingehörte.

Ich weiß, es klingt abgedroschen, aber im Dschungel habe
ich mich lebendig gefühlt – wahrhaft und absolut und voll
und ganz lebendig. Meine Sinne waren aufs äußerste geschärft
und mein Selbstbewusstsein gesteigert. Nie hatte ich mich mit
meiner Umwelt und meinem Platz darin stärker im Einklang
gefühlt als in Moms Dorf, also überlegte ich sofort nach meiner
Abreise, wie ich wieder zurückkehren und dieses gesteigerte
Lebensgefühl weiter erforschen könnte. Irgendwie, das weiß
ich noch, entbehrte es in meinen Augen nicht einer gewissen
Ironie, dass die Lebensweise der Irokai-teri, verglichen mit den
von Hektik geprägten Wundern der modernen Welt, so klein
erschien, aber es war gerade das Kleine, das mir all diese anderen Möglichkeiten eröffnete.

Und es passierte noch etwas: Meine Beziehung zu meinem
Vater war nach dieser Reise eine völlig andere. Wir hatten den
absoluten Tiefpunkt erlebt, nachdem ich als Teenager sechs
Monate lang von zu Hause abgehauen war. Als wir anschließend versuchten, diese Episode hinter uns zu lassen, steckten
wir eine Weile in einer Pattsituation fest. Darauf folgte eine
Zeit des gegenseitigen Respekts, als ich meine erste Reise in
den Regenwald plante. Und nun, nach meiner Rückkehr, hatte sich für uns gleichsam eine neue Tür geöffnet. Plötzlich
hatten wir eine ungeheuer große gemeinsame Basis – Erfahrungen, die wir austauschen, und Bezugspunkte, die wir
gemeinsam erforschen konnten. Ich konnte die Arbeit, die er
im Dschungel geleistet hatte, ganz anders würdigen, ebenso
die Schwierigkeiten, vor denen er gestanden hatte, als er sich
in Mom verliebte, und den Schmerz, den er empfand, als die
magische Anziehungskraft des Dschungels unsere Familie
zerriss. Er wiederum konnte mich nun ebenfalls ganz anders

wertschätzen, so mein Eindruck – denn ich hatte mich von einem verkorksten Kind zu einem gewandten Weltreisenden und angehenden Ethnologen entwickelt, und zwar ausschließlich dank dieser einen Reise.

Ich war in den Dschungel gezogen, um meine Mutter zu finden, um mich zu finden, und ganz nebenbei kam ich auch meinem Vater näher.

All diese Gedanken schwirrten mir durch den Kopf, große und kleine Gedanken, und gleichzeitig ergab es sich, dass meine Verbindung zu Steve Hartman genau zum richtigen Zeitpunkt wieder auflebte. So kam es, dass ich umgehend meine Rückkehr in den Regenwald erwog – vielleicht für einen weiteren kurzen Aufenthalt oder diesmal für einen ausgedehnten Besuch. Das Wunderbare daran, mich mit Steve zu treffen und meine Gedanken zu sortieren, war die Tatsache, dass es mich zwang, mehr über das Mögliche nachzudenken als über das Unmögliche. Bei einer Art Vorgespräch zu einem Interview ertappte ich mich dabei, wie ich in Betracht zog, im Dschungel zu leben – jawohl, zu *leben*, dort also auf Dauer daheim zu sein, Yanomami zu werden. Ich glaube nicht, dass ich zuvor schon solche Gedanken gehegt hatte, und jetzt sprach ich diese Dinge laut aus, öffnete mich jemandem, den ich gerade erst kennengelernt hatte. Es war fast, als würde ich darüber reden, um zu sehen, wie sich die Idee anhörte – wie ich mich anhörte, wenn ich darüber sprach. Vielleicht wollte ich irgendwie auch Steves Reaktion testen – ob er mich komisch ansah, nachsichtig oder herablassend reagierte oder ob seine Augen leuchteten, weil diese Möglichkeit so cool war. Doch ich hatte es noch nicht ganz ausgesprochen, da packte mich schon die Begeisterung, ich konzentrierte mich nur noch darauf, und es wurde mein erklärtes Ziel.

Natürlich ist es eine Sache, über so ein Vorhaben zu reden,

und etwas ganz anderes, es auch umzusetzen. In dieser Hinsicht war ich immer noch ein hilfloses, entwurzeltes, orientierungsloses Kind, das mit zögerlichen Schritten über den Planeten wanderte, und das Einzige, was ich glaubte kontrollieren zu können, war die Planung der nächsten Expedition. Und all diese Gefühle, das Timing, die adrenalingeladene Begeisterung, in der ich mich seit meiner Rückkehr aus Venezuela befand, waren Grund genug, um mit Steve ernsthafte Pläne für eine zweite Expedition zu schmieden.

So läuft es doch, oder? Man stößt zufällig auf einen Plan, und der führt einen zum nächsten Plan und von dort zum nächsten ...

Weil wir gerade von Plänen sprechen ... manchmal spielt einem das Leben einen genialen Pass zu, und man muss spontan reagieren. Für diesen Teil der Geschichte sind ein paar Hintergrundinformationen erforderlich: In den Monaten nach meiner ersten Reise in den Regenwald lernte ich ein Mädchen namens Chrissy kennen. Es funkte, und eine Zeitlang lief es gut mit uns. Ich mochte Chrissys Temperament, ihren Lebenshunger, und sie fand meine Abenteuerlust attraktiv. Chrissy hörte gern meine Geschichten aus dem Dschungel, und ich erzählte sie gern – wir verstanden uns prächtig und fühlten uns sofort zueinander hingezogen. Aber dann machte ich wie üblich einen Rückzieher und schaffte es, alles zu vermasseln. So ist das mit mir und Beziehungen – solange es gut läuft, wunderbar, aber dann passiert etwas. Und so gut wie immer bin ich schuld daran. Ich dachte lange, meine verkorksten Beziehungen hätten etwas damit zu tun, dass ich es genauso wenig schaffte, ein Yanomami zu sein, dass ich immer das Gefühl hatte, nicht dazuzugehören. Das war einer der Gründe, warum ich überhaupt in den Regenwald gegangen war. Wenn ich mich selbst nicht kannte, mir selbst nicht traute, so meine Überlegung, wie sollte ich dann zulassen, dass jemand anders mich kannte und mir traute. Es hing damit zusammen, dass ich meine Mutter, meine Yanomami-Wurzeln, meine Geschichte ablehnte. Oder es hatte womöglich etwas mit dem Gefühl zu tun, abgelehnt und verlassen zu werden, das ich als Kind empfunden hatte, als Mom gegangen war – vielleicht war es ja ein Präventivschlag –: Lieber lehnte ich andere ab und ließ sie im Stich, bevor sie mich ablehnen und im Stich lassen konnten.

Aber jetzt kannte ich meine Geschichte, hatte mein Erbe akzeptiert, meine Mutter wiedergesehen und die Sache in Ordnung gebracht. Jetzt hätte es also anders sein müssen. Und nun traf ich dieses tolle Mädchen, und alles, was ich zu bieten hatte, war der Kerl, der ich schon immer gewesen war.

Alte Gewohnheiten über Bord zu werfen ist anscheinend nicht so leicht, also einigten Chrissy und ich uns darauf, in aller Freundschaft getrennte Wege zu gehen – bis sich herausstellte, dass Chrissy schwanger war. (Das war übrigens der geniale Pass, nur für den Fall, dass das untergegangen sein sollte.) Chrissy wollte das Baby unbedingt bekommen, und ich war absolut einverstanden – aber auch überhaupt nicht darauf vorbereitet. Sie war ungefähr in der 20. Woche, als meine Pläne, mit *60 Minutes* in den Dschungel zurückzukehren, Gestalt annahmen. Daher richtete ich mich darauf ein, dass ein erheblicher Anteil der wertvollen Batterieladung meines Satellitentelefons dafür reserviert sein würde, mich auf dem Laufenden zu halten, wie es Chrissy ging. Nein, im physischen Sinne würde ich nicht für sie da sein – sondern mich fast am anderen Ende der Welt befinden –, aber dank modernster Technik würde ich sie auf virtuelle Weise unterstützen können, und das musste genügen.

Ich konnte es kaum fassen, dass ich im Begriff war, Vater

zu werden. Ein wirklich beängstigender Gedanke. Auch aufregend – aber hauptsächlich beängstigend. Der Gedanke an unser Baby – ein kleines Mädchen, wie wir nun wussten! – stand im Mittelpunkt, als ich meine Reisevorbereitungen traf. Einerseits fuhr ich ungern, andererseits aber war ich noch auf der Suche, wollte den Yanomami-Teil meines Lebens zurückerobern. Ich glaubte nicht, dass ich einen guten Vater für meine kleine Tochter abgeben würde, wenn ich nicht noch einmal die Reise in den Dschungel antrat, also hielt ich an Plan A fest, während Plan B Gestalt annahm.

Bei CBS News läuft es wie bei jedem anderen großen Medienhaus, das heißt, sie «zahlen» nicht für Geschichten – also würde CBS meine Reise nicht finanzieren. Steve Hartman zufolge lag das daran, dass die Nachrichtenabteilung des Senders über Nachrichten berichtete, jedoch keine Nachrichten machte. Sie konnten mir bei der Geschichte also nicht behilflich sein. Dabei ging es um ethische Fragen und die Glaubwürdigkeit ihrer journalistischen Arbeit, im Grunde um eine Art selbstauferlegten Pressekodex, wie Steve mir auseinandersetzte. Doch auch wenn ich vollstes Verständnis dafür hatte, fühlte ich mich an die Zerrissenheit erinnert, die mein Vater in seinem Buch beschrieben hatte, den Konflikt zwischen der Rolle als Beteiligter und als Beobachter, den auch ich in meinen ersten Stunden im Dschungel erlebt hatte. Bei Journalisten war es ähnlich: Sie durften beobachten, aber sie durften sich nicht beteiligen. Dennoch gab es in dem sendereigenen Pressekodex keine Klausel, die mich daran gehindert hätte, innerhalb von Venezuela mit dem *60-Minutes*-Team zu reisen, vorausgesetzt, ich kam selbst für meinen Flug nach Caracas auf. Von da an würden sie mich dann auf dem restlichen Weg meiner Reise filmen. Um die Kameras die ganze Zeit auf mich richten zu können, mussten sie ihr Kamerateam ohnehin ins Landesinnere befördern – da war es okay, wenn sie mich quasi per Anhalter mitnahmen.

Eine weitere wichtige Vorbesprechung mit Steve drehte sich darum, dass ich von ihnen erwartete, meine Yanomami-Familie mit Respekt zu behandeln. Ich erklärte ihm, er und sein Team seien angehalten, eine beachtliche Menge an Handelswaren mitzubringen – Töpfe und Pfannen, Macheten, Perlen, Nähgarn ... alles Mögliche, für das ich sonst selbst hätte sorgen müssen. So konnte ich die Kosten für diese Dinge in meinem Budget einsparen.

Es erschien mir nicht sinnvoll, all diese eher praktischen Geschenke von meiner Seite zu verdoppeln – obwohl sich mir im Rückblick das Gefühl aufdrängt, ich hätte es «geschickt eingefädelt» und gewissermaßen auf der Glückwunschkarte für die Hochzeit eines Freundes unterschrieben, ohne etwas für den Gabentisch beizusteuern.

Steves Interesse gab meinen eher vagen Plänen für eine zweite Reise einen konkreten Zeitrahmen vor – nicht zuletzt, weil die Beteiligung von CBS News es mir leichter machte, das Geld aufzutreiben, das ich brauchte – schätzungsweise 6000 Dollar. Das war natürlich keine Riesensumme, verglichen mit den 250 000 Dollar, mit denen die Pennsylvania State University vor 35 Jahren die erste Expedition meines Vaters in das Territorium finanziert hatte. Für mich war es trotz alledem enorm viel Geld. Schließlich war ich Student, ohne sichtbare (ja nicht einmal unsichtbare) Unterstützung, und ich konnte die Reise auch nicht mit meinem Studium verknüpfen, um womöglich ein Stipendium oder Forschungsgelder zu ergattern – es hätte sich also ebenso gut um eine Viertelmillion handeln können.

Inzwischen konnte ich an das große Interesse, das die Medien für meine erste Reise gezeigt hatten, anknüpfen. Es war auf NPR, dem BBC World Service, Outlook Radio und in unzähligen Lokalblättern darüber berichtet worden – und zwar ausschließlich positiv. Überdies hatte ich eine Menge E-Mails von Dokumentarfilmern bekommen, die mich gern auf meiner nächsten Fahrt begleiten wollten. Zudem gab es Anfragen von Hilfsorganisationen, gemeinnützigen Organisationen und Interessenverbänden, die Verbindungen in die Region hatten – und sie alle ermunterten mich, auf dem aufzubauen, was ich angefangen hatte. Auch wenn mich das Rampenlicht nur streifte, machte es mir doch Mut, die Non-Profit-Organisation zu gründen, die mir vorschwebte. Ich taufte sie «The Good Project» – weil mir die Doppeldeutigkeit gefiel. Unser erklärtes Ziel bestand darin, eine Brücke zwischen der entwickelten und der unentwickelten Welt zu bauen – oder sollte ich sagen, es war *mein* erklärtes Ziel, denn in diesem frühen Stadium bestand die Organisation im Wesentlichen aus meiner Wenigkeit. Meine Mission beschränkte sich auf ein paar niedergeschriebene Worte, ohne Bezug zu irgendeinem Aktionsplan, aber ich hatte eine *Idee*, nämlich diese neue Plattform, auf der ich mich plötzlich wiederfand, zu nutzen, um auf die bedrängte Lage der Yanomami aufmerksam zu machen und generelles Interesse für die indigenen Völker in aller Welt zu wecken. Es war ein ehrgeiziges Unterfangen, und zu Anfang existierte nicht viel mehr als mein unbedingter Wille, es zu realisieren, aber ich wusste, es würde einen Weg geben, die Wärme und das gute Gefühl, die ich mit meiner ersten Reise in den Regenwald verband, für die gute Sache einzuspannen.

Eine Brücke? Nun ja ... mit je einem Fuß in der entwickelten und der unentwickelten Welt war ich doch wohl die geeignete Person, ein solches Vorhaben umzusetzen. Und mit der Zeit, so glaubte ich, würde ich es bewerkstelligen, aus der *Brücke* ein bisschen mehr zu machen als eine bloße Metapher – zum Beispiel einen Weg zum Verständnis und zur Verständigung.

Von Anfang an zeigte die East Stroudsburg University Interesse an meiner nächsten Reise und erbot sich, meine neugegründete Organisation im Gebäude ihres Innovation Centers unterzubringen. Nun, bisher habe ich mein akademisches Erwachen zugunsten der Schilderung meiner Dschungelabenteuer vernachlässigt, also ist jetzt vielleicht der richtige Zeitpunkt, um zu erzählen, was geschah, nachdem ich die Highschool abgebrochen hatte. Irgendwie schaffte ich es, mein Tief zu überwinden und meine Ausbildung fortzusetzen – und nachdem ich mich richtig ins Zeug gelegt hatte, konnte ich mich an der East Stroudsburg University einschreiben. Die Uni war für meine Entwicklung enorm wichtig, ganz unabhängig von meiner Zeit im Regenwald. Dass ich die Hochschulreife auf dem zweiten Bildungsweg etwa um dieselbe Zeit erwarb wie meine Freunde auf der Highschool, habe ich schon erläutert. Danach studierte ich am Northampton Community College, wo ich mein Interesse an Biologie und Naturwissenschaften entdeckte. Dann wechselte ich an die East Stroudsburg University (ESU), wo ich Kurse in Biologie, Immunologie, Anatomie und so weiter belegte. In der Regel erzielte ich gute Noten, doch zu Beginn meines Studiums trank ich immer noch ziemlich viel, also gab es hin und wieder einen Ausreißer – eine Drei, wo eigentlich eine Eins hätte stehen sollen, solche Sachen.

Kurz bevor ich 2011 in den Dschungel aufbrach, legte ich an der ESU meine Bachelorprüfung ab, hatte jedoch keine konkreten Pläne, wie es danach weitergehen sollte. Auf dem Rückweg vom Territorium machte ich dann Zwischenstation bei der katholischen Mission und bewarb mich online für den Masterstudiengang in Biologie an der ESU. Das geschah aus einer Laune heraus, während ich im Internet surfte und überlegte, was ich als Nächstes machen sollte, und die Idee erschien mir nicht schlechter als jede andere auch. Eigentlich entschied ich mich dafür, weil mir nichts Besseres einfiel – ein Schritt ohne klare Vorstellung davon, wo ich hinwollte. Ich dachte nur: Hey, ich sollte mal irgendwie vorwärtskommen, also nahm ich mir vor, auf eine berufliche Karriere hinzuarbeiten, vielleicht sogar als Ethnologe.

Ich hatte also etwas zu tun – und als sich nun das positive Medienecho einstellte, machte die Universität einen riesengroßen Schritt auf mich zu. Ich hatte kaum angefangen, Veranstaltungen für meinen Masterstudiengang zu besuchen, als Vertreter der ESU mir Unterstützung für meine blutjunge «Good-Project»-Initiative anboten. Das war ein unverhoffter Glücksfall, nicht nur für mich, denn auch die Hochschule profitierte davon. Die ESU-Vertreter glaubten daran, dass ich in der Lage sei, wirklich gute Arbeit in der Region zu leisten ... aber mehr noch witterten sie wohl eine PR-Chance. Ich war ESU-Student, unterwegs zu einem Master in Biologie, daher schien es ihnen sinnvoll, mir Hilfe anzubieten. Warum? Weil jeder Medienbericht über mich unweigerlich erwähnen würde, dass ich an der East Stroudsburg University eingeschrieben war. Im besten Fall würde der Name der Hochschule auch bei *60 Minutes* fallen. Doch selbst wenn CBS News nicht darüber berichtete, würde die wohlwollende Aufmerksamkeit, die meine Reisen in den Dschungel sowohl vor Ort als auch in der näheren Umgebung wecken würden, auch ein positives Licht auf die Universität werfen, so die Hoffnung der ESU-Verantwortlichen. Und ich war nur zu gern bereit, sie in dieser Meinung zu bestärken.

Tatsächlich versetzte das potenzielle Interesse der Medien an ihrer Hochschule die ESU in so helle Aufregung, dass sie sich alle Mühe gaben, um den Büroraum meines Good Projects aufzuhübschen. Sie ließen einige Aufnahmen von meiner ersten Reise und aus dem Archiv meines Vaters zu Postern vergrößern und auf Karton aufziehen. Sie kauften ein paar dekorative Zimmerpflanzen sowie ansehnliche Möbel ... sodass die Interviews, die Steve Hartman für seinen Bericht führen wollte, vor einem professionell wirkenden Hintergrund stattfinden konnten.

Mein Finanzbedarf war damit aber längst nicht gedeckt. Als die Reise nun in den Bereich des Möglichen rückte, besuchte ich die zuständigen Leute im Innovation Center der ESU und hielt dort die Hand auf – ich meine, die Zimmerpflanzen waren schön und gut, aber sie konnten nicht den venezolanischen Dschungel ersetzen. Die Produzenten von *60 Minutes* waren gerade in Schwung gekommen, das mussten wir ausnutzen. Wäre es nur um mich gegangen, ich hätte noch ein, zwei Jahre warten können, ehe ich die nächste Expedition auf die Beine stellte, aber im Moment trieb ich die Sache mit einer gewissen Dringlichkeit voran. Ich bat um 6000 Dollar – eine relativ geringe Summe, wie ich heute weiß, doch damals hatte ich keine Ahnung, wie man Geld beantragt, und kam nicht auf die Idee, den Betrag etwas höher anzusetzen, um letztlich das benötigte Geld aushandeln zu können. Beim ersten Mal hatte ich sämtliche Ersparnisse in den Flug nach Caracas gesteckt, und mein Vater hatte mich mit der nötigen Ausrüstung versorgt und mir zusätzlich etwas Geld zugesteckt, das ich am Ende auch brauchte. Diverse Ausgaben bezahlte ich darüber hinaus noch mit meiner Kreditkarte – und baute damit ein Minus auf, das ich noch abbezahlte, als die zweite Reise bereits in Planung war. Diesmal wollte ich nicht auf die Großzügigkeit meines Vaters bauen – obwohl ich sie bis zu einem gewissen Grad durchaus hätte beanspruchen können. Und ich wollte auch nicht wieder auf Pump leben. Für mich waren die beantragten 6000 Dollar eine Stange Geld – aber zugleich entsprachen sie auch den mir tatsächlich entstehenden Kosten, sofern CBS News für meine Reise im Landesinneren aufkam.

Zunächst meinte die ESU, Geld sei kein Problem, aber dann

wurde es doch eins – so läuft das eben. Wir hatten unsere Unterlagen zur Gründung einer gemeinnützigen Organisation noch nicht beisammen, und die Universität war nicht erpicht darauf, eine Reise zu finanzieren, solange wir kein eingetragener Verein waren. Allerdings versicherten sie mir ständig, sie würden das Geld auftreiben, sei es über ein Stipendium oder eine offizielle Mittelzuteilung aus dem Budget des Innovation Centers. Sie gaben mir ihr Wort und ermutigten mich, die Zusammenarbeit mit *60 Minutes* mit Volldampf voranzutreiben. Ich sollte die nötigen Vorbereitungen treffen und alles regeln, als hätte ich das Geld bereits in der Tasche.

Am Ende hatte ich gar nichts in der Tasche. Und wenn ich «am Ende» sage, ist das ziemlich wörtlich gemeint. Die Reise sollte in zehn Tagen losgehen, mein Ticket musste bezahlt, verschiedene Dinge besorgt werden ... aber das Geld ließ weiter auf sich warten. Die ESU-Leute vertrösteten mich immer wieder, erklärten mir, es sei kein Problem, bis ich sie schließlich zur Rede stellte, die Wahrheit wissen wollte ... und letztlich gaben sie zu, dass das Geld nicht da war.

Ich war baff – und, offen gesagt, aufgebracht. Ich hätte die Reise um ein paar Monate verschieben können. Ich hätte *60 Minutes* noch eine Weile hinhalten können, aber jetzt waren alle Räder in Bewegung gesetzt. CBS News hatte für seine Mitarbeiter bereits einen Flug von New York nach Caracas gebucht, einen Flug, den auch ich nehmen musste – weil mich das Kamerateam ja auf dem Weg zurück zu meiner Mutter filmen sollte. Was tat ich also? Ich haute Freunde und Verwandte an, bat um Beträge, die sie entbehren konnten. Hier 20 US-Dollar, dort 50 US-Dollar ... und dann steuerte mein Vater natürlich einen ordentlichen Batzen bei. Mary Francis, die Leiterin des Innovation Centers, hatte ein derart schlechtes Gewissen, dass ihr Team die Finanzierung nicht auf die Beine gestellt hatte,

dass sie meinen Flug nach Caracas, der rund 1400 Dollar kostete, aus eigener Tasche bezahlte.

Auf diese Weise kam die Reise zustande. Es war, als hätte
sie eine Eigendynamik entwickelt – aber wir kamen nur bis
Puerto Ayacucho, Ausgangspunkt für sämtliche Expeditionen
in das indigene Territorium. Das *60-Minutes*-Team bestand aus
Steve Hartman und seinem Assistenten Miles Doran, drei süd-
afrikanischen Kamera- und Tontechnikexperten und Anna
Real, der stellvertretenden Leiterin der Auslandsabteilung von
CBS News. Außerdem stellte uns die venezolanische Regierung
einen Fotografen, vier bewaffnete Soldaten und einen Arzt zur
Seite – mit mir waren es 13 Personen. Wir waren eine Art klei-
ne Invasionsarmee.

Ich stellte mir die seltsame Szene vor, wie wir alle auf einmal in das Dorf meiner Mutter einbrechen würden. Und dachte
dabei nur: Meine arme Familie.

Über die Missionare vor Ort hatte ich mein Kommen angekündigt, Mom war also vorgewarnt. Wann genau ich eintreffen
würde, wusste sie nicht, und von dem Wanderzirkus, den ich
im Schlepptau hatte, ahnte sie noch viel weniger, aber wenigstens würde meine Ankunft sie nicht völlig unvorbereitet
treffen. Für einige Leute bei der venezolanischen Regierung ...
tja, für die war es eine Überraschung, die sie lieber nicht erlebt
hätten. Warum? Nun ja, die Kommunalwahlen standen bevor
– in Venezuela ein wichtiges Ereignis –, und die Anwesenheit
eines US-amerikanischen Fernsehnachrichtenteams wurde
irgendwie als Bedrohung aufgefasst. Es ging weder um mich
noch um die seit langem schwelenden Probleme mit meinem
Vater. Das Ministerium für indigene Angelegenheiten war zunächst sogar ziemlich entgegenkommend – sie hätten wirklich nicht freundlicher sein können. Aber als der Reisetermin

näher rückte, wurde mir und meinen Freunden von CBS News zunehmend klar, dass die Venezolaner nicht gerade den roten Teppich für uns ausrollten. Dennoch entfiel auf jedes Anzeichen von Widerstand seitens der Behörden umgekehrt ein ebenso starkes Signal der Unterstützung, das mich zur Rückkehr ins Territorium ermunterte – durchaus in Begleitung eines Kamerateams, wenn ich das vorhätte. Das nenne ich mal widersprüchliche Botschaften! Zunächst einmal hatte unsere «Expedition» den Segen des venezolanischen Präsidenten Nicolás Maduro, der Anfang des Jahres das Amt von Hugo Chávez übernommen hatte. Dann konnten wir eine schriftliche Einladung seitens der Ältesten aus dem Dorf meiner Mutter vorweisen, die von den Missionaren vor Ort übersetzt worden war, in der es hieß, ich dürfte meinen zweiten Besuch filmen lassen, und die mit mir befreundeten Journalisten seien willkommen, sofern sie Handelswaren mitbrächten. In unserem Hotel in Caracas traf ich sogar den hochangesehenen venezolanischen Dirigenten Gustavo Dudamel, der selbst im Mittelpunkt eines wohlwollenden *60-Minutes*-Beitrags stand – wir hatten also keinen Grund zu der Annahme, das auf meine Geschichte angesetzte Fernsehteam würde als staatsfeindlich eingestuft.

Insgesamt überwogen die positiven Reaktionen – das heißt, es sah so aus, als hätten wir freie Bahn. Wir waren überzeugt, dass alle Ampeln auf grün schalten würden. Wir hatten die Zustimmung mehrerer Ministerien *und* des Präsidenten – unsere Reiseplanung schritt also dementsprechend voran. Dennoch passierte in Puerto Ayacucho etwas Unvorhergesehenes, als wir von dort aufbrechen wollten. Irgendein Regierungsbeamter weigerte sich, das Kamerateam ins Territorium zu lassen – die offizielle, vollkommen an den Haaren herbeigezogene Begründung lautete, die Yanomami wollten nicht, dass Kameras und Reporter ihre Lebensweise auf Film festhielten. Der inoffizielle Grund, der schon eher Substanz hatte, war die Sorge, wie die venezolanischen Kommunalwahlen in aller Welt wahrgenommen würden. Wie in vielen Ländern Südamerikas – und eigentlich weltweit – konnten die dortigen Kommunalwahlen nicht immer einer genaueren Überprüfung standhalten. Korruption gibt es schließlich überall, nicht wahr? Aber das sollte nicht Thema unserer Dreharbeiten sein, und wir stellten klar, dass unsere Kameras andere Bilder einfangen würden.

So oder so, wir saßen in der Patsche. Besser gesagt, das *60-Minutes*-Team saß in der Patsche. Für mich gab es kein Problem. Die Regierung konnte mich nicht daran hindern, das indigene Territorium zu betreten – schließlich war ich Yanomami und damit durch die venezolanische Verfassung geschützt. Die Papiere für meine Staatsbürgerschaft hatte ich zwar noch nicht – denn mein Antrag war (und ist nach wie vor!) in Bearbeitung –, doch ich hatte Beweismittel in Hülle und Fülle, die zeigten, dass ich in das Territorium reisen durfte. Ich war Yanomami, der Sohn einer Yanomami, und per Gesetz durfte mich die Regierung nicht davon abhalten, meine eigene Mutter zu besuchen.

Dennoch wurde der Versuch unternommen, einen der bekannteren politisch aktiven Yanomami zu einer Aussage gegen mich zu bewegen, aber der Mann stand für mich ein. Er sagte: «Davi ist Yanomami, genauso wie ich. Er hat auf jeden Fall das Recht, seine Familie zu besuchen, genau wie ich. Ich sage nichts gegen andere Yanomami.»

Das ging mehrere Tage so. Zuerst dachten wir, wir könnten uns irgendwie aus der Sackgasse herausmanövrieren. Also flogen Anna Real, Steve Hartman und ich zurück nach Caracas, um das Durcheinander dort zu klären. Das südafrikanische Team blieb in Puerto Ayacucho und machte unterdessen im Hotel eine ordentliche Zeche – die Versorgung und Verpflegung der Jungs verschlangen neben ihrem Projekthonorar ungefähr drei Viertel des CBS-News-Budgets für diesen Beitrag. Aber sie waren die Besten der Besten. Sie waren schon in der ganzen Welt unterwegs gewesen. Man hatte auf sie geschossen, sie inhaftiert, unter Granatbeschuss genommen ... sie hatten einfach schon alles erlebt. Von mauernden venezolanischen Bürokraten würden sie sich nicht aufhalten lassen, wenn eine Story winkte.

Dachten sie jedenfalls.

Ein paar Tage später kehrten wir nach Puerto Ayacucho zurück. Unsere Bemühungen waren gescheitert. Wir kauften drei Flaschen Wodka und betranken uns hemmungslos – wir soffen wirklich wie die Tiere, aber während wir uns betranken, flippte ich irgendwie aus. Bei dem Versuch, das Nachrichtenteam in das Territorium zu lotsen, hatte ich jede Menge Aufmerksamkeit auf mich gelenkt. Und dabei war ich nicht nur ins Blickfeld der hiesigen Regierungsbeamten gerückt, sondern hatte einige von ihnen auch gründlich verärgert. Bei meiner ersten Reise hatte ich mich anonym und ziemlich unbekümmert im Land bewegt. Auf dieser zweiten Reise war ich in die Mühlen der Bürokratie geraten. Das venezolanische Militär wusste über meine Mission Bescheid und unterstützte sie voll und ganz. Dennoch gab es in der Regierung gewisse Kreise, die ebenfalls im Bilde waren und mit aller Kraft dagegenarbeiteten.

Durch diese Pattsituation war der *60-Minutes*-Beitrag erst einmal gestorben, aber als ich den Papierkrieg hinter mich gebracht hatte und auf dem Weg ins Dorf meiner Mutter war, drängte sich mir die Frage auf, ob ich mich und meinen Yanomami-Stamm nicht ganz unnötigerweise ins Rampenlicht gerückt hatte.

Ich nahm in Puerto Ayacucho Abschied von Steve und seinem Team. Anna Real hatte im Vorfeld arrangiert, dass uns eine

Militärtransportmaschine nach Esmeralda bringen sollte, und es wurde beschlossen, dass ich trotzdem mitfliegen durfte. Unsere Mission wurde von einem hochrangigen Oberst unterstützt, der dieses Arrangement abgesegnet hatte, und die Papiere waren allem Anschein nach in Ordnung. Doch bevor ich an Bord gehen konnte, wurde ich auf der Startbahn von einer *diputada* aufgehalten. Ich sah der Regierungsbeamtin an, dass sie nervös war und sich in ihrer Machtstellung nicht wirklich wohlfühlte – wenigstens im Hinblick auf mich. Im Grunde wollte sie mich nicht fertigmachen, aber ihr blieb nichts anderes übrig. Sie tat einfach ihre Arbeit.

Sie stellte mir mehrere Fragen, deren Antwort sie schon kannte.

«Welche Angelegenheit führt Sie ins Territorium?»

Ich erklärte, ich wolle meine Mutter besuchen.

«Welche Pläne haben Sie nach Ihrem Besuch bei Ihrer Mutter?»

Ich erwiderte, ich wolle bei meinem Volk leben und die Bräuche der Yanomami erlernen.

Die ganze Befragung war purer Unfug, aber mit diesem Unfug musste ich mich beschäftigen. Diese Frau agierte nach einem vorgegebenen Drehbuch, an das sie sich hielt, auch wenn die Handlung keinen Sinn ergab. Ja, es hatte Kontroversen um den Aufenthalt meines Vaters im Dschungel gegeben – aber darum ging es hier anscheinend gar nicht. Ja, für meinen Vater wäre es schwierig gewesen, diese bürokratischen Hürden zu überwinden, in Anbetracht seiner Vorgeschichte mit venezolanischen Beamten, die offenbar nach wie vor ziemlich sauer waren, weil er eine Yanomami-Stammesangehörige geheiratet und aus dem Territorium mitgenommen hatte – aber auch das war hier offenbar nicht relevant. Die Leute aus meinem Dorf, die katholischen Missionare in der Region, die Behörden, die meine Geschichte verfolgten, Präsident Maduro – sie hatten kein Problem mit mir. Ich war nur ein Yanomami-Junge, unterwegs nach Hause zu seiner Mutter, um die Verbindung zu seiner Yanomami-Familie wieder aufzubauen.

In dem Augenblick war ich unfassbar wütend auf diese Frau – und auf das Ministerium, das sie angeblich vertrat. Ich fühlte mich verraten. Die ganze Zeit wollte ich der Welt zurufen, wie stolz ich darauf war, Venezolaner zu sein, und dem US-amerikanischen Fernsehpublikum zeigen, was es bedeutete, Yanomami zu sein – in Irokai ebenso wie daheim in Pennsylvania. Aber die Chance dazu wurde mir vorenthalten – jedenfalls diesmal.

Aus dem *60-Minutes*-Bericht wurde nichts, aber ich überwand die Hürde dieses Frage-und-Antwort-Spiels und konnte das Flugzeug besteigen. Und als wir in Esmeralda ankamen, wurden wir keineswegs von einer protestierenden Yanomami-Menge empfangen. Da waren nur ein Dutzend katholische Missionare, die ich zum großen Teil von meiner ersten Reise her kannte. Wir umarmten einander zur Begrüßung. Sie wussten um all die bürokratischen Kräfte, die gegen mich in Stellung gegangen waren, und erklärten mir, es wäre ein kluger Schachzug, erst einmal ein paar Tage in aller Stille auf dem Missionsgelände zu verbringen, bevor ich die Fahrt flussaufwärts antrat. Dort traf ich meinen Freund Andrew Lee, Sohn protestantischer Missionare im Territorium, der die Fahrt zu meinem Dorf arrangiert hatte. Andrew und ich hatten uns auf meiner ersten Reise in Boca Mavaca kennengelernt und Freundschaft geschlossen, und jetzt, ungefähr anderthalb Jahre später, unterstützte er mich maßgeblich auf meiner zweiten Fahrt.

Ein Wort zu Andrew: Er gehört zu den stillen Helden des Regenwalds und ist ein echter Streiter für die Yanomami. Er ist mit einer Yanomami-Frau verheiratet und hat Yanomami-

Kinder. Sie sind sein Volk, es ist sein Territorium, und für mich war die erste Begegnung mit ihm eine Offenbarung, weil ich in Andrew eine Chance für jemanden wie mich erblickte: Man konnte aussehen wie ein Gringo und gleichzeitig sinnvoll im Territorium tätig sein. Er hatte den Yanomami sein Leben geweiht, aber wichtiger noch, ihnen gehörte sein Herz – so, wie ihnen jetzt meines gehört.

An jenem Punkt meiner Reise nahm Andrew die Sache in die Hand, und ich muss zugeben, dass ich mich beim Aufbruch ins Territorium ohne meine neuen CBS-News-Kameraden, ohne die Kraft und Zuversicht von Hortensia Caballero, die mir zu Beginn meiner ersten Reise die Hand gehalten hatte, irgendwie verletzlich, ein bisschen einsam, ein wenig ängstlich fühlte.

Klar, ich hatte diese Strecke schon zweimal zurückgelegt – einmal als Kind und einmal vor nur anderthalb Jahren. Aber auf dieser Reise hatte ich das Gefühl, als hätte sich die Welt, als hätte sich die venezolanische Regierung gegen mich verschworen und als wäre ich ganz auf mich gestellt.

Es waren annähernd drei Wochen vergangen, seit wir mit großen Hoffnungen vom New Yorker LaGuardia Airport gestartet waren, und ich hatte es immer noch nicht flussaufwärts zum Dorf meiner Mutter geschafft. Mit ein, zwei Hindernissen auf dem Weg hatten wir gerechnet, aber mir schien, als sei es bis zu dem Platz, wo Andrew Lee und ich mit unserem Bootführer unser Lager aufschlugen, bereits ein gutes Dutzend gewesen. Von hier aus war es noch ungefähr eine Tagesreise zu Mom. Diese letzten Kilometer hätte ich in Begleitung des *60-Minutes*-Teams zurücklegen sollen, aber die Enttäuschung hatte ich schon überwunden. Ich brauchte keine Kamera, um diese zweite Heimkehr einzufangen. Die Reise trug ihren Sinn und Zweck in sich.

Auf dem Weg musste ich immerfort daran denken, dass ich großartige Neuigkeiten für Mom mitbrachte. Sie würde ein weiteres Mal Großmutter werden. Es konnte durchaus sein, dass eins meiner Halbgeschwister im Dschungel bereits Enkel in die Welt gesetzt hatte – und natürlich hatte auch Vanessa mit der Geburt ihrer Kinder vorgesorgt. Aber jetzt würde *ich* Mom zur Großmutter machen. Meine Tochter, die wir Naomi nennen wollten, würde zwar nicht Moms erstes Nabuh-Enkelkind sein, aber das erste von mir – und das war doch was. Ich brannte darauf, meiner Mutter davon zu erzählen, aber gleichzeitig fürchtete ich, sie könnte irgendwie enttäuscht sein. Als ich das letzte Mal hier gewesen war, hatte sie ihr Herz daran gehängt, dass ich Babys mit «Layla» und «Lucy» mache – also echten Zuwachs für ihre Yanomami-Familie produziere. Und nun hatte ich ihre Einmischungsversuche vereitelt und Mittel und Wege gefunden, ein eigenes Baby zu bekommen – wieder ein Kind, das nicht bei den Irokai-teri aufwachsen würde.

In unserer letzten Nacht am Fluss kamen wir nicht so recht zur Ruhe. Wir kampierten direkt unterhalb der Stromschnellen Raudales de Guajaribos. Ruben, der Bootsführer, hatte mir gezeigt, wie man eine Hängematte an einer Dreipunktstruktur befestigt, die er mit Hilfe von Lianen, einer horizontalen Stange und der Astgabel eines gutplatzierten Baums zurechtbastelte. Erstaunlicherweise hielt mein eigener Nachbau.

Die Nacht blieb unvergesslich wegen der prägnanten Zischlaute eines rattenartigen Wesens, das direkt über uns im Laub der Bäume raschelte, und – Pardon – wegen einer Erleuchtung, die ich hatte, als ich mich in die Büsche verzog, um mein Geschäft zu erledigen. Ich will nicht derb werden, aber mein Magen hatte mir die ganze Woche Probleme bereitet, deshalb war es eine große Erleichterung, als meine Verdauung endlich in Gang kam, und während ich auf dem Waldboden kauerte, dachte ich an einen ähnlichen Moment vor gut zwanzig Jahren zurück. Seltsam, wie irgendeine Kleinigkeit, ein winziger Augenblick, eine Direktverbindung weit zurück in die Kindheit herstellen kann, und in diesem Moment hatte ich ein klares Bild von mir selbst an einem solchen Fleck im Wald vor Augen, wie ich als kleiner Junge mein Geschäft verrichtete. Damals wie jetzt fühlte ich mich unheimlich befreit – und in ebendiesem Moment wurde mir klar, dass ich absolut keine Sorgen hatte. All diese Nöte wegen Geld, als ich aus Pennsylvania aufbrach ... die Kopfschmerzen, die uns die Bürokratie auf dem Weg ins Territorium bereitete ... das Unwohlsein, das mir mein Magen seit Tagen verursachte ... alles löste sich in Wohlgefallen auf. Zum ersten Mal seit dem Abflug aus LaGuardia war ich völlig entspannt, abgesehen von den neuen Sorgen eines jungen Vaters, die wahrscheinlich nie verschwinden würden, und das erschien mir in diesem Augenblick wie die reine Wonne. Mein Dasein war vollkommen stressfrei, und als ich mich mit einem Blatt säuberte, überkam mich eine vollkommene Ruhe, ein Glücksgefühl. Natürlich war ich nicht «bereit für den Dschungel», denn ich besaß noch nicht die notwendigen Fähigkeiten, um ein selbständiges Yanomami-Leben zu führen, aber ich war durchaus «bereit für den Dschungel», und zwar in dem Sinne, dass ich geistig empfänglich und offen für alles war, das mir begegnete.

Geistig hatte ich meine Heimat gefunden, das wurde mir nun klar.

Es war Zeit, zu leben.

Am nächsten Morgen ging es mir wie einem Hund, der am Ende einer langen Autofahrt den Kopf aus dem Fenster streckt und sein Zuhause erschnüffelt. Auf dem Weg erkannte ich vertraute Landmarken – so, wie ich in Pennsylvania Altbekanntes entdeckt hätte: ein Restaurant, eine Schule, einen Straßennamen ... alles in einer Reihe angetreten, um mich willkommen zu heißen, dafür zu sorgen, dass ich mich wohl in meiner Haut fühlte. Hier war es das Gleiche: die Biegung des Flusses, die Größe und Form der Bäume, das Schattenspiel des Laubs am Ufer ... alles führte mich heim.

Beim Klang unseres brummenden Motors strömten die Irokai-teri zum Fluss – doch viele waren es nicht. Verglichen mit meiner ersten Ankunft an diesen Gestaden vor zwei Jahren, war es eine magere Resonanz, und dafür gab es einen Grund. Andrew erklärte mir, die Irokai-teri seien weiter landeinwärts gezogen, es dauerte also eine Weile, bis die Nachricht von unserer bevorstehenden Ankunft ins Dorf vordrang.

Trotzdem wäre ein großer Empfang nett gewesen. Ich gebe zu, dass ich ein bisschen enttäuscht war, als wir ans Ufer tuckerten.

Außerdem waren wir 2011 zur Trockenzeit eingetroffen, der Fluss hatte also viel weniger Wasser geführt. Diesmal war es erheblich schwieriger, am Ufer zu navigieren, vor allem als ich aus dem Boot stieg und versuchte, meine Siebensachen herauszuholen. Glücklicherweise waren einige kräftige Yanomami-Männer zur Stelle, die mein Gepäck ohne große Anstrengung an Land hievten – und das war gut so, denn das Flussufer war bedeutend weicher und sandiger, als ich es in Erinnerung hatte. Es war schwierig, über die Lichtung bis zum Dickicht des Dschungels vorzudringen – und zwar nicht nur für mich, wie ich bald sah, sondern auch für die Irokai-teri, die einige Stufen in den Boden gehauen hatten, der mit der Zeit glatt geworden war.

Sogar mit Hilfe meiner einheimischen «Träger» war es anstrengend, unsere Sachen aus dem Boot hochzubringen, aber irgendwann hatten wir es geschafft. Als wir das letzte Gepäckstück absetzten, fühlte ich mich unendlich lebendig. Kaputt, aber lebendig.

Es war, als wäre ich nur ein paar Tage weg gewesen.

Andrew hatte versäumt zu erwähnen, wie weit landeinwärts die Irokai-teri gezogen waren – wir brauchten auf einem feuchten, kühlen, schlammigen Weg ungefähr dreißig Minuten, bis wir das Dorf erreichten. Mom kam uns auf halbem Weg entgegen. Sie hatte von unserer Ankunft gehört und war zum Fluss geeilt, um mich zu begrüßen, und sobald ich sie um die Kurve kommen sah, ließ ich meine Tasche fallen und lief zu ihr. Wie beim letzten Mal war ich ein bisschen verlegen, weil ich sie an mich drücken und ihr einen Kuss auf die Wange geben wollte, was sie aber gleich zu Anfang dieses Besuchs vor den Kopf gestoßen hätte.

Wie zuvor war sie oben ohne, und ihr Gesicht war mit den vertrauten *Hii-hi*-Stäbchen geschmückt. Sie trug einen Rock und Dschungelblumen in den Ohren. Ihr Mienenspiel verriet glückliches Traurigsein. Oder ein trauriges Glücksgefühl. Und ich sah, dass sie den Tränen nahe war.

«Hi, Mom. Ich bin wieder da», sagte ich auf Englisch.

Sie lächelte. Dann deutete sie auf meine Tasche, als hätte sie vor, sie für mich zu tragen. Zugegeben, sie war viel stärker als ich und kannte diesen Pfad in- und auswendig, aber ich winkte ab und sagte: *«Hute.»* Die ist schwer.

Welcher Sohn würde seine Mutter seine Tasche tragen lassen?

Quasi sofort fanden wir in den Lebensrhythmus zurück, wie ich ihn von meiner letzten Expedition kannte. Es war zwar schon über ein Jahr her, aber es schien mir, als wäre es erst gestern gewesen. Auch Ricky Martin kam uns entgegen und hieß uns willkommen. Er war seit meinem letzten Besuch Vater geworden. Mit im Schlepptau hatte er meine beiden Ehefrauen, die während meiner Abwesenheit Mutter geworden waren – Ehefrau Nummer eins bereits zum zweiten Mal. Da waren meine Tanten, meine Onkel, meine Cousins und Cousinen, meine beherzte kleine Nichte ... alles vertraute Gesichter.

Aber für ein ausgedehntes Wiedersehensfest war keine Zeit. Wir hatten zu tun.

Die große Schlagzeile seit meinem letzten Besuch? Das alte Shabono war niedergebrannt – jemand hatte das Gemeinschaftsfeuer unbeaufsichtigt gelassen, während die Irokai-teri auf einem Treck waren, der Wind frischte auf und zerstörte ihr Zuhause. Also bauten sie weiter landeinwärts ein neues Shabono – bei flotter Gangart ungefähr eine halbe Stunde vom Fluss entfernt. Ich ärgerte mich ein wenig über den langen Marsch zum Shabono, vor allem wegen des Gepäcks, aber aufregend war es trotzdem.

Als ich ankam, war das Dorf noch damit beschäftigt, das Land rund um den neuen gemeinsamen Wohnbereich zu roden. Die Irokai-teri fällten Bäume, brannten das Unterholz ab, legten eine neue Pflanzung an. Es gab viel zu tun, und weil ich auf dieser Reise vorhatte, mich verstärkt in das Yanomami-Leben einzugliedern, packte ich mit an. Als Erstes hängte ich meine Hängematte neben dem Feuer auf, das ich mit meiner Mutter teilen würde. Das letzte Mal hatte ich eher am Rand des Shabono geschlafen, doch diesmal wollte ich nicht so weit von meiner Familie entfernt, sondern mitten im Geschehen sein.

Bei den Irokai-teri ist jede Familie dafür zuständig, den Abschnitt des Dschungels zu roden, der sich hinter ihrem Bereich des Shabono erstreckt – man mäht sozusagen den Rasen vor dem Haus, damit sich die Nachbarn nicht beschweren. Die Rodung wurde weitgehend von den Männern durchgeführt, also hielt ich mich an Ricky Martin. Eine Machete in der Hand, wollte er sich gerade an die Arbeit machen, als ich eines Morgens auf ihn zukam. Ich deutete auf die Machete und meinte, das würde erklären, dass ich helfen wollte. Tat es nicht. Als Nächstes versuchte ich es mit einem spanischen Ausdruck, der vielleicht in seinem begrenzten spanischen Wortschatz vorkam.

«*Trabajo*», sagte ich. Arbeit.

Er begriff immer noch nicht, was ich wollte, also griff ich in den Köcher meiner Yanomami-Sprachkenntnisse. «*Kihami*», sagte ich. Da drüben.

Ich deutete auf den Bereich, den er roden sollte, und probierte es mit einem Sprachmix: «*Trabajokihami.*»

Endlich verstand er mich. «Okay», erwiderte er.

Ricky Martin gab mir eine Machete, und ich machte mich fertig – mit fertig machen meine ich Schuhe anziehen. Ich trug Boxershorts, kein T-Shirt, dafür Schuhe und Socken, sah also ziemlich lächerlich aus, aber ich hackte drauflos. Im Grunde machte es Spaß. Wir fällten Bäume, links und rechts, während Kinder uns auf den Fersen folgten, die Äste wegräumten und zu einem kleinen Stapel aufschichteten.

Es dauerte eine Weile, bis ich den Dreh raushatte. Ich benutzte eine Dschungelmachete, die aus hartem Stahl geschmiedet und viel schwerer war als die Macheten, die Dad und ich als Handelsware mitbrachten. Das zusätzliche Gewicht bedeutete sehr viel mehr Schlagkraft, aber man musste auch ordentlich ausholen.

Allmählich kam ich rein und geriet ins Schwitzen, als ich auf einen umgestürzten Baum stieß, der schon gefällt war, jedoch in einem ungünstigen Winkel an einem anderen Baum lehnte, der ebenfalls wegmusste. Also begann ich diesen anderen Baum zu bearbeiten. Es war ein stattlicher Baum, seine

Zweige ragten in alle Richtungen, und um die Äste, den Stamm und den umgestürzten Baum am Boden wanden sich schier endlose Lianen.

Wie mir auffiel, konnten einem diese Lianen eine Menge Probleme machen. Sie waren teilweise so eng gewickelt, dass sie beim Reißen mit Wucht zurückschnellten, sodass man besser aufpasste – doch ziemlich bald passte ich nicht gut genug auf. Ich zerrte an einer Liane, als der dazugehörige Zweig mir plötzlich ins Gesicht schlug und mein linkes Auge traf. Ich schrie auf, eine für mich nicht gerade typische Gefühlsäußerung, weshalb Ricky Martin sich zu mir umdrehte und wissen wollte, was passiert war. Ich hielt mir die Hand aufs Auge und war nach der schweißtreibenden Hackerei mit Adrenalin vollgepumpt, also winkte ich ab. Einen Schlag aufs Auge hatte ich schon ein paarmal abbekommen. Halb so schlimm, dachte ich. Ich nahm an, der stechende Schmerz würde bald nachlassen, und alles wäre in Ordnung.

Aber es war nicht in Ordnung. Ich versuchte weiterzuarbeiten, aber ich bemerkte einen großen schwarzen Fleck in meinem Gesichtsfeld. Und nach zwei, drei Minuten nahm der Schmerz noch zu. Er wurde so schlimm, dass ich das Auge nicht mehr aufmachen konnte, also ließ ich die Machete fallen und taumelte umher wie ein Yanomami-Frankenstein, die Hände instinktiv nach vorne gestreckt. Die anderen wurden aufmerksam und eilten herbei. «*Qué pasó?*», fragte Ricky Martin.

Es tat so weh, dass ich nicht antworten konnte, stattdessen stolperte ich wimmernd über unsere schmale Lichtung, bis es meinem Bruder und ein paar anderen gelang, mich zu meiner Hängematte im Shabono zu führen. Ich konnte die Augen nicht öffnen, und mir fiel nichts ein, womit ich den Dorfbewohnern hätte begreiflich machen können, was passiert war. Schließlich deutete ich auf mein linkes Auge und sagte: «*Hii hi, nini.*»

Damit wollte ich andeuten, dass ich mich mit einem Zweig am Auge verletzt hatte. Wieder wies ich auf mein Auge und hoffte, Ricky Martin würde den Zusammenhang herstellen, und das tat er auch. Er rief den anderen etwas zu, und bald fanden sich Dutzende Irokai-teri an meiner Hängematte ein. Die Leute nahmen mich in Augenschein, stupsten mich an, versuchten, mein Augenlid zu öffnen. Ich fühlte mich, als wäre ich ein Ausstellungsstück – nein, besser (oder schlimmer!), wie das Unterrichtsobjekt in einem Dschungelhospital.

Der Schmerz war grauenhaft – wirklich, ich litt solche Qualen, dass ich nicht besonders klar denken konnte. Mir ging nur immerzu durch den Kopf, dass etwas in meinem Auge steckte – ein Stock oder vielleicht ein Stein –, und es dauerte eine Weile, bis mir aufging, dass meine Schmerzen von einem Kratzer auf meiner Hornhaut herrühren könnten.

Mit derlei Verletzungen hatten die Yanomami Erfahrung, und jemand entdeckte etwas Schmutz in meinem Auge, also beschlossen sie, ihn zu entfernen. Wie? Indem sie ihn wegpusteten. Sie wechselten sich ab. Ricky Martin übernahm eine Schicht. Die anderen Männer, die mit uns gerodet hatten, übernahmen je eine Schicht. Inzwischen hatte jemand meine Mutter gerufen, und sie sprach liebevoll mit mir, während sie sich über meine Hängematte neigte und ebenfalls in mein Auge blies. Es war fast ein kleines Ritual daraus geworden.

Während mir reihum ins Auge gepustet wurde, hörte ich etwas, das wie eine Meinungsverschiedenheit klang. Zwei Stimmen, die ich nicht erkannte, schienen darüber zu streiten, was mit meinem Auge geschehen sollte. Das einzige Wort in der Debatte, das ich verstand, war *koami:* leer, nicht mehr. In diesem Kontext konnte es bedeuten, dass der ganze Schmutz entfernt worden war – oder hieß es womöglich, dass man nichts mehr für mich tun konnte?

Wieder hörte ich es: «*Koami.*»

Unterdessen wurde ich weiterhin umsorgt, und meine Qual war zu groß, als dass ich gefragt hätte, was sie da taten. Ich konnte überhaupt nichts sehen, nur einmal schaffte ich es, mein rechtes Auge kurz zu öffnen, und da erblickte ich zwei Dorfbewohner, die sich mit einem winzigen Stäbchen näherten, fast wie mit einem kleinen Strohhalm, der spitz zulief und in einer feinen Faser endete. Mit diesem Werkzeug schürften sie etwaigen Schmutz aus meinem Auge, der sich durch Blasen nicht hatte entfernen lassen, während ich ununterbrochen schrie und wimmerte. In der Ferne hörte ich, wie einige Yanomami-Frauen mein Wimmern nachahmten, fast als würden sie sich darüber lustig machen, aber all die Geräusche, die Yarimas Nabuh-Sohn da von sich gab, müssen sich in ihren Ohren auch wirklich merkwürdig angehört haben.

An dieser Stelle sollte ich erwähnen, dass ich auch mit meinem «heilen» Auge nicht gut sehen konnte – wenn ich versuchte, es zu öffnen, zuckte auch mein linkes Augenlid, was wiederum grausam wehtat, ich war also praktisch blind.

Als Nächstes kam jemand mit einer Feder und strich damit über mein Lid – wahrscheinlich wollten sie so mein Auge zum Tränen bringen, was womöglich verbliebenen Dreck herausgespült hätte.

Es wurde so unerträglich, dass ich alle fortscheuchte, die Augen geschlossen hielt und einfach nur wünschte, der Schmerz würde aufhören. Da lag ich in meiner Hängematte und dachte: Das sieht nicht gut aus. Dachte: Das war's jetzt, meine Zeit hier ist vorbei. Ich hatte vorgehabt, mindestens einen Monat im Dschungel zu bleiben, und jetzt war ich kaum zwei Wochen hier und befürchtete, wieder abreisen zu müssen. So eine Augenverletzung konnte gefährlich werden. Sie brauchte womöglich eine Notfallversorgung, und so tief im Regenwald gab es keine Ambulanz. Was sollte werden, wenn ich mir eine Infektion holte? Bakterielle Infekte heilten hier in den Tropen nicht wie zu Hause. Was, wenn die Schmerzen schlimmer wurden? Schon jetzt waren sie nicht auszuhalten. Ich konnte mir nicht vorstellen, wie ich so die Nacht überstehen sollte.

Schmerzumnebelt, wie ich war, fiel mir ein, dass ich ein Satellitentelefon besaß und jetzt der richtige Zeitpunkt wäre, es zu benutzen. Aber erst einmal musste ich es finden. Ich konnte die Augen ja höchstens für den Bruchteil einer Sekunde öffnen und konnte auch dann nur ganz verschwommen sehen. Und man darf nicht vergessen, wenn ich das rechte, das unversehrte Auge öffnete, zuckte auch das linke, und schon die leiseste Bewegung war qualvoll. Also kramte ich blind in meinen Sachen, bis ich das Telefon fand. Anschließend bedeutete ich Mom und einer meiner Tanten, sie sollten mich in den offenen Bereich des Shabono führen, wo ich vielleicht ein Signal empfangen konnte. Zu diesem Zweck fuchtelte ich wie ein Verrückter mit den Armen und machte Gehbewegungen mit den Fingern.

Während wir dahinstolperten, rief ich mir das Design des Telefons in Erinnerung, die Menüfunktionen, um mit geschlossenen Augen telefonieren zu können. Die letzte Nachricht, die ich verschickt hatte, war an Chrissy gegangen, meine schwangere Exfreundin, die auf dieser Reise meine Verbindungsfrau war. Wir hatten vereinbart, dass ich Chrissy schreiben und sie meine Nachricht über Facebook an Andrew Lee weiterleiten sollte, meinen Missionarsfreund, der mich im Dorf abgesetzt hatte und am Ende meines Aufenthalts wieder abholen würde. Nun wollte ich ihn von meinem Unfall in Kenntnis setzen, konnte ihn aber in der protestantischen Mission nicht per Satellitentelefon erreichen. Die einzige Methode, mit ihm Kontakt aufzunehmen, führte über das Karussell Chrissy-Facebook-Andrew.

Wie ein Blinder rief ich aus dem Gedächtnis das Textprogramm des Telefons auf, und es gelang mir, eine kurze SOS-Botschaft an Chrissy zu tippen – nur abschicken konnte ich sie nicht. Ich hatte keinen Empfang. Das Blätterdach des Regenwalds war zu dicht und zu hoch. Man darf nicht vergessen, es war ein relativ neues Shabono, die Rodungsarbeiten hatten gerade erst begonnen, und von meinen kurzen Exkursionen wusste ich, dass die nächste Lichtung zehn bis fünfzehn Minuten entfernt war. So weit würde ich auf keinen Fall mit geschlossenen Augen kommen, selbst wenn ich Mom eine Hand auf die Schulter legte und sie mich führte. Der Schmerz war einfach zu stark. Ich schaffte es ja kaum zurück zu meiner Hängematte. Ich ließ mich hineinfallen und dachte, es wäre am besten, wenn ich die Verletzung schlafend auskurierte.

Ich hatte noch Ibuprofen im Gepäck, kam aber nicht auf die Idee, es zu nehmen. Oder vielleicht nahm ich es doch und musste feststellen, dass Ibuprofen diesem Schmerztyp nicht gewachsen war.

Irgendwie überstand ich diese erste Nacht. Mom kümmerte sich um mich – aber nicht so, wie sich bei uns eine Mutter um ihren verletzten Sohn kümmern würde. Sie kam alle paar Stunden zu mir, berührte meine Stirn und murmelte ein paar Worte, die ich nicht verstand. Diese Besuche an meinem Krankenbett hatten aber überhaupt nichts Linderndes, Tröstliches an sich. Dennoch war es irgendwie beruhigend zu wissen, dass Mom in der Nähe war und sich mit meinem Fall beschäftigte – auch wenn sie nicht viel tun konnte, um mir zu helfen.

Nachts hatte ich kaum Möglichkeiten, mich von den Schmerzen abzulenken, also vertrieb ich mir die Zeit, indem ich mir mein künftiges Leben ausmalte. Chrissy war jetzt in der 27. Woche, und allmählich sah man, dass sie schwanger war. Nach Auskunft des Arztes entwickelte sich die kleine Naomi gut. Ich überlegte, wie sie wohl aussehen würde, ob sie Ähnlichkeit mit mir haben würde – klein, mit dem runden Kopf der Yanomami und dunkler Haut. Würde es ihr in der Schule schwerfallen, mit den anderen Mädchen klazukommen? Würde sie irgendwann einmal im Leben ihren Platz im Dschungel finden wollen, so wie ich?

Die ganze Nacht über spürte ich, dass andere sich meiner Hängematte näherten. Ich hörte auch, dass leise Gespräche geführt wurden. Wenn überhaupt, verschlimmerte sich der Schmerz im Lauf der Nacht – es fühlte sich so an, als hätte ich einen winzigen scharfkantigen Stein im Auge. Ich hatte Angst davor, die Augen zu öffnen, deshalb wusste ich nicht so genau, wann die Nacht zu Ende ging, doch schon bald begann das morgendliche Geklapper rund ums Gemeinschaftsfeuer, begleitet vom Kommen und Gehen auf leisen Sohlen.

Kurz darauf fand neben meiner Hängematte eine weitere Beratung statt. Alles, was ich verstand, war das Wort «suwe» – Frau. Immer wieder hörte ich das Wort, dann wurde es still. Ich spürte die Hände mehrerer Menschen auf mir, zwei oder drei Paar Hände lagen auf meinem Gesicht. Jemand versuchte, mein Lid hochzuziehen, wieder durchfuhr mich ein stechender Schmerz. Alles, was ich sah, war Nebel, ich konnte nicht einmal Umrisse wahrnehmen. Dann merkte ich, wie sich jemand über mich beugte – als würde ein Schatten auf mich fallen –, und spürte, wie zwei Tropfen einer Flüssigkeit sanft in mein Auge fielen. Fast sofort stellte sich die Wirkung ein. Ich konnte das Auge sogar einige Zeit offen halten, ohne dass es wehtat. Zwar sah ich nach wie vor alles nur verschwommen und war extrem lichtempfindlich, aber immerhin war ich schmerzfrei.

Ich war mehr als erstaunt, denn die lindernden Tropfen ließen mich vermuten, dass es im Dorf einen Medikamentenvorrat gab. Das stellte eine ungeheure Erleichterung dar, und zwar nicht nur wegen der Schmerzen, sondern auch, weil die Tropfen Hoffnung in mir weckten. Sie zerstreuten meine Sorge wegen der Infektionsgefahr. Aus meinem Erste-Hilfe-Kurs wusste ich, dass es bei Augenverletzungen in erster Linie gilt, bakterielle Infektionen zu vermeiden, und in dieser Hinsicht hatte ich nach meinem Dafürhalten schlechte Karten gehabt. Nun aber, so dachte ich, hatte man mir gerade antibakterielle Tropfen ins Auge geträufelt, und nach einigen weiteren Verabreichungen wäre ich wieder auf dem Damm.

Allerdings war ich noch nicht über den Berg, und so verbrachte ich den restlichen Tag mit geschlossenen Augen in meiner Hängematte, um mich auszuruhen, bevor der Schmerz wieder einsetzte, wie ich befürchtete. Leute kamen vorbei und fütterten mich mit Kochbananen. Mom gab mir eine Art Brühe, und auch mein Onkel teilte sein Essen mit mir, das er mir direkt auf die Brust legte. Anfangs half er mir beim Essen, doch ich fühlte mich kräftig genug, um das selbst in die Hand zu nehmen. Ich tastete auf meinem T-Shirt nach verschiedenen Dingen, die sich vertraut anfühlten, und steckte sie in den Mund. So bekam ich auch einige Käferlarven zu fassen, die nach Form und Beschaffenheit vertraut wirkten. Ich hatte schon Larven gegessen, mochte sie sogar, aber als mir bewusst wurde, was ich da im Mund hatte, musste ich würgen. Momentan war mir nicht nach Larven. Ich wollte lieber Futter für die Seele – Eis, Pizza, Hühnersuppe.

In der folgenden Nacht schlief ich unruhig, aber immerhin träumte ich. Es war ein Traum, der während dieser zweiten Reise in den Dschungel in der einen oder anderen Form ständig wiederkehrte. Chrissy kam darin vor, meine schwangere Exfreundin, so wie meine anderen Exfreundinnen auch: Sarah, Karen, Daisy und so weiter. Es war höchst merkwürdig, dass mich diese wilden Träume von meinen früheren Freundinnen ständig begleiteten – nicht wild im Sinne von schmutzigen Phantasien, sondern wild im Sinne von bizarr und verrückt. Es gab auch ein Leitmotiv. In jedem dieser Träume kam der Augenblick, in dem ich meine Exfreundin bat, zu mir zurückzukehren. Eine nach der anderen erschienen sie mir im Traum. Jedes Mal weinte ich, bettelte, kniete nieder, ziemlich klischeehaft. Und jedes Mal, in jedem einzelnen Traum, lehnte die jeweilige Exfreundin meine klägliche Bitte ab und wies mich erneut zurück.

Es war die Geschichte meines Lebens, die mich da in den Hintern biss – unterbewusst zwar, aber ich konnte die Bisse im Schlaf spüren.

Am nächsten Morgen waren die Schmerzen im Auge wieder da, und während ich in der Hängematte lag, hörte ich wieder dieses Wort: *suwe*.

Erneut spürte ich die Hände auf mir. Wieder zog jemand mein linkes Augenlid zurück, und ich bemerkte den Schatten, der auf mich fiel. Nur erkannte ich diesmal die Silhouette einer jungen Frau, die sich über meine Hängematte beugte, wie um mir die Augentropfen zu verabreichen, und als sie sich näherte, sah ich, dass es eine meiner Ehefrauen war – Ehefrau Nummer zwei, genauer gesagt. Mein erster Gedanke war: Sieh mal einer an? Du bist die Frau mit den Medikamenten! Danke!

Als sie noch näher kam, fiel mir auf, dass sie kein Medikament in der Hand hatte. Auch keine Pipette. Stattdessen hielt sie ihre nackte Brust wie eine Waffe auf mich gerichtet. Dann drückte sie auf ihre Brustwarze und presste ihre Brust zusammen, sodass sich ein kräftiger Milchstrahl auf mein linkes Auge ergoss.

Sie zielte allerdings nicht sonderlich gut – keinesfalls so exakt wie am Tag zuvor. Es ist aber auch genauso gut möglich, dass ich die erste Dosis von einer anderen stillenden

Yanomami-Frau erhalten hatte. Jedenfalls muss sie doch einigermaßen getroffen haben, denn ich verspürte eine sofortige Erleichterung. Zwar hatte ich nun überall Muttermilch im Gesicht, aber das war mir egal. Ich hätte jede Demütigung hingenommen, um diese tödlichen Schmerzen loszuwerden – und eine Demütigung in dem Sinne war es ja gar nicht. Das war einfach nur eine Gruppe Dschungelfrauen, die mich auf meiner Hängematte festhielt, während meine Mutter mein infiziertes Augenlid hochschob und meine Ehefrau, die unlängst einem anderen Mann ein Kind geboren hatte, mich mit ihrer Muttermilch duschte und hoffte, dass etwas davon in meinem Auge landete – so etwas kommt doch nun wirklich alle Tage vor.

Sicher, ich war eher sterile medizinische Methoden gewohnt. Hundert Fragen schossen mir durch den Kopf, als ich die Augen schloss und darauf wartete, dass die Muttermilch von Ehefrau Nummer zwei ihre Wirkung tat: Würde diese Art der Behandlung mich tatsächlich heilen oder nur vorübergehende Linderung bringen? Wie zum Teufel waren die Yanomami darauf gekommen? Konnte es sein, dass Muttermilch das Infektionsrisiko erhöhte? Was wussten die Yanomami sonst noch über die Heilkraft von Muttermilch?

In meinem Kopf ging es drunter und drüber, doch sobald der Schmerz nachließ, konnte ich auch meine Sorgen vergessen – und so nahm die Verletzung ihren Verlauf. Die Behandlung mit Muttermilch wurde fortgesetzt, morgens und abends je zwei Spritzer. Nach drei Tagen konnte ich schließlich die Augen öffnen, wenn ich auch noch nicht besonders sah. Das Sonnenlicht bereitete mir zwar Beschwerden, aber immerhin konnte ich nun mit meinem gesunden rechten Auge die Welt betrachten, während sich das linke wieder ans Licht gewöhnte.

Die ganze Zeit war Mom bei mir – und es tat unglaublich gut, ihre tröstenden Hände zu spüren, zu wissen, dass sie für mich sorgte. Nach einer Woche war ich wieder hergestellt, und wahrscheinlich brauchte es tatsächlich ein ganzes Dorf, um mich durch dieses Martyrium zu begleiten, aber ich weiß nicht, wie ich es ohne meine Mutter überstanden hätte.

Sie war mein Schmerzmittel, meine Hoffnung, meine Reha.

Das Satellitentelefon, das ich hervorkramte, als ich Chrissy benachrichtigen wollte? Ich hatte dann doch noch Gelegenheit, es auf dieser zweiten Reise sinnvoll zu nutzen – eine weitere Episode aus *Die Jetsons treffen Familie Feuerstein*, der ich eine unvergessliche Erinnerung sowie eine unverhoffte Lektion darüber verdanke, was es bedeutet, ein Yanomami in unserer modernen Welt zu sein.

Das Telefon war schon Luxus, aber sobald ich mich im Dschungel befand, war nichts kostbarer als die Akkulaufzeit. Ich rechnete mit einer Betriebszeit von rund drei Stunden, und da es keine Möglichkeit gab, das Ding außerhalb der protestantischen Mission aufzuladen, zählte wirklich jede Minute. Das Problem war nur, dass man selten einen vernünftigen Empfang hatte. Abgesehen davon, dass ich das Telefon brauchte, um mich zu erkundigen, wie es Chrissy mit ihrer Schwangerschaft ging, stellte es auch eine Art Rettungsanker dar. Im Falle eines Notfalls, wie beispielsweise meine Augenverletzung, war es beruhigend zu wissen, dass ich mit der Außenwelt Kontakt aufnehmen und Hilfe herbeirufen konnte. Zu diesem Zweck hatte ich die etwas kompliziert anmutende Telefonkette eingerichtet.

Nebenbei erfüllte das Telefon noch eine ganz wunderbare Aufgabe, es bot nämlich die Möglichkeit, meine Eltern wieder zusammenzubringen – diesmal in Moms Dorf, wo sie sich, wie ich meinte, wohler fühlte und mehr sie selbst sein konnte als in der katholischen Mission in Boca Mavaca.

Eines Nachmittags – meine Augenverletzung war inzwischen geheilt und ich hatte ein besseres Gefühl dafür entwickelt, wo man ein brauchbares Satellitensignal bekam – holte ich das Telefon aus dem Gepäck und zeigte es Mom, die in ihrer Hängematte saß. Ich deutete auf das Telefon und sagte: «*Talk Kenny.*»

Sie lächelte, um zu zeigen, dass sie mich verstanden hatte, und erwiderte: «*Teléfono, Kenny.*»

Wir versuchten, gleich hier im Shabono eine Verbindung zu bekommen, doch der Empfang war miserabel – das heißt, nicht existent. Dann gingen wir mit dem Telefon in die nahe gelegene Pflanzung, aber auch hier bekamen wir kein stabiles Signal. Im und um das Dorf war entweder die Wolkendecke zu dick oder das Blätterdach zu dicht. Nach einer schier endlosen Signalsuche sah ich mich gezwungen, die Idee ad acta zu legen. Ich fürchtete, zu viel Akkulaufzeit zu verschwenden, ohne überhaupt ein Gespräch zu führen. Also deutete ich auf das Telefon, schüttelte den Kopf und sagte: «*Batería.*» Als würde das für meine Mutter, die nur darauf bedacht war, mit ihrem Kenny zu sprechen, irgendetwas erklären.

In den nächsten Tagen holte ich, wenn ich gerade nichts zu tun hatte, immer mal wieder das Telefon heraus, richtete es himmelwärts und suchte ein Signal. Meist tat ich das, nachdem Mom mich eine Weile mit der Forderung «*Teléfono, Kenny. Talk Kenny*» verfolgt hatte. Sobald sie sich etwas in den Kopf gesetzt hatte, ließ sie nicht mehr locker – ein Charakterzug, der mir viel eher typisch US-amerikanisch als Yanomami vorkam. Jedenfalls wusste sie, wo ich das Telefon aufbewahrte, und dass es die magische Fähigkeit besaß, die Stimme meines Vaters erklingen zu lassen, also setzte sie mir weiter zu.

Ich verbrachte so viel Zeit damit, das verdammte Telefon himmelwärts zu halten, dass die Irokai-teri schließlich die Verbindung zwischen Ursache und Wirkung erkannten. Ganz gleich, was ich gerade tat, sie holten mich weg, schauten zu den Wolken auf und sagten: «*Kihami kihami.*» Hier, hier ... Als wollten sie mir helfen und Anregungen geben.

Schließlich wanderten wir eines Tages zu einer neuen Pflanzung am Flussufer, und mir fiel auf, dass es hier keine hohen Bäume gab. Wir hatten freien Zugang zum Himmel. Zum Shabono waren es zwanzig Minuten, aber diese Gelegenheit wollte ich mir nicht entgehen lassen, also lief ich zurück, um das Telefon zu holen. Als ich zurückkam, war Mom schon ganz aufgekratzt. Sie wusste, was es bedeutete. Auch die anderen wussten, was es bedeutete – und als ich von dieser kleinen Rundreise wiederkam, ging mir auf, dass sie wohl die ganze Zeit gewusst hatten, was es bedeutete. Das war ein wenig frustrierend. Ich hatte diese Pflanzung noch nie gesehen, diese Lichtung mit freiem Zugang zu einem Satellitensignal, aber die Irokai-teri wussten, dass es sie gab. Ihnen war klar gewesen, was ich die ganze Zeit gesucht hatte, wenn ich das Telefon in die Höhe hielt. Wenigstens glaube ich, dass es ihnen klar war – und trotzdem war niemand auf die Idee gekommen, mich hierherzuführen.

Wo steckt bloß der Dorf-IT-Spezialist, wenn man ihn braucht?, fragte ich mich.

Egal, Mom lächelte, kicherte, hüpfte auf und ab und sagte: «*Teléfono, Kenny. Talk Kenny.*»

Als die Verbindung stand, nahm mein Vater sofort ab, und Mom strahlte hell wie ein Stern. Nie hatte ich sie oder jemand anders so breit, so allumfassend lächeln sehen. Sie war überglücklich. «*Kenny, ha-po. Kenny, ha-po*», sagte sie. «Kenny, komm. Kenny, komm.»

Sie wünschte sich nichts sehnlicher, als dass mein Vater nach all den Jahren zu ihr zurückkehrte – allerdings spielten vermutlich nicht nur Emotionen, sondern auch praktische

Gründe eine Rolle, denn sie zählte ihm alles auf, was er in ihr Dorf mitbringen sollte. Und zwar Angelhaken, Stoffe, Töpfe und Pfannen. Ja, sie wollte ihren Kenny sehen, aber die Sachen, die ihr Kenny mitbringen konnte, waren ihr noch wichtiger.

Sogar mein Onkel griff nach dem Telefon, um eine Bitte loszuwerden. Es war wirklich erstaunlich zu beobachten, wie die Irokai-teri rasch und übergangslos dieses kleine Stück Nabuh-Technik verstanden, wie sie sich nicht damit aufhielten, die Neuheit zu bestaunen, sondern sie sogleich für ihre Zwecke einspannten.

«Shori», sagte mein Onkel. «Shori, yahoriprou.» Schwager, ich bin arm. Dann zählte er auf, was mein Vater ihm mitbringen sollte: Macheten, einen Motor, Benzin …

Auch das war typisch für die Yanomami – sie akzeptierten den Ansturm der Veränderung, das Herannahen der modernen Welt, und fanden Möglichkeiten, daraus Nutzen zu ziehen. Und als ich nach dem Gespräch mit meinem Vater das Telefon weglegte, dachte ich: Okay, wieder eine Lektion gelernt. Wir hatten uns auf die Technik eingelassen und sie sinnvoll eingesetzt. Wir hatten ein Signal gefunden und dieses merkwürdige Satellitentelefongespräch geführt. Aber am Ende diente das Telefon nur dazu, an ein paar Töpfe und Pfannen, etwas Nähgarn und Angelschnüre zu kommen. Nicht dass man mich falsch versteht, Mom war überglücklich, dass sie mit meinem Vater sprechen konnte. Auch mein Onkel freute sich, die Stimme seines alten Freundes zu hören. Ihre Bitten taten der Zuneigung, die sie für ihn empfanden, und der Beziehung, die sie zu ihm hatten, keinen Abbruch.

Aber trotzdem wollten sie auch diese Töpfe und Pfannen.

Unterrichten gehört nicht zu den Stärken der Yanomami – Lernen geht bei ihnen anders. So ist es zum Beispiel nicht üblich, dass der Vater den Sohn zum Fischen mitnimmt und ihm beibringt, wie das geht. Etwas in dieser Form findet überhaupt nicht statt. Die Kinder beobachten stattdessen die Erwachsenen von sich aus, und zwar vom Tag ihrer Geburt an. Sie sehen zu, sie sind aufmerksam. Ihre Fähigkeiten erwerben sie spielerisch, indem sie Rituale und die Welt um sie herum nachahmen. Es gibt kein bestimmtes Alter, kein Stadium, in dem eine bestimmte Fähigkeit erlangt werden muss. Jungen werden Jäger, wenn sie so weit sind. Mädchen werden Mütter, wenn sie so weit sind. Jungen werden Schamanen, wenn sie so weit sind. Mädchen sammeln und ernten, wenn sie so weit sind. Es gibt weder Gesetze noch Zertifikate, die eine bestimmte Betätigung erlauben oder erworbene Fertigkeiten bestätigen.

Es geschieht einfach, wenn es geschieht – nur ich war eine Ausnahme, ich brauchte jemanden, der mich bei der Hand nahm und die Sache mit mir durchging, und das erkannte mein Bruder Ricky Martin. Er entwickelte großes Geschick darin, mir bestimmte Dinge zu zeigen, die man im Dschungel zum Überleben braucht – wie man einen Baum fällt oder Feuer macht oder einen Tapir jagt oder eine bestimmte Frucht aufbricht. Er brachte mir sogar bei, wie man *ta-te* zubereitet – ein Getränk aus Bananen, für das ich bald eine große Vorliebe entwickelte.

Allein daheim hätte ich ein Handbuch gelesen oder mir ein YouTube-Video angesehen, bevor ich losgezogen wäre und etwas Neues ausprobiert hätte. Aber hier im Dschungel hatte ich solchen Luxus nicht. Ich hatte nur meinen Bruder Ricky-Martin-Micashi. Auf dieser Reise wurden wir Freunde, und er spielte die Rolle des Informanten für mich, wie Ethnologen das nennen. Das heißt, er nahm mich unter seine Fittiche, zeigte mir, wie eine Art Bergführer, wie man in diesem Teil der Welt überlebt. Er brachte mir bei, wie man mit Pfeil und Bogen schießt. Nach einigen wenigen Versuchen war ich so weit, dass ich den Pfeil einspannen, auf die Kochbananenstaude jenseits des Weges zielen und abschießen konnte. Das dumpfe Plonk, mit dem mein Pfeil sich in diese Staude im Regenwald bohrte, hörte sich für mich höchst befriedigend an – es war der Klang der Vollendung, der Klang des Ankommens. Wir waren in einer Gruppe losgezogen, um mit Pfeil und Bogen zu schießen, und alle riefen laut und zufrieden: «Ohhhhhh», als der Pfeil sein Ziel traf – und Ricky Martin rief am lautesten von allen.

Außerdem zeigte mein Bruder mir, wie man *epena* einnimmt – oder *yopo*, wie es auch oft bezeichnet wird. Eines Tages nahm er mich beiseite und erklärte mir, als Mann aus dem Dorf sei es für mich an der Zeit, es zu probieren, und ich konnte nicht widersprechen. Mein Gott, tat das weh. Das Pulver, das mir durch dieses Rohr in die Nasenhöhle geblasen wurde, schlug ein wie eine Bombe. So etwas hatte ich noch nicht erlebt. Ein höllischer Schmerz. Ich dachte, gleich platzt mir der Schädel. Danach befand ich mich in einer Art Nebel, und sobald der Schmerz nachließ, war es, als würde mein Kopf auf noch ganz andere Weise platzen. Es war wirklich ein Psychotrip, aber ich war noch klar genug, um zu beobachten, was um mich herum vor sich ging. Es war, als befände ich mich direkt an der Grenze zur Welt der Geister – so nah dran, dass ich über den weiten Raum hinwegspähen konnte, der unsere Wirklichkeit von dieser höheren Realität trennt, aber gleichzeitig immer noch so weit Herr der Lage, um mich zurückzuhalten und ihn nicht zu überqueren. Über diesem lieblichen Abgrund verweilte ich eine, wie mir schien, ziemlich lange Zeit.

Auf *yopo* werden die Klänge auf schöne, nahezu melodische Weise verstärkt. Ähnlich wie das Sustain-Pedal einer E-Gitarre sorgt die Droge dafür, dass die Geräusche des Dschungels sich dehnen und in der dicken Waldluft, in den Ohren, im Gedächtnis hängen bleiben. Ihr Echo verhallt nicht.

Halluzinationen stellten sich ein – nur anders als erwartet. Meine Halluzinationen wurzelten in der Realität, in einer westlichen Realität allerdings. Zum Beispiel bemerkte ich plötzlich wieder, dass alle Frauen oben ohne herumliefen, was einem nicht mehr auffällt, sobald man sich ein paar Tage im Dschungel aufhält. Doch das *epena* sorgte dafür, dass ich die Welt betrachtete wie ein geiler Teenager aus New Jersey. Überall waren Brüste! Ich schloss die Augen und war überzeugt, sie würden mich anspringen.

So weit wie möglich versuchte ich meinerseits, für Ricky Martin ein guter, geduldiger Lehrer zu sein. Natürlich konnte ich ihm über das Leben im Regenwald und die Bräuche der Yanomami nichts beibringen, aber er war darauf erpicht, Englisch zu lernen. Er wollte mich tatsächlich in mein Nabuh-Dorf in den Vereinigten Staaten begleiten und dort zur Schule gehen. Was Schule und Ausbildung bedeuten, wusste er aus seiner Zeit in Esmeralda, wo er einen Vorgeschmack von Akkulturation bekommen und einige Bräuche der Nabuh kennengelernt hatte. Eines Abends blieben wir lange auf, und ich lehrte ihn, bis sechzig zu zählen. Ein ehrgeiziges Projekt – zweifellos angetrieben durch einen weiteren schmerzhaften *yopo*-Rausch.

Wenn ich diese zweite Reise in den Dschungel 2013 einordnen und mit meiner ersten Reise 2011 vergleichen soll, würde ich sagen, die eine baute auf der anderen auf. Meine Expedition 2011 zielte darauf ab, meine Mutter zu finden und mit meiner Yanomami-Familie in Verbindung zu treten, während es 2013 vorwiegend darum ging, mich zu finden und Yanomami zu werden.

Insgeheim verglich ich meine Reise mit den Bourne-Büchern von Robert Ludlum. In *Die Bourne-Identität* – oder *«Die Good-Identität»* – bestand das Ziel darin, ein Selbstgefühl zu entdecken. In *Das Bourne-Imperium* – oder *«Das Good-Imperium»* – verfolgte ich das Ziel, meine neue Identität zu meistern, mein Leben selbst in die Hand zu nehmen, und genau das ist in gewisser Weise auf der zweiten Reise in das Dorf meiner Mutter passiert. Diesmal lernte ich, mehr Yanomami zu sein – nicht nur hinsichtlich der Sprache der Yanomami, sondern auch in Bezug auf die Bräuche, die Rhythmen, den Takt und den Zweck des Lebens im Dschungel. Ich lernte praktische Dinge: wie man jagt und fischt und einen erlegten Tapir zerlegt. Und ich lernte zu denken wie die Yanomami, ein bisschen wenigstens.

Das beste Beispiel dafür ist wohl, dass ich während meiner Zeit im Dschungel völlig klar im Kopf war, wenn ich morgens aufwachte. Dafür gibt es in unserer westlichen Welt keine Entsprechung, aber in meiner kurzen Zeit mit Mom gelangte ich an jenen Ort in meinem Denken, an dem es nichts mehr zu denken gibt. Leuchtet das ein? Vermutlich nicht, wenn Sie diese Worte aus der Sicht einer modernen industrialisierten Gesellschaft lesen. Aber aus der Dschungelsicht, was gab es da eigentlich zu bedenken? Wenn ich Hunger hatte, machte ich mich auf zur Nahrungssuche. Wenn ich müde war, ruhte ich mich aus. Wenn ich den Elementen ausgesetzt war, baute ich einen Unterschlupf. Wenn mir das Feuerholz ausging, zog ich los und sammelte welches.

Es ist wie eine gigantische Nike-Werbung – *just do it*! Es gibt kein Denken, nur Tun. Es gibt keine Sorgen, nur Tun. Es gibt kein Rätselraten, nur Tun. Es dauerte eine Weile, aber schließlich kam ich in meinem Denken – oder Nichtdenken – an diesen Punkt, und dann fiel mir die Bemerkung ein, die meine Mutter vor all den Jahren auf der Bootsfahrt nach Platanal gegenüber meinem Vater gemacht hatte, und ich überlegte, ob ich ihre Vision inzwischen erfüllte.

War ich nun endlich «bereit für den Dschungel»? War ich endlich ein Yanomami?

Nach drei Wochen im Dorf beschlich mich der Gedanke, die Rodungsarbeiten rund um das Shabono würden niemals zum Abschluss kommen. Der Dschungel war so tief, so dicht, er schien die ständigen Bemühungen der Holzfäller zu vereiteln. Ich überlegte, ob das wohl immer so war, ob die Männer permanent damit beschäftigt waren, den Dschungel zurückzudrängen – eine nicht enden wollende Aufgabe.

Sobald mein Auge geheilt war, beschloss ich, wieder bei dieser Sisyphusarbeit mitzuhelfen. Meine Zeit im Territorium neigte sich dem Ende zu, und ich wollte so viel beitragen wie möglich, bevor ich Abschied nahm. Tag für Tag stellte ich mich beim Roden ein bisschen geschickter an – das heißt, meine Anstrengungen waren ein bisschen weniger peinlich, ein bisschen kompetenter. Als ich jedoch nach meinem Unfall zum ersten Mal wieder zur Machete griff, warf mir Mom einen langen, mütterlich besorgten Blick zu. Fast als wäre sie eine von den Müttern meiner Freunde, die mich in meiner Kindheit ermahnten, nicht mit einer Schere in der Hand herumzurennen. Sie sagte nichts, aber ich konnte ihr vom Gesicht ablesen, dass sie befürchtete, ich würde mich wieder verletzen.

Also beschwichtigte ich ihre Sorge auf Englisch. «Ist schon okay, Mom», sagte ich. «Ich werde die Bäume einfach so fällen.» Dann legte ich mir die eine Hand wie eine Augenklappe schützend über das linke Auge und schwang mit der anderen pantomimisch die Machete.

Sie lachte – und alle anderen stimmten ein.

Ricky Martin jedoch nahm sich extra ein wenig Zeit für

mich, half mir, wieder in meinen Rhythmus zu finden. Er sagte mir, wo ich fällen, wann ich fällen, wie ich fällen sollte. Wie gewohnt, erwies er sich als guter, geduldiger Lehrer, und während wir uns immer weiter vom Dorf entfernten, kam er richtig auf Touren. Seine Erwartungen an mich stiegen. Bald lehrte er mich nicht nur, wie man die Machete richtig schwingt, sondern auch, wie ein richtiger Yanomami bei der Arbeit heult.

Das Heulen stellt nämlich einen wichtigen Aspekt dabei dar – fast wie ein Schlachtruf, der einen bei der Arbeit inspiriert. Die fröhlichen, ausgelassenen Rufe der Yanomami, die das Unterholz rund um das Shabono lichteten, glichen einer lieblichen Musik – der Regenwald war erfüllt mit den Klängen des Vorankommens und des Sich-Einsetzens, des Sich-Verausgabens und des Loslassens ... all die guten, guten Dinge.

Anfangs war Ricky Martin nicht mit meinem Rufen zufrieden. Er hänselte mich und meinte, ich würde rufen wie ein Nabuh, was ich als schwere Beleidigung auffasste. Yanomami-Männer heulen in einer hohen Tonlage, in einem schrillen Singsang sozusagen. Meine Stimme traf den Ton nicht recht. Sie erklang in einer traurigen, tiefen Tonlage, die eher nach Schelte klang als nach befriedigendem, hemmungslosem Heulen.

Jedes Mal, wenn ich rief, korrigierte mich Ricky Martin.

Er heulte: «*Iih ... iih ... ahuuu!*» Und das gefiel ihm.

Als Antwort heulte ich: «*Iih ... iih ... ahuuu!*» Und das gefiel ihm gar nicht.

Jedes Mal, wenn wir hinauszogen und die Rodungsarbeiten fortsetzten, ließ er mich mein Heulen üben. Er wollte mich so weit bringen, dass ich es richtig machte – und wenige Tage vor meiner Abreise gelang es mir tatsächlich.

Das war auch deshalb gut, weil Ricky Martin allmählich die Geduld mit mir verlor – er war zwar nicht verärgert, aber ich hatte das Gefühl, es fehlte nicht mehr viel. Ich machte übrigens Fortschritte beim Holzfällen, das sollte nicht unerwähnt bleiben – Mom wäre stolz auf mich, dachte ich, wenn ich bei der Arbeit ins Schwitzen geriet. Aber sosehr ich mich auch bemühte, das Heulen meines Bruders nachzuahmen, ich kriegte es einfach nicht hin, bis er mich schließlich anschrie.

Er heulte, wie es sich gehörte.

Ich heulte auch – und schaffte es nur so halbwegs.

Das ging eine Weile so, bis ich plötzlich genau den richtigen Ton traf, genau den richtigen Tonfall, genau den richtigen Mix aus Freude und Ausgelassenheit. Es war, als würde es aus meinem tiefsten Innern kommen, von einem Ort, über den ich nicht mehr nachdenken musste. Und ich brauchte von Ricky Martin nicht zu hören, dass ich es geschafft hatte, weil ich es spürte.

«*Iih ... iih ... ahuuu!*», heulte ich. «*Iih ... iih ... ahuuu!*» Immer und immer wieder. Mit jedem Ruf aus vollster Kehle erlebte ich einen Rausch purer Energie, und wenn ich die Machete schwang, durchschnitt sie die dicke Dschungelluft wie nichts.

Hätten Sie mich dabei gesehen, wie ich diese Bäume fällte, wie ich dabei sang, wie ich dabei über den Dschungelboden tanzte ... Sie wären überzeugt gewesen, dass ich ein Yanomami bin.

Kapitel acht

DAS GOOD PROJECT

Nun sitze ich also hier in meiner Wohnung in Pennsylvania und gebe diesem Buch den letzten Schliff, während im Nebenzimmer meine Tochter Naomi schläft – für mich ein schöner Rahmen, um über die Bedeutung dieser letzten Jahre und den Platz nachzudenken, den ich mir offenbar unter den Yanomami geschaffen habe.

Die gemeinnützige Organisation, von der ich seit meinem ersten Besuch am Amazonas geträumt habe, ist inzwischen Wirklichkeit geworden. Noch funktioniert nicht alles reibungslos, aber das Good Project ist im Begriff, eine kraftvolle Stimme zugunsten der indigenen Bevölkerung der Welt zu werden. Die Irokai-teri nehmen dabei eine besonders herausgehobene Stellung ein, doch wir werden unsere Aufmerksamkeit auch anderen Dörfern, anderen Stämmen, anderen Regionen widmen. Bis heute haben wir zwei erste Reisen im Dienst dieser Organisation durchgeführt – und zwar zum Cabécar-Stamm in Costa Rica; dabei haben wir gemeinsam mit Hochschulgruppen von der East Stroudsburg University gemeinsam daran gearbeitet, eine wichtige interkulturelle Allianz zu schmieden. Momentan bereite ich mich für die dritte Reise in die Region vor.

Hinter dem Good Project steht der Gedanke, Geld zu sammeln, Bewusstsein zu wecken, die Plattform ein wenig anzuheben, damit wir einander auf einem höheren Niveau in die Augen sehen können. Was ich damit genau meine? Nun, es ist unser Anliegen, den indigenen Völkern der Erde eine kraftvolle Stimme zu verleihen – das wäre die einfache Form, es auszudrücken. Mein Wunsch besteht darin, etwas von dem Interesse, das meine Geschichte geweckt hat, umzulenken, damit die Menschen sich etwas einfallen lassen, um für die Sache dieser im Regenwald und anderswo in Abgeschiedenheit lebenden Stämme einzutreten. Es gibt unterschiedlichste Wege, diese guten Menschen an den Segnungen der modernen Welt teilhaben zu lassen, ohne zu verlangen, dass sie ihre althergebrachten Bräuche oder ihre Lebensweise aufgeben. Wir können dazu beitragen, indem wir ihnen Technik zur Verfügung stellen und darauf achten, dass diese behutsam integriert wird, indem wir neue Bewässerungsmethoden zugänglich machen, indem wir dringend benötigte Medikamente, Kleidung und Hilfsgüter zu ihren bringen. Wir werden uns einem Projekt nach dem anderen widmen, denn ich lege zwar wirklich Wert darauf, etwas zu verändern, erkenne aber, dass eine Wandlung des großen Ganzen nur durch eine konsequente Aneinanderreihung kleiner Schritte möglich ist. Wenn wir sehen, wo Hilfe gebraucht wird, packen wir mit an.

Einen Vorstand gibt es bereits, ebenso wie ein unterstützendes Netzwerk von Organisationen, die in einigen sehr entlegenen Ecken des Planeten gute Arbeit leisten, und in den kommenden Jahren hoffe ich eine Brücke zwischen der entwickelten und der unentwickelten Welt bauen zu können. Wie das allerdings gehen soll ... nun, das finden wir unterwegs heraus und sehen uns gleichzeitig nach «guten» Projekten um, hinter die wir uns stellen können.

Fürs Erste kann ich nur meine Familiengeschichte erzählen und darauf vertrauen, dass sie Verständnis für die Yanomami von heute weckt. Ich bin zwar kein Experte, dennoch halte ich mich für in einzigartiger Weise qualifiziert, hier meine Meinung einzubringen – das also ist der Plan: einfach loslegen. Das Buch, das Sie in Händen halten, ist Teil dieser Bemühungen, und darum möchte ich es mit ein paar abschließenden Gedanken über das sich wandelnde Gesicht meines Volkes – und zunächst das sich wandelnde Gesicht meiner Familie – beenden.

Wenn ich über meine Zeit im Dschungel nachdenke, freut mich besonders, wie es mir gelungen ist, meine Eltern nach all der Zeit wieder in Kontakt miteinander zu bringen. Schön, es war nur eine Verbindung über Skype, nur ein kurzer Satellitenanruf, aber im Leben meiner Familie sind das bedeutende Meilensteine. Fortschritt kann doch eine feine Sache sein. Mein Vater hätte sich gewiss niemals träumen lassen, dass er sich mit meiner Mutter in Irokai und mit seinen guten Freunden auf Yanomami würde unterhalten können. Als ich zurückkam, erzählte er mir, diese Anrufe hätten ihm das Gefühl vermittelt, dass dadurch etwas zum Abschluss komme – ich bohrte nicht nach, was er damit meinte, genauso wenig, wie ich Mom zu einer Erklärung drängte, warum sie Danny seinerzeit auf der Landepiste zurückgelassen hatte und im Wald verschwunden war. Ich bin der Überzeugung: Die Vergangenheit ist vergangen. Sie kümmert mich nicht. Von Bedeutung ist für mich nur die Gegenwart, und hier in der Gegenwart ist es uns allen gelungen, einander wiederzufinden ... und das ist für mich eine richtig gute Sache, eine Win-win-Situation.

Als ich zum Amazonas reiste, um meine Mutter zu finden, ging es mir nämlich auch darum, meine indigenen Wurzeln zu finden. Und darum, mich selbst zu finden. Doch meine Selbstfindungsreise war noch nicht zu Ende, als ich den Dschungel wieder verließ. Sie geht hier in den Vereinigten Staaten weiter. Ich bin meiner Familie gegenüber jetzt offener, und wir stehen uns näher. Mag sein, dass ich meine Mutter gesucht habe, aber in mehr als einer Hinsicht musste ich Mom suchen, um meinen Vater zu finden. Tatsächlich sind Dad und ich nach meiner Reise Weggefährten und enge Freunde geworden. Ohne die gute und wichtige Arbeit schmälern zu wollen, die er während seines Berufslebens geleistet hat, können wir uns in manchen Fragen wie Kollegen austauschen. Natürlich verfüge ich nicht annähernd über seine Erfahrung, seinen Einblick – aber zumindest arbeiten wir am selben Puzzle. Manchmal bringen wir Stunden über Stunden damit zu, unsere Geschichten und Beobachtungen zu besprechen. Wenn ich mir ansehe, wie wir heute miteinander umgehen, kann ich mir kaum mehr vorstellen, wie es früher war – damals, als ich schon bei bloßer Erwähnung meiner Mutter oder des Yanomami-Volkes abschaltete. Heute ist mir jede Gelegenheit hochwillkommen, um über Mom zu sprechen. Ich möchte alles erfahren – und zum Glück ist mein Vater eine nie versiegende Quelle.

Er hat eine Menge mitgemacht, mein Vater. Er ist verurteilt und schief angesehen worden, weil er die Frau geheiratet hat, die er liebte. Seine Ehe mit einer Yanomami-Frau und die drei Kinder aus dieser Verbindung haben seiner Karriere als Ethnologe mehr geschadet als genützt. Ihm blieb nicht genug Zeit für Forschung und Veröffentlichungen. Seine Fähigkeiten als unbeteiligter, wissenschaftlicher Beobachter der Yanomami wurden in Frage gestellt. Aber er bereut die Entscheidungen, die er als junger Mann getroffen hat, nicht. «Wie könnte ich auch?», fragt er mich, wenn ich das Thema anschneide. «Ich habe drei wunderbare Kinder. Ich habe wunderbare Erinnerungen.»

Wie ich selbst erkennt auch mein Vater die dramatischen Veränderungen, die seit seiner Zeit unter den Yanomami im Dschungel stattgefunden haben. Er steht rückhaltlos hinter meiner Mission, indigene Völker zu unterstützen, die sich standhaft gegen die mit zunehmender Macht über sie hereinbrechende moderne Welt wehren. Erst vor kurzem wurde ein Yanomami-Mann in Puerto Ayacucho brutal von Polizeibeamten zu Tode geprügelt – eine Geschichte, die bei meinem Vater tiefe Trauer auslöste. Er trauerte nicht nur um diesen einen Mann und seine Familie, sondern um sein Volk. Der Vorfall beschäftigte ihn lange, weil er ihn nicht mit den Yanomami, die er kannte und liebte und die in den entlegensten Teilen des Regenwalds ihre traditionelle Lebensweise bewahrten, in Übereinstimmung bringen konnte.

Natürlich weiß er, dass Veränderung unausweichlich ist und Fortschritt unvermeidlich. Sein Missmut gilt der Tatsache, dass er schon so lange «draußen» ist. Eine Zeitlang zählte er zu den führenden Experten für die traditionelle Yanomami-Kultur – und auch heute ist er noch eine wichtige Autorität auf diesem Gebiet, obwohl die Yanomami-Kultur sich mittlerweile radikal verändert.

Auch die Beziehung zu meinen Geschwistern ist durch meine Reise tiefer geworden. Mein Bruder Daniel – wir nennen ihn nicht mehr «Danny» – hat kürzlich an der West Chester University in Pennsylvania seinen Abschluss in Ernährungswissenschaften gemacht. Ich bin stolz auf ihn und seine Leistung – besonders interessant ist für mich allerdings, dass er zu den Erinnerungen an unsere Mutter, als wir Kinder waren, einen ganz anderen Bezug hatte. Zu kämpfen hatten wir beide, aber jeder auf seine eigene Weise, und ich überlasse es Daniel, seine Gefühle, was seine Yanomami-Kindheit betrifft, selbst darzustellen, wenn er das will. Aber jetzt, wo ich wieder Zugang zu Mom gefunden habe und damit auch zu Dad, sind auch Daniel und ich uns näher gekommen. Schon bald nach meiner Rückkehr von meinem zweiten Besuch im Regenwald haben wir uns bei einem Bier zusammengesetzt und geredet.

Natürlich kam die Sprache auch auf Mom – und wenn ich sage *natürlich*, muss man bedenken, dass wir zuvor nie wirklich über sie gesprochen haben. Was also in anderen Familien normal sein mag, war bei uns vollkommen neu.

Daniel fand es großartig, dass ich nach Venezuela gereist und irgendwie bis zu Mom vorgedrungen war. Ich würde mich unheimlich freuen, wenn er mich auf einer meiner nächsten Reisen begleiten und diesen Weg selbst gehen würde, und zwar, sobald er dazu bereit ist. Natürlich kann *bereit* für jeden Menschen eine andere Bedeutung haben, selbst wenn sie derselben Familie angehören und gemeinsame Erfahrungen gemacht haben. Ich persönlich war erst mit 24 Jahren bereit. Erst da standen alle Elemente im Kosmos in der richtigen Konstellation. Wer kann schon vorhersehen, wann für meinen Bruder der Moment gekommen sein wird – aber wenn er kommt, *wenn* er denn kommt, dann, so mein Entschluss, werde ich da sein, um ihm bei seiner Suche zu helfen.

Der Gedanke gefiel ihm – also stießen wir darauf an.

Mit Vanessa liegen die Dinge anders. Auch wir haben in letzter Zeit immer öfter über Mom gesprochen. Jetzt, wo sie selbst Mutter ist, hat sie das Bedürfnis, zu verstehen, was damals in Mom gefahren ist, als sie zurück in den Dschungel rannte. Ich glaube, Vanessa hat die Trennung als Kind zwar irgendwie verarbeitet, sieht die Sache aber heute aus einem anderen Blickwinkel. Und ich weiß, dass sie schrecklich gern einen Weg finden würde, über die vielen Meilen, über die riesigen sprachlichen und kulturellen Barrieren hinweg mit Mom in Verbindung zu treten und mit ihr darüber zu sprechen. Sie hat sogar vor kurzem Interesse daran bekundet, mich auf einer meiner nächsten Expeditionen zu begleiten – auch eine ganz tolle Entwicklung. Allerdings müssen wir uns angesichts der Tatsache, dass sie selbst zwei kleine Kinder hat, einiges einfallen lassen, um eine solche Reise überhaupt zu realisieren. Was die Reise für Vanessa persönlich bedeuten könnte, kann ich mir nur ausmalen.

Doch auch in diesem Fall gilt: Das ist ihre Geschichte, die von ihr erzählt werden muss. Ich als ihr Bruder kann nur für sie da sein, um sie dabei zu unterstützen.

Und dann ist da noch meine wieder aufgelebte Beziehung zu meiner Mutter – eine Beziehung, die im Mittelpunkt dieser Odyssee steht. Ich merke, dass ich sie schmerzlich vermisse. Wenn ich über die Route 80 zur Arbeit fahre, überlege ich oft, was sie wohl genau in diesem Moment tut. Sammelt sie Feuerholz? Ist sie auf Krabbenfang mit den anderen Frauen? Erntet sie Kochbananen? Hin und wieder sehe ich sie vor mir, wie sie am Bach sitzt und den Stapel Familienfotos hervorholt, den sie in einer kleinen Tasche sicher verwahrt immer mit sich herumträgt. Ich sehe sie Bilder von mir betrachten, von Vanessa, von Daniel. Ich sehe sie Bilder meines Vaters betrachten. Ich sehe, wie ihr Tränen in die Augen steigen – während sie sich vielleicht fragt, wann ich wohl wieder zu ihr komme.

Es macht mich traurig, auf diese Weise an sie zu denken – doch gleichzeitig, ganz egoistisch, erfüllt es mich mit einem überwältigenden Gefühl der Verbundenheit. All diese Jahre über habe ich nie gewusst, ob sie überhaupt an uns dachte, als sie dort irgendwo im Dschungel ihr eigenes Leben führte. Jetzt weiß ich es. Es gibt einen Platz für uns in ihrem Herzen.

Es gibt einen Platz für *mich*.

Und noch etwas ist traurig: Ich ertappe mich immer öfter bei dem Gedanken, wie die Zeit vergeht. Mom wird langsam alt – diese bittere Wahrheit lässt sich nicht leugnen. Nein, die Yanomami zählen die Lebensjahre nicht, aber das Dschungelleben ist hart. Es betrügt einen um eine ganze Anzahl Jahre, und im Hinterkopf frage ich mich, wie oft ich sie überhaupt noch wiedersehen werde. Ich frage mich, und ich sorge mich. Das Schlimme an meinem gegenwärtigen Leben ist, dass ich mich nicht einfach so, ganz frei, zwischen Dschungel und daheim hin- und herbewegen kann. Doch die Existenz in der sogenannten zivilisierten Welt ist kompliziert. Ich muss arbeiten, um Geld zu verdienen. Ich muss mir eine berufliche Grundlage schaffen. Ich muss für Essen, Benzin, Kleidung, Krankenversicherung sorgen ... all die Kleinigkeiten, die man in der Wildnis Pennsylvanias zum Überleben braucht. Hier ist es nicht wie im Dschungel, wo alles, was man benötigt, schon da ist. Und jetzt habe ich zu allem Überfluss auch noch eine Tochter, um die ich mich kümmern muss, ich kann also nicht einfach in den Dschungel abhauen – bei dem Gedanken, von meiner wunderschönen Naomi getrennt zu sein, bleibt mir fast das Herz stehen.

In diesen traurigen Momenten, in denen ich mir vorstelle, wie Mom die Bilder betrachtet und sich fragt, wann ich wohl zurückkomme, ertappe ich mich bei dem Gedanken, wie toll es wäre, irgendwie ein Satellitentelefon in dieser kleinen Tasche zu verstauen. Wenn ich sie erreichen und wissen lassen könnte, dass ich zu ihr unterwegs bin – weil ich derzeit tatsächlich daran arbeite.

Bis ich in den Regenwald zurückkehren kann, bleibt mir nichts anderes übrig, als das Gebiet im Auge zu behalten und auf den Erfahrungen aufzubauen, die ich mit meiner Yanomami-Familie machen durfte. Schließlich werden wir längst nicht mehr als das isolierte Volk gesehen, auf das mein Vater damals im Jahr 1975 stieß, als er erstmals Kontakt zu den Leuten in Moms Dorf aufnahm.

Seit ich mich mit der Region befasse und auch auf meinen beiden ausgedehnten Besuchen im Territorium ist mir ein Problem besonders aufgefallen: Menschen aus der westlichen Welt tendieren dazu, die Yanomami für einen homogenen Stamm zu halten. Außerdem steht die Exotik für uns im Vordergrund – das heißt, wir malen mit einem romantischen Pinsel und stellen uns *alle* Yanomami unverdorben, nackt, ursprünglich, primitiv vor ... genau so, wie sie uns in den westlichen Medien in den 1950er Jahren präsentiert wurden.

In Wirklichkeit sind sie ein dynamisches, in Entwicklung begriffenes Volk, das bereits ein hohes Maß an Akkulturation durchlaufen hat. Und doch – die Tendenz, die Yanomami als exotisch zu betrachten, lässt uns westliche Menschen oft vergessen, dass sie menschliche Wesen sind. Sie sind keine Zootiere hinter undurchdringlichen Mauern. Sie sind keine Kreaturen, die studiert oder bewertet werden müssen. Nein, sie sind eine warmherzige, gefühlvolle, temperamentvolle Gruppe eigenwilliger, stolzer Menschen, die mit anderen Stämmen und Leuten aus dem Westen interagieren und sich dabei neue Fähigkeiten, Technologien und Weltanschauungen aneignen.

So gesehen sind sie also genau wie Sie und ich. (Okay, vielleicht ein bisschen mehr wie *ich* und ein bisschen weniger wie *Sie*, aber Sie wissen schon, was ich meine ...)

Heutzutage leben viele Yanomami in Lehmhütten mit Metalldächern, einige auch in Ziegelbauten. Und ja, eine große Anzahl lebt weiterhin in den althergebrachten Shabonos ihrer Vorfahren. Der Grad der Akkulturation ist höher, je näher ihr Wohnort an einer der übers ganze Territorium verteilten Missionszentren oder an einer der kleinen Städte wie Esmeralda liegt. Viele Yanomami sprechen inzwischen Spanisch und haben ein gewisses Maß an Bildung im westlichen Stil erhalten; manche engagieren sich in der Lokalpolitik und wirken an politischen Entscheidungen mit. Es gibt Yanomami, die eigene Boote mit Motor besitzen. Immer mehr Yanomami-Dörfer haben Zugang zu Elektrizität und ein paar wenige Glückliche sogar zu fließendem Wasser. Und es gibt viele Dörfer mit einer eigenen Schule, in der nicht selten Yanomami-Lehrer den Unterricht abhalten.

Es lässt sich wohl mit Fug und Recht sagen, dass die Akkulturation bei den Yanomami heute schneller voranschreitet, als sie es in ihrer reichen, edlen Geschichte je erlebt haben, und auf einer bestimmten Ebene muss ich wohl glauben, das sei wunderbar. Ich habe meine Worte sorgfältig gewählt, als ich schrieb «muss ich glauben» – ich möchte damit sagen, dass mir nichts anderes übrig bleibt; etwas anderes zu glauben würde heißen, mein Volk der Verzweiflung und dem Niedergang zu überantworten. Und doch bin ich in Wahrheit nicht ganz überzeugt, dass alle diese Veränderungen ausschließlich positiv sind, und so muss ich auf einer anderen Ebene leider Einschränkungen machen. Absolut gesehen, also in einem Vakuum, bringt jede Entwicklung aufregende Perspektiven mit sich. Zugang zu Bildung, zu moderner Technologie (wie Laptops und Handys), die durch neue Transportmittel verbesserte Mobilität ... all das eröffnet enorme Chancen, wirft aber gleichzeitig bedrückende Fragen auf: Können die Yanomami mit diesen rasanten Veränderungen mithalten? Was bedeutet es für die Yanomami, sich der Zukunft gegenüberzusehen? Wissen sie überhaupt, was das bedeutet? Können sie sich vorstellen, was alles möglich ist?

Man bedenke: Das Dorf meiner Mutter ist von dieser Ära des Wandels relativ unangetastet geblieben, doch in Nachbardörfern sind die Einflüsse des 21. Jahrhunderts überall sichtbar. Es ist wirklich bemerkenswert, dass diese Menschen noch vor 20 oder 30 Jahren so lebten, wie ihre Vorfahren seit Generationen, seit Jahrhunderten gelebt hatten. Jetzt ist die postmoderne Yanomami-Jugend bekleidet, hört Musik, lernt Mathe, liest

Bücher ... die Kluft zwischen den Generationen wächst also stetig. Daraus ergibt sich, dass viele junge Yanomami mit einer ganz eigenen Identitätskrise zu tun haben. Wer sind sie? Welcher Welt gehören sie in Wirklichkeit an?

Leider haben viele Yanomami mit all diesen Fragen zu kämpfen – und viele lehnen in der Folge ihr Erbe ab. Oft wollen sie nicht einmal mehr als Yanomami bezeichnet werden, sondern lieber als Venezolaner.

Ich beobachte diese Entwicklung schweren Herzens – doch andererseits, wer bin ich, um ein Urteil zu fällen? Ausgerechnet ich? Ich, der ich so schnell bereit war, meine Yanomami-Wurzeln abzulehnen. Sehen wir den Tatsachen ins Auge: Ich habe fast mein ganzes Leben damit zugebracht, vor meiner indigenen Vergangenheit wegzulaufen. Jetzt laufe ich zu ihr hin, und es macht mich traurig, dass so viele Mitglieder meines Stammes in der Gegenrichtung unterwegs sind. Wir haben das gleiche Blut und verfolgen doch entgegengesetzte Ziele.

Das ist der Ballast, das Kleingedruckte, das sich aus der Verwestlichung der Yanomami ergibt, und ich konnte es während meiner Zeit in Esmeralda ganz deutlich beobachten. Insgesamt verbrachte ich auf dem Weg ins Territorium oder zurück mehrere Wochen in der Siedlung. Dort habe ich mich erholt, nachgedacht und meine Batterien aufgeladen – im wörtlichen wie im übertragenen Sinne. In Esmeralda begegnete ich anderen jungen Yanomami, etwa in meinem Alter. Ich streifte dort viel herum, nahm alles in mich auf, machte eine Menge Fotos und sprach mit möglichst vielen Leuten. Es war mir wichtig, mir ein Bild von diesem Ort zu machen – nicht als Tourist oder Außenseiter, sondern als Vollblut-Yanomami auf der Durchreise.

Es war erstaunlich, so viele Yanomami-Jungen und -Mädchen in Schuluniformen zu sehen, wie sie zur Schule eilten, um vor dem Klingeln im Klassenzimmer zu sein – ein großer

Kontrast zu meinen Erinnerungen an die Yanomami-Kinder in meinem Heimatdorf, die nackt durch den Dschungel rennen, im Bach plantschen und dabei alles erlernen, was ihre Eltern und Großeltern können.

Eines Tages gegen Ende meines Aufenthalts in der Siedlung war ich nach einem Mittagessen auf dem Weg zurück in mein Zimmer, als ich eine Gruppe von etwa einem Dutzend Yanomami-Jungen um Father Arroldo geschart sah. Ich ging hinüber und fragte, was los sei, und Father Arroldo erklärte, die Jungen wollten wissen, wer ich sei.

«Sie trauen sich nicht, dich anzusprechen», sagte er. «Willst du mit ihnen reden?»

Natürlich wollte ich. Ich sprach mit den Jungen und erzählte ihnen, ich sei ein Yanomami genau wie sie, bloß dass mein Vater ein Nabuh und meine Mutter aus Hasupuwe sei. Sie sahen mich an, als wollte ich sie auf den Arm nehmen.

«*Peheti?*», fragte einer von ihnen. Ist das wirklich wahr?

«*Awei*», antwortete ich. Ja.

Jetzt waren die Jungen fasziniert. Ich lud sie ein, mit mir hineinzugehen und sich Bilder auf meinem Laptop anzusehen – Dutzende Aufnahmen von meiner Yanomami-Familie und unserem Dorf. Anschließend zeigte ich ihnen Fotos aus meiner US-amerikanischen Heimat – einschließlich Wolkenkratzern, Autos und Winterlandschaften.

Sie waren sprachlos. Ein paar Minuten lang herrschte Stille. Schließlich brach einer der Jungen das Schweigen. «Warum bist du eigentlich hier?», fragte er. «Du bist ein Nabuh. Du hast alles, was du brauchst. Warum kommst du an diesen Ort?»

Ich entgegnete: «Ich bin hier, weil ich Yanomami-Blut in mir habe. Ich bin hier, weil ich hier zu Hause bin. Meine Familie ist hier. Meine Mutter ist hier. Ich bin hier, weil das mein Land ist. Es ist unser Land. Ich bin stolz, Yanomami zu sein, stolz, der

Sohn einer Yanomami-Frau zu sein. Ja, ich bin ein Nabuh, aber irgendwann werde ich lernen, wie ein Yanomami zu leben. Ich werde jagen. Ich werde fischen. Ich werde den Garten bestellen.»

«*Yanomami keya!*»

Während ich so sprach, beobachtete ich diesen einen Jungen, der die Frage gestellt hatte, ganz genau. Ich sah, wie seine Augen sich weiteten, als ich ihm vom Leben in den Vereinigten Staaten erzählte. Er war erstaunt. Und während er zuhörte, was ich zu sagen hatte, verzog sich sein Mund zu einem breiten Lächeln – vom einen Ohr zum anderen, man hätte eine Banane quer hineinstecken können. Einen Augenblick lang verband uns beide der Stolz darauf, wer wir waren und was wir sein konnten.

So trat ich mit den Jungen in eine Beziehung – und ich merkte, dass ich darauf aufbauen und einen Weg finden konnte, auch die anderen Yanomami-Jugendlichen zu erreichen. Ich war nicht so eingebildet, zu glauben, dass ich als Vorbild dienen könnte – ehrlich gesagt, zeigen mich einige Entscheidungen, die ich in jungen Jahren getroffen habe, eher als jemanden, der sich fürchterlich aufgeführt hat, unverantwortlich sogar, jemanden, der seine Eltern und sein Erbe bei jeder Gelegenheit respektlos behandelt hat. Und doch konnte ich mein schlechtes Benehmen hinter mir lassen und mein Erbe akzeptieren, es mir zu eigen machen.

Diese Jungen kamen zum Großteil gut zurecht. Sie gingen zur Schule und erweiterten ihren Horizont. Aber ich war in Sorge um einige andere Yanomami, die zwischen den althergebrachten Bräuchen, wie sie im Dorf meiner Mutter gepflegt werden, und der Lebensweise in akkulturierten Dörfern in der Luft hängen. Überall im Territorium gibt es Hunderte postmoderner Yanomami, vor allem junge Leute, die sich nicht mehr auskennen – und das versetzt mich in Angst und Schrecken. Es ruft mir einen Artikel aus der *New York Times* in Erinnerung, auf den ich zufällig stieß, während ich an diesem Buch schrieb – über den abgeschicdenen Stamm der Guaraní im Westen Brasiliens, wo die Selbstmordrate in den letzten zehn Jahren dramatisch in die Höhe geschnellt ist. Einem vor Ort tätigen Kinderarzt vom Gesundheitsministerium im brasilianischen Bundesstaat Mato Grosso do Sul zufolge hat es unter den 45 000 Angehörigen dieses Stammes in den vergangenen zehn Jahren etwa 500 Suizide gegeben. Diese Zahl ist alarmierend – und einige Experten vermuten, dass die tatsächliche Anzahl noch höher liegt.

In dem Artikel wird ein Guaraní-Ethnologe namens Tonico Benites zitiert: «An irgendeinem Punkt haben viele Menschen, die ich kannte, Freunde von mir, ihre Unabhängigkeit verloren, sie konnten nicht mehr für ihren Lebensunterhalt sorgen. Darum denken sie schließlich über den Tod nach.» Ich finde das bestürzend.

Was bedeutet das für die Yanomami? Nun, ich denke, je mehr die Veränderungen um sich greifen, desto deutlicher wird für diese jungen Menschen, worauf sie so lange verzichtet haben. Sie geben dann allmählich die Hoffnung auf. Je mehr sie sehen, desto mehr sehen sie auch, was sie nicht haben. Wenn sie zunehmend der entwickelten Welt ausgesetzt sind, macht sich Verzweiflung breit, und sie bekommen das Gefühl, sie seien vom wahren Leben abgeschnitten. Mit der Zeit, so meine Einschätzung, kann dies zu einer Ablehnung ihres Yanomami-Lebensstils führen, und zwar bei einer ganzen Generation. Die jungen Leute hassen womöglich sogar das Blut, das durch ihre Adern fließt. Ich weiß, wie das funktioniert. Aus eigener Erfahrung. Sie stürzen in eine tiefe, dunkle Hölle, und die Folge sind Depression, Selbstzerstörung und Selbsthass.

Natürlich bewegt mich auch das. Warum? Weil die akkulturierten Yanomami genau wissen, wo sie sich befinden, nämlich ganz unten am Totempfahl der gesellschaftlichen Stellung. Sie wissen, dass viele der Menschen, die kommen, um sie zu «studieren», Handel mit ihnen zu treiben und sie in ihren Missionen und entwickelten Siedlungen «willkommen zu heißen», sie für rückständig und unintelligent halten. Trotz ihrer vielen Fortschritte bleiben sie in den Augen der Welt «primitive Wilde». Tatsächlich wird in einigen Teilen der Welt, und insbesondere im modernen Venezuela, der Ausdruck *Yanomami* oft abwertend benutzt, um jemanden zu beleidigen. (Was bist du denn, Yanomami vielleicht?) Auf meinen Reisen habe ich im Territorium Ärzte getroffen – Wissenschaftler, die es besser hätten wissen müssen –, die meine Mit-Yanomami als faul und ignorant bezeichnet haben. Das macht mich wütend. Aber ich kann nur daran arbeiten, diese irrigen Annahmen zu verändern – nicht, indem ich diese arroganten Ärzte, fehlgeleiteten Entwicklungshelfer und schmierigen Bürokraten ins Bewusstseinstraining schicke, sondern indem ich die majestätische Schönheit meines Volkes zeige, seine Weisheit, seine Charakterstärke.

Und noch etwas kommt dazu – ein relativ neues Phänomen, was die Mobilität der Yanomami betrifft. Viele verlassen nun ihr Territorium, ziehen von den Missionen weg und siedeln sich in Städten wie Puerto Ayacucho an. Sie lassen den Dschungel hinter sich und ebenso ihre alte Lebensweise. Manche werden in Wildnis- und Expeditionsmedizin ausgebildet, andere für Krankenhäuser in der Stadt oder in den Territorien als Dolmetscher engagiert. Leider scheitern viele von ihnen. Sie werden in Verbrechen verwickelt, kommen in Kontakt mit Drogen, Alkohol und Prostitution ... all die Gefahren des modernen Lebens in der entwickelten Welt. Das sind die sogenannten «Früchte» unserer westlichen Zivilisation.

Sieht so Assimilation aus? Gehört das einfach dazu, wenn Technologie und andere moderne Errungenschaften Einzug halten? Oder sind es Kollateralschäden angesichts der Verwestlichung der Yanomami – ein geringer Preis, den es für das höhere Gut zu entrichten gilt?

Ich weiß es nicht. Ganz ehrlich nicht. Ich weiß nur, dass diese Dinge mich beunruhigen – dass ich finde, man muss sich darüber Gedanken machen. Das hektische Tempo der Veränderung … ich kann es nicht akzeptieren, während ich dieses Kapitel meines Lebens abschließe und dem nächsten entgegensehe. Hier bin ich also, ein frischgebackener Yanomami-US-Amerikaner, der zu seinen Regenwaldwurzeln zurückgefunden hat, von denen er sich ein halbes Leben lang abgewendet hatte, und als solcher kann ich jetzt nur um die Zukunft der Yanomami bangen. *Meiner* Yanomami. Ich fürchte, dass die gefährlichen, erniedrigenden Aspekte der westlichen Kultur tiefer und tiefer ins Territorium der Yanomami einsickern werden.

Bis zu meiner Familie.

Während ich hier sitze und darüber nachgrübele, fällt mir die berühmte «Bedürfnispyramide» des Psychologen Abraham Maslow ein und wie wichtig es ist, ein Gefühl von Zugehörigkeit zu empfinden. Es steht an erster Stelle, es wiegt schwerer als andere körperliche und seelische Bedürfnisse und kann einen Menschen aus der Bahn werfen, so es nicht erfüllt wird. Ich selbst fiel, als junger Mann auf der Suche nach meiner Identität und meinem Platz im Leben, in eine tiefe, finstere Depression, geriet sogar bis an den Rand des Selbstmords. Das ist es, was ich für meine Yanomami-Brüder und -Schwestern befürchte.

Aber es ist nicht zu spät für sie. Nein. Ich kann und will einfach nicht glauben, dass es schon zu spät ist. Meine Hoffnung ist, dass die Yanomami von heute einen Weg finden werden, in ihrer sich verändernden Welt nicht nur zu überleben, sondern gut zu leben – dazu möchte ich beitragen, indem ich das Territorium in einem neuen Licht erscheinen lasse. Ich habe gerade erst begonnen, meine Yanomami-Seite zu erforschen. Wie ich den Jungen in Esmeralda erklärte, bin ich stolz, Yanomami zu sein, stolz, Sohn einer Yanomami-Frau zu sein. Aber es ist eine neue Art von Stolz – man riecht noch die frische Farbe. Ja, ich bin ein Nabuh, aber irgendwann werde ich zusammen mit meiner Tochter Naomi ins Dorf meiner Mutter zurückkehren, und wir werden gemeinsam unter den Irokai-teri leben – so leben, wie unsere Vorfahren es getan haben und wie künftige Generationen leben werden ... so gut wir es vermögen.

DANK

Ich möchte so vielen Menschen dafür danken, dass sie mir geholfen haben, mich selbst zu finden, und mich dazu ermutigt haben, dieses Buch zu schreiben. Leider (oder vielleicht auch zum Glück) ist die Liste zu lang, um alle an dieser Stelle namentlich zu erwähnen. Dazu wäre ein ganzer zweiter Band nötig. Aber all diese Menschen wissen, dass sie gemeint sind. *Du* weißt, dass Du gemeint bist und dass ich Dir unendlich dankbar bin. Doch dies ist nicht nur meine Geschichte. Es ist auch die Geschichte meiner Mutter und meines Vaters. Es ist die Geschichte Amerikas. Es ist die Geschichte Venezuelas. Es ist *unsere* Geschichte. Speziell möchte ich aber all jenen danken, die zur Entstehung dieser Memoiren beigetragen haben. Mein ganz besonderer Dank gilt Steven Hartmann, der den Kontakt zu Jenny Bent, meiner Literaturagentin, und ihrem Kollegen John Silbersack hergestellt hat. Ich danke Mark Chait dafür, dass er sich bei HarperCollins für das Projekt eingesetzt hat, sowie meiner Lektorin Denise Oswald für ihre fachmännischen und umsichtigen Korrekturen. Außerdem möchte ich mich beim gesamten Team von Dey Street / HarperCollins – unter ihnen Heidi Richter, Kendra Newton, Andrea Molitor und Tom Pitoniak – dafür bedanken, dass sie meine Geschichte in so schöner Weise in die Welt gebracht haben. Und natürlich tausend Dank an meinen Freund Daniel Paisner. Ohne ihn hätte ich es nicht geschafft.